ロシア極東の民族考古学

――温帯森林猟漁民の居住と生業――

大貫静夫・佐藤宏之 編

極東ロシアの自然

北サハリンの自然　ハイマツ群落が広がるカシカリバクシュの風景〔2003年7月撮影〕

南サハリンの自然　針広混交林の広がるアゴンキ5遺跡周辺〔2003年7月撮影〕

アムール河口部の自然
針葉樹林が優先するニコライエフスク・ナ・アムーレ近郊
〔2001年8月撮影〕

周氷河地形が発達するティル近郊の斜面
〔2001年8月撮影〕

アムール下流域の調査

ティル村〔2001年8月撮影〕

カリマ村〔2001年8月撮影〕

カリマ村の旧クマ送り場
カリマで最後にクマ祭りが行われたのは1934年頃と言う。
〔2001年8月撮影〕

丸木船を操る少女　ベログリンカ村にて
〔2001年8月撮影〕

復元されたニブヒのハウスホールドの模型
ニコライエフスク博物館にて　〔2001年8月撮影〕

ナイヒン村のモンゴリナラ林〔1998年8月撮影〕

コンドン村の調査

コンドン村はずれの風景〔2002年7月撮影〕

ゴリン川岸に広がる竪穴住居の窪み
多数の窪みからなる考古遺跡が、各地で見られた。周囲の白樺には、樹皮を剥がした跡が累々と見られる。
〔2002年7月撮影〕

ナマズの料理　網漁で捉えたナマズの開きを焼いて食す。エヴォロン湖にて〔2002年7月撮影〕

クラースヌィ・ヤルの調査

イマン川流域の自然
ビギン川の南に流れるイマン川の流域には、見事なモンゴリナラの純林が広がっている。　〔1999年9月撮影〕

ビギン川の風景〔2002年8月撮影〕

狩猟したアカシカ　ビキンにて〔1999年9月撮影〕

アカシカの肉の処理
伝統的な方法による薫製肉の製作。ビキンにて
〔2002年8月撮影〕

冬の狩り小屋　ビキンにて〔2003年1月撮影〕

クロテンの毛皮
冬季罠で捉えたクロテンは、小屋の中で皮を剥ぎ、干される。
〔2003年1月撮影〕

目次

序　文 ……………………………………………………………………… 藤本　強
　序章 ……………………………………………………………………… 大貫静夫 … 1

第1部　アムール川流域の人々―フィールド調査から1―
　第1章　アムール川流域少数民族の狩猟漁撈活動 ………………… 田口洋美 … 13
　第2章　アムール下流域の住居調査 …………………………………… 浅川滋男 … 60

第2部　ゴリン川流域の人々―フィールド調査から2―
　第3章　サマギールの来歴 ……………………………………………… 佐々木史郎 … 77
　第4章　サマギールの居住形態 ………………………………………… 大貫静夫 … 100
　第5章　コンドン村とロシア極東の植物資源利用 …………………… 佐藤宏之 … 118

第3部　シホテ・アリニ山地の人々―フィールド調査から3―
　第6章　ウデヘの居住形態と領域 ……………………………… 大貫静夫・佐藤宏之 … 137
　第7章　クラースヌィ・ヤールの住居と高床倉庫 …………………… 浅川滋男 … 161
　第8章　ウデヘの狩猟活動の季節的変移 ……………………………… 田口洋美 … 188
　第9章　ウデヘの狩猟行動 ……………………………………………… 森本和男 … 211

第4部　居住と生業
　第10章　アムール川流域における先住民族ナーナイ（ゴリド）
　　　　　の集落配置とその規模 …………………………………………… 佐々木史郎 … 233
　第11章　極東先史社会の野生食料基盤 ………………………………… 大貫静夫 … 263
　第12章　シベリア・極東ロシア先住諸民族のシカ猟 ………………… 佐々木史郎 … 295

第5部　総　論
　第13章　ロシア極東の民族考古学調査 ………………………………… 佐藤宏之 … 319

初出一覧 …………………………………………………………………………… 331
執筆者紹介 ………………………………………………………………………… 333

序　　文

　本書は、編者たちが1994年〜2004年の十余年にわたって継続してきたロシア極東地域の民族考古学的な調査研究の成果をまとめた研究書である。すでに刊行されている『ロシア狩猟文化誌』（佐藤宏之編、慶友社刊、1998年）に続くものとして編集されている。

　編者たちのグループは、考古学・民俗学・人類学・建築史学などの諸分野の研究者からなっている。にわかづくりの学際的な研究グループとは異なり、相互の分野についての深い理解と共同して調査を行う研究姿勢を全員が共有し、長年にわたる共同調査で培われた相互の信頼と問題関心で緊密につながり、ある意味で理想的に学際研究を実践している研究グループということができよう。

　国外で長期間にわたって調査を継続するには、受け入れ側の研究者たちと問題関心の共有および信頼関係が不可欠である。こうした点で、カウンター・パートナーに恵まれ、十余年にわたる長期の調査研究が可能になった。また、科学研究費補助金と民間財団学術助成金の交付を受けることができ、必ずしも十分とは言えないまでも、調査研究の財政的な基盤を確保できたことも幸いであった。文部科学省およびトヨタ財団等に心から感謝したい。

　このようにして調査研究環境にも恵まれ、まずは順調に調査研究をすることができたのであるが、そこで眼にしたのは、ロシア極東地域の自然環境の多様さとその自然環境を利用する人間の側の多彩さである。それを肌で直に感じながら、そこに生きる人々とのふれあいの中で多くのことを学ぶことができた。

　ロシア極東地域には、多くの民族がそれぞれの居住域ごとにそこの自然と共生しつつ、その恵みを享受し、生活している。数百年ほど前までは他から干渉を受けることなく自然と共生していたのが、それ以降は、大国、中国とロシア・ソ連の狭間で両国の政治状況・社会状況・経済状況の大きな変化の中で翻弄され、大きな影響を被ることになった。そうした中で本来的にあった生活習慣・文化伝統も変容させられることも少なくなかった。

　現在、これらの民族の持っている社会や文化は、こうした変容を余儀なくさせられた結果を含むものではあるが、そこには彼らが本来的にもっていたものが、様々に遺されている。そうしたものを学際的な調査研究により抽出することに成功している。

　本書の内容は、そのまま考古学的な資料に直接適用することはできないが、考古学の資料を考える際に多くの示唆を与えてくれるものを多数持っている。特に、類似の環境である落葉広葉樹林帯下での採集・漁撈・狩猟生活を考える際の具体的な示唆に富んでいるものと考えられる。また、人間が現在抱えている最大の問題、"持続的な社会の展開"にも一つの方向を与える可能性をもっている。本書がそうした形で利用されるならば、編者たちの調査研究が最大限生かされることになろう。それを期待したい。

2004年6月

藤本　強（國學院大學教授）

序　章

大 貫 静 夫

1. はじめに

　本書の題名に「民族考古学」が付いている。ただし、一読すれば明らかであるが、この本は民族考古学そのものの本ではない。民族考古学的研究をおこなうための基礎資料を収集し分析し、その出発点となることを目指したものと言うべきであろう。

　日本の先史考古学研究において、民族誌を援用して居住形態、生業形態等の復原を試みる研究は以前からなされてきた。しかしながら、その援用される民族誌は渡辺仁に代表されるアイヌ民族誌の活用を除けば、極北の民族誌であったり、北アメリカ北西海岸の民族誌という、遠く離れた地域の民族誌が主要なものであった。では、なぜ日本列島周辺の民族誌が利用されなかったかと言えば、それに相応しい利用可能な資料がほとんどなかったためである。

　そのため、本調査研究の目的は、ロシア極東地域のアムール川下流に古くから住むニヴヒ、ウリチ、ナーナイ、ウデヘ、オロチと呼ばれる人々の伝統的な生業システムと居住形態との関係を明らかにすることにあった。これらの地域に住む人々の伝統的な生業と居住形態は日本列島の中でもとくに北半の先史時代を理解する上で、きわめて重要である。ただし、お断りしておくことは、同一地域であれば、直接的歴史遡及法による類似性の看取から簡単に復原が可能であるという単純な理解はしていない。典型的な例を挙げれば、アイヌ民族誌の活用によっても同一地域でかつそれと近い時期にある擦文文化社会の解明が容易ではなく、縄文時代の研究に有効とされるのかということに、民族考古学の限界と有効性が示されているのであり、それを深く考えなければいけない。

　従来の民族誌を含む調査研究では彼らは川筋に沿って集落を形成し、その周りの川、湖沼、森を舞台に、季節的に移動しながら、狩猟、漁撈、採集活動を展開していたという。特定の時間的および空間的な条件ないし制約から切り離され、理念的に純化された「伝統的な暮らし」というステレオタイプの簡単な説明と民具や建物そして陸獣、魚類、食用植物の博物誌的な記載だけが繰り返し語られるだけで、具体的にどこに冬の集落、あるいは夏の季節的な仮小屋を作り、いかなる狩猟や漁労、採集活動をおこなったかについてはまったく明らかにされていないといってよい。人の暮らしは特定の生態系と特定の歴史的背景の下にそれへの適応として営まれているはずであるが、それらの多元的変数、とくに生業と居住形態との相関を明らかにすることがわれわれの研究の主たる目的であった。渡辺仁のアイヌエコシステムに倣うならば、アムールエコシステムの仮設を目論んだのであった。

　そのような目的意識を持って、平成9年度から11年度まで実施された、藤本強現國學院大学教

授を研究代表者とした科学研究費補助金国際学術研究・基盤研究（B）（2）「ロシア極東少数民族の自然集落に関する国際共同研究」（その成果報告書は藤本編2000）、およびさらにそれを継続、発展させようと平成13年度から平成15年度に実施した、私を代表とする科学研究費補助金国際学術研究・基盤研究（B）（2）「ロシア極東少数民族の伝統的生業と居住形態に関する民族考古学的研究」（その成果報告書は大貫編2004）による研究成果を中心として、それに、やはり平成13年度から平成15年度に実施した、佐藤宏之東京大学大学院人文社会系研究科助教授を代表とする「シカ・イノシシ資源の持続的利用に関する歴史動態論的研究」の科研費研究成果のうち、これに関連するものを合わせて一書としたものが本書である。先行しておこなわれた研究（後述）の成果をまとめた佐藤編『ロシア狩猟文化誌』の続編という側面もあり、あわせて読まれることを希望する。

2. 本研究に至るまで

本研究課題遂行メンバーのうち、佐藤、佐々木、田口、森本は、1995年から96年にかけて、ロシア沿海州において、ロシアの民族学者と共同研究をおこなっている。当時の主な研究課題は生業、とくに狩猟活動であった。その後も継続しているフィールドの一つ、クラスニー・ヤール村の調査はこのときに始まっている（その成果は佐藤1998を参照）。この調査は、日ロ双方の北方ユーラシア学会の交流の歴史があって初めて可能となったものである。とくに、日本側では大野遼、ロシア側ではマルガリータ・パトルーシェヴァ、両氏の協力なしにはできなかったし、その後のわれわれの調査もまた、これらの人々の努力がなければ不可能であったろう。

同じ頃、浅川を代表とする北東アジア住居史研究会は、中国黒龍江省において、少数民族の伝統的な住居、倉庫および集落について調査をしており、大貫も考古学の立場からこれに参加した。1995年には松花江流域の街津口でホジェン（＝ナナイ）族の竪穴住居および高床倉庫を調査し、また牡丹江流域の瀑布村で朝鮮族の高床倉庫の調査をおこなっている。翌1996年には小興安嶺の新生村、新鄂村でオロチョン族の夏、冬の伝統的な住居であるテントを調査している（浅川2000a、b）。こちらは住居および集落が主な研究課題であった。

この両チームが合流して始まったのが、今回のフィールドワークである。そして、ねらいは、それぞれ両者がそれまで進めてきた、生業研究と住居、集落研究を融合することにあった。

3. アムール川下流域・沿海州研究の経過

（1）1997年度

ロシア沿海州チームの一員であった佐藤が中国側の黒龍江省での調査経験を持つ大貫のいる東京大学に移ってきた1997年から、当時東京大学教授であった藤本強を研究代表者とするアムール川下流域を新たなフィールドワークの地に加えた研究活動が始まった。なお、藤本強教授は翌年、新潟大学に移るが、たまたまロシア極東の航路の窓口が新潟空港であったこともあり、帰路のた

序章

びに新潟で藤本教授に温かく迎えられ、調査の成果を語りながら、ヘギソバを食べるのがわれわれ調査団の楽しい習慣となったことも付記しておきたい。

中国黒龍江省やロシア沿海州を調査した経験を持つわれわれは、シュレンクの民族誌や間宮林蔵による踏査記によって知られるアムール川下流域を次の研究の対象地として選んだのである。アムール川を遡上するサ

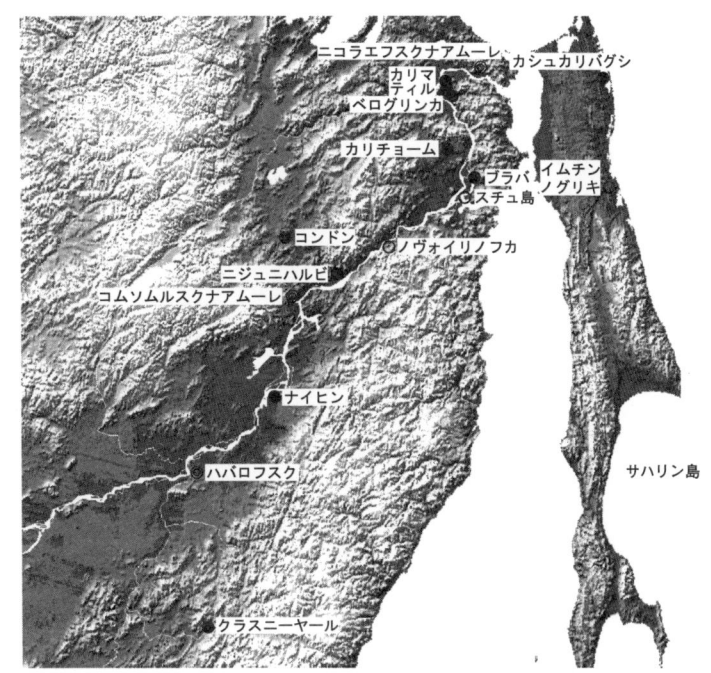

図1　本書に関連する集落と遺跡の位置

ケ・マス漁撈をおもな生業とすることで知られる先住民族の生業活動と居住形態について調査研究するというのが主たる目的であった。

初年度の1997年の調査は9月15日から29日にかけて実施した（詳細は佐藤1998を参照）。ハバロフスクから「アムール号」という船で下流を下りながら、ボゴロドスコエまで下ったが、参加者は大貫、佐々木、佐藤、田口、森本の日本側5名と、ロシア科学アカデミー極東支部の民族学者S. V. ベレズニツキー、同研究所の考古学者N. N. クラーディン、コムソモルスク・ナ・アムーレ市博物館の考古学者Z. S. ラプシナの3名であった。

途中、ウリチ族の多く住むブラバ、ドゥジでインフォーマントからの聞き取りをおこなった。ナナイ族に関してナイヒンでの聞き取り調査を計画していたが、ビザの問題が生じ、不可能になった。

われわれの訪れた時期はまさにサケ漁の最盛期であり、村の男性の多くが出漁していて不在という、聞き取り調査の時期としてはあまり相応しくなかったが、アムール川本流にサケ漁に忙しい多くの小舟を見ることができた。

このときの聞き取りで明らかになったことは、1930、40年代のソビエトによる集住化政策は徹底したものであり、それ以前の情報を老人からうることはきわめて難しいということであった。集住化以前の集落跡を探すために、ブラバ近くにかつてあった廃村アウリを踏査したが、荒れ地の草木に阻まれ、これまた調査の難しさを実感したのであった。

この調査中、間宮林蔵の記録によってよく知られる当時の清朝の出先機関であった満州仮府の

おかれていた「デレン」の位置を特定すべく、踏査をおこなった。当時の、交易やさらにそれに関連する集落立地にも大きな影響を及ぼしたであろうデレンの位置特定は大きな課題である。共同研究者の佐々木がもっとも可能性が高いと想定している、ノボイリノフカ村付近を集中的に踏査したが、確証を得ることができなかった。

　以下の年も基本的に同じであるが、船を使って移動したために、点から点への移動ではなく、かつて船しか移動手段がなかった時代の間宮林蔵やシュレンクらと同様に、線として見ることができたため、広葉樹林帯から針葉樹林帯への生態系の漸移的な変化を知ることができた。ウリチ族の村ドッジの裏山に針葉樹によって斑になった紅葉を見ることができたが、まさに移行地帯であった。また、アムール川では河岸段丘が発達せず、山が岸に迫っているために、現在の集落も奥行きがなく、岸に沿って家が線状に並ぶ小規模集落が多いことが見て取れた。

（2）1998年度

　98年度の調査は7月31日から8月17日までおこなわれた（詳細は田口1999 a；b を参照）。参加者は前年度のメンバー、大貫、佐々木、田口のほかに、浅川が加わり、ロシア側は前年度と同じ、ベレズニツキー、クラーディン、ラプシナであった。

　今回は、前回果たせなかったナナイ族が多くすむ村、ナイヒンで、聞き取りのほかに、中州の島に渡り、集住化以前の廃村や古い墓地を踏査した。さらにアムール川を下り、やはりナナイ族が多く住むニジュニー・ハルビで調査した。ここは現在、ナナイの集落としてはもっとも下流に位置し、これから下流はウリチの集落となる。それに対応するように、この付近で植生が広葉樹主体から針葉樹主体に大きく変わり、またそれは動物相にも言える（第11章参照）。ここでは、佐々木の古くからの知り合いである、ヴァレンチン・イリイチ・ゲイゲル氏の多大なる協力を得ることができ、罠の仕掛けを復原してもらい、狩猟儀礼も再現してもらった。また、氏の開設している学校内の博物館の民族資料を調査した。ほかの人からの聞き取り調査もおこなった。

　今回もまた、最下流はボゴロドスコエまでであったが、そこから、西のウジリ湖から伸びる支流の上流に位置し、これまでのアムール川本流に立地する集落とは異なる、ウリチ族の多く住む村カリチョームまで赴き、調査した。

　今回訪れた集落の先住民族の家について、ナイヒン、ニジュニー・ハルビではナナイ族の家を、そしてカリチョームではウリチ族の家を浅川が測量、図化した（第2章）。ロシア化が著しいが、それでも先住民族独特の特徴を残していると浅川は指摘している。

　第1章の田口論文のナナイ、ウリチ族についての狩猟、漁撈の集落ごとの生業暦の作成は、この2年間の調査資料をもとにしている。

　たった2年間で、ニヴヒの多くすむ最下流部を除く、アムール川下流域を踏査した。それでなくとも短い調査期間なのに、広大な地域にある集落を回るため、各集落での調査が限られたものであったことは否めない。しかし、今後の研究の基礎となろう。

なお、今回の踏査の期間、ほとんど太陽を見ることがなかった。それが、山火事による煙の性であることを知るのは踏査を始めてしばらく経ってからであった。山火事の規模が大きく、森林の焼失面積は広大であり、また鎮火までの時間も長いのであった。過去においても動植物に大きな影響を与えたことであろう。

（3）1999年度

3年計画の最終年度に当たることから、過去2年間のような動き回る踏査ではなく、どこかに絞り込んで、より詳細に調べることとしたが、その過去2年間の踏査では旧集落の実態や分布そしてその生業との関係を捉えることがかなり難しいことが分かった。そこで、先行して、佐藤らが調査していたビキン川流域が候補地となった。すでに、『ロシア狩猟文化誌』に記されているように、生業研究以外に旧集落の調査もおこなわれていた。しかし、期間の制限から、旧集落の調査は十分ではなかった。そこで、生業研究には過去に蓄積があり、居住形態との関係を調べるには格好のフィールドであろうということで、99年9月17日から26日まで、ビキン川の旧集落を大貫、佐藤が、いつものクラーディン、同じ研究所の考古学者ニキーチンとともに踏査した。板船の船頭は『ロシア狩猟文化誌』にも登場し、調査ではいつもお世話になっている旧知のピョートル・ガンボヴィチとイワン・ガンボヴィチさんであった。

遡上するビキン川の河原の各所に、漁撈用仮小屋の骨組みが残されていた。そして、われわれが宿泊に利用した、川岸に点在する狩猟小屋は、主屋と高床倉庫からなるのが、基本であり、かつての旧集落の住居を思わせた。その現在の仮小屋は川の岸にあるが、集住化以前の旧集落を踏査した場所は、みな岸からやや奥に入った林の中であった。このときの踏査時のデータと、かつての『ロシア狩猟文化誌』時のデータを合わせ、さらに、ロシア人の残した19世紀末から20世紀初頭の記録を重ね合わせながら、生業領域と旧集落の分布、季節移動との相関を分析したものが、大貫、佐藤による第6章である。

11月1日から22日には、田口と森本がクラスニー・ヤール村に入り、ビキン川での秋季狩猟の同行調査をおこなった。田口はこの後も、季節を変えながら、狩猟同行調査をおこなっている（第8章）。

（4）2001年度

今年度からの新規3年計画では、前回までの踏査では及ばなかった、ニヴヒ族の住むアムール川最下流部、およびサハリン島を踏査して、比較研究する地域の範囲を広げること、居住形態の観点から、建物、および旧集落の調査をさらに進めること、さらに、従来、生業研究の中で、狩猟、漁撈に偏りすぎ、植物採集についての調査が遅れていたため、その補充をすることが大きな目標としてあげられた。

01年8月8日から26日にかけて、先住民族であるニヴヒやウリチの住むアムール川最下流部地

域の調査をおこなった（詳細は大貫編2004を参照）。日本側からは大貫、佐藤、佐々木、田口、ロシア側からはベレズニツキー以外に、新たに同じ研究所に勤める若手の民族学者、アンドレイ・サマルが参加した。アムール川下流域では陸上交通が整備されておらず、船運が唯一の有効な手段であり、今回もハバロフスクで「アムール号」をチャーターし、調査をおこなった。

ニジュニ・ハルビ、ボゴロドスコエを経て、8月12日、今回の主な調査地点であるティルに到着した。ティルは明代に奴児干都司のおかれていたところで、間宮林蔵がそのアムール川踏査の途上で見ている永寧寺碑があったことでも知られている。ティル村は人口約850人でそのうち、先住民が約30％、その中でニヴヒが約半数を占め、次いでネギダールが約30％である。ウリチ地区全体の1991年の動物生息数調査データについて、役場で説明を受けた。

ティル村では、ネギダールのキリル・アレクサンドロヴィッチ・マニ氏に会い、聞き取り調査を開始した。

翌日はカリマ村を訪れた。カリマ村は現在の人口は約180人で、その9割近くが先住民族である。その中で、ニヴヒが半数以上を占め、次いでネギダールである。村のはずれにある、かつてクマ送りをした場所を訪ねた。最後のクマ送りは1957年であった。

14日はティルの東約10kmにあるベロブリンカ村へボートで行く。聞き取り班（佐藤、佐々木）と板船調査班（大貫、田口）に分かれた。

カリマ村のニヴヒの生業暦を田口洋美が作成している。以前に調査報告した、より南の諸族の生業暦との対比により、その特徴が明確になろう（第1章）。

さらに北上してニコラエフスク・ナ・アムーレに到着。市の博物館を見学。考古資料、民具を調査した。民族（佐々木、田口）班が市内の民族文化センターにおいて、カリマ生まれのニヴヒの女性から聞き取りをおこなった。

その後、ハバロフスクを目指して帰路についた。

19日から21日まで、ノヴォイリノフカで、デレンの場所特定のための調査をふたたびおこなった。しかし、悪天候のため調査は時間が足りず不十分であったこともあろうが、今回も特定するだけの遺物を発見することはできなかった。

21日夜にニジュニハルビに到着。この村は全人口約450人中、約2/3がナナイである。22、23日は中級学校の資料室で民族資料を調査し、またインフォーマントの家で聞き取りと漁撈具の調査をおこなった。24日途中トロイツコエにて漁撈具について聞き取りをおこなった後、深夜にハバロフスクに到着した。これらの漁撈具については第1章田口論文に紹介されている。

今回の踏査では、前回の科研調査での北限であった、ウリチの住む地域を越えて、さらにニヴヒの住む地域までおよぶことができた。残念ながら、居住形態については既知の民族誌以上のデータを得ることはできなかったが、自然植生や動物の分布が前回調査したより下流の地域（藤本編2000）とは大きく異なり、それが生業形態にも大きく影響していることがよく分かり、得るところが大きかった。他方で、高緯度にもかかわらず30度を超す暑さが連日続くという体験も貴重で

あった。暑いときは暑く、寒いときは寒いという大陸側の特徴は同緯度の日本列島と比較するときには注意が必要である。

(5) 2002年度
夏季にコンドンとクラスニーヤールの二カ所に分かれて調査をおこなった。

a. コンドンの調査
　この班には大貫、佐藤、佐々木、サマルが参加した。アムル川の支流、ゴリン川流域に所在する村はナナイの村として知られている。われわれはアムール本流域のいくつかの村ですでにナナイの調査をしたことがあるが、ナナイの北限に近い村として、また本流とは異なる立地という点からの関心を持って、調査に入った。研究協力者であったアンドレイ・サマルはコンドン村出身であり、今回の調査ではそのことが大いに役立った。
　コンドン村は考古学者には、オクラドニコフによる新石器時代集落の調査で知られるところであり、コンドン文化の名前はこの村に由来している。この付近にはたくさんの竪穴住居が現在でも窪んだまま残っており、筆者の考える極東的な考古学世界の北限地域にあたることは今現在のナナイの北限地域であることともあわせて考える必要がありそうだ。なぜこの地域がそのような世界でありえたのかの生態系的な基盤は何であったかを知りたいという希望を持っていた。
　ゴリン川河口付近が、アムール川下流域における、動物相、植物相の大きな境界とされているので、この地域の生態系の実態、そしてそれを背景とした旧集落の実態を知りたいと考えた。その成果ついては、本書の第3章佐々木、第4章大貫、第5章佐藤論文を参照されたい。佐々木、大貫論文は、ロシアの古い文献記録を現地踏査から読み解いたものであり、佐藤論文は今まであまり手を着けていなかった植物利用について分析したものである。

b. クラスニー・ヤール村の夏季調査
　02年8月9日から21日にクラスニー・ヤール村に滞在し、調査をおこなった。この班には佐々木、浅川、田口、ベレズニツキーが参加した以外に、現東京大学助手の折茂克哉、鳥取環境大学学生の細谷幸希が参加した。
　今回の建物調査の大きな目的の一つは、北方系の高床倉庫の記録、資料化であった。日本の考古学界でよく知られる弥生時代の高床倉庫は米倉であり、南方系とされている。実際に、現在も東南アジアには米倉としての高床倉庫は普通に見られる。極東のいわゆる北方系、非米倉であり魚貯蔵用とされることの多い高床倉庫を日本列島との関わりで最初に提起したのは渡辺仁であろう。その後、筆者（大貫1989）や浅川滋男（1994、1995）がこれについて言及している。アムール川流域のナナイ、ウリチ、ニヴヒについての民族誌上ではよく知られた高床倉庫は、筆者らの知るかぎり、博物館での復原のようなものでなく、生きた建物としては、このクラスニー・ヤール

以外には残されていない。その意味でこのクラスニー・ヤールの高床倉庫はきわめて貴重なものであろう。その村ですら、本書の浅川論文によれば、すでに倉庫が生きているか怪しくなっている。浅川（2000 a、b）はかつて、中国黒龍江省でホジェン（＝ナナイ）族および朝鮮族の高床倉庫の調査をおこなっている。そこでもすでに魚貯蔵はおこなわれていなかったし、物置としては床を高くする必然性がないため、非常に低くなっている。筆者の知るかぎり、遼東の山地に住む満州族では現在も高床倉庫を家ごとにもっており、それはコメではないが、穀物貯蔵庫として機能している。そのために床は依然として高い。この南方系、北方系というのはこのような満州族の倉庫を介在させると、機能的にも分布的にも連続的になってしまい、両極を重視した単純な南北二系統論は難しいというのが筆者の以前からの理解である。縄文時代の高床建物というものが想定される今となってはさらに複雑な問題となっている。

c. クラスニー・ヤール村の冬季調査

クラスニーヤールでの狩猟研究を長年おこなっている田口はこの夏の調査以外に、単独でこの年の冬（03年1月2日から1月22日）に狩猟同行調査をおこなっている。狩猟活動がもっとも盛んなのは冬であり、厳冬期の調査が必要とされたのである。

調査は建物調査と狩猟同行調査に大きく分かれる。それぞれの内容については、第7章浅川・細谷論文、第8章の田口論文を参照されたい。

（6）2003年度

夏季のサハリン島の踏査と冬季のクラスニー・ヤール村での調査の二班に分かれて野外調査研究をおこなった。

a. サハリン島の踏査

7月下旬に実施したサハリン島の踏査には大貫、佐藤のほかに、福田正宏日本学術振興会特別研究員が参加した。南北に細長いサハリン島の南から北までを踏査することができたのは、ユジノサハリンスクにある国立サハリン大学のワシリエフスキー教授が全面的に協力してくれたおかげであった。一週間という短期間ではあったが、効率よく調査することができ、細長いサハリンでは南と北でまったく生態系が異なることを実感した。南部には針広混交林が広がり、オニクルミもあるが、それから北上すると針葉樹林帯となり、さらに北上するとしだいに背の高い針葉樹がなくなり、ハイマツの群落が見えてくる。とくに、北部のカシュカリバクシでツンドラステップ地帯のような風景の中にトナカイゴケを見たのには驚いた。そのような生態系の変異を背景に、先住民族のサハリンアイヌ、トナカイ遊牧民のウィルタ、ニヴヒが南北に住み分けているのだと再認識した。このような生態系を知らずにサハリンの考古学を考えるのはきわめて危険である。それまで対岸のアムール川を下って、ニコラエフスク・ナ・アムーレまで、つまりサハリン島の

序　章

すぐ近くまで下ったが、そこは針葉樹林帯であり、サハリン島の北部がまったく異なる生態系にあることをうかがうことはできなかった。

b．クラスニー・ヤールの調査

　12月上旬の1日から13日に実施した調査には佐々木、森本が参加した。狩猟活動では冬が重要であり、この時期に猟場において同行調査を実施し、狩猟活動の実体解明に努めた。今回の調査地点は、従来のビキン川本流沿いとは異なり、北に伸びる支流であるタハロ川流域の猟場である。GPSを活用した研究の成果は、森本による第9章論文を参照されたい。

c．そのほかの補充調査

　最後に、冬季にはモスクワ、サンクト・ペテルブルグにおいて、シベリア・極東地域の考古、民族資料の資料調査をおこなった。

4．おわりに

　本書を一読していただければ明らかであるが、われわれの調査研究が当初意図した、生業活動と居住形態、およびそれら相互の相関について、それほど満足な調査ができたとはとても言えない。それは、たんにわれわれの調査期間が短いというだけではなく、それだけ集住化政策が徹底していたと言うことも大きな理由である。それにも関わらず、通算6年間にわたる調査でどのような成果を出せたかは本書を読んで判断していただくしかない。

　生業活動については、第1章の田口論文で各地の生態系の変化に連動した側面を持つ生業暦をある程度作成できたのは幸いであった。ただし、植物利用については、第5章の佐藤論文があるが、狩猟、漁撈が主で、植物採集分野での調査が十分でなかったのは反省点として残った。これらの生業研究を基礎として、極東全域についてまとめたのが第11章の大貫論文である。

　居住形態の分野では、旧集落分布についてはほとんどが民族誌や行政文書に基づかざるをえなかった。にもかかわらず、佐々木による第3章の論文は自身による旧集落の廃村踏査を踏まえて書かれているし、第10章の論文は、一次資料の行政文書からの解読という操作も入っており、単純な机上の文献研究ではない。堪能なロシア語能力があっての面もある緻密な文献考証と野外踏査の結果があって、初めて可能な研究である。第4章におけるゴリン川流域の大貫の居住形態分析では、上記佐々木論文の成果があって初めて可能であった。しかし、ビキン川流域でもそうだが、現地踏査なしではなしえなかったのも事実である。第6章における大貫・佐藤の生業領域分析は『ロシア狩猟文化誌』時代の成果に多くを負っているが、居住形態分析と統合することによって、より大きな意味を持ち得たといってよかろう。

　建物調査では、第7章の浅川らがおこなったクラスニー・ヤール村の高床倉庫およびその上流域の狩猟小屋と高床倉庫などの測量調査は、おそらくこれからしばらくすれば本や写真の中でし

か見ることができなくなってしまうであろう貴重な記録として残るであろう。とくに、建築の専門家による実測図である点にさらに重要性がある。第2章の浅川の仕事も、ロシア化が著しいといっても、そこには現時点での先住民族の住居が生き生きと描かれており、後の時代から見れば、これまた建築研究者の残した貴重な記録となろう。それが、ここしばらくの間、毎年のようにフィールドワークをおこなったわたしの実感である。

　なおロシア語の日本語表記は諸搬の事情で統一されていない。混乱を招くほどの差異はないということで、お許しいただきたい。

引用参考文献

浅川滋男　1994「日本の高床式倉庫の系譜」『住まいの民族建築学』290-291頁

浅川滋男　1995「正史東夷伝にみえる住まいの素描」『文化財論叢Ⅱ』795-819頁

浅川滋男　2000a「黒龍江省におけるツングース系諸民族の住居」浅川滋男編『北東アジアのツングース系諸民族住居に関する歴史民族学的研究』住宅総合研究財団、31-44頁

浅川滋男　2000b「黒龍江省朝鮮族の住居と集落」浅川滋男編『北東アジアのツングース系諸民族住居に関する歴史民族学的研究』住宅総合研究財団、45-78頁

大貫静夫　1989「極東における平地住居の普及とその周辺」『考古学と民族誌』146-171頁

大貫静夫　2000「季節的移動とその領域」藤本強編『ロシア極東少数民族の自然集落に関する国際共同研究』（科学研究費補助金［平成9～11年度］研究成果報告書）106-120頁、新潟大学人文学部

大貫静夫・佐藤宏之　2002「ウデヘの居住形態と領域」『先史考古学論集』11集、53-78頁

佐藤宏之編　1998『ロシア狩猟文化誌』慶友社

佐藤宏之　1998「アムール少数民族の伝統的な居住様式の調査」『北方ユーラシア学会会報』10号、1-10頁

田口洋美　1999「1998年度、ロシア極東少数民族の自然集落に関する調査報告（その1）」『北方ユーラシア学会会報』12号、8-27頁

田口洋美　1999「1998年度、ロシア極東少数民族の自然集落に関する調査報告（その2）」『北方ユーラシア学会会報』13号、1-10頁

田口洋美　2000「アムール川流域における少数民族の狩猟・漁撈活動」藤本強編『ロシア極東少数民族の自然集落に関する国際共同研究』（科学研究費補助金［平成9～11年度］研究成果報告書）9-26頁、新潟大学人文学部

藤本　強編　2000『ロシア極東少数民族の自然集落に関する国際共同研究』（科学研究費補助金［平成9～11年度］研究成果報告書）、新潟大学人文学部

渡辺　仁　1984「狩猟採集民の住居―北方からの視点―」『日本のすまいの源流』389-417頁

第1部

アムール川流域の人々―フィールド調査から1―

ナイヒン村　1998年8月撮影

第1章　アムール川流域少数民族の狩猟漁撈活動

田 口 洋 美

はじめに

　本稿は、過去6カ年に渡って実施されたロシア連邦極東アムール川流域における少数民族に関する2つの国際共同研究の成果をもとにまとめたものである。いずれの国際共同研究も民族誌データを考古学上の説明や解釈に役立てようとするミドルレンジセオリーとしての民族考古学を主体とするものであるが、筆者はこれに民俗学、環境学の立場から参加した。筆者は当該地域の少数民族のフィールドワークを通して狩猟漁撈活動を中心にその技術と行動を視点とした民族誌を記述したうえで、日本国内において過去実施してきたマタギやヤマドなどの中部東北地方豪雪山岳地帯に居住し、現在も狩猟漁撈活動を生業の一部としている人々との比較を通して極東アジア圏の狩猟文化の特質を見いだすことを目的としてきた。また民族考古学との共同研究という性格上具体的事例が重視されるのは当然のことであり、フィールドワークについても現時点において観察ができ、聞き取りや技術上の復元が可能であることがきわめて重要な要素となった。

　本稿で扱うのは、ロシア連邦極東地域、南はアムール川の支流ウスリー川に注ぐ支流ビキン川中流域に位置する沿海地方ポジャール地区クラースヌィ・ヤール村から北はアムール川本流河口のハバロフスク地方ニコラエスク地区ニコラエスク・ナ・アムールにかけてのアムール川流域である。その地理的な範囲は、東経132度から141度、北緯43度から53度付近にいたる広大な地域となっている。対象とした主な少数民族は、アムール川、支流ウスリー川流域に現在も居住するツングース満州語系の狩猟採集民として知られるウデヘ、ナーナイ（ゴリド）、ウリチ、オロチ、ネギダール、パレオアジア諸語系の狩猟採集民ニブヒ（ギリヤーク）、イテルメン（カムチャダール）など、主に7つの民族である（表1）。

　本稿では、これらの現地調査をもとに、クラースヌィ・ヤール村、ナイヒン村、ニージニ・ハルビ村、カリチョーム村、カリマ村の5つの村の事例を取りあげ、アムール川本支流域における自然環境と少数民族の狩猟漁撈活動を中心に資源開発活動とその季節的変移、およびその技術的側面について述べることにする。

1．ロシア極東の自然環境

（1）植生の概観

　少数民族における狩猟漁撈活動の詳細を見てゆく前に、本稿が対象とする地域ごとの自然植生と主な野生動物の生息状況について触れておく必要があるだろう。

　ウデヘやナーナイの人々が暮らす沿海地方からハバロフスク地方にかけてのシホテ・アリニ山

第1部　アムール川流域の人々―フィールド調査から1―

表1　東北アジアの少数民族分布

北　部（東シベリア）		南　部（アムール川流域、その他）	
サハ共和国・その他		沿海州・ハバロフスク州・サハリン州など	
ツングース・満州語／北方派	エヴェンキ（ツングース）族：東シベリア、レナ川流域から西部エニセイ川流域まで。北部シベリアに広く分布。レナ川以東の東シベリア一帯のエヴェンキを東エヴェンキといい、その他ローカルグループに分別される。	ツングース・満州語系	ナーナイ（ゴリド）族：松花江、烏蘇里江、アムール上流・中流・下流
^	エヴェン族：オホーツク海沿岸部、レナ川下流域（ヴェルホヤンスク山脈北部一帯）。	^	オロチ族：アムール下流域、支流フンガリ川流域
パレオアジア諸語系	コリャーク族：カムチャッカ半島	^	ウリチ族：アムール下流域
^	イテルメン（カムチャダール）族：カムチャッカ半島	^	ウデヘ族：アムール川支流ウスリー川流域（支流ビキン川、イマン川、ホル川流域）
^	チュクチ（チュクチャ）族：チュコト半島	^	ネギダール族：アムール川支流アムグン川流域
^	ユカギール族：レナ川中下流域、マガダン州一帯	^	オロッコ（ウイルタ）族：サハリン島ティミ川、ボロナイ川流域
^	エスキモー族：カムチャッカ半島北部、チュコト半島海岸部、ベーリング海峡沿岸部。	パレオアジア諸語系	ニブヒ（ギリヤーク）族：アムール下流域、サハリン島東海岸部。
^	アリュート族：アリューシャン列島	^	アイヌ族：カラフトアイヌ（サハリン島南部）：クリルアイヌ（千島列島一帯）：北海道アイヌ（日本国北海道一帯）

本表は、『民族の世界3：東北アジアの民族と歴史』所収の荻原眞子の論文「民族と文化の系譜」（荻原1989）を参考に作成。

脈西部のアムール川中流域から支流ウスリー川流域にかけての低地部は、モンゴリナラを主体とする落葉広葉樹林が広がっている。

　ウスリー川支流、ボリシャヤ・ウスルガ川中流域からアルム川流域の植生を調査した沖津進の報告によれば、この一帯は下流側の低地部ではモンゴリナラを主体とする落葉広葉樹林、中流域はチョウセンゴヨウとカバノキ科のチョウセンミネバリを優占種とする針広混合林帯《チョウセンゴヨウ―落葉広葉樹混交林》となっており、上流部はエゾマツ―トウシラベ林、さらに上流部はエゾマツ優占林やダケカンバ林で、山脈の主稜線付近、森林限界まで達する。これより標高の高い山岳部はハイマツ帯、山岳ツンドラとなっていると述べている（沖津1993：562）。

　沿海地方ポジャール地区クラースヌィ・ヤール村のウデヘたちが利用してきたウスリー川支流のビキン川流域、アムール川中流域のナーナイの人々が暮らすハバロフスク地方ナーナイ地区ナイヒン村周辺も分布域の標高に若干の差は見られるもののこれに類した植生を呈している。

　北緯45度付近から50度にいたるアムール川中流域、とくにアムール川本流沿いの沖積平野、河岸段丘、あるいは曲流や分流によって形成された三日月湖周辺、中州や島、自然堤防などではヤナギ類が卓越し、河川氾濫から逃れられる安定した条件下では、カンバ類、マンシュウカエデやマンシュウボダイジュ、マンシュウグルミ、モンゴリナラ、アムールシナノキ、キハダなどの落葉高木をはじめ、バラ科のノバラ、サンザシ、エゾノウワミズザクラ、カバノキ科のハシバミ、

スイカズラ科のカンボクなどの落葉低木が卓越する。中州や島など、夏期の河川氾濫などの際に水没するような湿性の土地では、ヤナギ類の他、クロアブラガヤ、イネ科のヨシなどが卓越する。ナーナイやウリチなどの少数民族は、ゴザを編む材料にクロアブラガヤを利用してきた。

　北緯50度線を越えてコムソモリスク・ナ・アムール以北のアムール川下流域に入ると植生は目に見えて変化する。とくにアムール川流域に暮らすナーナイの人々の村としては最下流（最北）に位置しているコムソモリスク地区ニージニ・ハルビ村と北緯52度付近のウリチの人々が主体となるウリチ地区カリチョーム村周辺にかけてのタイガは、落葉広葉樹林から針葉樹林へと移行する境界にあたっている。集落周辺や河川流域、湖沼周辺では村人の干渉圧による代償植生と思われる落葉広葉樹林が見られるが、内陸部に入るとエゾマツ、トウシラベ、カラマツ類、トウヒ類、モミ類などマツ科の常緑高木が卓越する北方針葉樹林となる。

　これは共にロシアの調査をおこなっている佐々木史郎の指摘であるが、ニージニ・ハルビ村付近がひとつの植生上の境界になっていると同時に、ナーナイとウリチの民族が住み分ける境界に当たっているという。19世紀に記録されたシュレンクの民族誌『アムール川流域の異民族』（"Инородцахъ Амчрскго Края"）によれば、これより下流側には畑が見られないと記されており、この一帯が当時から植生上の境界、民族の境界であるとともに農耕が可能な北限であったと考えられる（Шренк 1899）。

　カリチョーム村に程近いアムール川本流河畔のボゴロドスコエの町から北緯53度付近のティル、カリマ、ベログリンカなどのウリチ地区とニコラエスク地区の境界まで北上すると、民族はニブヒ、ネギダール、ウリチの人々が主体となる。これらの集落からアムール川河口の町ニコラエスク・ナ・アムールにかけては北方針葉樹林が主体である。

　ハバロフスク州ニコラエスク地区の北方、北緯55度付近には、アムール川とレナ川の分水嶺となるスタノヴォイ山脈が東西に延びており、これより北が北極圏に含まれるヤクーチア（サハ共和国）である。ヤクーチアはヤクートやエベン、エベンキなどの牧畜民、牧畜狩猟民として知られる民族のエリアとなる。

　尚、先に夏期の河川氾濫などの際に水没するような湿性の土地と記したが、アムール川やレナ川においては河川氾濫が生じる時期は、豪雨が集中する夏期に限ったことではない。これらの河川は、南から北へと流下するため、春季の雪解けおよび河川解氷期には、河口地域の解氷よりも上流域の解氷が早いため、河口が氷で堰き止められるかたちとなり、中流域で河川氾濫が起こることがある。このため集落は、川岸よりも数ｂ高い場所に立地していることが多い。

（２）野生動物相の概観
　既述したような森林環境の違いは、生息する野生動物相にも反映されている。とくに、少数民族の狩人にとって歴史的にも大きな位置を占めてきたクロテンは、北へと針葉樹の密度が高まるにつれて生息密度が下がり、ツンドラタイガ帯にいたってはほとんど野生の状態では生息してい

ないといわれている。

　G. F. ブロムレイの『ヒグマとツキノワグマ：ソ連極東南部における比較生態学的研究』（ブロムレイ 1987）でも知られているように、沿海地方からハバロフスク地方にまたがるシホテ・アリニ山脈南部には、森林帯を好むツキノワグマと草原帯を好むヒグマとが共に生息している。ウデヘの狩人たちによれば、沿海地方のビキン川流域では、比較的標高の高い山地部の針葉樹林から草原帯にかけてヒグマやイタチ科のクズリ、ヘラジカが、低地部の落葉広葉樹林から針広混交林にかけてはツキノワグマやイノシシが、というかたちで両者はゆるやかに棲み分けているという。

　この地域で生息が確認できる主な野生哺乳動物は、上記の他に、アムールトラ、オオカミ、ノロジカ、ジャコウジカ、マンシュウアカシカ、オオヤマネコ、キツネ、タヌキ、アナグマ、ユーラシアカワウソ、イタチ、シマリス、キタリス、キタナキウサギ、マンシュウノウサギ、ユキウサギなどである。

　移入外来種としては高級毛皮あるいは軍用防寒毛皮として19世紀末から20世紀前半に放獣されたマスクラット、アメリカミンク、アライグマなどの毛皮獣の生息が確認されている。

　森林植生の項で述べたように、北緯50度から52度にいたる過程でアムール川流域の植生が変化していくが、北緯55度付近、アムール川とレナ川の分水嶺となるスタノヴォイ山脈の存在が、南北に生息する野生動物にとってはひとつの壁となっているようである。粗い見方をすれば、シホテ・アリニ山脈を含むアムール川中下流域は、温帯の森林を好む動物種と針葉樹や草原など寒冷な地域を好む動物種からなる混生ブロックを構成し、スタノヴォイ山脈を越えるとツキノワグマやイノシシ、アカシカ、ノロジカなどは姿を消し、より寒冷な土地を好む動物種のブロックとなる。さらに北方のベルホヤンスク山脈を越えると完全に寒冷地に適応した種のブロックを構成する、といった野生動物の分布が見える。

　当該地域における植生と動物層の関係を見ていくなかで興味深いのは、ロシア語でケドルと呼ばれるチョウセンゴヨウやマンシュウグルミなどの堅果類の存在である。チョウセンゴヨウ、マンシュウグルミあるいはモンゴリナラなどの実は、ネズミやリスが大量に採食する。これら堅果類が卓越する森林にはリスやネズミが多く生息し、またネズミなどを捕食するイタチやクロテンなどの毛皮獣（肉食獣）の生息密度も濃くなる傾向にある。さらに当該地域の森林帯は、そのなかに踏み込むと自然倒木の多さに驚かされる。それだけ新陳代謝の激しい森林帯であるといえる訳であるが、この自然倒木が後述することになる毛皮獣狩猟、なかでも罠猟に適した環境をつくり出してもいる。

2．狩猟漁撈活動と環境

　ロシア極東アムール川流域に居住する少数民族の生業については、アムール川などの大河川沿いに暮らす民族は漁撈に大きな比重がかけられ、支流や内陸の山地帯に暮らす民族は狩猟に比重がかけられる傾向があるといわれている。そして、生業の中心となる狩猟漁撈活動を補完する意

味で山菜、キノコ、木の実、ベリー類、ナッツ類などの採集活動やブタ、ヤギ、ウシ、ウマなどの家畜飼養がおこなわれてきたともいわれている。また、スタノボイ山脈を越えてサハ共和国に入ると、ヤクートなどに見られるようにタイガでは牛馬の牧畜が、ツンドラタイガではエヴェンやエヴェンキのようなトナカイ牧畜が少数民族の中心的生業となる。当然のことではあるが、気候や植生、動物相など自然環境の変化が少数民族の生活の立て方にまで大きく反映しているのである。

（1）　クラースヌィ・ヤール（Красны-Яр）／ウデヘ

　クラースヌィ・ヤール村は1957年、旧ソビエト社会主義共和国連邦（以降、ソビエトと表記）時代の民族集住化政策によって誕生した比較的新しい村である。1997年の人口は631人。その大半がウデヘを中心とした少数民族で占められている。ウデヘ民族の集落や人口の変遷については共に調査を行っている森本和男の論文があるので、これを参照されたい（森本 2000：83-105.）。

　ウデヘたちの生業の柱は狩猟と漁撈であるが、近年、とくに狩猟に関しては大きな変化が起きはじめている。ソビエト時代、狩猟の中心はクロテンを主とした毛皮獣狩猟にあった。しかし、1980年代から90年代初頭にかけてのソビエト崩壊前後は、No Fur運動など、国際的世論の動物保護への動きとそれを受けての毛皮市場における需要の低迷によって毛皮獣狩猟が下火となった。加えてソビエト崩壊直後は国内の物資流通も滞りがちとなり、物価が高騰するなど、経済的な不安から少数民族の狩猟の中心は、換金と半自給的な食肉獲得のための大型獣狩猟へと漸次移行する傾向にあり、大型獣の地域個体群に影響をおよぼす可能性が危惧されはじめてもいる。

　このような国家的な情勢のなか、クラースヌィ・ヤール村の領域内の猟区（狩猟テリトリー）や野生動物などの資源管理をおこなっていたコルホーズの狩猟部門であるゴスプロムホース（ГоспромхозはГосударственное Промысловое Хозяйствоの略で、天然資源開発部門、国営狩猟漁撈採取組合などと訳される）も解体を余儀なくされ、現在では民営化が進み少数民族自身によって運営される民族猟師企業株式会社ビキン（以降A. O. ビキンと表記。А. О. Бикин; Акционерное общество открытого типа, Иациональное охотничье хозяйство Бикин）がゴスプロムホースの役割を引き継いでいる。尚、ゴスプロムホースからA. O. ビキンへの移行に関する詳細、ポストソビエト時代の少数民族の組織的な変容プロセスについては佐々木史郎の報告に譲りたい（佐々木 1998a）。

a. 狩猟漁撈活動

　クラースヌィ・ヤール村の狩人たちの年間の狩猟漁撈暦と毛皮獣の狩猟期間における伝統的な罠猟の展開については、それぞれ表2と表3に示した。

　表2は、ウデヘの狩人の年間の狩猟漁撈暦をまとめたものであるが、ウデヘの人々が年間を通して獣類と魚類の生態、さらに資源利用の目的に応じながら巧みに狩猟漁撈活動を組み合わせ実施してきたことが理解できよう。

第1部　アムール川流域の人々―フィールド調査から1―

表2　クラスヌィ・ヤールにおける狩猟漁撈暦：ウデヘ（改：田口 2000）

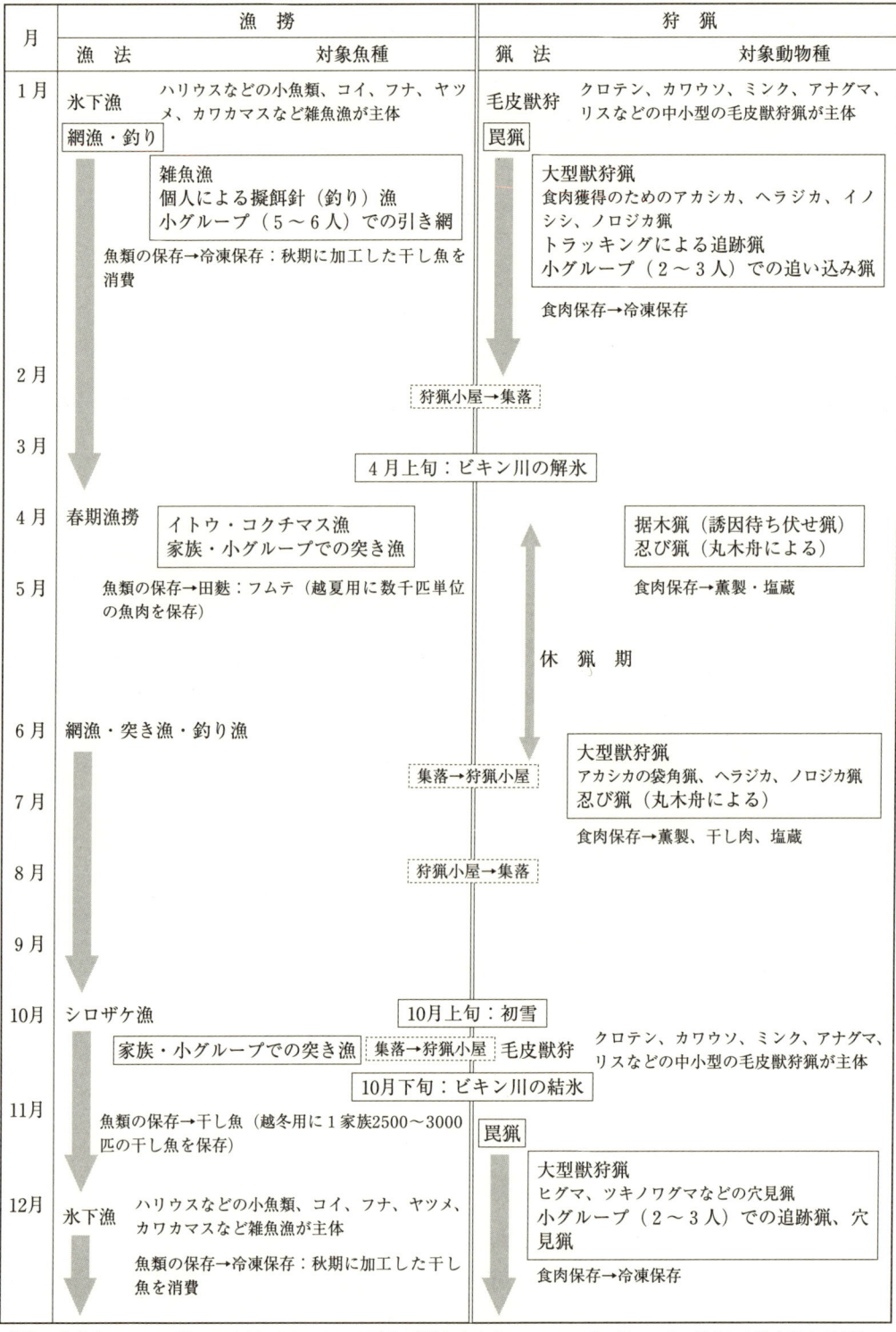

補注：本表は1995、96年、1998年、2001、02、03年に実施したスサーン・ツフイエヴィッチ・ゲオンカ氏（1912-2003）、ピョートル・ガンボーヴィッチ・カンチュガ氏（1934-）、クリーム・アレクサンドロヴィッチ・カンチュガ氏（1950-）など、複数のウデヘ族からの聞き取りをもとに構成した。

第1章　アムール川流域少数民族の狩猟漁撈活動

狩猟テリトリーの概略

　クラースヌィ・ヤール村での狩猟漁撈活動は、本稿で取り上げている他の少数民族の村と同様に、村周辺と狩人およびその家族が占有する狩猟テリトリーなどで展開される。クラースヌィ・ヤール村の狩猟テリトリーについては、その歴史的な経緯を含めて明らかになってきているが、この点についての詳細は第8章で取り上げることにする。クラースヌィ・ヤール村の領域は、ビキン川中上流域の約135万2,000haである。そして、この領域で狩猟に携わる狩人は、大きく2つのグループに分けられる。一つは旧ソビエト時代に一定の狩猟および野生動物に関する教育を受け、国家からプロの狩人としての認定を受けた人々のグループ。一つはこの教育や認定を受けず、あくまでもアマチュアの狩人として狩猟に携わっている人々である。

　現在、プロの狩人としてA. O. ビキンに登録されている人々は43名存在し、基本的に狩猟テリトリーを占有できるのはこのプロの狩人とその家族である。しかし、クラースヌィ・ヤール村の領域の約10％あまりについては、村外からの狩猟者や村内のアマチュアの狩人に開放されているため、純粋にクラースヌィ・ヤール村のプロの狩人たちが分け合うテリトリーは123万ha前後で、単純に計算すると1人の狩人および家族が占有する狩猟テリトリーの面積は、平均約3万haと推定される。

　このようなことから、ウデヘのプロの狩人たちは、村と狩猟テリトリーにある狩猟小屋を年間数度（最低でも4〜6回、多い人で10回あまり）に渡って往復することになる。アマチュアの狩人の場合は、A. O. ビキンに利用登録をすればアマチュアに開放されているテリトリーで狩猟をおこなうことができる。また、プロの狩人たちの手伝いや助手、あるいは狩人間の了解が取れていれば、狩猟テリトリー内での狩猟に携わることも可能である。

狩猟採集活動と食物の保存

　狩猟小屋を中心におこなわれる冬期間の毛皮獣狩猟と大型獣狩猟は、狩猟対象となる動物種をいかなる目的で捕獲するのか、それが狩猟の時期を決定する。毛皮であれば最も毛皮が良質となる厳冬期に、肉であれば最も脂ののった晩秋から春、漢方の素材となるオオシカの袋角であれば、角が生え変わる初夏となる。とくに、春夏期におこなわれるマンシュウアカシカの袋角猟においては、オモロチカ（омолочка：猟漁用の丸木舟。図15AB）を使用しての深夜の待ち伏せ猟の他に、ウデヘ語でデッケ、ロシア語でラバス（лабасе）と呼ばれる据木を利用した夜間の待ち伏せ猟、あるいはヌタ場に塩を置いて誘引する誘引待ち伏せ猟がおこなわれる。据木の高さは、その場の状況によってまちまちであるが約5〜8mで、設置場となるのはヌタ場や水草などが多いアカシカの採食地となる浅瀬、入り江、三日月湖などの河畔である。

　そして、これらの猟期前には漁撈がおこなわれ、春の漁撈ではコクチマス、カワヒメマス、カワカマス、イトウ、ウグイ、コイなどが漁獲され、1970年代ごろまでは夏に向けての保存食としてフムテと称する田麩が1家族で30〜40kgつくられた。夏から秋にかけては、魚種は変わらな

いがウデヘ語でナメクテと呼ばれる20日前後保存が可能な薫製がつくられ、秋のシロザケ漁では冬に向けての長期間保存（1年間あまり）が可能なユーコラと称する干し魚がつくられた。また、通年的に雑魚漁がおこなわれアブラハヤ、ウグイ、カジカ、ドジョウなどが獲られた。

ウデヘの古老であるスサーン・ツフイエヴィッチ・ゲオンカ氏（1912-2003）によれば、かつて1950年代までは、10月から11月にかけて大量のシロザケが産卵のために遡上し、4、5人の家族でも3,000～4,000尾という単位でシロザケを漁獲し、ユーコラなどの保存食にしていたという。

また、春期から秋期における大型獣狩猟によって捕獲された肉類（イノシシやアカシカなど）も魚類どうようにナメクテと称する薫製肉に加工し、10日から20日あまりの短期的保存食料として利用された。ナメクテは肋骨部分など骨付き肉の保存に適しており、肉そのものの短期保存にはウデヘ語でカスーと呼ばれる干し肉にして保存された。しかし、例年7月から8月にかけての高温多湿となる時期には、ナメクテやカスーなどの保存方法ではカビが発生しやすいため塩漬け肉にして保存することが多かった。塩漬け肉は漬け込んだ1カ月あまり後に、肉から抜けた水分を一旦捨てて、再び塩を加えて保存すると2年あまりは保存ができたという。ただし塩漬け肉は石のように硬くなり、塩を抜くには4～5日かかるという。

5月から6月にかけてはゼンマイ、ワラビ、フキ、ニンニクなど山菜の採集がおこなわれ、シソ科のハッカ、ノコギリソウ、ワレモコウ、ノイチゴなどは初夏から初秋にかけて採集される。ツツジ科のコケモモ、クロマメノキ、エゾノウワミズザクラ、スイカズラ科のケヨノミ、サルナシなどのベリー類、果実類の採集も子女が中心となって盛んにおこなわれた。現在でもベリー類の採取は盛んで、もっぱらジャムなどに加工して保存されている。

換金資源のひとつであった野生のチョウセンニンジンなど、薬草類の採取は今日でも自家消費と換金のためにおこなわれており、タイガに入ると採集者たちの野宿の跡を見ることができる。また、筆者もクラーススィ・ヤール村滞在中にチョウセンニンジンを買い付けに訪れた中国人女性と出逢っている。

このようにクラーススィ・ヤール村では、年間を通して断続的に実施される漁撈とその漁獲物の保存、どうように年間を通じて断続的に実施される狩猟とその肉類の保存によって、季節的に偏りがちな食資源を均等に導こうとするウデヘの志向が浮かび上がってくるのであるが、大量に捕獲され保存される魚類資源が夏期および晩秋から本格化する狩猟活動を基本的に支える傾向にあった。とくに毛皮獣狩猟という食肉の獲得には直接結びつかない狩猟に特化してきた民族にとって、大型獣狩猟や漁撈活動がもたらす食物資源の確保がいかに重要であり、かつ基本的なものであったかが理解できる。

伝統的な罠猟

表3に示したのは、1960年代、冬期間の狩猟小屋を中心におこなわれていた伝統的罠猟をまとめたものである。表に示した10タイプの伝統的罠は、狩人の古老スサーン・ツフイエヴィッチ・

表3 ウデヘの伝統的狩猟サイクル（冬期間の罠猟を中心に）（改：田口 2000／(original) 1998）

月	自然環境の変化と移動手段	No.1,2 ドゥイ	No.3 Type-1 カファリ	No.4 Type-2 ランギ	No.5 Type-3 カファリ	No.6 ハダナ	No.7 Type-1a フカ	No.8 Type-1b フカ	No.9 Type-2 フカ	No.10 自動弓	その他
10月	クラースヌィ・ヤール村から猟場の小屋へ舟で移動／狩猟小屋から集落へ舟で戻る／ビキン川の凍結		狩猟小屋滞在用の食肉調達のため、河川漁撈と大型獣狩猟を優先／(A)河川の凍結まで丸木舟を使用しての待ち伏せ猟			ハダナは、木の根などに潜んでいるクロテンを」発見した際に使用。常設の罠ではない。		フカは、河川の凍結を期にaからbへ		10月上旬の初雪までクマ用の自動弓を仕掛ける。／イノシシ、ジャコウジカ、ウサギ用の自動弓は2月半ばの猟期中いっぱい仕掛けられた。	
11月	スノーモービルで狩猟小屋へ入る		河川の凍結を期に毛皮獣狩猟本格化								ウサギ用の罠は、現在捕獣器を使用
12月	気温-30℃～-40℃／移動はスノーモービルとスキー／正月とクリスマスのため一旦集落へ帰る					(B)毛皮獣狩猟の最盛期／スキーによる移動。罠を見回る合間にイノシシ、マンシュウアカシカなどを対象とした雪上の足跡を追う、追跡猟や少人数での追い込み猟を行う					
1月	気温-30℃～-40℃										
2月	この時期から4月中旬にかけて河川の解氷期。移動手段がスノーモービルから舟に変更					クロテン繁殖期に入る／毛皮獣狩猟の終了、各種罠の撤去回収／(C)食肉用の大型獣狩猟へと移行					
3月						河川の解氷にともなって狩猟方法が追跡猟から待ち伏せ猟へと変化					
4月	ビキン川の解氷					マンシュウアカシカを対象とした据木猟／4月下旬、大型獣狩猟の終了、狩人たちは集落へ戻る					

ゲオンカ氏に復元してもらったものである（佐藤編1998）。自動弓などの罠本体や仕掛け部分の一部を除いて、多くの罠に使用される素材は仕掛け場所周辺で調達加工された。これは獲物に不自然な匂いや状態を覚られないようにするための工夫のひとつであった。

　罠には獣道を中心に仕掛ける待ち伏せタイプと、餌を用いて獲物を引き付ける誘因タイプのものに分けられる。なかでもクロテン用のフカというくくり罠の場合は、河川を跨ぐかたちで倒れている倒木が多用された。クロテンが河川を渡河する場合、体が濡れることを嫌うため、河川を跨ぐ倒木上を歩いて渡るためである。クロテンの個体数が比較的多いような場所では、人為的に河川を跨ぐかたちに倒木を設置し、倒木上にフカと呼ばれるくくり罠を仕掛けた。そして、河川が凍結するまでは倒木を利用してつくられた人為的な獣道を利用しクロテンを捕獲し、凍結後はクロテンが河川上を自由にいき来できるようになり、渡河する場所が倒木の上だけに限定されなくなるため、倒木上に餌を置きクロテンをフカへと誘導する工夫がなされていた（佐藤編1998：204-207）。

　ウデヘたちの間で伝承されてきた伝統的な罠にはドゥイ、カファリ、ランギ（以上、丸太を使用した重力式罠で、ドゥイ以外は餌を使用）、ハダナ（丸太を垂直に落とす重力式罠で、獲物を発見し巣穴から燻りだし逃走口に設置する罠）、セングミー（中小型獣用の自動弓）などがあるが、そのほとんどが毛皮獣狩猟に使用されたもので、食肉獲得のための大型獣用の罠は、クマやイノシシ、アカシカ、ヘラジカ用のポッと呼ばれる自動弓やジャコウジカ用のフカなどに限られていた。

　毛皮獣用の罠の特徴は、自動弓を除いて獲物を捕獲した際に毛皮を損傷しないような圧殺、撲殺形式の罠であることである。つまり、商品として取り引きされる毛皮を無傷で捕獲することに

技術的な修練が見える。単に自家消費のための捕獲であれば、毛皮に多少の傷がつくことは問題にならない。交換資源、換金のための商品であるからこそ無傷で捕獲する必要があり、またその技術が卓越する訳である。

無論、復元された罠類は1970年代ごろから次第に使われなくなり、罠を製作する時間が節約され省力化されるなどの理由から現在では金属製のトラバサミ（捕獣器）が主流となっている。しかし、仕掛け場所の環境によっては、まだ古典的な自然素材を利用した罠が用いられており、現在使用されているトラバサミの仕掛け場所や仕掛け方は、伝統的な罠の実践によって培われてきた技術の応用であるといえる。

プロの狩人たちは、1980年代までは毛皮獣を捕獲するためそれぞれのテリトリーに1人平均200～500の罠（捕獣器）を仕掛けていたといわれている。とはいっても密度としては決して高くはない。また、狩人がこれらの罠を仕掛けて歩き、かつメンテナンスと捕獲の確認をして歩くのにはかなりの労働量と時間の消費をともなうため、これ以上の罠をかけるのは捕獲効率といった側面からも実質的に意味がないという。捕獲率は平均約10～15％といわれ、そのなかでクロテンが掛かる率は5％あまりであるという。全体の捕獲率から見て最も罠にかかる確率が高い種はクロテンで、次いでミンク、イタチなどの順になるという。逆に捕獲率が最も低い種はカワウソで、2～3％しかないといわれている。これは圧倒的に個体数が少ないことと、警戒心が強く、金属製のトラバサミでは匂いが察知されやすいためではないかと狩人たちは推測している。

表3―Aの9月下旬から10月にかけておこなわれる大型獣狩猟は、降雪結氷前の河川を移動路として利用し、丸木舟によるマンシュウアカシカの忍び猟をおこなう。この猟によって得られた獣肉は狩猟小屋に貯蔵され、冬期間の保存食料にあてられる。Bでは、降雪し河川が結氷すると移動は専らスノーモービルとスキーになる。気温が著しく低下し毛皮は商品として絶好の状態となる。この時期は、毛皮獣用の罠猟の敷設、メンテナンス、獲物の回収に多くの時間を割かれながらも、降雪によって動きの鈍ったマンシュウアカシカやイノシシの追い込み猟、遭遇追跡猟、あるいはヒグマの越冬穴を狙う穴見猟が展開される。Cでは、猟期の終了にともなって、1シーズン敷設されていた罠の撤去回収がおこなわれる。そして、村に食肉を持ち帰るための大型獣狩猟が展開される。この時期は主に足跡などのフィールドサインを読み取りながらの追跡猟となる。そして河川の解氷、雪解けを迎えると、先に記したラバスを使用しての誘因待ち伏せ猟となり、河川や水路での丸木舟を使用した夜間待ち伏せ猟もおこなわれるようになるのである。

b. 狩猟の現状

クラースヌィ・ヤール村におけるクロテンの年間捕獲数は、A. O. ビキンの統計（プロの狩人、アマチュアの狩人によってA. O. ビキンに納められた数）によると1991年が607頭、92年が745頭、93年が408頭、94年が498頭となっており、年々減少する傾向にある。しかし、これはクロテン自体の個体数が減少しているとか、狩人の捕獲意欲が減退しているということではないようである。む

しろ実体としてクロテンの捕獲数は増加する傾向にあるといわれている。狩人たちの話によれば、A. O. ビキン以上に高い価格で毛皮を買い取ってくれる業者が存在するため、A. O. ビキンへの納入が敬遠される傾向にあるという。クロテンの捕獲数に関するデータは、あくまでもA. O. ビキンに納品された毛皮の数であり、他の業者に売買されている数は含まれてはいない。このため必ずしもA. O. ビキンの統計は実質的な数値を反映してはいないという。狩人たちは国家的混乱のなかで家族を養わなければならず、現在、毛皮獣に関してはより高い値で買い取ってくれる業者へ優先的に販売する傾向にあるのである。

　ウデヘの狩人の話によれば、むしろソビエト崩壊後は食料事情が悪くなり食用肉を獲得できる大型獣狩猟により強い感心が向けられているという。大型獣の肉は、自給用の食肉として重要であるとともにA. O. ビキンが積極的に購入し、売店を通して村民に販売してもいるため、貴重な現金収入源ともなっている。とりわけイノシシの捕獲量は年々増加する傾向にあり、食肉目的ばかりではなく、四肢の腱の需要が高まり高額で取引されるためでもあるという。聞くところによれば、これらの四肢の腱は業者の手を経てヨーロッパなどに送られ、高級バックや靴の縫製に利用され、皮革加工の素材となるという。

　第9章で森本和男が詳しく述べることになるが、1999年の11月3日～19日、実際に冬期間の狩猟小屋で狩人たちとともに生活し、狩猟に同行した。場所はクラースヌィ・ヤール村から直線距離にして北東へ13kmほど入ったダドゥンガ川の河畔にあるアレクセイ・ラウラノヴィッチ・ウザ氏のテリトリーであった。筆者らが同行した狩人は、グリゴーリ・ラウラノヴィッチ・ウザ氏とピョートル・ガンボーヴィッチ・カリンチュガ氏（1934-）の2名であった。17日間、狩猟小屋を中心に猟場内を片道3～4時間あまりの範囲（半径約6～7km）を歩き、マンシュウアカシカ1頭、イノシシ1頭、クロテン3頭、リス25匹、そしてエゾライチョウ3羽を捕獲した。内クロテン2頭は捕獣器による捕獲であり、1頭はクロテンの足跡を追って寝穴を探し出す追跡猟によるものであった。またマンシュウアカシカ、イノシシの捕獲は、いずれもクロテン用の罠を見回って居る際に獲物に遭遇し、これを追跡して捕獲したものであった。

　結果的にダドゥンガでの17日間の狩猟同行において、何も捕獲できなかったという日は1日もなく、いかにダドゥンガ川の猟場が狩猟条件に恵まれているかを実感することができた。

（2）ナイヒン（Найхин）／ナーナイ

　ナイヒン村は、アムール川右岸の林業の町トロイツコエ（Троицкое）から車で南へ20分あまり走ったアムール川河畔にある。1998年1月現在の統計では、人口2123人（内、ナーナイ＝1206名、ニブヒ＝4名、ウデヘ＝3名、ウリチ＝1名、残りロシア人他）、473世帯が暮らしている。この内、159世帯が旧コルホーズの漁業および林業部門などに勤務していた。

　トロイツコエの町は、木材の積み出し港として知られ、現在も針葉樹を中心に木材が出荷されている。しかし、レスプロムホース（Леспромхозはлесное промышленное хозяйствоの略。森林資源

開発部門、国営林産組合などと訳される）で林業に従事しているのは主にロシア人で、少数民族はきわめて少ないという。

　ナイヒン村はその人口が示す通り、アムール川本流域の中でも規模の大きな村である。ここに暮らす先住民族の生業の柱は、漁撈と狩猟である。集落そのものは、アムール川支流のマノマ川が本流に合流し複雑な分水路とデルタ状の地形が発達し、数多くの島々に面している。かつては、この分水路に沿った島々に複数の集落（タルゴン、スースー、ドンドン、ガルダマ、サヤンなど）が点在していたが、1930年代スターリン体制下に集住化政策が進められ、旧集落を統合集村化しナイヒン村が形成された。集住化政策が実施される以前、それぞれの集落は、分水路あるいは支流とアムール川の合流点付近にできた瀬を漁場として利用していたため、漁場により近い島や中州など河川氾濫から回避可能な比較的高い場所、自然堤防といった台地上に点在していた。

　尚、ナイヒン村において筆者らが聞き取りをおこなったのはナイヒン村長、ミハイル・セルゲーヴィッチ・キレ氏（1935-）、イヴァン・タルコーヴィッチ・ベリディ氏（1921-）、マリア・ヴァシリエヴィナ・ベリディ氏（1925-）などである。

a．漁撈活動

　ナイヒン村のナーナイたちの場合は、クラースヌィ・ヤール村のウデヘたちと狩猟漁撈の比重がやや逆転するのではないか、という予想を事前にもっていた。年間の狩猟漁撈暦（表4）を見ると狩猟の合間に漁撈をおこない、春の漁撈では夏に向けて田麩がつくられ、秋の漁撈では冬に向けての薫製や干し魚などの保存食が確保されるというかたちは、一見クラースヌィ・ヤール村のウデヘと同様に見える。しかし、その漁法と技術はアムール川本流沿いの集落ということもあってバラエティーに富みウデヘを凌ぐものがある。当然、支流と本流とでは流速や地形などの河川環境そのものが異なり、対象とする魚種も異なるため漁法や技術に幅が見られても何ら不思議ではない。ただ、その漁法や技術から想定される漁獲量に違いがあると思われる。しかしながら、これは聞き取りなどから想定されることであって、漁撈活動に関する正確な数的データ、漁獲に関する資料が行政のどこの部署に保管されているのかも明らかではないため、この種の作業は今後の課題となっている。また、こうしたところにソビエト崩壊の影響が垣間見られもするのである。

　ナイヒン村における漁撈活動の現状であるが、アムール川本流での漁撈活動については魚類資源の著しい減少などから漁期と漁獲量にかなり厳しい法的な制約が設けられている。例を挙げれば、シロザケの漁期は9月10日から30日までとされており、少数民族1人あたりの漁獲量も42kgまで（シロザケ約7～8尾分まで）と規制されている。かつてこのような法的な制約がなかった当時は、少なくとも現状の2倍から3倍、多い人では5、6倍の量を漁獲し保存食として貯蔵していたという。

　近年は、アムール川本流の水質汚濁という問題がある。アムール川上流部の中国、あるいはハ

第1章 アムール川流域少数民族の狩猟漁撈活動

表4 ナイヒンにおける狩猟漁撈暦：ナーナイ（改：田口 2000）

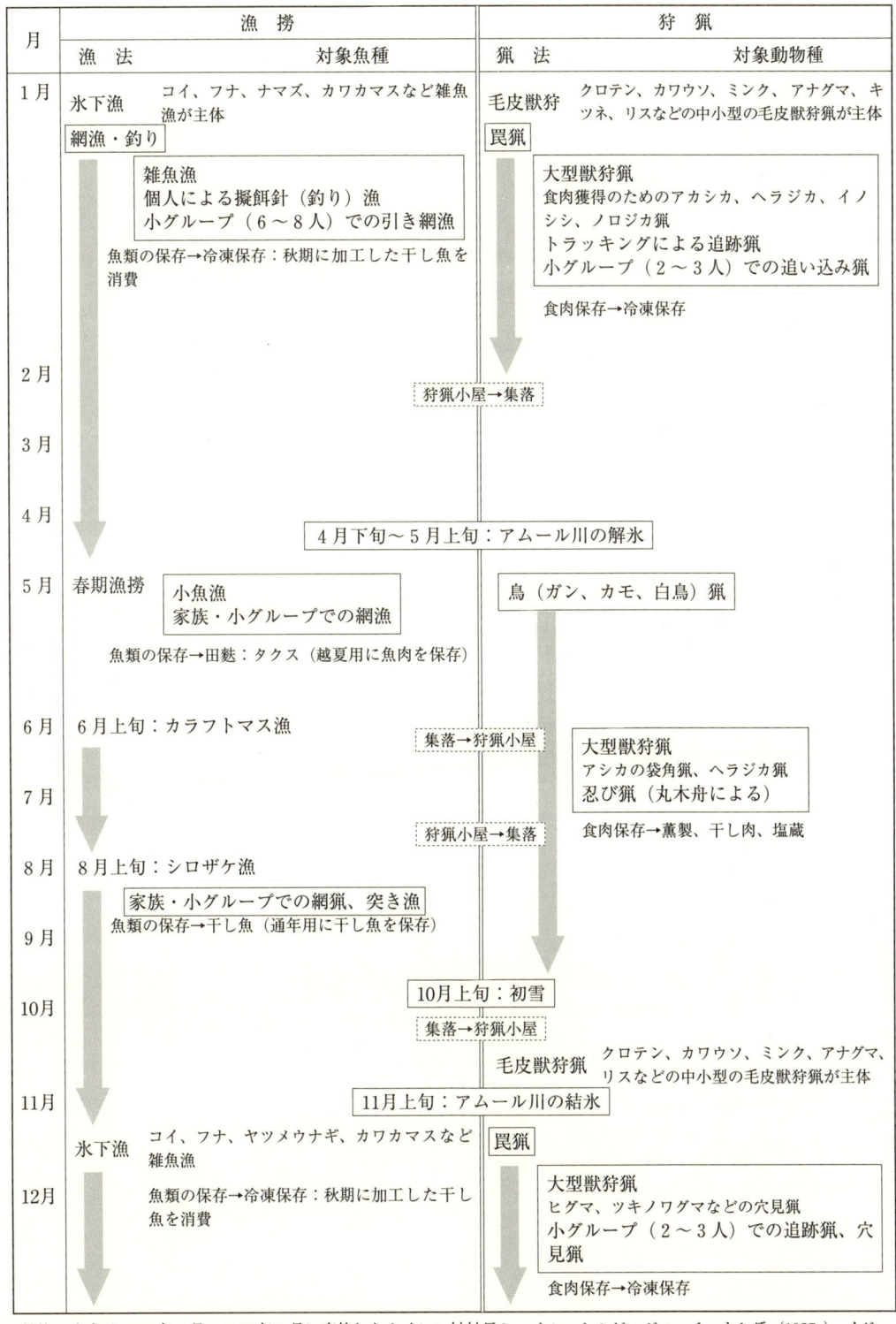

補注：本表は1997年9月、1998年8月に実施したナイヒン村村長ミハイル・セルゲィヴィッチ・キレ氏（1935-）、イヴァン・タルコーヴィッチ・ベリディ氏（1914-）、マリア・ヴァシーリエヴナ・ベリディ氏（1917-）夫妻からの聞き取りをもとに構成した。

第1部　アムール川流域の人々—フィールド調査から1—

バロフスクなどの大都市からの生活、工業排水による河川汚濁が進行しており、ナーナイたちは、河川が汚染されたため魚が臭くなったと話し、コイやフナ類に関しては漁獲意欲が急激に減少しているという。一方、シロザケは貴重な現金収入源ということもあって漁期を守らない密漁が頻発してもおり、法はほとんど効力を持たない状態がつづいているらしい。このように、アムール川本流での漁撈活動は大きな社会問題を含んでおり、聞き取りや漁獲データなどによる調査研究の阻害要因ともなっている。

ところで、ここで注意したいのは、漁撈の技術がほとんど網猟にあることである。疑似針を使用しての漁は、冬期間河川が凍結している際に用いられるもので、ヤスなどを用いての突き漁も6月におこなわれたレン魚漁ぐらいのもので、漁は圧倒的に網漁が主体となっている。

1年間の漁撈活動を見てみると、アムール川本流は例年、11月10日前後に結氷する。結氷後、マハルカと呼ばれる擬餌針を使用して子女によるカワカマス漁がおこなわれ、条件の良い時は1日20匹前後の漁獲があるという。12月になると支流の小河川、分水路岸などでカワヤツメ漁がおこなわれる。厳冬期には凍結した河川の氷を穿ち、6～8人の共同作業でアンガルカという袋網による漁がおこなわれた。獲れる漁種はコイ、フナ、ナマズ、カワカマスなどである。

アムール川は、5月上旬に解氷し増水期を迎える。このころ保存食用の田麩や薫製、塩づけをつくるためのコイ、フナ、ウグイなどの雑魚漁がおこなわれ、6月に入るとカラフトマスの遡上がはじまり、この漁となる。7月はほとんど休漁期であるが雑魚漁はつづけられる。8月に入るとシロザケの遡上がはじまり、村中が競争のようにシロザケ漁をおこなった。現在は先に記したように漁期が限定されており、年々下火になってきている。チョウザメ漁も夏から秋にかけておこなわれ、8～9月には田麩や薫製を相当量つくり冬に備えたという。さらに、かつてはベニザケも遡上してきており、魚種、漁獲、ともにビキン川などのアムール川上流部、あるいは支流に沿った村々を凌いでいる。

シロザケ漁のものとして現在使用されている漁網は、ナイロン製のものであるが、1940年代ごろまではイラクサを使用した袋網が用いられていた。この網は、2、3家族が共同で製作するもので、イラクサから繊維をとり糸にして編まれたものであった。ナイヒン村における漁撈活動では、女性の果たす役割が大きく、冬場の氷下漁や擬餌針を用いての漁などは女性自身が漁に参加している。つまり、それだけ川漁への依存度が高かったということでもあり、アムール川本流域の湖沼の存在など河川環境がそれを可能にしてきたともいえる。さらに、シロザケ、カラフトマス、チョウザメ漁など魚体の大きなものにはジョグボ（図17）と呼ばれるヤスやモリなどを使用した突き漁が夏期を中心におこなわれていた。

b. 狩猟活動

狩猟活動についてであるが、10月入るとクロテン、リス、イタチ、カワウソ、ミンク、アナグマなどの毛皮獣狩猟がはじまるので、狩人たちはそれぞれの猟場の狩猟小屋に入る。ナーナイの

第1章　アムール川流域少数民族の狩猟漁撈活動

　狩人たちの話では、現在リスなどはトーゾフカと呼ばれるリス撃ち銃で捕獲するのが一般的であるが、かつては木の実を餌に誘引するかたちで自動弓（図4）を用いることが多かったという。

　ロパーチン И. А. もその著書のなかで、ナーナイはクロテン猟に銃を用いず、専ら自動弓や捕獣器（トラバサミ）などの罠類、あるいは網などの猟具を用いていると図入りで紹介している（Лопатин 1922 : 133-138）。筆者らの聞き取りによれば、自動弓はナーナイ語でテングレと呼ばれており、使用する弓はライラックの木を加工してつくられたという。そして、鏃は獲物が小さい場合は鏃も小さくするという。カワウソ用の自動弓の場合は、川辺の巣穴の近くに仕掛け、鏃は少し大きめであったという。カワウソ用の自動弓の設置方法には、巣穴周辺の地形によって水平撃ちと垂直撃ちの二種類があった。既述したИ. А ロパーチンが掲載しているリス用の自動弓の図は、水平撃ちのものである。

　リス、イタチ、カワウソなどはウデヘたちと同様の重力式罠（ウデヘのいうカファリであるが、ナーナイではカパリと呼ばれる）で捕獲した。この罠は、小さな餌置き部屋を作り、その前に丸太を置き、仕掛けにはロシア語でスタラジョーク（сторожок）と呼ばれる木製の針を設置して、針に触れると獲物の頚椎の上に丸太が落下してくるというものである。カワウソの場合は、賢くてすばしっこいので誰にでも獲れるというものではなく、熟練した狩人でないと捕獲は難しいとされる。リスはチョウセンゴヨウの木がたくさんあり、実の多いところに沢山生息している。現在では専らトーゾフカというリス撃ち用の小型ライフルで撃つ。良い猟場であれば1日に30〜40匹獲れることがある。うまくすると1カ月で300匹ぐらい獲れることも珍しくないという。イタチの捕獲にはかつてチェルカーン（черкан：図6 AB）と呼ばれる弓式圧殺罠が使用されていた。現在では使われなくなったが、1980年代ごろまでは家の周辺、とくに食物貯蔵倉の周囲にこれを仕掛けていたという。

　イタチの毛皮は、リスの毛皮よりも高額で引き取られ、生息数も圧倒的にイタチの方が少ないといはれている。イタチは捕獲できたとしても狩人一人当たり一冬に20〜30匹あまり、カワウソは一冬1〜2匹ほどしか捕獲が見込めない。クロテンの場合、ハバロフスク近郊の村々では生息数も多く狩人一人当たり一冬に15〜20匹あまりを捕獲するが、ナイヒンでは平均して5〜6匹ほどであるという。

　イノシシ猟には犬を使用する。イノシシ猟の場合、犬は止め犬としての役割を担う。犬はまず、匂いでイノシシを追い、姿を見つけると吠え、狩人がその場に追い着くまでイノシシを止めておかなくてはならない。狩人は、犬がイノシシを止めている間に銃で仕留める。

　クマ猟の場合は狩人がクマ穴などを見つけると、村に一旦連絡に戻ったり、近くの猟場にいる仲間に協力をもとめたりして、人を集めてから猟をおこなう。穴の場所へいくと、クマが出入りする穴とは別の場所に穴を空けて、そこから棒などを刺し込んでクマを突っ突いて追い出す。そして穴の口からクマが出てきたところを銃で仕留めるという。11月、12月は罠による毛皮獣狩猟と平行してクマ猟などをして12月末に正月を送るために一旦村へ帰る。村に帰ると不足した食料

の購入やそれまでに捕獲した毛皮を仕上げ売却する。

　1月に入ると再び狩猟小屋へ戻り、クロテン猟に集中する。この時期は専ら毛皮獣の猟となる。3月の終わりから4月にかけてはマンシュウアカシカの角が生え換わるので、狩人たちは植物の生育状況に注意をはらい、マンシュウアカシカの捕獲時期を読みとっていく。カモジグサ（？）という草の先端の芽が三つ又に分かれるころがマンシュウアカシカの袋角猟に最適の時期になるという。実際に袋角猟の最盛期となるのは、6月から7月の上旬にかけてである。袋角猟の時期を読み取ることが終われば、4月は休猟期となり、猟具の手入れをしたりして日を過ごすようになる。5月に入るとタクサと呼ばれる田麩をつくるための小魚漁に追われることになるが、暇を見て白鳥やガン、カモなどの水鳥猟をおこなった。そして、6月からはマンシュウアカシカの袋角猟になる。しかし、現在ではこの袋角の処理ができる狩人は少なく、角処理の経験のある古老に依頼している。そのため猟場でマンシュウアカシカを倒すと角をすぐに村に持って帰り、処理を依頼しているという。例年、袋角猟の時期になると肉が痛みやすくなるため、必要以上に捕獲するということはしなかった。処理が済んだ袋角は中国人の商人が高額で購入していくため、この収入で1年分の生活費は楽に稼げたという。

　マンシュウアカシカ猟は、夜の待ち伏せ猟、忍び猟である。水草を食べにくるのを待ち伏せ、ボート（かつては丸木舟）で接近して銃で仕留める。マンシュウアカシカは、水草を食べているときは夢中になってしまう。そこを覚られないように接近する。このようにしてヘラジカも獲る。マンシュウアカシカ猟はアニュイ川、ピクサ川、ホル川など、遠方にまで猟を展開していた。白鳥、ガン、カモなどの猟は、5月から9月まで合間をぬっておこない、カモ猟に関しては8月が最盛期であった。エゾライチョウなども秋から冬の狩猟で獲る。10月に入ると水鳥たちは渡りの季節になり、水鳥猟は終わる。そして、狩人たちは再びはじまる毛皮獣狩猟の準備にとりかかるのである。

c. 植物利用とモンゴリナラ

　ナイヒン周辺の旧集落跡地をめぐってみると、自然堤防状の台地にモンゴリナラの見事な林を見ることができる。この林は、モンゴリナラの単一林で人為的な景観を呈している。筆者はナイヒン以外の村で堅果類の単一樹種からなる林を見たことはなく、驚きであった。

　村人の話では、このようなモンゴリナラの林は、村の規則で伐採は禁止されているという。また、現在はナラの実を人間が食べるということはなく、ほとんど家畜の餌として使用しているといった。ナーナイの人々は、自分の家でブタを養うためにナラの実を利用している。しかし、ロシア革命以前はそうではなく、シラカバでつくった容器に入れて人間の保存食料としても利用されていた。ドングリの採集時期は10月で、集めてきたドングリはペチカの上で干しイクラ（乾燥イクラ）と一緒に炒めて食べたという。干しイクラは丸ごと干して固めたもので重要な保存食であった。かつては、4月に野生のイノシシの子供を生け捕りにしてきて、魚とドングリを餌にし

て飼育していたという。家畜の飼料には基本的に魚を使っていたともいう。

　筆者らが実際に見て歩いたモンゴリナラの林は、タルゴン島にある古いナーナイの墓地においてであった。それはまるで墓地の日よけのための並木のようであったが、樹齢は100〜200年はあり、樹間や樹冠がある程度そろっていた。条件が良好な場所にひとつの樹種がそろって生育し、これに人が手を加えることで単一樹種の林へと改変することは日本国内の山村などにもその例を見ることができる。樹種としてはクリ、トチ、クルミなどの堅果類が多い。自然条件の下で、その場所が土壌や水分条件など、さまざまな要因から他の樹種を入り込ませずに純林を構成することもあり得ないことではないが、しかしその場合は樹齢や樹冠が一定せず、概観はもっと粗野となる。今後、詳細な調査が必要ではあるが、ナーナイの人々の保存食獲得のためのドングリの林であったことにほぼ間違いないと思われる。ただ、どれほどの収量があったのか、現存する林だけであったのかなど、その詳細については現在のところ明らかではない。

　保存食には、この他にエゾノウワミズザクラの実を潰してねったものを天日やペチカのそばで乾かして、クッキー状に固めたものがあった。固める前に、クッキーの表面に各クラ（氏族）を表すカエルのなどの動物の絵を描いた。手で描いたり、木製の版で押したりして印をつけたという。これは冬用の保存食で、中国製の陶器などに入れて保存したものであった。容器の口に魚油を塗り、蓋をして密封した。保存されたクッキー状のものは、1年以上も保存が可能であったという。

　ヨモギなどは5月に採取して冬に向けて乾燥させ保存しておき、冬場にスープの具に利用した。湯を沸かし、干したヨモギを入れ、魚あるいは肉を入れて煮込んだ。味付けは専ら塩でおこない、好みによっては小麦粉を入れるなど工夫された。イラクサのスープやキノコのスープなどもあり、ほとんど野草やキノコの類いは乾燥させて保存したものであった。

　ロパーチン И. А. は、先に挙げた著書のなかに、ナーナイの人々が使用する野生草本類のリストを記載している。それによるとセリ科のハナウドの仲間やキク科のヨモギ（オウシュウヨモギ）、ユリ科のツユクサ、アカザ科のアカザ、ナデシコ科のエゾオオヤマハコベ、キク科のノブキ、イラクサ、ヤナギ、ユリ科のギョウジャニンニク、メギ科のセイヨウメギ、キンポウゲ科のリュウキンカ、ワラビ、あるいはユキザサといった植物など、繊維利用のものも含めて20種類を挙げている（Лопатин 1922 : 103）。

（3）ニージニ・ハルビ（Нижние Халбы）／ナーナイ

　ニージニ・ハルビ村はアムール川左岸にあり、河畔は白砂に覆われている。1998年の統計によれば、人口457人、その内の約300人がナーナイ、ウリチ、オロチ、ネギダールなどの少数民族で占められている。既述したようにニージニ・ハルビ村は、ナーナイが暮らす村としては最北に位置している。この村は、ナイヒン村と後述するカリチョーム村の中間的位置にあり、基本的な狩猟漁撈暦も両村と類似している。今回の調査では、狩猟漁撈暦の詳細について押さえることがで

きなかったため、聞き取りによってえられたトピックのみに触れることにする。

　ニージニ・ハルビ村には立村以前の次のような伝承がある。これは、バレンチン・イリーチ・ゲーゲル氏（1935-）からの聞き取りである。この地域は、ニブヒ、アイヌ、ツングース、中国人、ロシア人とかなり頻繁に民族が出入りした。17世紀、トマリという一族がハルビに住んでいた。トマリの後にサマルとかジゴルという一族が入ってきた。それ以前はハと呼ばれる一族が住んでいた。ハという人々についてはほとんど分かっていないが、竪穴住居に住んでいたらしい。ハはナーナイがアムールに入ってくるまで暮らしていたらしい。アイヌが入ってくるとハは消えて、ナーナイが現れるとアイヌが追われた。そして、ハはナーナイに同化したり追われたりした。19世紀の中頃に初めてロシア人が現れた当時は、少数民族とロシア人は相互に観察しあっているだけであった。そして、ナーナイはロシア人たちに生魚を食べることを教え、ロシア人はブタの脂身を生で食べることとブタの飼育を教えた。当時、スンガリのナーナイはロシア人がくる以前からブタを飼うことを知っていたが、アムール下流のナーナイはそれを知らなかったらしい。やがて、ナーナイはロシア式の丸太小屋を建てることも覚えた。そしてロシア人の商人と中国人の商人の競争がはじまった。ロシア人は良質の物資をもたらし、やがて中国人の商人を駆逐した。当時、クロテンを1匹獲ると7、8人の中規模の家族が1年間は暮らせたといわれるほど高額でロシア人商人たちは買いあげたという。

　これらの伝承がどこまで真実を伝えているかは別としても、アムール川下流域が民族の攻防の舞台となってきたことを語り伝えているのは確かであろう。

a．狩猟活動

　ニージニ・ハルビ村の古老、ミハイル・ニコラエヴィッチ・ナイムカ氏（1922-）によれば、現在の狩猟活動は、猟場に建てられた狩猟小屋を中心におこなっているが、常設の小屋を利用するようになったのはここ15、6年のことだという。それまでは、常設の小屋というものは持たず、円錐形のチョロという簡易的な小屋（テント）を建てたものだった。1人の狩人がこのチョロという小屋をつくるには2時間もあれば十分であった。まず、地面の雪を取り払い木の枝葉を敷き詰める。柱は16本で、材料の樹種はなんでもよく、その場で調達可能なものを用いた。中央に炉を切って、内部には横木を渡して干し物や道具などを下げておいた。寝具は自家製の寝袋で、素材はクマやウサギの毛皮を用いた。そして、このチョロを拠点にして猟場のなかに罠を仕掛けて歩いたという。

　罠は、現在捕獣器を使っているが、1970年代まではイタチ、クロテンなどの毛皮獣用にカパリという重力式の罠を使用した（田口2002ｂ：186）。これはクラースヌィ・ヤール村やナイヒン村と基本的な構造は同じものであるが、クラースヌィ・ヤールのウデヘたちとは仕掛け部分が上下逆に使われている。これは伝承者の記憶の問題もあるが、仕掛けそのものの形状は同一であるため同じものと考えて良い。ただ仕掛け部分については次のような伝承がある。バレンチン・イリー

チ・ゲーゲル氏によれば、カパリに用いられる仕掛けは、ロシア語でスタラジョークと呼ばれるもので、この仕掛けの名前はナーナイ語にはなく、ロシア人がもたらしたものだという。それ以前の仕掛けはごく単純なもので、一本の棒だけで支えるものであったという。カパリは1人の狩人で20～30は仕掛けたものであるという。

　ナーナイ語で輪罠全般をポトゥカという。ポトゥカの素材は小鳥やクロテン、イタチ、ウサギなど小動物の場合にはウマの尻尾の毛を寄り合わせてつくった輪を用い、イノシシやクマ、ヘラジカ、ジャコウジカなどの大型獣用には獣皮、とくに背筋の皮を寄り合わせてつくった輪を用いていた。輪罠の位置は、クロテンの場合地面から12～3cm、ウサギの場合は20cmあまりの高さに調節して仕掛けたという。とくにクロテン用のポトゥカは倒木の上に仕掛けることが多く、障害物を置いて、一旦クロテンを跳躍させることで首に輪がかかるように工夫された。これはウデへの伝統的な罠のひとつとして紹介したクロテン用のフカ（輪罠）と同じ工夫である（佐藤編 1998：204-207）。また、集落内や狩猟小屋周辺などでのイタチの捕獲にはチェルカーン（弓式圧殺罠）が用いられた（田口 2002：187）。

　現在では狩猟小屋を中心とした猟場内の移動には専らスノーモービルが使用されているが、1950年代まではクルミやトネリコを材としたナールタ（図9）と称される犬と人間が共に曳く手橇が使用されていた。この手橇はウデへのトゥヒと呼ばれるものと類似した構造となっている（田口 1998：117）。

b．漁撈活動

　ニージニ・ハルビでは、ソビエト時代に違法な漁として禁止されるまでヤナ漁が盛んにおこなわれていた。ヤナ漁はアムール川の支流や湖のような波のおだやかな場所に敷設された。ヤナの構造については明らかではなく、ただ伝承によれば舟を用いて川底に杭を打ち込んでいき、ヨシを用いたということしか分からない。またメンゲと称する渓流に敷設したヤナもあった。これは渓流に板を並べ、板の上に跳ね上がってくる遡上魚を捕らえるというものであった。

　アムール川下流域には2種類のチョウザメ〔アショートル（осётр）とカルーガ（калуга：ダウリチョウザメ）の2種類〕が生息しており、ナーナイ語ではカルーガのことをアジといい、アショートルをクムドゥーという。ニージニ・ハルビではチョウザメ漁も盛んにおこなわれてきた。ミハイル・ニコラエヴィッチ・ナイムカ氏によれば、チョウザメ漁に用いる網はオハンといい、ヤナギの木の茎皮から繊維をとり、これを寄り合わせた紐で編んだものであった。オハンという網は、大きな網で高さは約3m、長さは最大で300mほどもあったという。通常用いる網の場合は、一艘の舟で運べるのだがオハンの場合は2艘の舟を双胴船のようにして運んだものだという。そして遡上するチョウザメに対して、川上から2艘の舟で流れに乗りながら網を広げて下流側へと流していった。また、チョウザメ漁には鉤を用いた延べ縄漁もおこなわれていた（図20）獲れたチョウザメは、殴り棒で撲殺したりジョグボという銛で突き刺して仕留めた。捕獲したカルー

ガやアショートルの肉はスブディチンという干し肉にして保存した。

　アムール川の結氷期には、ナイヒンなどと同様に擬餌針を使用した釣り漁がおこなわれた。ナイヒンや後述するカリチョームではマハルカと呼ばれているが、ニージニ・ハルビでは擬餌針のことをウムカという（図19）。また、結氷期から解氷期にかけてはザキドゥーシカ（закидушка：図18）という置き針、流し針の一種を用いてコイやフナ類などの底釣りをおこなった。ザキドゥーシカという投げ針は、6月上旬におこなわれるカラフトマス漁にも用いられ、餌にはミミズを使用した。現在では網漁が主になっている。秋におこなわれるシロザケ漁（現在は9月10日前後が解禁日）では、ロシア人によってもたらされた粗目の網と細かい目の網からなっている二重網（ナイヒン村で使用されているものと同じ形式の網）が用いられる。シロザケ漁では、川上から川下へと網を流してくるが、粗い目の方が下流側になるように流す。現在では、粗い目の網で細かい目の網を挟む三重網も使用されている。網の目は粗い目の網は、網目が細かい網の4倍と7倍とがあるという。ニージニ・ハルビ村では、手持ちの網で一番いい網をサケ漁に使用するのだともいう。

　またニージニ・ハルビ村の周辺には5カ所の漁場がある。これはかつて旧集落毎に持っていた漁場を集めたものだという。また現在では、漁撈に関して厳しい法的な制約があり、シロザケは1人あたり35km、約10匹までとなっているという。

（4）カリチョーム（Кольчем）／ウリチ

　カリチョーム村は、ボゴロドスコエ（Богородское）の南西、ウジリ湖（оз.Удыль）とアムール川をつなぐウフタ川左岸にある戸数50戸あまりの集落である。詳細な民族の人口構成などについては資料を入手できておらず不明であるが、その大半がウリチで占められている。

　カリチョーム村の生業は、ナイヒン村などと同じく漁撈と狩猟である。とくに漁撈についてはウジリ湖とアムール川にまたがるかたちで漁場を持っていることが特徴である。一方のウジリ湖は全くといっていいほど流れというものはなく、一方のアムール川はかなり流れが強い。この漁場の環境の違いを越えて漁撈をつづけてきたため漁法や技術にはかなりの幅がある。

　狩猟は、ウジリ湖に注ぐ、ガルヴカ川、シラス川、シルコ川、ビチ川流域を猟場としており、ウデヘやナーナイと同様に猟場に冬期間泊まり込む狩猟小屋をもっている。ただテリトリーの面積等、詳細は現在のところ未調査である。河川湖沼での移動や漁撈活動では、ナイヒンやニージニ・ハルビと同様に春期から秋期にかけて専ら板舟（図11, 13）が使用されている。夏期を中心とする狩猟では丸木舟ではなく小型の板舟が使用されている（図12, 14）。

　筆者らが主に聞き取りをおこなったのは、カリチョーム在住のウリチ、アルチョム・ペトローヴィッチ・ハッテルヒ氏（1929-）、アナトーリ・セルゲイェヴィッチ・ウジンカ氏（1938-）、イワン・セミョーノヴィッチ・アブダン氏（1912-）などである。

a. 漁撈活動

　カリチョーム村の年間の狩猟漁撈活動については、表5に示す。カリチョーム村の漁撈はアムール川本流での漁と、ウジリ湖およびウジリ湖に注ぐ支流での漁からなっている。とくに10月から3月までの5カ月間の結氷期には狩猟と漁撈とが重なり、タイガと湖を往復しなくてはならずもっとも多忙な日々となる。

　ウリチの古老アルチョム・ペトローヴィッチ・ハッテルヒ氏によれば、カリチョーム村の漁撈活動は、水の神ポジャへ供物を捧げるチュクトリという儀礼からはじまるという。この儀礼は凍結した漁場の氷に穴を穿ち、この穴のなかに穀物や干したギョウジャニンニク、煙草、酒（ウォッカ）などを供える。全ての供物は紐で結んで供えられる。そして「水の神よ、私たちに氷と漁を授けてください。そのためにここに供物を供えるのです」と唱える。この儀礼は、漁場ごとにおこなわれるという。

　氷下漁は、ナイヒンの頁でも触れたマハルカという擬餌針による釣り漁やフナやカワカマスなどを対象とした網漁からはじまる。このとき用いられる網は、袋状のもので全長が20〜30mあまりあるという。この網を氷の下に広げて、100〜200mあまり底を這わせながら引く。曳き網の一種であり、サハ共和国など東シベリア一帯から北米にかけても分布する北方帯では普遍的漁法である。また、このような網を一定の場所に敷設して数日間放置しておく、建網形式のものもあった。ナイロン製の網が普及する以前はナイヒンと同様にイラクサや亜麻の繊維から糸をとって縒り合わせて紐をつくり、網に仕立てた。氷下漁は湖沼河川が結氷する12月から2月にかけておこなわれる。

　3月に入ると氷がゆるみだすので、氷上を車で移動できなくなり、現在ではこの時期に漁を止めてしまう。カリチョーム村では1シーズンに氷が2度解けるといわれている。1度目はアムール川本流の解氷であり、2度目はウジリ湖の解氷である。4月に入ると湖の氷が動きだして本流へと移動していく。そして、アムール川から魚たちがウジリ湖に遡り、イトウはウジリ湖から渓流部へと遡る。例年5月には完全に氷が水面から消える。

　6月に入るとカラフトマスや夏ザケの遡上がはじまり、慌ただしい川漁の季節を迎える。このときにも水の神へのチュクトリの儀礼がおこなわれる。この儀礼には若者は参加せず、高齢者だけでおこなわれる。内容は氷下漁のはじまりの際におこなったものと同様であるという。

　カラフトマスや夏ザケは、ウリチ語でマクリという干し魚やセプトラーという田麩にして保存された。また、コイやレンギョ、ソウギョなどからシムセという魚油を取った。秋以降、干し魚などを食べる際にはこの魚油をかけて食べたという。夏ザケ漁は8月まで獲れるのだが、盛りは7月で、8月に入るとほとんど休養をとり、9月にはじまるシロザケ漁に備える。

　秋のシロザケ漁は、9月いっぱいおこなわれるのだが、現在は法律の関係でニージニ・ハルビ村と同様に漁期、漁獲ともに厳しく制限されている。シロザケ猟の漁場はアムール川本流となる。カリチョーム村には、アムール川本流に幾つかの村と共有する共同漁場が2カ所ある。この漁場

第1部　アムール川流域の人々―フィールド調査から1―

表5　カリチョームにおける狩猟漁撈暦：ウリチ（改：田口 2000）

月	漁撈 漁法	対象魚種	狩猟 猟法	対象動物種
1月	氷下漁 網漁・釣り	コイ、フナ、カワカマス、コクチマスなど雑魚漁が主体 雑魚漁 個人による擬餌針（釣り）漁 小グループ（5〜6人）での定置網漁 魚類の保存→冷凍保存：秋期に加工した干し魚を消費	毛皮獣狩猟 罠猟	クロテン、カワウソ、キツネ、ミンク、イタチ、リスなどの中小型の毛皮獣狩猟が主体 大型獣狩猟 食肉獲得のためのアカシカ、ヘラジカ、イノシシ猟 トラッキングによる追跡猟 小グループ（2〜3人）での追い込み猟 食肉保存→冷凍保存
2月			狩猟小屋→集落	
3月		ウジリ湖・アムール本流の氷がゆるみ、車などによる移動が危険になるため氷下漁終了		
4月		4月中旬：ウジリ湖の解氷		
5月	休漁期	5月上旬：アムール川の解氷 アムール川本流での漁撈	集落→狩猟小屋	大型獣狩猟 アカシカの袋角猟、ヘラジカ、ジャコウジカ、ツキノワグマ猟 忍び猟（丸木舟による） ヘラジカの夜間追跡猟
6月	6月上旬：カラフトマス漁・夏ザケ漁 小グループ（3〜4人）での流し網漁 魚類の保存→田麩：セプトラー（越夏用に魚肉の保存） 干し魚：マクリ（通年用に魚肉の保存） 魚油：シムセ（通年用に魚油を保存）		食肉保存→薫製、干し肉、塩蔵 5月下旬〜7月下旬：ヘラジカ猟	
7月	ウジリ湖周辺渓流部でのイトウ漁 個人での夜突き漁		狩猟小屋→集落	
8月	8月中旬：チョウザメ漁 魚肉の保存→塩蔵（通年用に魚肉の保存）		休猟期	
9月	シロザケ漁 集落共同での流し網漁 魚類の保存→干し魚：マクリ（通年用に魚肉を保存）		カモ猟	集落周辺での個人猟
10月	ウジリ湖での釣り漁 個人での擬餌針によるカワカマス漁	10月中旬：ウジリ湖の結氷 集落→狩猟小屋	毛皮獣狩猟	クロテン、カワウソ、キツネ、ミンク、イタチ、リスなどの中小型の毛皮獣狩猟が主体
11月		11月上旬：アムール川の結氷	罠猟	大型獣狩猟 ツキノワグマの穴見猟 小グループ（2〜3人）での追跡猟、穴見猟 食肉保存→冷凍保存
12月	氷下漁	コイ、フナ、カワカマスなど雑魚漁が主体 魚類の保存→冷凍保存：夏期秋期に加工した干し魚を消費		

補注：本表は1998年8月に実施したアナトーリ・セルゲイエヴィッチ・ウジンカ氏(1938-)、アルチョム・ペトローヴィッチ・ハッテルヒ氏(1929-)、イワン・セミョーノヴィッチ・アブダン氏(1912-)、ボリス・コンスタンチーノヴィッチ・ジャクスー氏(1932-)、ジーナ・セルゲイエヴィナ・ジャクス氏(1927-)など、カリチョーム村在住のウリチ族からの聞き取りをもとに構成した。

は排他的なものではなく、あくまでも複数の村が共同使用するものである。無論、現在もこの漁場で漁がおこなわれている。シロザケも秋から冬の保存食となる。主に塩漬けや干し魚に加工され、イクラは天日に干してほとんどトゥルセという干しイクラにした。現在でもこの保存方法に変わりはないという。

　シロザケ漁が終わるころには気温も下がり、魚たちがウジリ湖からアムール川へと下りはじめ、イトウも渓流部からウジリ湖へと下りはじめる。そしてまた河川の凍結がはじまるのである。

　イトウ漁についてであるが、前述したようにイトウは秋から冬にかけてウジリ湖におり、夏は支流の上流部、渓流に遡っている。そのため夏と冬とでは漁法が異なる。夏の漁は、現在禁止されているが夜間に松明を灯して、ヤスで突いて獲った。主に舟上から突き獲るもので日中にも漁をした。冬の漁は網漁で二重になった網を使用する。目の大きな方の網は一辺が200mm、小さな方の目が約70～80mmのものを使用している。イトウは大きなものでは体重が60kg、体長が2mもあるものがいる。かつては、そのような大物が獲れたが現在では獲りすぎているためか小振りとなり大物でも25kgぐらい、中くらいの物で15kgぐらいである。

b．狩猟活動

　狩猟であるが、カリチョーム村では5月に入って河川の解氷が進むとガン、カモ猟をおこなった。かつては弓矢を使用していたが、1960年代になると銃が普及し現在は専ら銃器によって猟をしている。白鳥も飛来するのだがウリチは白鳥を撃ってはならないという禁忌があるため誰も撃たない。5月から6月にかけては、かつて漢方の原料であったマンシュウアカシカの袋角猟をおこなっていたが現在はおこなっていない。この季節はジャコウジカ、アカシカ、ヘラジカ、クマなどの大型獣狩猟をおこなっていた。法的にツキノワグマやジャコウジカが保護獣になり下火になってきた。袋角は中国人や満州人の商人に売っていたが、とても良い値で売れ、年収の大半を袋角猟で稼ぐ人もあった。6月中ならヒグマを撃つことがある。7月に入るとクマは獲れなくなり、ヘラジカ猟のみとなる。ヘラジカを獲るのは主に忍び猟であった。ヘラジカがヤハズアザミという草や水草を採食にくるところへ忍んでいき銃で狙い撃つというものである。

　8月は、夏ザケ漁と9月にはじまるシロザケ漁の準備に追われ、狩猟はほとんどおこなわれず、休猟期となる。9月もほとんど川漁に時間が割かれ、漁の合間にカモやガンを撃つ程度である。10月からは冬の本格的な狩猟期をひかえての小屋に入る準備に追われる。かつてウリチは、ニージニ・ハルビのナーナイと同じように猟場に常設の小屋を持ってはいなかった。猟場を移動してその場で野宿したり、丸太を組み合わせた簡易的な三角テントをつくって泊まった。常設の小屋を持つようになったのはニージニ・ハルビと同様ここ15,6年のことであるという。

　アナトーリ・セルゲイェヴィッチ・ウジンカ氏によれば、クロテンやその他の毛皮獣は、自動弓や輪罠、網猟で捕獲した。1シーズンに狩人1人あたり平均10頭前後のクロテンを捕獲する。イタチも10頭ぐらいである。ある狩人の話では、1日に20～30匹のリスを撃ったことがあるとい

う。狩猟は、その年によって当たり年とそうでない年があり、かなりのばらつきがある。それでも、カワウソなら1～3頭、キツネは7～8頭ぐらいは獲れるという。3月から4月、河川の氷がゆるみだすころには、かつて狩人は毛皮を売りに村から出ていったものだという。

　ウリチの古老イワン・セミョーノヴィッチ・アブダン氏の話では、かつては狩猟で森へ入る場合、まずデュシュとウリチ語で呼ばれるアムールドラに対するカウガラシーという儀礼をおこなったという。この儀礼は、必ず屋外でおこなわなければならず、森の中で跪いて、魚、ベリー類、ギョウジャニンニク、パン、まんじゅう、マッチなどの供物を森に投げ、「デュシュよ、私に良い生活をお与えください。貴方に御馳走を捧げます」と唱えたという。その後、猟場の小屋に入って火の神に対するチュクトリという漁撈の際と同じ内容の儀礼をおこなった。このとき火の神の祭壇を設けて、そこにベリー類やたばこ、肉などを供物として供え、狩猟の成功と狩人の無事を祈った。

　海獣猟であるが、アナトーリ・セルゲイェヴィッチ・ウジンカ氏の話では、カリチョームでは河口周辺に漁撈などの出稼ぎ仕事にいったときにアザラシなどを持ち帰る人はいたが、海獣猟を目的に河口へ通ったという話はないという。アザラシなどの海獣の毛皮が必要な場合は、河口近くのニブヒと物々交換で入手していた。ニブヒたちがカリチョームへやってくるということはほとんどなく、ウリチがニブヒの村へ物々交換を目的に出かけることの方が多かった。

（5）カリマ（Кольма）／ニブヒ（ギリヤーク）・ネギダール

　カリマ村は、ティル（Тыр）の北西4kmほどアムール川河口から直線距離にして40kmほど内陸の右岸に位置している。カリマは民族学者タクサミの故郷として民族学関係者には知られている村でもある。カリマ村の人口は1996年の統計によると182名、少数民族が157名となっている。内訳はナーナイ＝7名、ネギダール24名、ニブヒ＝108名、ウリチ＝17名、ハンティ＝2名、その他ロシア人＝21名となっている。ティルの人口は768名、内少数民族は全体の4割を占め193名となっている。ティルの東方6kmほどのアムール右岸にベログリンカ（Белогринка）村がある。ベログリンカは人口95名、このうち78名が少数民族で占められている。内訳は、ナーナイ＝5名、ネギダール＝26名、ニブヒ＝33名、ウリチ＝13名、エヴェンキ＝1名、残りはロシア人＝16名とカザフ人＝1名である。

　当該地域で筆者らが聞き取りをおこなったのはティル在住のネギダール、キリル・アレクサンドロヴィッチ・マチ氏(1938-)やベログリンカ在住のニブヒ、ミハイル・グリゴーリェヴィッチ・イカン氏(1927-)。そしてカリマ在住のニブヒ、ニコライ・ドミートリェヴィッチ・ワイズグン氏(1936-)、マリア・ナトゥカーノヴィナ・シャリーナ氏、ニコラエスク・ナ・アムール在住のニブヒ、マリア・ニコラエヴィナ・プフタ氏(1928-)、民族文化センター所長のエリーナ・アナトリェーヴィナ・マラヴィチカ氏などである。

第1章　アムール川流域少数民族の狩猟漁撈活動

a．漁撈活動

　ティル在住のキリル・アレクサンドロヴィッチ・マチ氏によれば、この一帯での漁撈は主に冬場はヤスなどを用いての突き漁が中心で、夏場は網漁が中心になるという。5月から6月におこなわれるチョウザメ漁ではアショートルやカルーガなどの漁がおこなわれるが、現在ではロシア人がもたらした網目10cm角のオハンという網を用いるのが一般的になっている。しかし、かつては鉤を用いた延べ縄漁が主体であった。延べ縄漁は、導縄が50～100mあり、導縄から1mほどの枝糸を出し、先端にキッテと呼ばれる鉤をつけた。鉤の手前20～30cmのところには、シラカバの樹皮を丸めてつくった浮きをつけておき、ミミズや貝の類などを入れた餌袋をつけておく。カルーガは、餌や浮きを突っついて遊ぶので、その時体が鉤に引っかかるのだという。鉤を用いた延べ縄漁では80～120kgのカルーガが獲れたものだという。しかし、現在ではこの漁法をおこなう者はいない。カルーガが獲れると舟に引き寄せ、叩き棒で急所を叩いて気絶させておく。そうすることによって、気温が高くてもカルーガの肉を傷ませることなく家まで持ち帰ることができるという。

　ニコライ・ドミートリェヴィッチ・ワイズグン氏は、1947年に巨大なカルーガを釣ったことがあるという。それは3台の馬橇で曳いて帰るほどの大物で、頭部だけで馬橇1台分あり、150kgのキャビアが獲れたと語る。この時期に獲られたカルーガなどのチョウザメ類の肉は、塩漬けや干し肉にして保存される。

　6月に入るとニブヒの人々の漁撈活動は慌ただしさを増し、カラフトマス漁をかわきりに、7月から8月にかけては夏ザケ漁、8月下旬から11月の河川結氷までは秋ザケ漁の季節となる。6月のカラフトマス漁で漁獲されたマスは、セプトゥラ（ウリチと同じ呼称）と呼ばれる田麩に加工され越夏用の保存食に蓄えられた。セプトゥラはシラカバの樹皮でつくったヒブズムという器に入れて保存された。7月以降の夏ザケ漁で漁獲されたシロザケは三枚におろし、ニブヒ語でマと呼ばれる干し魚に加工保存された。人間が食べるためのマには2種類あり、一つは皮付きのマで、一つは肉だけのものである。マの骨の部分は犬用の保存食にされ、これはフッスキと呼ばれた。マをつくるための干し場をビシャラといい、ニブヒにとっては大変重要な場所の権利であった。秋ザケ漁ではイクラをフゥルゥと呼ばれる干しイクラに加工し大量に保存した。サケの一腹分のイクラをコンガというが、コンガを分けないで丸ごと干した。マやフゥルゥは長期間の保存が可能で、越冬用の保存食というばかりではなく、翌年の初夏までは保存できるという。

　かつて、ニブヒはサケ漁のためにイラクサで網を編んでいたという。イラクサはカリマなどの集落対岸に行けば豊富に生えていた。それを刈り取って柔らかくなるまで叩き、揉んで、繊維を取り、櫛でとかしてからプルクという糸車を使って繊維に縒りをかけ糸にした。このイラクサの糸づくりは8月の末までには終わらせておいたという。網に編むのは冬期で、魚種、漁法によって網目が異なるので、幾つかの種類を編んだ。また、イラクサと同様の工程で麻の糸もつくり、長さ20～50mの網に仕立てた。麻の網は、イラクサの網よりも強く、良いものであったという。

イラクサや麻の網は、1947～8年ごろまで実際に使われていた。イラクサの網は、高さが2m、長さが10～15mほどのもので、主にアムール川本流でのサケの流し網漁に使用した。イラクサの網は、ひと夏は十分に持つものではあったが、いくら手入れをしても1シーズンしか使えなかったという。

　例年、アムール川本流は、10月中旬には氷が現れ、次第にシャーベット状となり、11月の上旬には完全に結氷する。河川が結氷すると氷下漁の季節となる。アムール川が結氷した11月中旬から氷がゆるみ出す翌年の5月上旬ごろまでおこなわれる氷下漁では、主にコイ、フナ、イトウ、カワカマスなどの雑魚を獲る。漁法としては氷に穴を空けてマハルカという擬餌針を用いて釣り上げる釣り漁の他、氷に穴を空け氷下に袋網を広げて小魚類を獲る網漁もおこなわれた。4月には細かい網目の袋網を用いてキュウリウオ漁がおこなわれた。

　この他の漁法では、突き漁と筌漁などがあった。ヤスの事をニブヒ語でヴィーハルという。主にコイやカワカマスを獲るための夜突き漁に用いた。ヤスには2種類あってシラカバの木でつくった二又や三つ又のヤスがあった。このヤスは突き獲るというよりも挟み込んで捕獲するもので、やはりカワカマスヤやコイを突いた。3月ごろから夏期にかけてはアングァルと呼ばれる筌を用いた漁もおこなわれた。この筌漁では、主に白身魚のコイやフナなどの雑魚が獲られた。

b. 狩猟活動

　ニコライ・ドミートリェヴィッチ・ワイズグン氏は、1960年以前には現在のような個人の猟場（テリトリー）というものは存在していなかったという。そして、それまでは捕獲した獲物に関しても共有観念が強く、獲物は捕獲した人のものといった個人の所有物という考え方もなかった。現在の猟場の広さは1人平均7～8万haあまりで、猟場内の移動は専らラシロクと呼ばれるスキーを用いている。以前、このスキーには厚さ15mmほどのカラマツの板を用いていたが、後には材質の軽いアシーナという広葉樹でつくるようになった。スキーには動物の毛皮を貼り付けて使用した。捕獣器が普及する以前には、若い狩人たちはスキーを履いてクロテンの足跡を追いかける追跡猟で捕獲していたが、老狩人たちは伝統的な重力式の罠で獲っていた。猟場の境、罠を仕掛けている場所などは木の枝を折って目印にしていたし、基本的な猟場境は河川であった。そのため猟場境は豪雨などによって頻繁に川の流れが変わるため絶えず動くものであったともいう。かつてニブヒの狩人たちの猟場はアムール川右岸の下流側のタイガであり、左岸側のタイガは基本的にネギダールの猟場であった。

　例年10月からは狩猟のシーズンとなるが、秋口になってマスクラットがたくさん獲れると、その毛皮を剥いで肉を冷凍しておいた。その肉は10月からはじまるクロテン用の罠の餌に使用した。カリマの狩人たちは10月末、氷が張りはじめるとそれぞれの猟場に散ってクロテン猟をおこなうが、翌年の2月の初めごろには終わってしまう。それは、2月上旬になるとクロテンが発情期を迎えるからである。そのため毛皮獣狩猟の最盛期はおよそ3カ月あまりである。狩人たちは2月

になると村へ帰り、猟期中に捕獲したクロテンやアナグマ、リス、イタチなどの毛皮の処理作業をおこなう。

1930年ごろまでは、毛皮の処理が終わるとニブヒの櫂が4つある舟に乗って中国のハルピンまで毛皮を持っていった。この旅から戻ってくるのは川がシャーベット状になる秋になってしまう。

ヘラジカ猟も6月におこなわれていた。1946年にゲデマという場所でヘラジカ猟をした。その当時は舟3艘分の肉を持ち帰った。そして、この肉を村民皆で平等に分配したとニコライ・ドミートリェヴィッチ・ワイズグン氏は語る。

キリル・アレクサンドロヴィッチ・マチ氏によればニブヒの生業活動は、1930年代以降法の下に規制されるようになり、現在では野生トナカイ猟などの大型獣狩猟は法律で禁止されているのでおこなう者はいないという。ニブヒの土地は、そのほとんどが15～6年前から保護区になっており大型獣狩猟ができなくなっているというのが現状であるという。しかし、1960年代まではかなり自由に猟ができたのでアムール川の左岸でヘラジカや野生トナカイ、キツネなどの狩猟をした経験があるという。この辺り一帯にはマンシュウアカシカはいないが野生トナカイが時折やってきていた。例年、秋になるとカリマ村の対岸、アムール川の左岸から支流アムグン川（Амгун）が合流するが、この上流の平原地帯にマリという場所があり、そこには野生トナカイが沢山きていたのでそれを捕獲にいっていたという。

ニコライ・ドミートリェヴィッチ・ワイズグン氏によれば、カリマ周辺のニブヒが海獣猟に出かけたという話は聞いたことがないという。しかし、1942年に梁にアザラシがかかっていたことがあった。このアザラシは梁の袋網にかかっていたもので、たまたま迷い込んできたものであろうという。

カリマにはかつて聖なるカラマツがあった。このカラマツの木の近くでクマ祭りがおこなわれていた。このカラマツの木は聖なる木であるから樹皮一枚獲ることは大きな罪となった。かつて1人のニブヒがカラマツの枝を1本とったことがあったが、彼はその後病死した。ニブヒの神コトルの怒りに触れたからである。1991年にブラヴァでクマ祭りが催されたが、カリマで最後にクマ祭りが催されたのは1933年か34年（1938年という話もある）のことであった。

また、遭遇猟でクマを2頭捕獲したことがあるというミハイル・グリゴーリェヴィッチ・イカン氏の話では、クマを捕獲するための罠には2種類あったという。一つは陥し穴で、落ち口の直径は1.2～1.5m、深さは3mほどの四角形の穴を垂直に掘ったものであった。クマ用の陥し穴は、あまり大きな穴にしてしまうとクマが自由に動けるので逃げられてしまうため、小さい方が良いという。落ち口は木の枝や葉を使って隠しておいた。クマは普段、注意深く歩くものだが、それでも掛かってしまう。クマが逃げ出さないように狩人は毎日陥し穴を見回っていなければならなかった。陥し穴に掛かっている場合は、銃で撃って仕留める。もう一つの罠は、スルゥヴと呼ばれる丸太を組んでつくったものであるが、なるべくクマが動き回れないように小さくつくるのがこつである。丸太で四角い柵の小屋をつくり、中に餌を置いておく。クマが餌に触れると扉が閂

表6　カリマにおける狩猟漁撈暦：ニブヒ　(改：大貫編 2004)

月	ニブヒの暦	漁撈 漁法	漁撈 対象魚種	狩猟 猟法	狩猟 対象動物種
1月	チャム・ロン (鷲の月)	氷下漁　網漁・釣り漁	イトウ、カワカマス、コイ、フナなどの雑魚漁が主体　雑魚漁 個人による擬餌針（釣り）漁 小グループでの袋網漁	毛皮獣狩猟　罠猟	クロテン、ミンク、カワウソ、イタチ、リス、キツネ、アナグマなどの毛皮獣狩猟が主体　大型獣狩猟は稀に行われる程度。イノシシ、マンシュウアカシカ、ヘラジカ、野生トナカイなどの大型獣は資源として恒常的に利用できるほど生息していない
2月	カルゥ・ロン (ワタリガラスの月)	魚類の保存→冷凍保存：秋期に加工した干し魚を消費		狩猟小屋→集落	
3月	チィラトゥ・ロン (セキレイの月)	筌漁	主にコイ、フナなど		
4月	アルケ・ロン (キュリウオの月)	4月：キューリウオ漁　夏期まで使用			
5月	マスコ・ロン (小魚の月)	5月中下旬：チョウザメ（アショートル、カルーガ）漁　個人、小グループ　鉤漁、網漁、延べ縄漁	5月上旬：アムール川の解氷　1930年代までは、5月～8月にかけて毛皮やチョウザメの加工品などを舟に乗せて、中国側へ交易に出ていた		
6月	チェンギ・ロン (カラフトマスの月)	6月初旬：カラフトマス漁　家族、小グループでの流し網漁　魚類の保存→田麩：セプトゥラ（越夏用に魚肉の保存）			6月：ヘラジカ猟（1946年の事例）
7月	ウェルタゴォ・ロン (夏ザケの月)	7月上旬：夏ザケ（シロザケ）漁　家族、小グループでの袋網漁　魚類の保存→干し魚：マ（サケを三枚におろして、人間用と犬用の干し魚を大量に保存）			
8月	チェル・ロン (秋ザケの月)				
9月	ルィギウォク・ロン (秋ザケの月)	8月下旬：秋ザケ漁　家族、小グループでの袋網漁　魚類の保存→干し魚：マ（サケを三枚におろして、人間用と犬用の干し魚を大量に保存）			
10月	アニィニラ・ロン (罠掛けの月)	10月中旬：アムール川に氷が現れる			
11月	チュロ・ロン (舟を曳き上げる月)	集落→狩猟小屋　11月上旬：アムール川の完全結氷		野生トナカイ猟　毛皮獣狩猟	アムール左岸の山々での猟移動はスノーモービル
12月	アニィ・ロン (年の終わり)	氷下漁　網漁・釣り漁	イトウ、カワカマス、コイ、フナなど雑魚漁が主体　魚類の保存→冷凍保存：秋期に加工した干し魚を消費	罠猟	クロテン、ミンク、カワウソ、イタチ、リス、キツネ、アナグマなどの毛皮獣狩猟が主体　クマ祭り（チィフィフ ヌイチ）の月

補注：本表は、2001年8月13日に行ったティル在住のネギタール族、キリル・アレクサンドロヴィッチ・マニ氏（1938-）、カリマ在住のニブヒ族、ニコライ・ドミートリェヴィッチ・ワイズグン氏（1936-）、ベログリンカ在住のニブヒ族、ミハイル・グリゴーリェヴィッチ・イカン氏（1927-）などからの聞き取りをもとに構成した。

とともに閉まり、閉じこめるというものである。クマが掛かると柵の間から銃を入れて仕留めるのである。

　マリア・ニコラエヴィナ・プフタ氏の話では、ニブヒにとっての12月という月は狩りをするか、網をつくるか、クマ祭りをするか、おしゃべりをする月だという。ニブヒ語のアニィ・ロン（12月）という言葉には年の終わりという意味の他に、芸能の月、催し物の月という意味があるという。

　ところで、カリマ、ベログリンカ、ティルに居住する狩人たちの話を総合すると、この地域に生息する野生動物種はクロテン、イタチ、リス、ウサギ、ヤマネコ、カワウソ、アナグマ、タヌキ、キツネ、クズリ、ヘラジカ、野生トナカイ、オオカミ、ヒグマなどであり、ジャコウジカ、ノロジカ、マンシュウアカシカ、イノシシなどの食肉資源となる大型獣が生息していない。食肉用となる大型獣に関しては、ヘラジカや野生トナカイなどが生息しているとはいうもののきわめて希少な存在で恒常的に獲得可能な資源としては位置付いていない。あくまでもその年々によって回ってくることがあるというものである。

　このような理由から表6の狩猟項目は毛皮獣狩猟に集中し、それ以外の猟としては1940年代におこなわれたというヘラジカ猟、あるいは野生トナカイ猟、ヒグマの穴見、追跡猟以外の大型獣狩猟に関する記載がないのである。また、そこには現在の狩猟に関する法制度が深く関わっていると考えられ、今後詳細な調査が必要であろう。

3．狩猟漁撈活動と環境

（3）自然環境との関係—狩猟の技術的適応—

　北緯46°付近の沿海地方クラースヌィ・ヤール村から北緯53°のニコラエスク・ナ・アムールにいたる広大な地域に、形態的には若干の差異を有し、機能あるいは可動システムはほぼ同一といっていい重力式罠やくくり罠、自動弓（仕掛け弓：図1，2，3，4，5）などの毛皮獣用罠が存在する。しかし、これらの罠は、決して当該地域に固有のものではない。

　例えば自動弓であるが、北緯36°付近の中国松花江の赫哲族の記録、凌純声 の『松花江下游的赫哲族』に掲載された自動弓（凌 1990：90-93）と北緯65°付近のサハ共和国中央ヤクーチアに居住するヤクートの生活文化を記録したズイコフ Ф. М.の著書に掲載された自動弓（Зыков 1989：87）を比較した場合、両者に地域的な差異を見いだすことは困難である。自動弓は、北緯25°付近の台湾では「弩弓」と呼ばれており、『瀬川孝吉　台湾先住民族写真誌』に紹介されてもいる（湯浅 2001：147-148）。弩弓の仕掛けは上記2例と基本的に同じものである。さらに北海道アイヌのアマッポやクワリ（萱野 1978：152-154）も同様の罠である。すなわち、自動弓やチェルカーン（弓式圧殺罠）に見られる洗練された技術——例えば、自動弓の照準器や弓を放つトリガー部分の調節溝など、ひとつの自動弓で多種の動物を狙える工夫——はアムール川流域のみならず、南は台湾、北はレナ、ヤナ川流域、そして北海道にいたるまで、ユーラシア東方に普遍的に見ら

第1部　アムール川流域の人々—フィールド調査から1—

れるものである。

　ニージニ・ハルビ村のカパリ（田口 2002：186）、クラースヌィ・ヤール村のカファリ（佐藤編 1998ａ：76-77）などは、ロシアで近年刊行された『ロシア狩猟百科辞典』（"Русская Охота. Энциклопедия"）にイタチとクロテン用の落とし仕掛けとして紹介されている（Бедельほか 1998：128）。当該地域に見られる丸太を使用した中小型獣用の重力式罠の仕掛け部分スタラジョーク（сторожок）は、極東ロシアだけではなく北米および北欧にも分布しており、ユーラシアから北米大陸を含む北方帯には普遍的に存在する仕掛けである（McPherson 1993：163-164．Källman and Sepp 2001：156-159など）。

　さらに、サハ共和国のタプースカ、北米のデッドファル・トラップ（deadfall trap）などに見られるような丸太や平板状の氷や岩石を用いた罠も、北方帯に広く分布している。このように重力によって落下する平板状のものが丸太によって格子状に組まれ、その上部に岩石や丸太などの重しを乗せる形式、あるいは平板状の物自体が重しとして機能する形式は、低緯度帯から中緯度帯に見られ、日本のヒラ、オソ、ウッチョウ、ヤマ、あるいは北海道アイヌのホイヌアクペなどと称される重力式罠が存在するように普遍的に分布している（萱野他 1978：160）。

　クラースヌィ・ヤール村のウデヘたちが伝えるクロテン用の重力式罠ドゥイは、20世紀初頭の中ロ国境地帯の中国側、黒龍江省から吉林省（旧満州北東部）周辺の狩人を取材したニコライ・バイコフのスケッチにも見られる（バイコフ 1995：口絵）。加えて、捕獲対象が鳥類であり、餌を使用するという相違はあるものの「パプア、セピックの落とし仕掛け」としてジョナサン・キングドンが紹介しているものも形態および可動メカニズムは同一のものといってよい（キングドン 1995：306）。また先に挙げた『ロシア狩猟百科辞典』にはウサギ用の落とし仕掛けとして紹介されてもいる（Бедель et al. 1998：202）。サハ共和国のソクソウ（田口 2002ｂ：203）も仕掛け部分に若干異なる部分はあるものの、上記の文献にも紹介されており北方帯には普遍的なものである。

　さらに、ヤクートやエヴェンがカラフトライチョウなどを捕獲するために用いるチルゲーと称する鳥用の輪罠についても同様のことがいえ、野鳥を対象とした罠の多くが『ロシア狩猟百科辞典』（Беделы et al. 1998：71）やカヴェルズネフの『野鳥猟』（"Охота на пернатую дичь"）に紹介されているものであり（Каверзнев 1999：53-54、134-135）、デンマーク、スウェーデンなどの北欧諸国の狩猟ガイドにも重力式罠とともに紹介されている。

　すなわち、沿海地方のウデヘ、ナーナイからサハ共和国、エヴェンやヤクートにいたるまで少数民族が使用してきた伝統的な毛皮獣および鳥類用の罠とされるもののほとんどが、日本も含めて中国、台湾、あるいは北欧、ヨーロッパロシア、北米と、中緯度帯から北方帯にかけて普遍的に見られ、決して当該地域に限定されて存在してきたものではないということである。

　このように普遍的分布を見る罠類に関して、16～19世紀に展開された毛皮交易と結びつけて捉える見方は危険であろう。なぜなら、日本列島本州島以南から八重山諸島に至る地域のように、必ずしも毛皮交易と深い関わりを持っていなかったと考えられる地域においてもこの種の罠が見

られるからである。すなわち、これら罠類の形態的視点からの普遍的な分布は、世界システム形成期、毛皮交易の影響とばかりはいえないのである。

　罠類の使用については、毛皮あるいは食肉のいずれを目的とした場合においても、仕掛けられる時期、罠の見回りの頻度が重要な要素となる。食肉目的の場合は、気温湿度と肉の腐敗の進行、毛皮目的であれば、他の捕食動物の存在と死肉漁りによる毛皮の損傷などが問題となる。確かに巨視的に見れば、罠類の可動期間、仕掛けている期間は年間の平均気温が低く、肉が傷み難い高緯度圏ほど長期化する傾向にある。しかし、低緯度帯においても見回りの頻度を上げ、もしくは標高の高い冷涼地においてこれを実行することで期間を延長することが可能なことから、一概にこれを肯定しえない。

　考慮されなければならないのは、罠が敷設される仕掛け場所の状況とコンテキストであろう。類似した重力式罠であっても、当該地域に見られるものは獲物が仕掛けに掛かるのは餌を使用しての誘引によるものが多い。これに対して、日本、とりわけ本州の中部東北地方に見られる重力罠の多くは餌を使用せず、獣道を主体に仕掛けられる待ち伏せ罠となる。この餌の使用の有無は、地形的要因から生じる獲物の行動生態との関係が大きいと考えられる。地形的に平坦な地域では、獣道と呼べる明確な野生動物の移動路が見出し難い。平坦な地形では動物たちの移動は個体毎に拡散する傾向にあるからである。対して地形が起伏に富んでいる地域では、移動が容易で歩行しやすい場所が限定されるため、複数の個体が選択的に同じ場所を移動路として利用し数本の道、獣道を形成しやすい。ゆえに、地形的な環境要因および野生動物の行動生態などから、大まかには平坦な地形を有する地域においては、敷設した罠へ獲物を誘引するための餌を使用する傾向が高まり、起伏の激しい地形を有する地域においては獣道に罠を敷設し、餌を使用せず待ち伏せる形式の罠となる傾向がある。クラースヌィ・ヤール村のフカなど伝統的罠猟の展開で既述したように、河川が凍結するまで倒木上に仕掛けられる罠には餌を使用せず、凍結後は餌を使用するという違いは、河川環境の変化によって獣道の在り方が異なることに起因している。河川を渡河するために倒木上を移動していた動物が、河川の凍結によって倒木を利用しなくても渡河が可能となるからである。

　このように普遍的に分布する罠を見ていく場合、罠そのものの形態的側面や分布からの説明は困難であり、その罠が敷設される自然環境要因、地形や季節的に変化する地表面の形態（凍結や降雪によって形成される凍結面、雪面の形態）および動物種ごとの食性などの行動生態、さらに敷設される罠そのものの機能的要因など複合的な視点からの分析が必要であろう。すなわち、低緯度帯から高緯度帯へと広く分布する罠であっても、その罠が捕獲しようとする動物種の行動生態によって変化する訳であり、例え同一の可動システムを持ち、同一の形態を有していたにしても、対象種の変化によって機能する仕方に違いが生じ、罠を仕掛けるコンテキストの違いそのものに環境適応の具体的姿が現れるといえる。

第1部　アムール川流域の人々―フィールド調査から1―

（2）重層化した環境下における狩猟

　クラースヌィ・ヤール村、ナイヒン村、ニージニ・ハルビ村、カリチョーム村、カリマ村、それぞれの村の狩猟漁撈暦を中心に概観すると、自然環境の変化に応じて活動の時期が少しずつ異なりはするものの、その活動のシステム、用いられる方法（狩猟法、漁法など）、食物資源の保存技術、そして道具（猟具、漁具、加工具…）などはほとんど類似しており、ひとつの規範のなかにあるといっていい。しかし、ウデヘ、ナーナイ、ウリチ、ニブヒ、ネギダールといった民族の枠を越えた狩猟漁撈システムが何故存在するのか。問題は、広大で自然条件も微妙に異なる地域にほぼ相似構造を示すシステムが併存してきたそのこと自体であろう。しかもこの相似構造はサハ共和国のヤクートやエヴェン、エヴェンキ、実見はしていないが民族誌資料によればカムチャッカからサハリンの少数民族にまでおよぶのである。

　また、毛皮獣狩猟について特筆すべきは極東アムール川流域の少数民族に見られる毛皮の加工技術（皮剥ぎから乾燥、鞣しの工程、およびこの工程で使用される用具類）であり、これは極めて類似している。それは加工に用いられる用具類の形態的な類似性に留まらず、地域的な若干の差異は見られるものの、加工システム全体があるひとつの規格のなかにあるといっていい。そしてこの加工システムは当該地域において顕著に認められるものであり、中国清朝統治下から帝政ロシアを経てソビエト政権下において形成されてきたシステムといえる。

　これらの生業活動とそのシステムの相似構造は大まかな意味で類似した自然環境との関係もあるが、その歴史性や現行の法制度などとの関係も考慮されねばならないだろう。このため、現代においてどのような法制度のもとで生業活動がおこなわれているのかを詳細に知る必要がある。当然のことであるが旧ソビエト時代、そしてポストソビエト時代の現代において狩猟や漁撈に関する法制度がどのように変化してきているのか。またロシア革命以前の帝政ロシア、さらに遡って中国清朝時代における当該地域の統治システムと法制度を歴史動態的視点から復元し、重層化した環境の下での現状にいたるプロセスを理解することが重要であろう。

　結論をいえば、当該地域の狩猟技術は自然環境や歴史社会的環境など重層化した環境に影響を受け、また適応してきたともいえる。そして、毛皮交易という市場論理から外れた大型獣狩猟や河川漁撈が基盤生業として少数民族の食物獲得生業としての地位を保ち、交換換金生業としての毛皮獣狩猟を支えつづけてきたといえるのである。そのためロシア人などの影響を受けつつも大型獣狩猟や漁撈活動の中に旧来の技術的な伝承の残存が見られ、毛皮獣狩猟のなかに当該地域が市場や国家などから求められた特定種の捕獲に特化した技術が現存している、と考えられる。それぞれの集落の項で述べたように、狩猟技術、特に毛皮加工技術から見るならばいずれの集落もひとつの規範のなかに組織化されており、市場偏重型の技術的特化と解釈していい。

　ソ連崩壊後、市場経済（資本主義経済）への移行のなかで、現在もこの状況は変わってはいない。むしろ物資流通システムの機能不全と経済市場の不安定さが、少数民族をより保守化させ内向化させることを手助けしているきらいさえ見られる。ソビエト時代、基本的な生活はコルホー

ズ、ゴスプロムホースによって保証されることを前提に各民族は専業化、分業化を受け入れてきた。しかし、現在は基本的な生活を保証してきた体制が崩壊したため、各民族は自活せねばならずより基盤生業である狩猟漁撈によって獲得される食物への依存度が高まることとなった。そして、自然森や河川に生息する野生生物をいかに持続的に利用するかが少数民族にとっての生の保証の鍵となっている。

引用参考文献
[和文]

大貫静夫（編）2004『ロシア極東少数民族の伝統的生業と居住形態に関する民族考古学的研究』（科学研究費補助金［平成13～15年度］研究成果報告書）、東京大学大学院人文社会系研究科

大貫静夫・佐藤宏之 2002「ウデヘの居住形態と領域」『先史考古学論集』11号、79-96頁

沖津 進 1993「シホテ・アリニ山脈に分布するチョウセンゴヨウ──落葉広葉混交林から見た北海道の針葉混交林の成立と位置づけ」『地理学評論』66A巻9号、555-573頁

沖津 進 2002『北方植生の生態学』古今書院

荻原眞子 1989「民族と文化の系譜」三上次男・神田信夫（編）『民族の世界史3：東北アジアの民族と歴史』53-124頁、山川出版社

加藤九祚 1986 『北東アジア民族学史の研究』恒文社

萱野 茂・『アイヌの民具』刊行運動委員会（編） 1978『アイヌの民具』すずさわ書店

カンチュガ、A．A．［津曲敏郎訳］2001『ビキン川のほとりで─沿海州ウデヘ人の少年時代─』北海道大学図書刊行会

キングドン，J．［菅啓次郎訳］1995『自分をつくりだした生物─ヒトの進化と生態系─』青土社

佐々木史郎 1996 『北方から来た交易民─絹と毛皮とサンタン人─』日本放送出版協会

佐々木史郎 1998a「クラースヌィ・ヤール村の狩猟採集産業の行方─株式会社民族猟師企業「ビキン」の挑戦─」佐藤宏之（編）『ロシア狩猟文化誌』163-202頁、慶友社

佐々木史郎 1998b「ポスト・ソ連時代におけるシベリア先住民の狩猟」『民族学研究』63巻1号、3-18頁

佐々木史郎 2000「18世紀～19世紀におけるアムール川本流域の集落配置とその規模の変遷」藤本強編『ロシア極東少数民族の自然集落に関する国際共同研究』（科学研究費補助金［平成9-11年度］研究成果報告書）28-48頁、新潟大学人文学部

佐藤宏之 1992『日本旧石器文化の構造と進化』柏書房

佐藤宏之（編）1998『ロシア狩猟文化誌』慶友社

佐藤宏之 1998「アムール少数民族の伝統的な居住様式の調査」『北方ユーラシア学会会報』10号、1-10頁

佐藤宏之 2000『北方狩猟民の民族考古学』北海道出版企画センター

田口洋美 1998「ロシア沿海州少数民族ウデヘの狩猟と暮らし─罠猟を中心とした狩猟の技術と毛皮交易のおよぼした影響をめぐって─」佐藤宏之（編）『ロシア狩猟文化誌』81-156頁、慶友社

田口洋美 1999a「1998年度、ロシア極東少数民族の自然集落に関する調査報告（その1）」『北方ユーラシア学会会報』12号、8-27頁

田口洋美 1999b「1998年度、ロシア極東少数民族の自然集落に関する調査報告（その2）」『北方ユーラシア

第1部　アムール川流域の人々―フィールド調査から1―

　　学会会報』13号、1-11頁
田口洋美　2000a「シベリア先住民族における環境に対する狩猟の技術的適応―サハ共和国エヴェノ・ブイ
　　タンタイスキー地区のエベンの事例を中心に―」斉藤晨二（編）『シベリアへのまなざしⅡ』（科学研究費
　　補助金研究成果報告書）124-17頁、名古屋市立大学人文社会学部
田口洋美　2000b「アムール川流域における少数民族の狩猟漁撈活動」藤本強（編）『ロシア極東少数民族の
　　自然集落に関する国際共同研究』（科学研究費補助金研究成果報告書）9-27頁、新潟大学人文学部
田口洋美　2002a「新潟県朝日村三面の近代環境史―近代における市場経済化と山村生活の構造を中心に―」
　　東京大学大学院新領域創成科学研究科環境学専攻社会文化環境学修士論文（未刊）
田口洋美　2002b「ロシア極東アムール流域と東シベリアにおける先住民族の狩猟漁撈活動」『国立民族学博
　　物館調査報告』34号、165-214頁
田口洋美　2004a「少数民族ウデヘにおける狩猟活動の季節的変移―沿海地方クラースヌィ・ヤール村ハバ
　　ゴーの事例を中心に―」大貫静夫（編）『ロシア極東少数民族の伝統的生業と居住形態に関する民族考古
　　学的研究』（科学研究費補助金［平成13～15年度］研究成果報告書）13-33頁、東京大学大学院人文社会系研究
　　科
田口洋美　2004b「アムール川中下流域の狩猟漁撈用具」大貫静夫（編）『ロシア極東少数民族の伝統的生業
　　と居住形態に関する民族考古学的研究』（科学研究費補助金［平成13～15年度］研究成果報告書）131-149頁、
　　東京大学大学院人文社会系研究科
テスタール，A.［山内昶訳］1995『新不平等起源論―狩猟＝採集民の民族学―』法政大学出版局
フォーシス，J.［森本和男訳］1998『シベリア先住民の歴史』彩流社
バイコフ，A．ニコライ［中田甫訳］1995『バイコフの森―北満州の密林物語―』集英社
藤本　強（編）2000『ロシア極東少数民族の自然集落に関する国際共同研究』（科学研究費補助金［平成9～11年
　　度］研究成果報告書）、新潟大学人文学部
ブロムレイ，G．F．［藤巻裕蔵・新妻昭夫訳］1987『ヒグマとツキノワグマ：ソ連極東南部における比較
　　生態学的研究』思索社
馬逸　清・西原悦男（編著）1998『北東アジア陸生哺乳類誌Ⅱ―中国黒竜江省・内蒙古北部・シベリア極東
　　篇―』鳥海書房
前田　潮　1987『北方狩猟民の考古学』同成社
南満州鉄道株式会社庶務部調査課編　1928『ソウェート聯邦の資源と産業（毛皮）』大阪毎日新聞社
森本和男　2000「狩猟民族ウデヘの集落と人口」藤本強（編）『ロシア極東少数民族の自然集落に関する国際
　　共同研究』科学研究費補助金［平成9～11年度］研究成果報告書、83-105頁、新潟大学人文学部
湯浅浩史　2001『瀬川孝吉　台湾先住民写真誌―ツオウ篇』東京農業大学出版会
　［中文］
凌純声　1990『松花江下游的赫哲族』（影印本）上海：上海文芸出版社
　［欧文］
Gibson, J. R. 1969　*Feeding the Russian Fur Trade: Provisionment of the Okhotsk Seaboard and the Kamchatka*
　　Peninsula 1639-1856, The University of Wisconsin Press.
Grabum, N. H. and S. B. Strong 1973　*Circumpolar Peoples: An Anthropological Perspective.* Goodyear Publish-
　　ing.

Källman, S. and H. Sepp 2001 *Överleva På naturens Villkor.* ICA Bokfölag.

McPherson, J. and Geri 1993 *Primitive Wilderness Living and Survival Skills.* Prairie Wolf.

Sasaki, S., H. Sato and H. Taguchi. 2002 Hunting Systems and Seasonality of The Indigenous People in The Russian Far East: From The Cases of The Udeghe on The Bikin River in Primorskii Krai.paper for the international symposium "*The Raven Arch: The JESUP North Pacific Expedition Revisited* 1902-2002", Sapporo.

Taguchi, H. 2000 Social problems of the livelihood strategies and forest conservation of indigenous people in the Russian Far East. In "*A Step toward Forest Conservation Strategy*（1）" （Interim Report 1998 IGES Forest Conservation Project）, Inoue, M. and I. Isozaki （eds.）, pp.514-531. Institute for Global Environmental Strategies （IGES）.

［露文］

Бедель.В.В. Дёжкин.В.В. Гусев.П.Н.Ляпунв.И.С. Пероский.М.Д. Русанои.Я.С. Хахин.Г.В. Халостов.В.Г. Шостаковский.В.М. Язан.Ю.П. （Рк） 1998 *РУССКАЯ ОХОТА ЭНЦИКЛОПЕДИЯ*. СОГЛАСИЕ. Москва.

Зыков.Ф.М. 1989 *Традиционые орудия труда якутов.* Наука.Сибирское отделение. Новосибирск.

Каверзнев.В.Н. 1999 *ОХОТА НА ПЕРНАТУЮ ДИЧЬ.* ООО Завигар. Минск.

Кузнецов.Е.В. 1999 *СИБИРСКИЙ ЛЕТОПИСЕЦ.* Издательство ю. Мандрики Тюмень.

Лопатинь.И.А. 1922 *Гольды Амурекие, Уссурийские и Сунгарийские.* Владивостокское отделение Приамурского отдела Русского географического общества.

Мазин.А.И. 1992 *БЫТ И ХОЗЯЙСТВО ЭВЕНКОВ-ОРОЧОНОВ.* Наука.Сибирское отделение.Новосибирск.

Сем.Ю.А. 1973 *НАНАЙЦЫ.* Дальневосточное Отделение Академии Наук СССР. Владивосток.

Тыра.Ю. Т.ыра. И. 1996 *ВСЕ ОБ ОХОТЕ.* Практические советя（Книга-Сервис）г.Киев.

Туров.М.Г. 1990 *Хозяйстово эвенков таёжной зоны средней сибири: конце XIX-начале XX века.* Издательство Иркутского Университета. Иркутс.

Шренк.С.Л. 1899 *ИНОРОДЦАХЬ АМУРСКАГО КРАЯ.* Издаше Имиераторской Академии Наукь. Санкт Петербург.

第1部　アムール川流域の人々―フィールド調査から1―

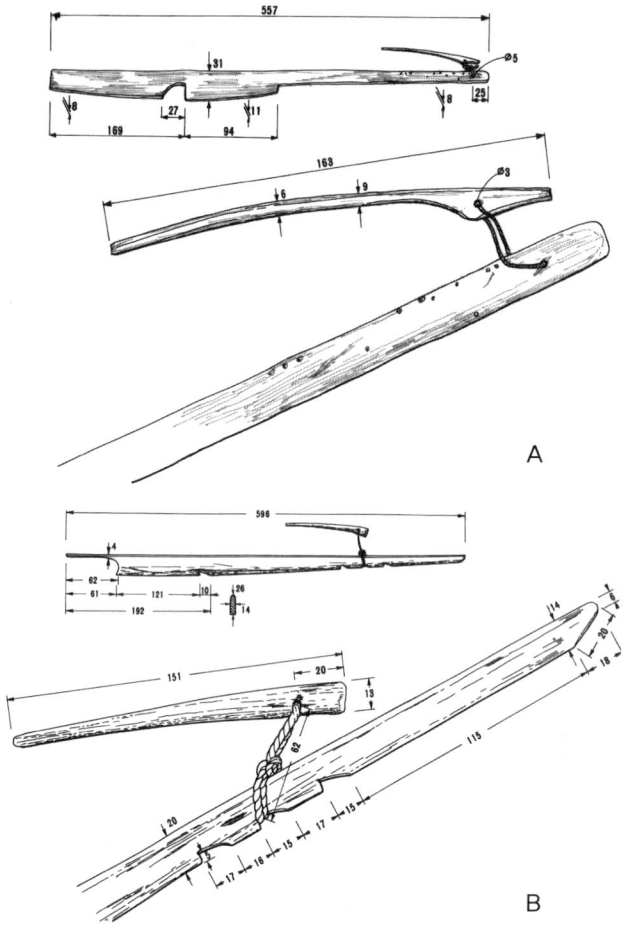

図1　自動弓：矢台とトリガー部
コムソモリスク・ナ・アムール
【作図年月日】
1997.09.26.　Taguchi Hiromi
【所蔵・作図場所】
Комсомольск-На-Амуре
Краевецческий Музей
【使用民族】
　ナーナイ
　Aは、自動弓（самострел）のトリガー部分が固定されているが、Bは可変式になっている。Bの可変式のタイプは、比較的アムール下流域に多く見られる。

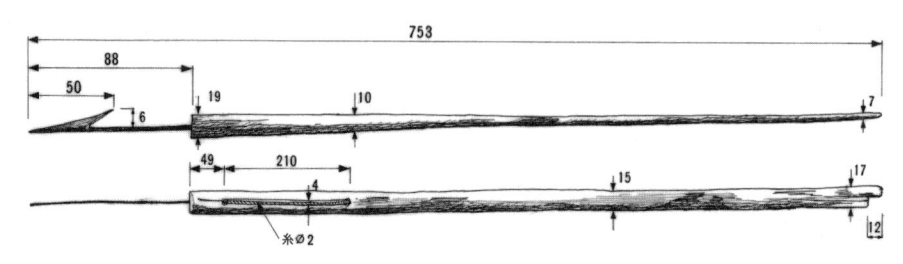

図2　自動弓：矢
コムソモリスク・ナ・アムール
【作図年月日】
1998.08.11.　Taguchi Hiromi
【所蔵・作図場所】
Комсомольск-На-Амуре Краевецческий Музей
【使用民族】
　ウリチ
　本標本は、ウサギ、テンなどの中小型獣用の自動弓（самострел）に使用したもので、鏃部分が獲物に刺さると柄の部分が外れる着脱式になっている。

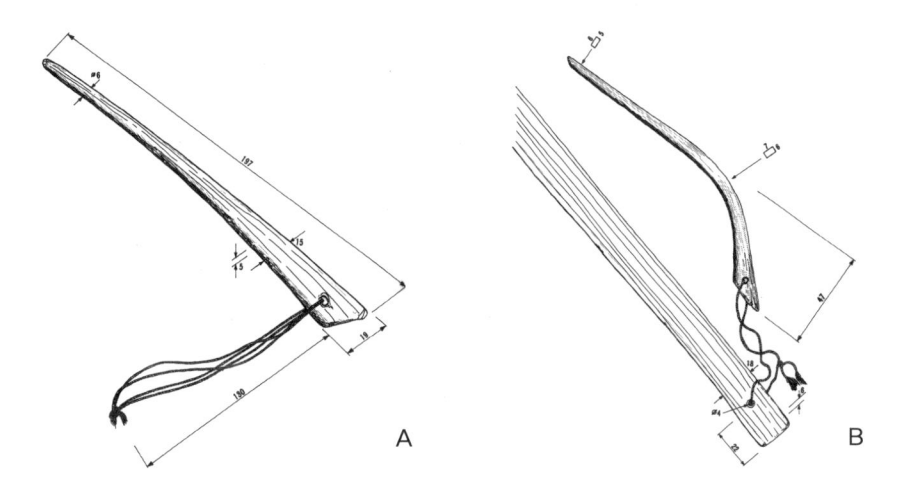

第1章　アムール川流域少数民族の狩猟漁撈活動

図3　自動弓：トリガー部（A，B）

コムソモリスク・ナ・アムール
【作図年月日】
1997.09.26.　Taguchi Hiromi
【所蔵・作図場所】
Комсомольск-На-Амуре Краевецческий Музей
【使用民族】
　ナーナイ
　A，Bともに自動弓（самострел）のトリガーとして使用。

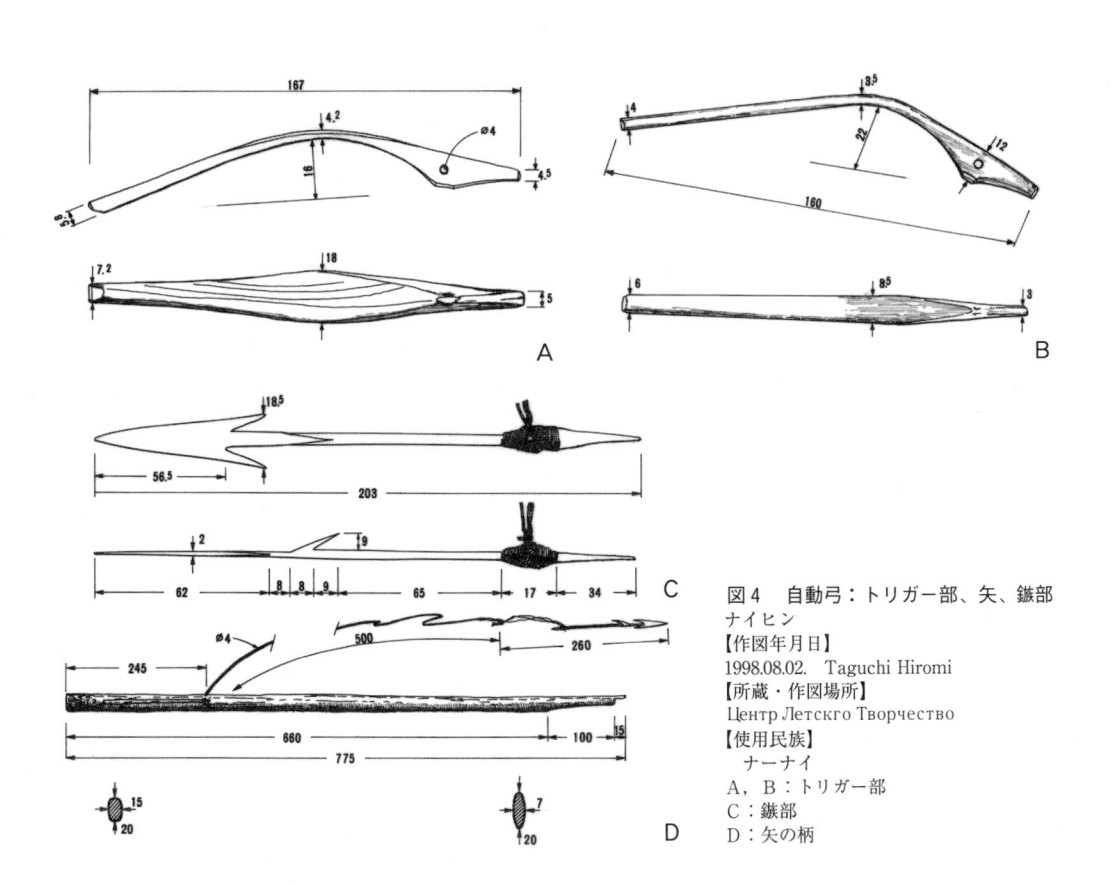

図4　自動弓：トリガー部、矢、鏃部
ナイヒン
【作図年月日】
1998.08.02.　Taguchi Hiromi
【所蔵・作図場所】
Центр Летского Творчество
【使用民族】
　ナーナイ
　A，B：トリガー部
　C：鏃部
　D：矢の柄

49

第1部　アムール川流域の人々―フィールド調査から1―

　　自動弓（самострел）の部位として使用。ABはトリガーとして使用。Cは弓矢の鏃部分（鉄製）。Dは矢の柄の部分。CDは糸で繋がっており、鏃が獲物に刺さると柄が外れるようになっている。本標本はウサギ、テン、カワウソなどの毛皮獣狩猟に使用。

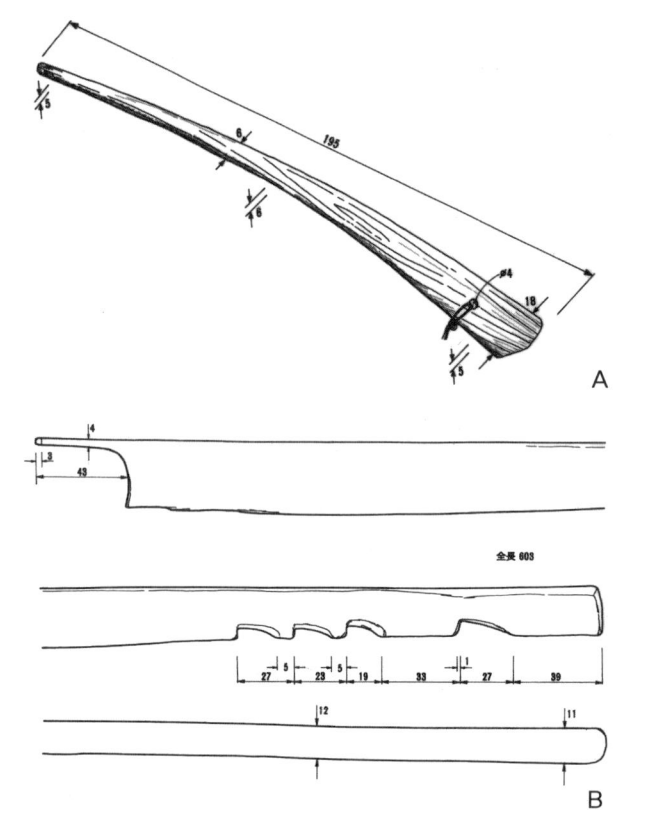

図5　自動弓：トリガー、矢台部
ニコラエスク・ナ・アムール
【作図年月日】
2001.08.15.　Taguchi Hiromi
【所蔵・作図場所】
Муниципальный Краевецческий Музей
Г.Николаевск-На-Амуре
【使用民族】
　エヴェンキ
A. トリガー部
B. 矢台部
　自動弓（самострел）の部位として使用。Aはトリガーとして使用。Bは矢台部でトリガーの位置（弓の弦の張り）を獲物によって4段階に使い分けることが出来るように工夫されている。本標本はウサギ、テン、カワウソなどの毛皮獣狩猟に使用。

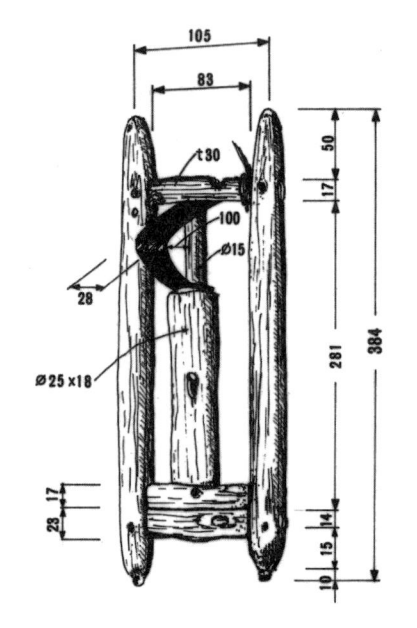

図6A　チェルカーン（челкан：イタチ用）
ニコラエスク・ナ・アムール
【作図年月日】
2001.08.15.　Taguchi Hiromi
【所蔵・作図場所】
Муниципальный Краевецческий Музей
Г.Николаевск-На-Амуре
【使用民族】
　エヴェンキ
　イタチ用罠として使用。主に家屋、倉庫の周辺や内部に仕掛けた。本標本のいようなバネ式のチェルカーンはアムール下流域やサハ共和国のヤクート、エヴェンなどにも見られる。

50

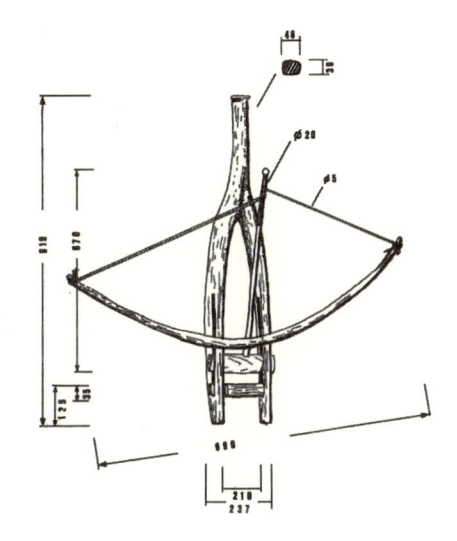

第1章　アムール川流域少数民族の狩猟漁撈活動

図6B　チェルカーン（челкан：イタチ用）
ボゴロドスコエ
【作図年月日】
1998.08.10.　Taguchi Hiromi
【所蔵・作図場所】
Боголодское Музей
【使用民族】
　ウリチ
　イタチ用罠として使用。主に家屋、倉庫の周辺や内部に仕掛けた。本標本のいようなバネ式のチェルカーンはアムール下流域やサハ共和国のヤクート、エヴェンなどにも見られる。

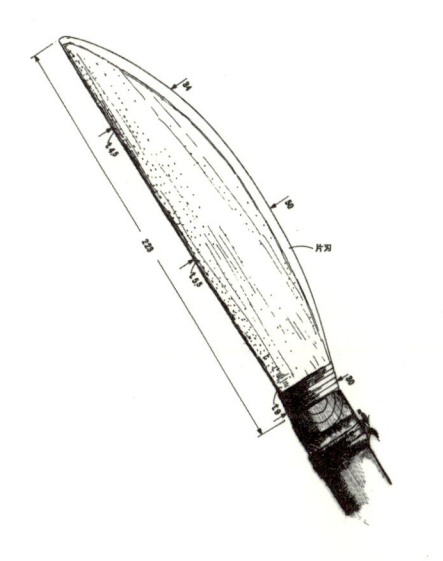

図7　ギダ（槍）
ナイヒン
【作図年月日】
1998.08.02.　Taguchi Hiromi
【所蔵・作
Центр Летскго Творчество
【使用民族】
　ナーナイ
　本標本はイノシシ、クマなどの大型獣狩猟に使用。イノシシ猟では追い込み猟、追跡猟など、クマ猟では穴見猟などに使用した。

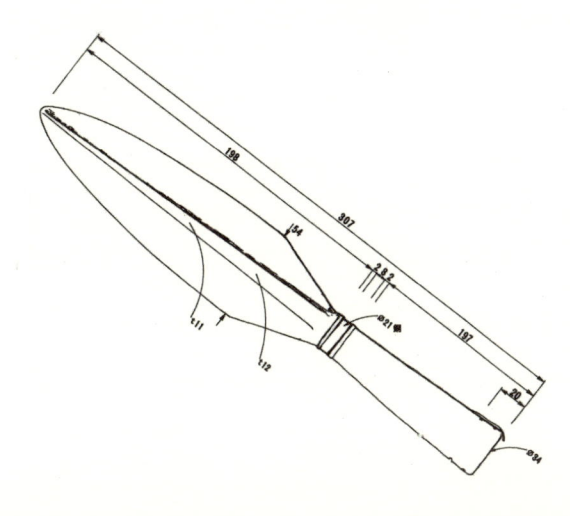

図8　ギダ（槍）
ニージニエ・ハルビ
【作図年月日】
1998.08.08.　Taguchi Hiromi
【所蔵・作図場所】
Михаил Николаевич Наймука
（ミハイル・ニコラエヴィッチ・ナイムカ氏）
【使用民族】
　ウリチ
　本標本はイノシシ、クマなどの大型獣狩猟に使用。イノシン猟では追い込み猟、追跡猟など、クマ猟では穴見猟などに使用した。

51

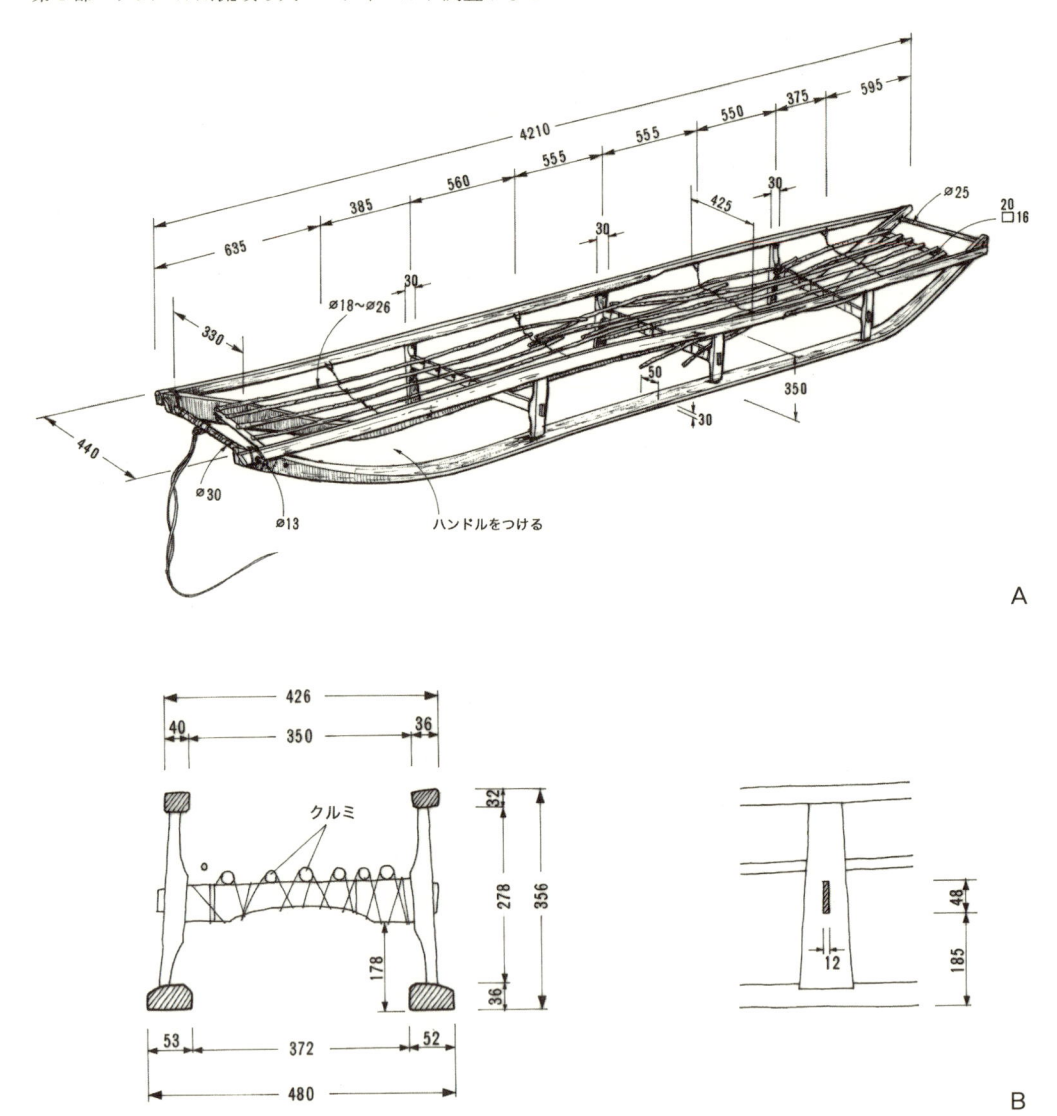

第1部　アムール川流域の人々―フィールド調査から1―

A

B

図9　手橇（Нарта）

ニージニエ・ハルビ
【作図年月日】
1998.08.08.　Taguchi Hiromi
【所蔵・作図場所】

Михаил Николаевич Наймука
(ミハイル・ニコラエヴィッチ・ナイムカ氏)
【使用民族】
　ウリチ
A：手橇本体
B：手橇の脚部
　本標本は、主に狩猟で用いる運搬用の橇として使用。狩人一人と犬が共にこの橇を曳いて移動した。Bは橇の脚部で、素材はトネリコとマンシュウグルミを使用。

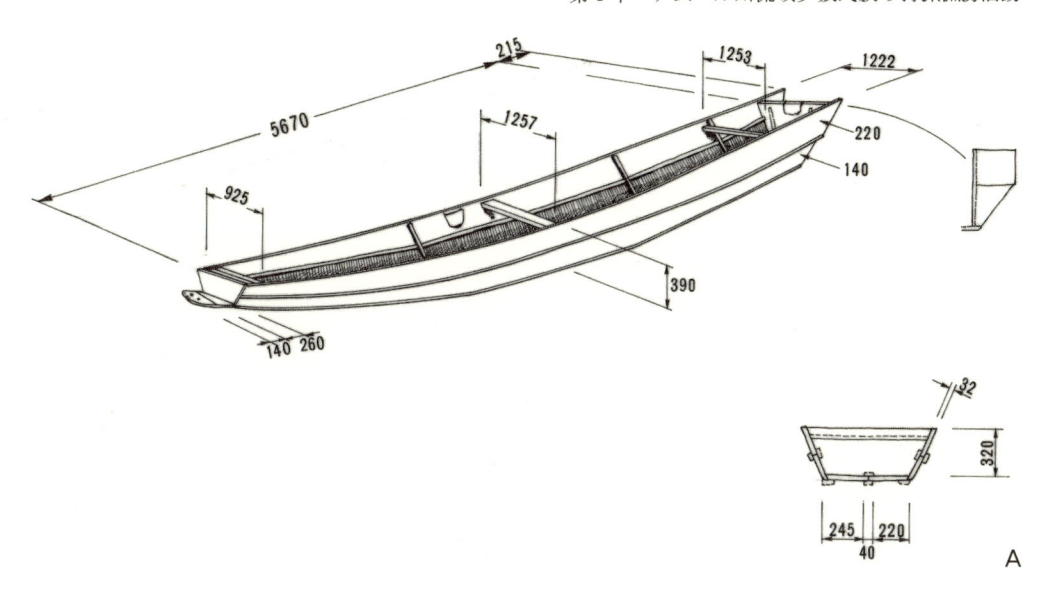

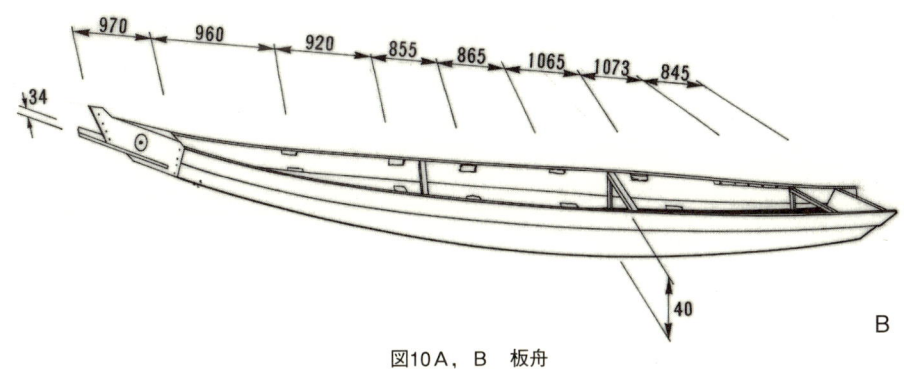

第1章　アムール川流域少数民族の狩猟漁撈活動

図10A，B　板舟

ブラバ
【作図年月日】
　2001.08.18.　Taguchi Hiromi
【所蔵・作図場所】
　ブラバ集落のアムール川河畔にて採録
　（所有者は不明）
【使用民族】
　ナーナイ
　本標本ABは共にアムール川河畔に繋留されていたものを採録した。Aは全長5m67cmの6枚板舟。Bは全長7m55cm、最大舟幅1m42cmの6枚板舟でブラバの民族資料館が復元したものと思われる。

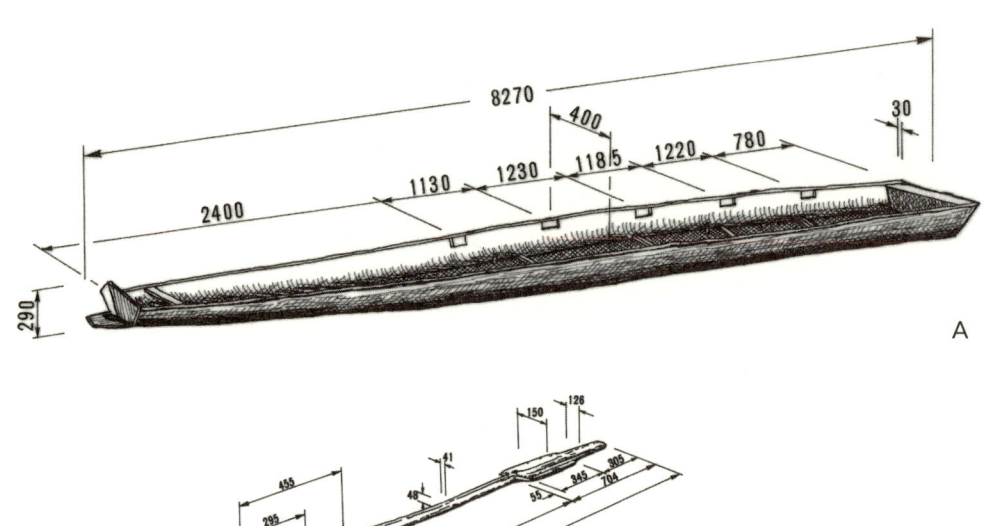

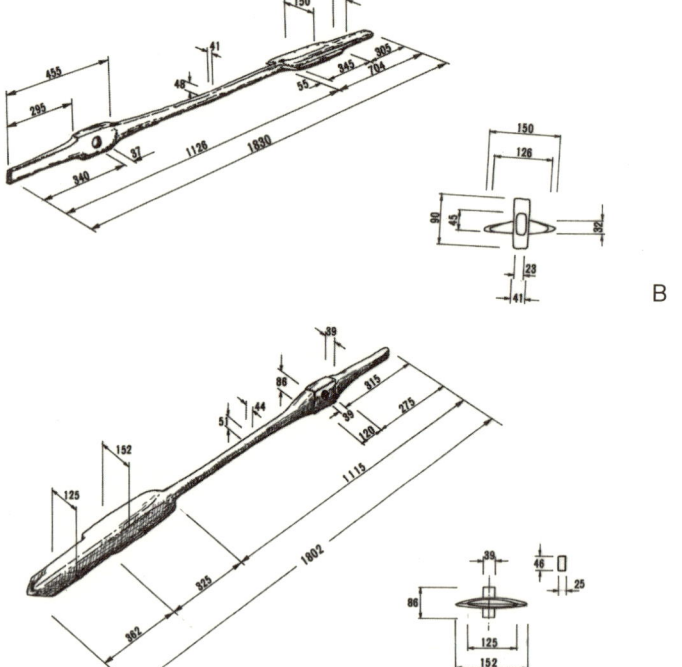

第1部　アムール川流域の人々―フィールド調査から1―

図11　板舟と櫂

ニージニエ・ハルビ
【作図年月日】
2001.08.22.　Taguchi Hiromi
【所蔵・作図場所】
Нижни Халбы Школа Музей
（Раионнный центр нанайское културы и этногрфий）
【使用民族】
　ウリチ
A：板舟
B：櫂a
C：櫂b
　ニージニエ・ハルビの学校に保存されている板舟と櫂。この板舟は行事用に復元されたもので全長8m27cmの3枚板舟。

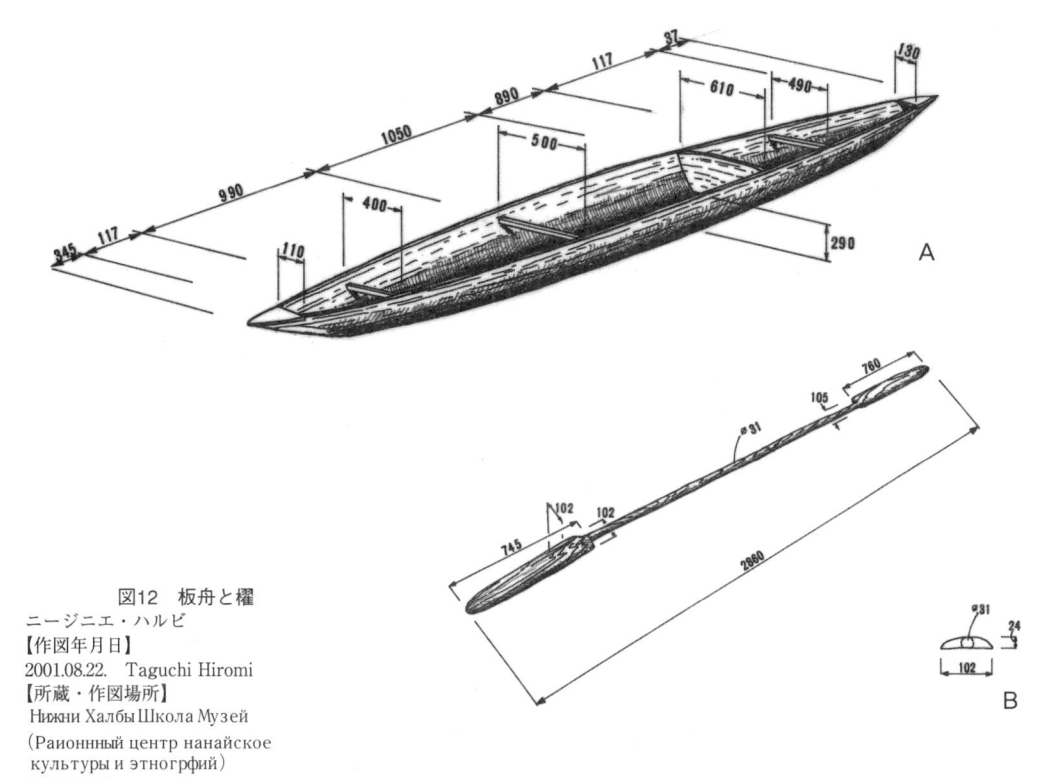

第1章　アムール川流域少数民族の狩猟漁撈活動

図12　板舟と櫂
ニージニエ・ハルビ
【作図年月日】
2001.08.22.　Taguchi Hiromi
【所蔵・作図場所】
Нижни Халбы Школа Музей
（Раионнный центр нанайское
культуры и этногрфий）
【使用民族】
　ウリチ
A：猟用板舟
B：櫂（ダブルリガー）
　ニージニエ・ハルビの学校に保存されている猟用板舟と櫂。主に支流や分水流でのシカ猟に使用。古くは丸木舟であったが、材の不足とロシア人が板舟の製作技術もたらしたことによって現状のような板舟となったと伝承されている。

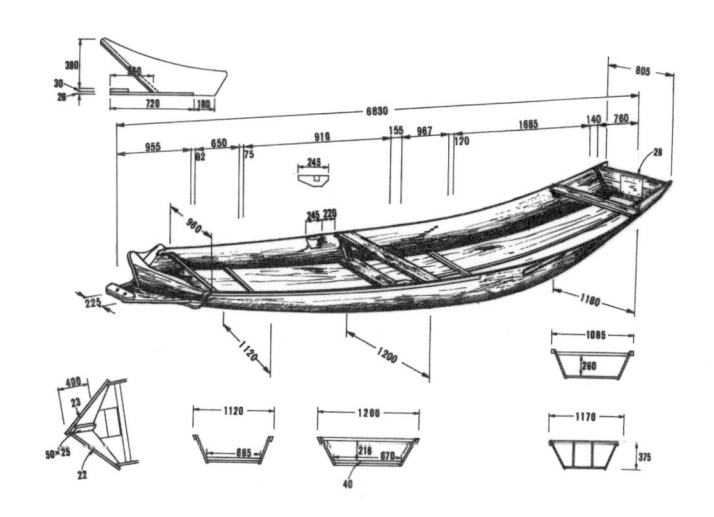

図13　板舟
カリチョーム
【作図年月日】
1998.08.11.　Taguchi Hiromi
【所蔵・作図場所】
カリチョーム集落内に放置されていた
ものを採録
【使用民族】
　ウリチ
　全長6m83cmの3枚板舟。放置されて久しいもので舟体はゆがんでおり、一部材が破損していた。舟の中央に帆柱を立てた穴が残されており、1970年代のものと推定。

55

第1部　アムール川流域の人々―フィールド調査から1―

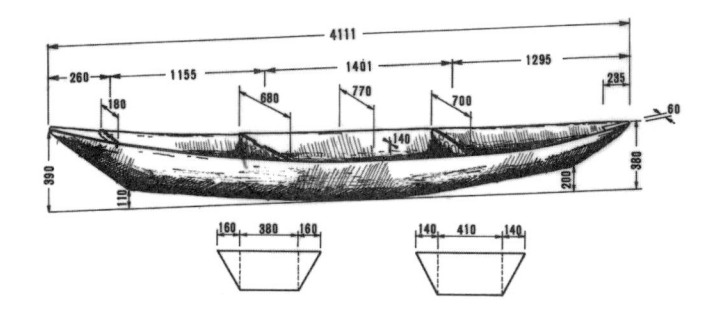

図14　猟用板舟
カリチョーム
【作図年月日】
1998.08.11.　Taguchi Hiromi
【所蔵・作図場所】
カリチョーム集落の河畔にて採録
【使用民族】
　ウリチ
　主に支流や分水流でのシカ猟に使用。古くは丸木舟であったが、材の不足によって板舟となった。

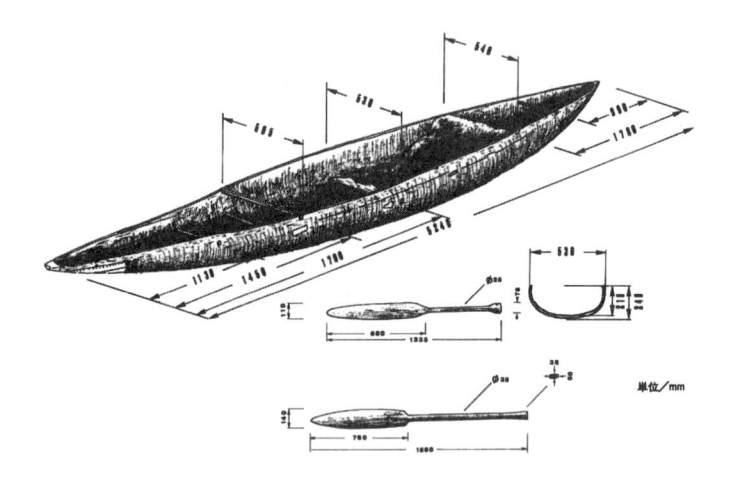

図15A　猟用丸木舟
クラースヌィ・ヤール
【作図年月日】
1995.09.24.　Taguchi Hiromi
【所蔵・作図場所】
クラースヌィ・ヤール村グンチュグの狩猟小屋にて採録
【使用民族】
　ウデヘ
　ＡＢともに1995年に採録したものであるが、ニージニエ・ハルビやカリチョームなどの猟用板舟との比較のために掲載した。クラースヌィ・ヤール村では現在もこのような丸木舟が製作使用されている。主に支流や分水流でのシカの待ち伏せ猟に使用。

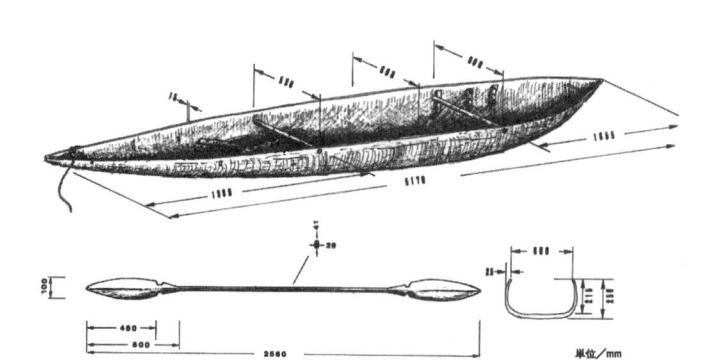

図15B　猟用丸木舟
クラースヌィ・ヤール
【作図年月日】
1995.09.24.　Taguchi Hiromi
【所蔵・作図場所】
クラースヌィ・ヤール村グンチュグの狩猟小屋にて採録
【使用民族】
　ウデヘ
　主に支流や分水流でのシカの待ち伏せ猟に使用。

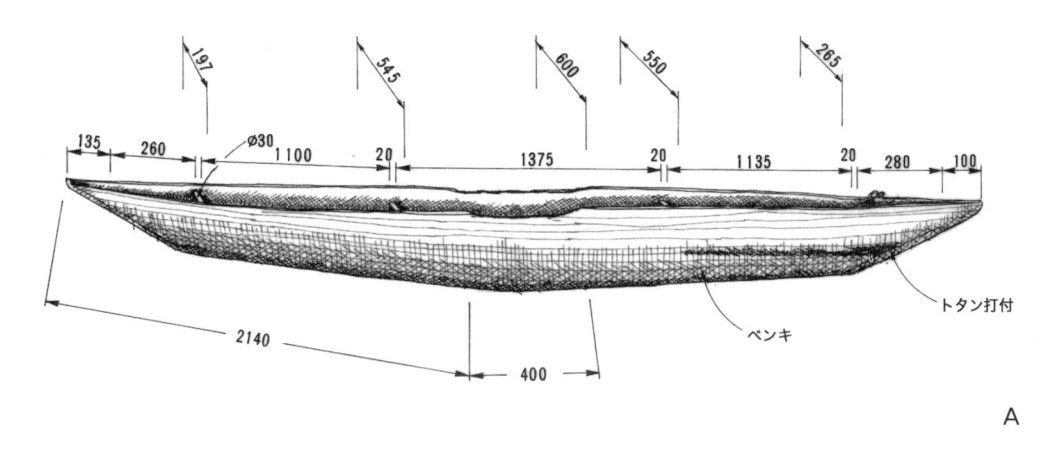

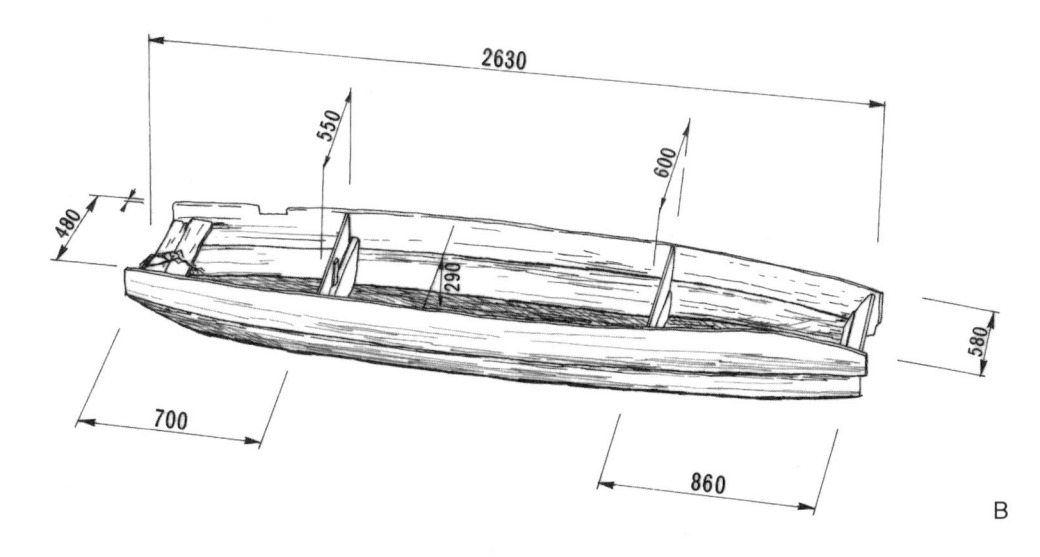

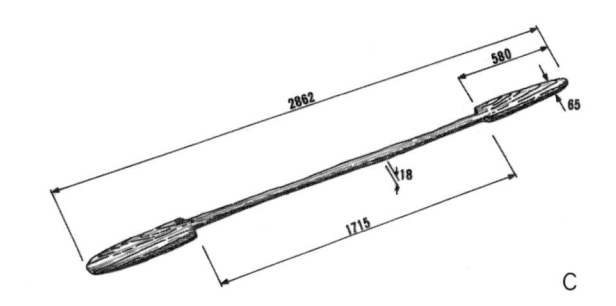

第1章　アムール川流域少数民族の狩猟漁撈活動

図16　板舟と櫂
ベログリンカ
【作図年月日】
2001.08.14.　Taguchi Hiromi
【所蔵・作図場所】
ベログリンカ集落の河畔にて採録
【使用民族】
　ニブヒ
A：猟用板舟
B：漁網運搬用板舟
C：櫂（ダブルリガー）
　ベログリンカ集落河畔に置かれていた板舟と櫂を採録した。Bは板舟の先端部を落として、漁網運搬用に転用したもの。

第1部 アムール川流域の人々―フィールド調査から1―

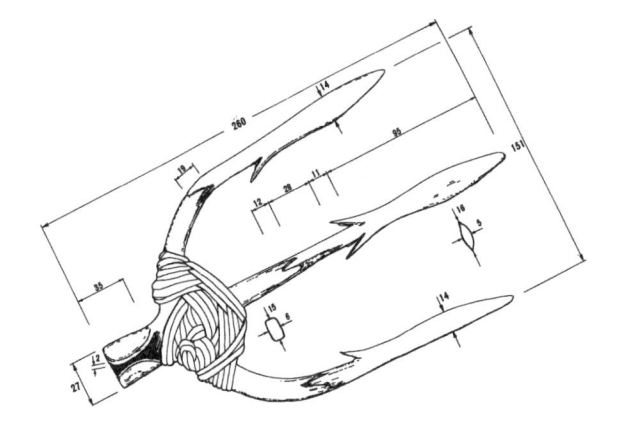

図17 ジョグボ（Дёгбо：チョウザメ漁用銛）
ナイヒン
【作図年月日】
1998.08.16. Taguchi Hiromi
【所蔵・作図場所】
А.Н.Бельды
【使用民族】
　ナーナイ
　夏期にアムール川で行われたチョウザメ漁に使用。

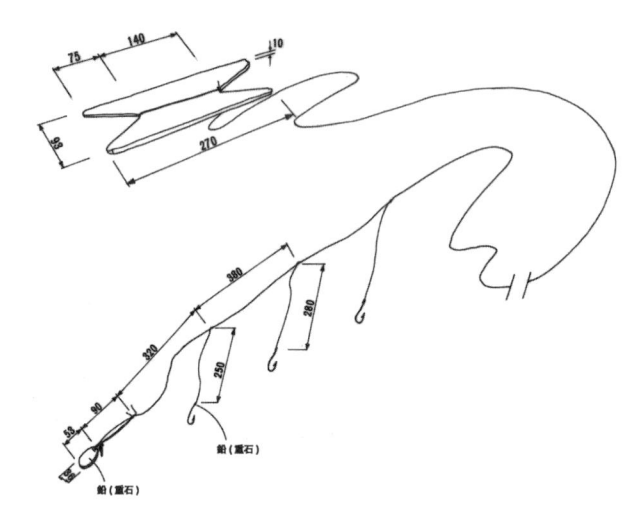

図18 底釣り針（эакидушка）
ニージニエ・ハルビ
【作図年月日】
1998.08.08. Taguchi Hiromi
【所蔵・作図場所】
Михаил Николаевич Наймука
（ミハイル・ニコラエヴィッチ・ナイムカ氏）
【使用民族】
　ウリチ
　本標本は、主に冬期間に行う氷下漁に使用。春から秋にかけての小魚漁にも使用した。針にはミミズなどの餌を付け、流し針としても用いられた。

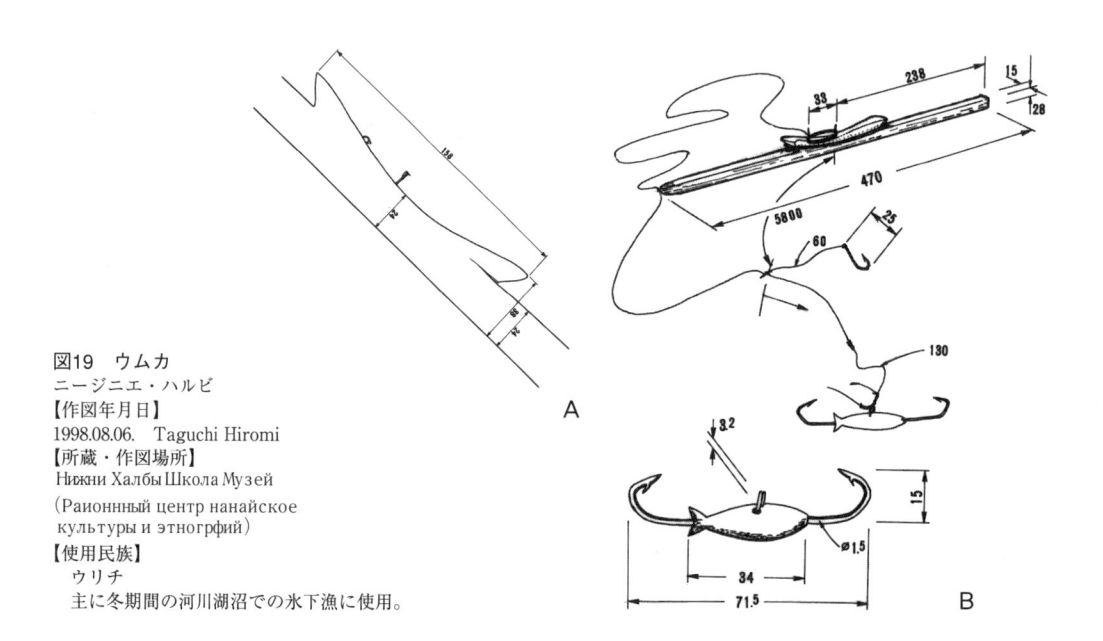

図19 ウムカ
ニージニエ・ハルビ
【作図年月日】
1998.08.06. Taguchi Hiromi
【所蔵・作図場所】
Нижни Халбы Школа Музей
（Раионнный центр нанайское культуры и этногрфий）
【使用民族】
　ウリチ
　主に冬期間の河川湖沼での氷下漁に使用。

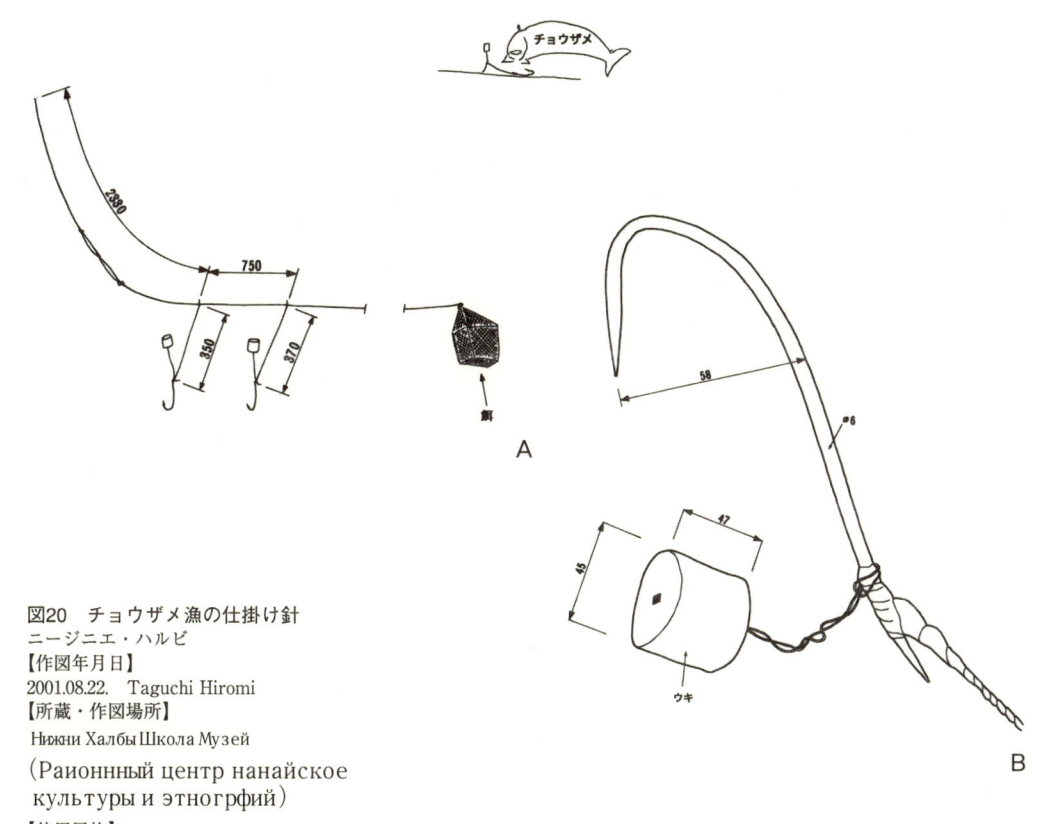

第1章　アムール川流域少数民族の狩猟漁撈活動

図20　チョウザメ漁の仕掛け針
ニージニエ・ハルビ
【作図年月日】
2001.08.22.　Taguchi Hiromi
【所蔵・作図場所】
Нижни Халбы Школа Музей
（Раионнный центр нанайское
культуры и этногрфий）
【使用民族】
　ウリチ
　夏期にアムール本流で行われるチョウザメの延べ縄漁に使用。

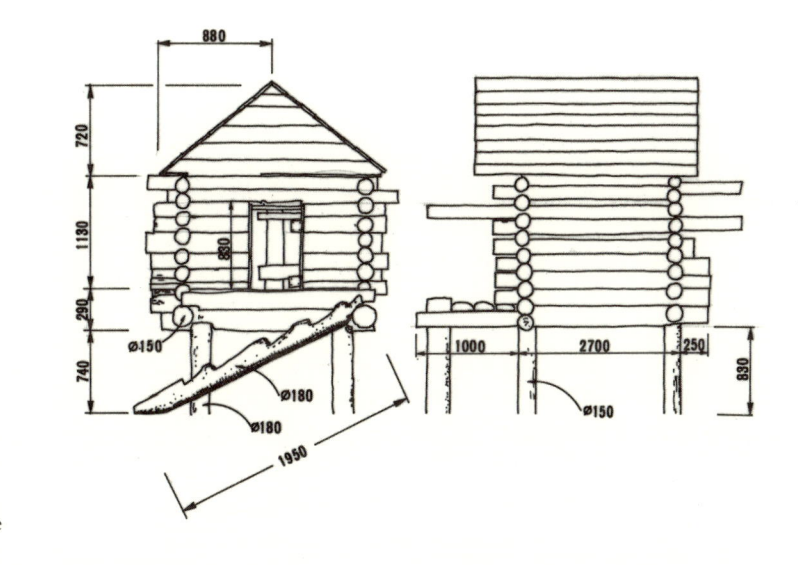

図21　高床倉庫
ニージニエ・ハルビ
【作図年月日】
2001.08.22.
Taguchi Hiromi
【所蔵・作図場所】
Нижни Халбы Школа Музей
（Раионнный центр нанайское
культуры и этногрфий）
【使用民族】
　ウリチ
　集落内や猟場の狩猟小屋などの付帯施設、食糧倉庫として使用したもので、図はニージニエ・ハルビの学校博物館の屋外に復元展示されたもの。

59

第2章　アムール下流域の住居調査

浅川　滋男

　1998年夏の第2次調査（7月31日～8月17日）に同行したさい、わずかではあるけれども、ナーナイ族とウリチ族の住居を実測調査した。これらの住居はいずれもロシア化したものであるが、ロシア住居そのものに変容しているわけではない。一方、先住民族の土着住居については、いくつかの資料館に展示された模型を撮影するとともに、村の長老から建物の呼称や空間構成を聞き取りした。これらのデータをあわせて報告する。

1．復原模型と聞き取り

（1）平屋住居の復原

　ナイヒンの村長、ミハイル・セルゲビッチ・キレ氏（1935生）によると、古い平屋の住居はファンツと呼んだ。中国語の「房子」である。切妻造草葺の平屋で、片側の妻を川に向ける（図1）。入口は川側に近い平側の壁の端にある。その反対側の奥にコ字形の炕を配し、中央に棟持柱を2本たてる。中国側では、こういうコ字形の炕を「万字炕」という。凌純声［1934］が報告した松花江下流の赫哲族（ナーナイ族）住居の平面も、これとよく似ている（図2）。筆者が1995年に調査した中国黒龍江省街津口の赫哲族住居では、すでに万字炕は失われていたが、壁や床に残る痕跡をみると、2室構成の切妻造平入形式で、1室が入口兼厨房（竈間）、1室が万字炕を配する

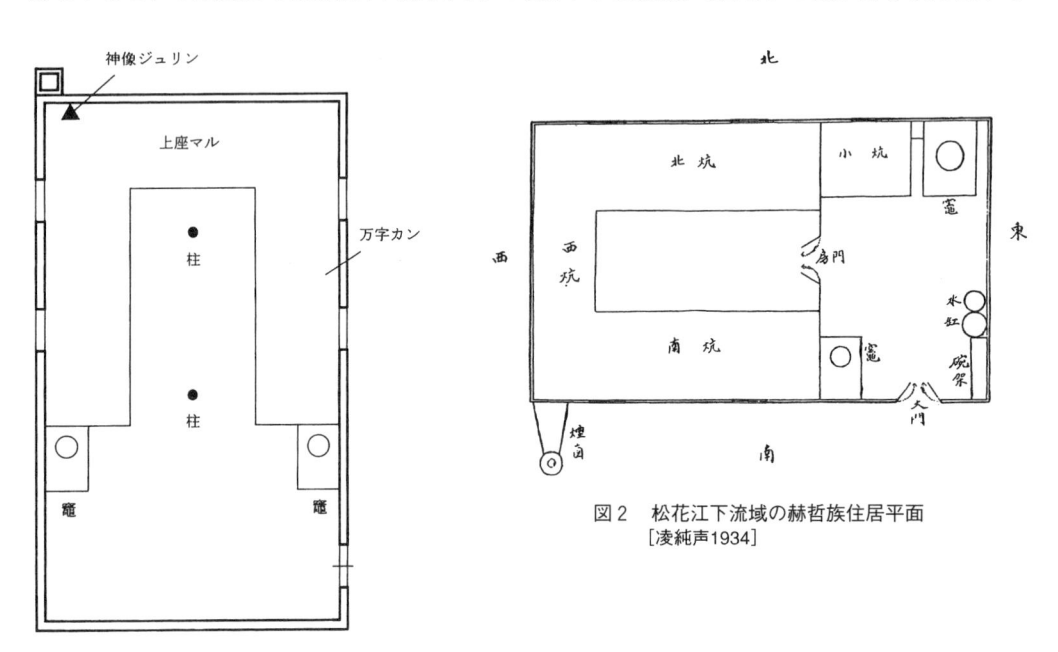

図1　古いファンツ（房子）の平面
　　　（ナイヒン村長から聞き取り）

図2　松花江下流域の赫哲族住居平面
　　　［凌純声1934］

第2章　アムール下流域の住居調査

居室に復原できる。このような平屋住居の平面は、満州族をはじめとする黒龍江省のツングース系諸族に共通するものである（図5・6）。

ところで、大貫静夫(1989)によると、コ字形の炕は、「女真」文化（11〜12世紀）のシャイギン城址に典型的な遺構がみられ、高句麗文化（4世紀後半）の平地住居や、オリガ文化（1〜2世紀）の方形竪穴においてすでに萌芽しているという。今回の踏査でも、ニージニェ・タンボフカ川岸

図3　フリサン2遺跡の炕遺構

図4　ニージニェ・ハルビ中学校長宅の木偶

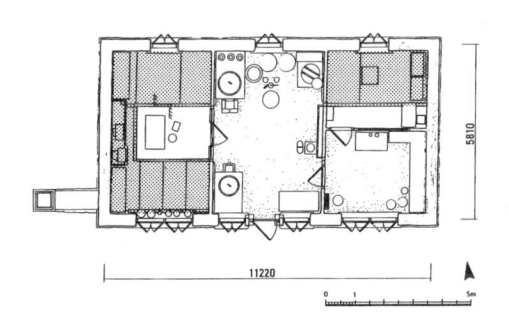

図5　中国黒龍江省寧安市・満州族住居の平面（網掛け部分が炕）

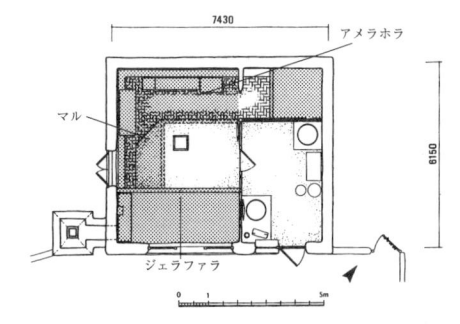

図6　中国黒龍江省興旺郷・エヴェンキ族住居の平面（網掛け部分が炕もしくはその痕跡の部分）

図7　中国黒龍江省同江市街津口・赫哲族の竪穴住居

第1部 アムール川流域の人々―フィールド調査から1―

のフリサン2遺跡に地表露出していた平地住居遺構で、L字形に屈曲する炕の遺構を発見した（図3）。遼金時代に並行するパグロフカ文化のものである（大貫氏談）。

ナイヒン村長によると、コ字形をなす炕の奥の座はマルといい、その上座から正面を向いて右側のコーナーに木偶ジュリンを祭った。木偶は白樺製が多く、硬い木を彫って作る。木偶の祭祀位置は、中国側のエヴェンキ、オロチョン、満州族などの平地住居における神棚の位置と近似する。内蒙古との省境に近い興旺郷のエヴェンキの黒龍江省平屋住居では、奥の西カン（上座）だけでなく、神棚もマルといい、マルから正面をむいて右側（前庭側）の北カンをジュラファラ、その対面左側の南カンをアメラホラという。ジュラファラが年長者の座、アメラホラが年少者の座である（図6）。こういう空間構成は、ツングースの円錐形テント「仙人柱」の内部空間（秋浦1984）と相似形をなす。マルから向かって右側のコーナーに神聖な象徴物を祭るのは、右側の座が左側の座に優越するからである。

ナーナイの木偶は、現代化した住居のなかでも生き続けている。ニージニェ・ハルビのサマール家（後出）では、主屋寝室の東北隅に木偶を祭っていた。家人は、この木偶を「ひぃおじいさん」と呼ぶ。また、ニージニェ・ハルビ中学校長宅では、木偶ジュリンの祭祀を実演していただいた。ジュリンは500年前の「おじいさん」であるという。高さ750cm、幅250cmの木偶を食堂

図8　ナーナイ族の平屋住居と高床倉庫の模型
　　　（ナイヒン中学校資料館）

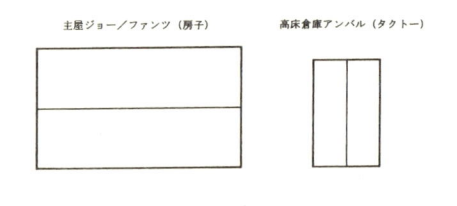

図9　ナイヒン中学校資料館展示模型
　　　の屋根伏図

図10　ニージニェ・ハルビ中学校資料館
　　　の展示模型

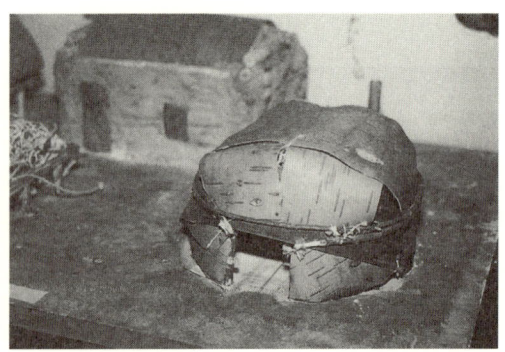

図11　同左／漁撈小屋のアップ

第2章 アムール下流域の住居調査

の奥の窓際に置き、その前のテーブル（68×14cm）に、左から木の実、白米、鮭の頭、野菜、カルーガ（蝶鮫）の刺身、塩漬けのギョウジャニンニクを並べる（図4）。木偶の前には枯葉を置き、火をつけて煙をだす。酒の入ったグラスもテーブルの上の中央寄りにあり、指につけて酒を四方向にとばす。その後、宴会となった。

図12　ニージニュ・ハルビ文化民族センターの展示模型

図13　同前／竪穴住居の正面

図14　同前／竪穴住居の背面

図15　同前／高床倉庫

図16　同前／右手前が露台ポウロン

図17　黒龍江省街津口の竪穴住居と露台（図7と同じ）

63

第1部　アムール川流域の人々―フィールド調査から1―

（2）平屋住居の模型

　ナイヒン中学校資料館に展示された模型では、切妻造平入の「房子」と妻入の高床倉庫が川に平行してならぶ（図8・9）。主屋はジョー（中国側の「卓」）、倉庫はタクトーもしくはアンバルという。ロシア化した住居でも、この配置原則を踏襲したものがある。

　ニージニェ・ハルビ中学校資料館の模型は、主屋ジョーの累木壁に土を塗り込んでいる（図10・11）。カンのある住居は、こういうログハウス・スタイルで建設したという。この資料館の展示では、高床倉庫タクトー、乾燥台ポーロンのほか、樹皮で覆ったドーム型の仮小屋（夏の漁撈小屋）ホーマーランも川沿いに並べている。

（3）竪穴住居の模型

　ニージニェ・ハルビ文化民族センター（1994年建設）の模型は、ハバロフスクの博物館の展示模型を模倣したものという（図12〜16）。竪穴住居ジョーのほか、高床倉庫タクトー（アンバル）、乾燥台ポウロン（パオルン）が川沿いにならぶ。竪穴住居は棟持柱を用いる両面切妻のタイプであり、黒龍江省街津口の廃屋でこれと同タイプの住居をみた経験がある。実際に赫哲族（ホジェン）の老夫婦が住む竪穴住居は、二本棟木の構造で背面側を寄棟にしていた。模型の高床倉庫は典型的な丸太校倉で、刻み梯子で床にあがる。街津口では、平屋の「房子」に床の低い倉庫（タグトン）が附属していたが、竪穴住居のまわりには乾燥台しかなかった（図17）（浅川編2000）。模型では、白樺船タロマも表現している。船の総称はオグダ、丸木船はウトンギと呼ぶ。このほか、産小屋はツォロ、小屋はシャラス（ロシア語）、夏の炊事場はダウロという。

2．ナーナイ族の住居

（1）ニージニェ・ハルビの民家

　サマール・リージャ・ニコライ家は、ニージニェ・ハルビの典型的な住居である（図18）。南北60m×東西40mほどの広大な敷地のなかで、北東側に居住施設を集中させる。南側の主屋ジョーは1976年、北側の夏の炊事小屋ダウロは1978年に建てた。この両棟を板敷きの中庭がつなぎ、その東側に物置を配する。このほか車庫、干草小屋、牛小屋などを敷地西北の境界に配する。夏の炊事小屋の裏側には薫製小屋と物置も建っている。他はジャガイモや野菜の畑である。

　主屋と夏の炊事小屋は、いずれもログハウス風の累木構造による本体部分に妻庇を付加したものである。主屋は妻庇が入口と物置、本体第1列めの部屋にペーチカを置く。本体部分は累木壁で縦に二分割されているが、簡易間仕切りによって横方向にも二分割されており、いずれも東側を寝室、右側を居間とする。累木壁の内側は白漆喰の壁を塗ってモダンな仕上げとし、ソファやTVなど近代的な家具調度をならべる。床は累木壁の横木1本めの上に板を張る。横木は15本を相欠きにして重ね、13本めと14本めのあいだに梁を挟み込んで天井板をうけ土を被せる。小屋組は最上段の横木の上に梁をわたして、先端を相欠きにした叉首をかける。左右の叉首の上に、

配置図
A 主屋
B 物置
C 夏の炊事小屋
D 家畜小屋
E 薫製小屋
F 便所

主屋断面図　1/160

主屋平面図　1/220

夏の炊事小屋断面図　1/160

図18　サマール・リージャ・
　　　ニコライ家（ニージニェ・ハルビ）

夏の炊事小屋平面図　1/160

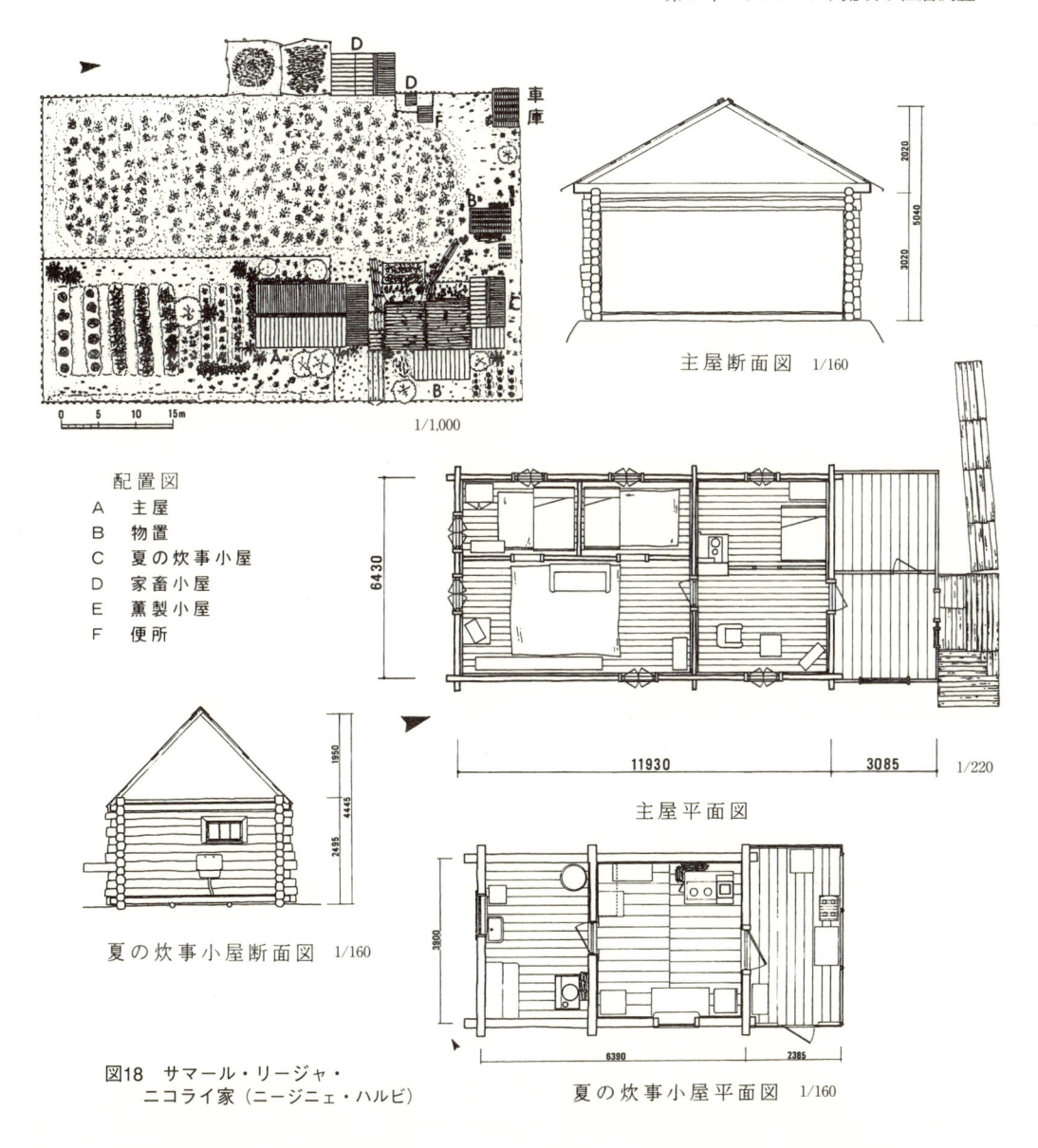

120×45mmの母屋桁を5本並べ、波板スレート葺きとする。棟はスレートに板を釘打ちとするだけだから、雨仕舞いはよくない。

夏の炊事小屋は、入口となる妻庇に配膳台や洗濯機も置いている。本体は累木壁によって縦に二分割され、第1室がダウロ（台所）でペーチカを入口の脇に置き、奥の第2室の部屋がバーニャ（サウナ風呂）で、清末の古い水甕を使っている。小屋組は寝室と変わらない。外竈もダウロという。

ニコライ家は7人家族。3人の息子と2人の娘がいる。女主人の祖父は中国人だった。

第1部 アムール川流域の人々―フィールド調査から1―

屋敷の遠景

高床倉庫

配置図 1/700
A 主屋
B 物置
C 夏の炊事小屋
D 家畜小屋
E 薫製小屋
F 便所

高床倉庫床下平面図 1/120

高床倉庫床上平面図 1/120

高床倉庫断面図 1/120

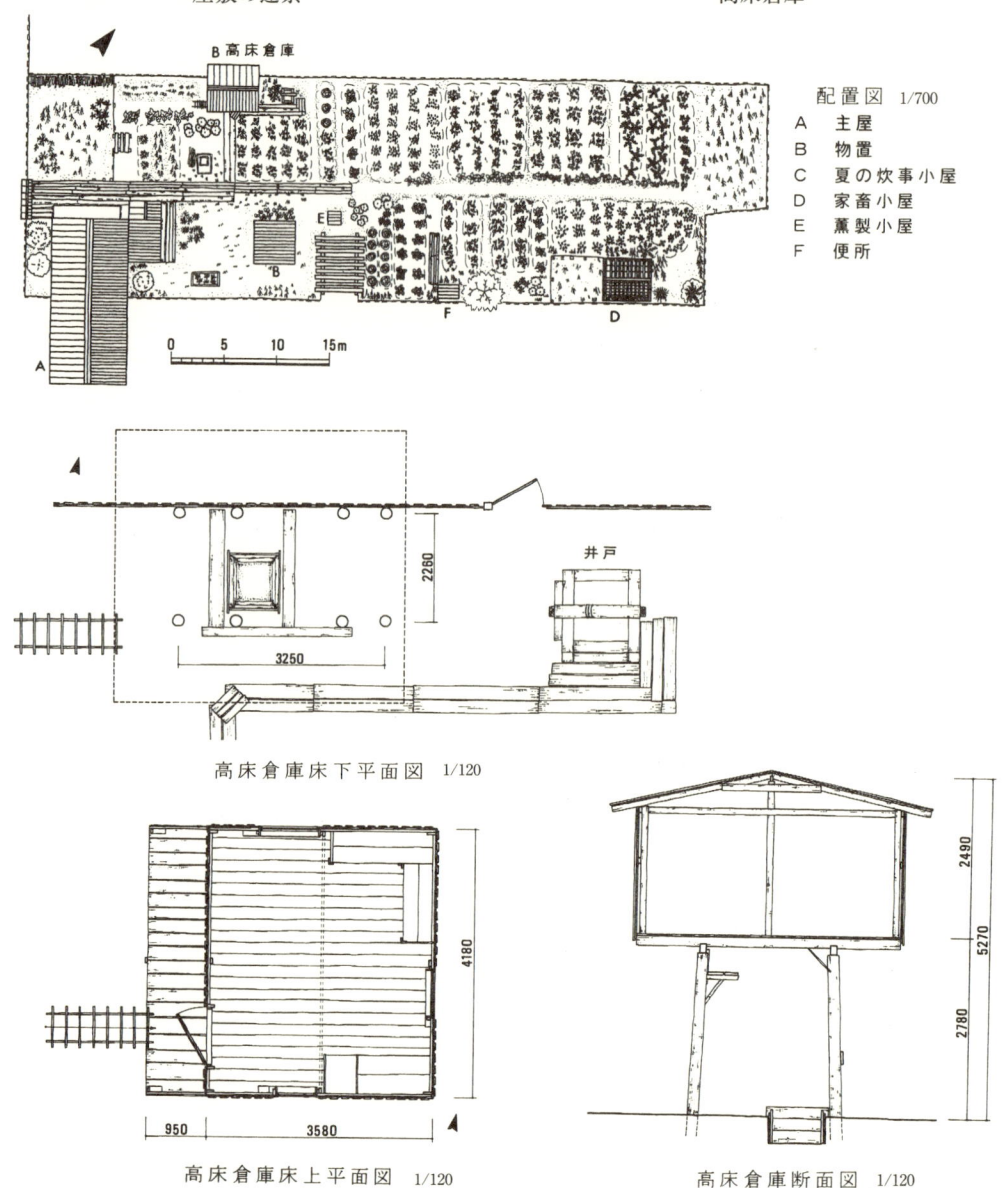

図19 ウラジミール・マクシモビチ・サマール家の高床倉庫(ニージニュ・ハルビ)

第2章 アムール下流域の住居調査

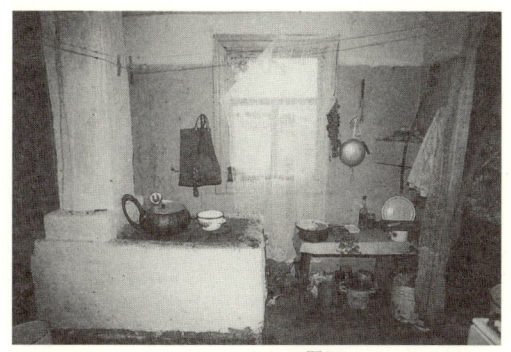

ペーチカの周辺

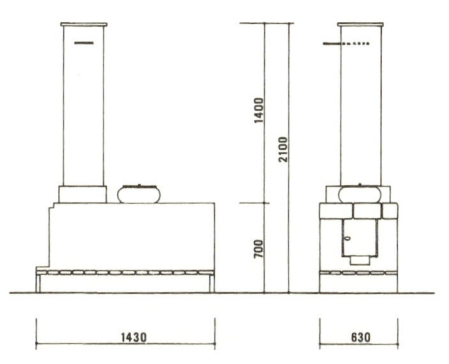

ペーチカ立面図 1/60

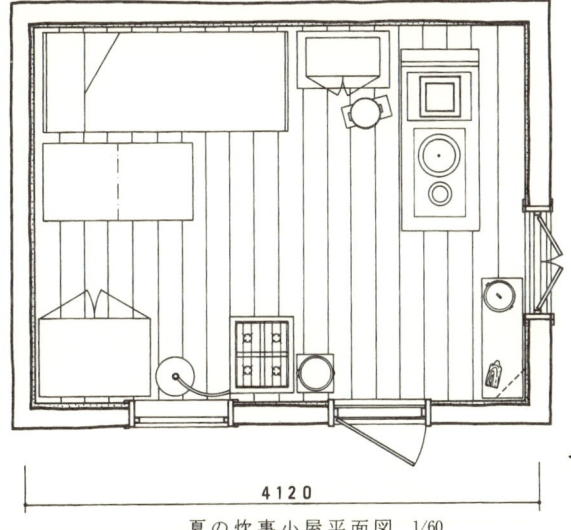

夏の炊事小屋平面図 1/60

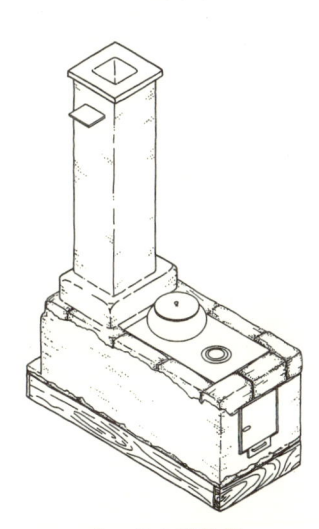

ペーチカ透視図

図20 イワン・タルコービチ家の「夏の炊事小屋」（ダエルガ）

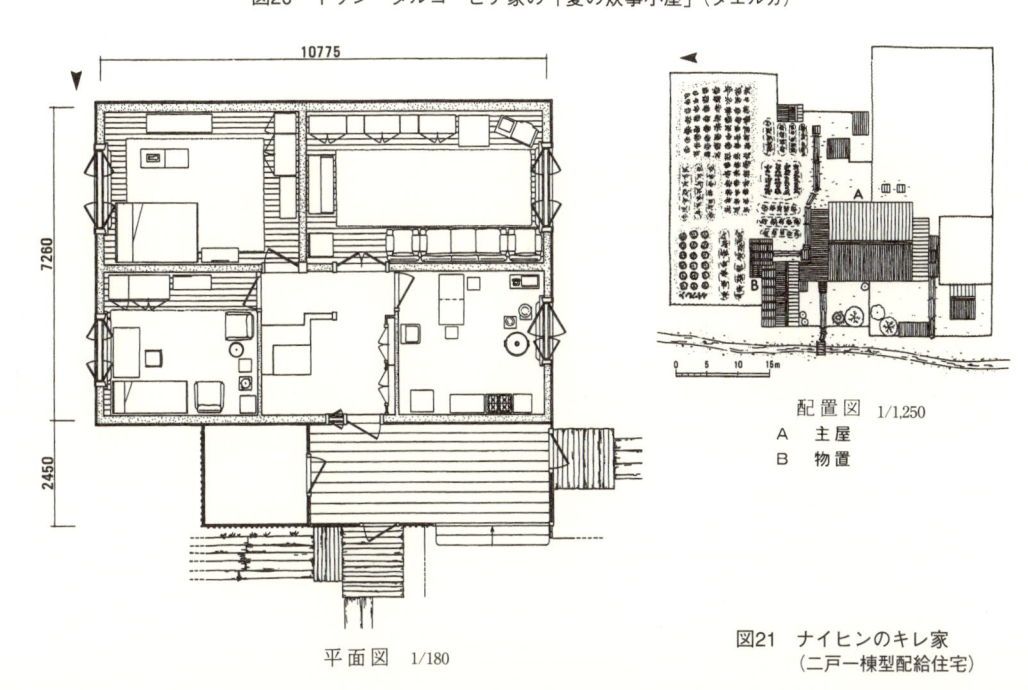

平面図 1/180

配置図 1/1,250
A 主屋
B 物置

図21 ナイヒンのキレ家
　　（二戸一棟型配給住宅）

67

第1部　アムール川流域の人々―フィールド調査から1―

（2）ニージニェ・ハルビの高床倉庫

　ウラジミール・マクシモビチ・サマール家は、細長い敷地に主屋、高床倉庫のほか、薫製小屋、家畜小屋がいくつか建っている。ニージニェ・ハルビでは、高床倉庫はこの一棟しかない（図19）。1988年の建設。主人のおじいさんが建てた倉庫を覚えていて、それをまねて作ったという。主屋は、後述する二戸一棟タイプの配給住宅（1983年建設）で、サマール家は南半分を占める。先述したように、主屋寝室の東北隅に「ひぃおじいさん」と称する木偶を祭る。主人は1954年、奥さんは1958年の生まれ。6人息子と2人娘がいる。生業は漁撈と狩猟である。

　高床倉庫は主屋対面の敷地境にたつ東西棟切妻造であり、主屋と棟を直交させているから、古い配置形式を踏襲しているともいえよう。床下は桁行3間（3.25m）×梁間1間（2.26m）の6本柱で、桁行方向では中央間（1.68m）を長くとる。片側3本の柱上にまず床桁を通し、その上に長い床梁をわたす。床梁は柱から1m以上せりだしており、床上の空間はひとまわり大きい。東の妻側に幅95cmの縁を設けて入口を作る。倉庫の内部は、床板の上に8本の柱をたてる（2間×2間）。柱はいずれも五平（扁平な長方形）の断面で、四隅では東西方向、中央位置と縁では南北方向に立てる。小屋組は束立ちにして棟木を支え、登り梁状の斜材と棟束を板で挟みこんでいる。屋根は板葺きで、下地も横板を斜材上に敷き詰める。なお、床下には板組の貯蔵穴をともない、東側に井戸館が近接する。

（3）ダエルガの「夏の炊事小屋」

　ナイヒンの隣村ダエルガで、イワン・タルコービチ家の「夏の炊事小屋」を実測調査した（図20）。この一家は1979年にダダ村から移住してきた。夏の炊事小屋は、主屋の対面に独立して建つ。両棟をつなぐ中庭に板が敷いてある。春先、凍結していた氷がとけはじめて、地面がどろどろになるからである。夏の炊事小屋は、桁行4.120m×梁間3.140mの1室空間で、入口対面の北西隅に小型のペーチカを置く。すでに電気コンロも導入しており、南西隅にはベッドも1台置いている。

（4）二戸一棟の配給住宅

　ナイヒンで実測調査したキレ家は、典型的な二戸一棟の配給住宅である。1950年代に洪水があり、民家はすべて建て替えられた。1970年代にコルホーズが、ロシア人と先住民のいずれにも新しい住宅を供給した。それが二戸一棟のタイプである。ニージニェ・ハルビでも1960年代までに伝統的な家屋がほぼ消滅し、集住化政策のため、二戸一棟タイプの住宅に変わっていった。高床倉庫を実測したサマール家の主屋がその典型で、1983年の建設という。これはウリチ族でもおなじであり、カリチョムで昼食をとったエンナ・スニィ家も二戸一棟タイプの住居であった。

　キレ家の住宅は1977年の建造という。二戸一棟の北半を占める（図21）。妻側に張出し部分を設け、その前室の北側にはさらに物置が付属する。主屋の本体は北側の第1列を3室、南側の第

第2章 アムール下流域の住居調査

2列を2室に分ける。第1列の中央間にペーチカを置き、その西側にキッチン、南側にリビングを配する。2列とも東側の部屋は寝室とする。

暖房はペーチカの熱で温めた湯水を各部屋の暖房機に還流させるシステムで、水タンクは屋根裏にある。温水を環流させる暖房システムは、ロシア人の社会では1930～40年代に完成していたという。リビングやキッチンには、ソファ、TV、ビデオ、ベッド、冷蔵庫、簡易レンジ、コーヒーメーカーなど、モダンな家具がひと通りそろっている。ただし、屋根は古風な草葺で、茅に似たパヤタクを葺材とする。畑は広大で、ナス、トマト、インゲン豆などを植えていた。

家族は、主人（1937生）、奥さん（1939生）、長女（1967生）、次女（1961生）の4名である。その奥さんによると、自分が子供のころ住んでいた古い住居は、妻壁の近くに入口を開き、コ字形の炕があったという。また、高床倉庫には、鼠返しがついていたとのことである。

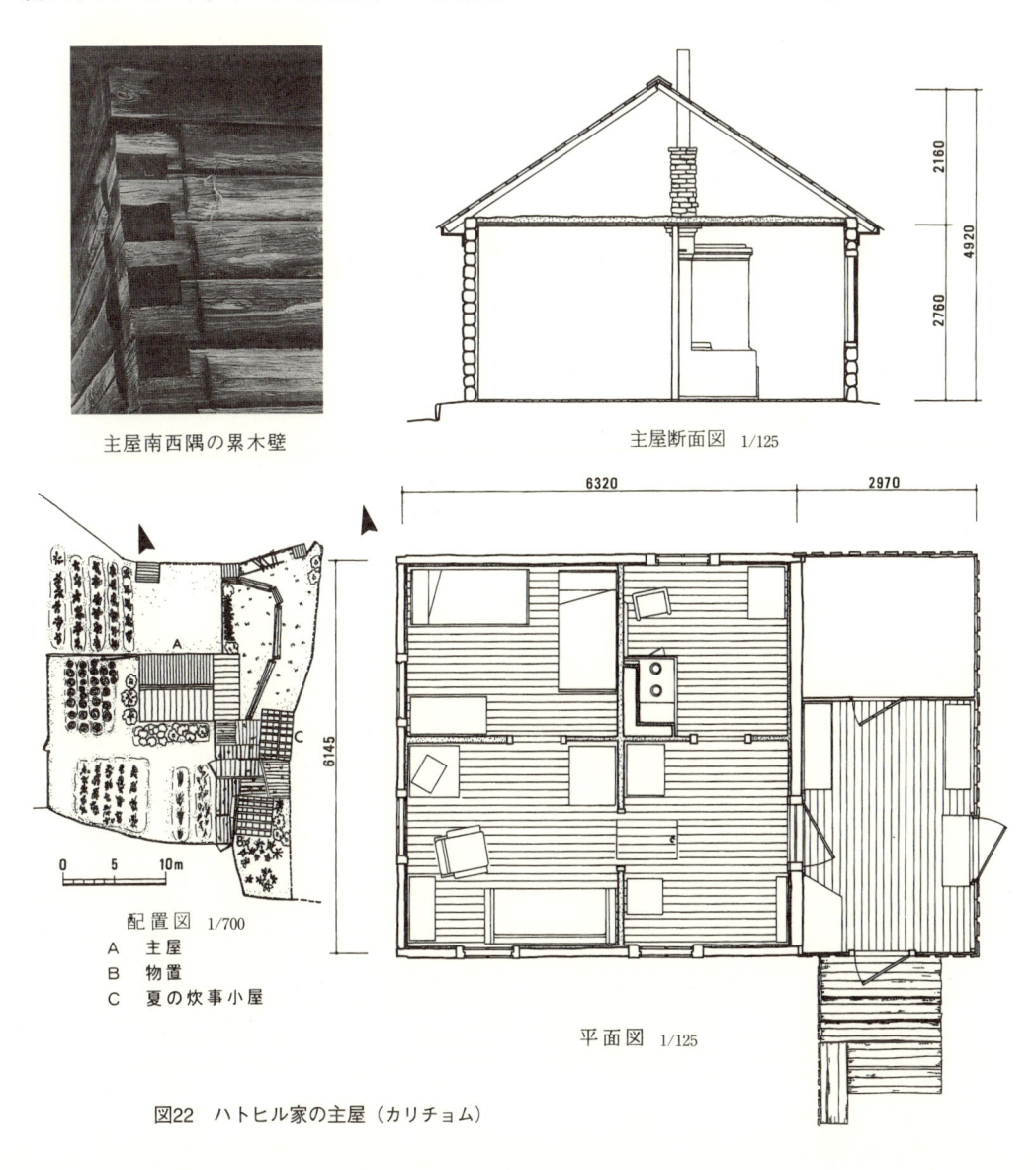

主屋南西隅の累木壁

主屋断面図 1/125

配置図 1/700
A 主屋
B 物置
C 夏の炊事小屋

平面図 1/125

図22 ハトヒル家の主屋（カリチョム）

第1部　アムール川流域の人々―フィールド調査から1―

3．ウリチ族の住居

（1）カリチョムの民家

　オフタ川沿岸のカリチョムで、ウリチ族の住居を調査した。実測したハトヒル家は、ふだんは主人（1929生）と奥さん（1932生）の老夫婦二人住まいだが、調査時が夏休みだったので、娘や孫たちがたくさん里帰りしていた（図22〜29）。

　主屋はハグドゥーという。1965年の建設で、累木構法の本体部分に妻庇の前室をつける（図22

図23　ハトヒル家主屋の前室外観

図24　ハトヒル家主屋の小屋組と煙突

図25　ハトヒル家の板敷中庭

図26　ハトヒル家の「夏の炊事小屋」外観

図27　ハトヒル家の「夏の炊事小屋」内部

図28　ハトヒル家の干魚台サウラ

第2章　アムール下流域の住居調査

平面図 1/125　　　　　　　　　　　　　断面図 1/50

室内透視図

屋外透視図

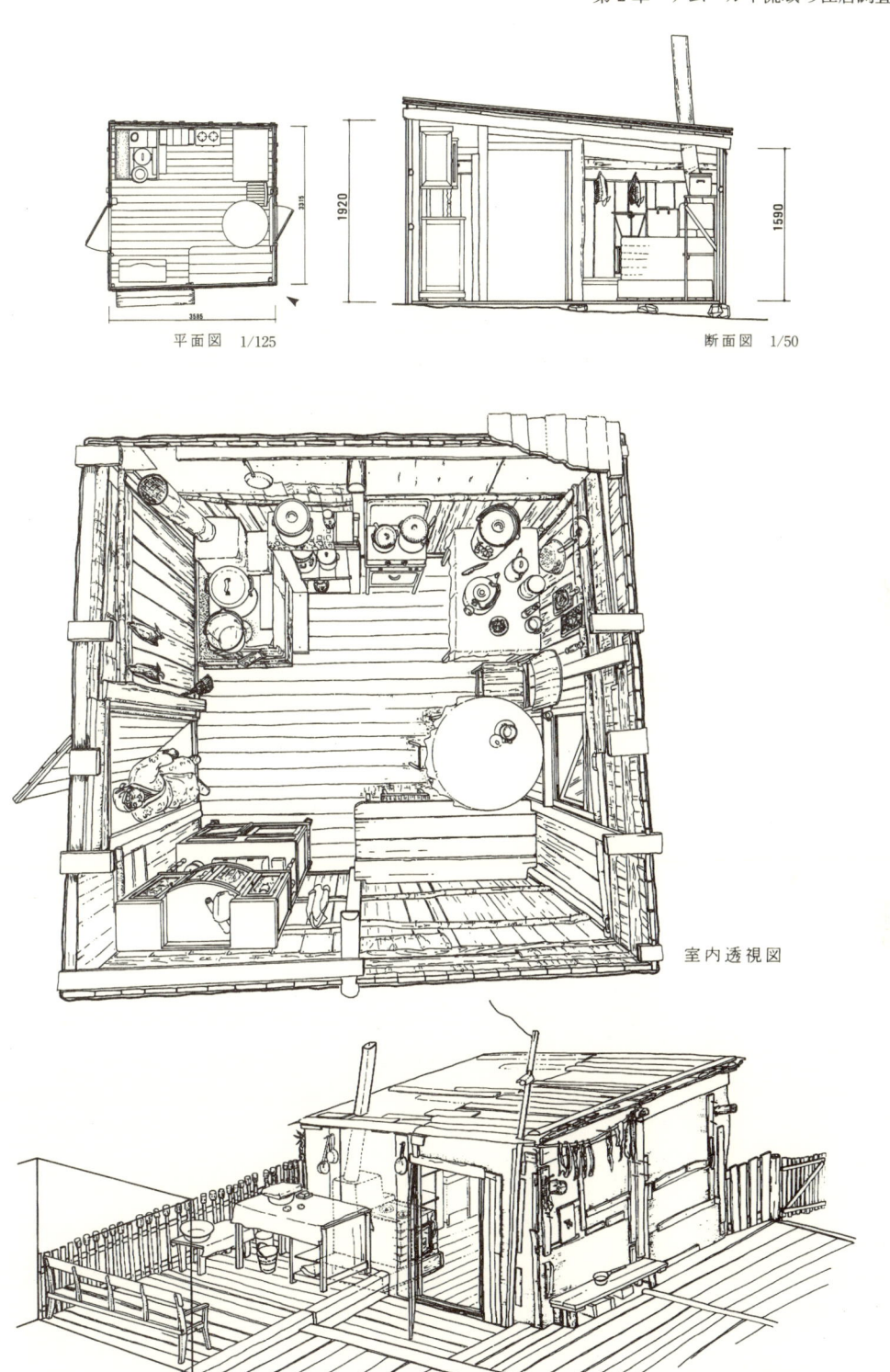

図29　ハトヒル家の「夏の炊事小屋」実測図

〜24）。本体部分は丸太校倉の壁で4室に間仕切りされる。第1列も南室にペーチカを置き、その西側の部屋をリビングとする。北側の2室は寝室である。妻庇に近接して物置タクトー（アンバル）を設け、その南側に夏の炊事小屋を配する。また、敷地の北の端には、便所と干魚台サウラを置く。ハトヒル家では、夏の炊事小屋を集中的に調査した（図29）。夏に使うペーチカをおく小屋だが、その建物を示すウリチ語の呼称はない。夏に主屋のペーチカを焚くと暑くなるので、調理時にはもっぱらこの小屋のペーチカを使う。夏の炊事小屋だけでなく、外竈の残る家も多く、かつて夏には炕の火を消して、外竈を用いたのだろう。小屋はおよそ3.5m四方の平面に片流れの板葺き屋根をかける。主屋側に入口を開けて、その脇にペーチカを置き、電気コンロも併用する。川側の丸テーブルが食台である。この小屋は入口の外側にも配膳台があり、内部空間と外部空間の両方を調理・食事の場とする。

（2）呼称調査

夏の炊事小屋に配備された家具や建具などに関する呼称を採集したので、以下に列記しておく。

門扉：ウテユー　窓：パーワ　柱：ホルドクソ　床：パラー　屋根：グリチュー

壁：コルチャ　椅子：トゥンクー　長椅子：ナンハー　食器棚：ホルゴ　鍋：オニョウ

テーブル：ダラ　把手鍋：コンブー　まな板：ブドゥリー　椀：チャーミー

ペーチカ：カニー　イクラ：トゥルサ　トバ（干魚）：マクリ

4．まとめ

以上みてきたように、アムール川北岸先住民の住居はロシア化・近代化の傾向が顕著ではあるが、いくつかの点で土着的伝統をうけついでいるように思われる。まず第一に、棟を直交させる主屋ジョーと物置タクトーの配置関係が、模型にみられる主屋と高床倉庫の配置関係とほぼ変わらない。第二に、主屋の構造がロシア風のログハウス・スタイルに変わっているものの、その妻側に前室をつけて、前室の平側に入口を設ける点は、ナイヒン村長の示した古い時代の平面形式（とくに入口の位置）を踏襲している。変わったのは、家屋の構造とペーチカを中心とする暖房システムであり、とりわけ後者はこの地域に特有な炕の文化を完全に消滅させてしまっている。また、夏の炊事小屋が非常に特徴的な施設といえるが、外竈をもつ家も少なくなく、両者にダウロという共通の呼称を与えている場合もある。

なお、ロシア化した先住民住居とロシア人住居の差について、同行したロシア人研究者に聞いてみたところ、以下のような回答があったので、これを紹介し、稿を終えたい。

1）ロシア人の住まいと先住民の住まいでは、まず敷地の立地場所が違う。先住民は川沿いの低地に住むが、ロシア人は内陸よりに住み、屋敷に大門を構える。

2）家の作り方そのものに違いがある。壁の作り方は先住民と違う。移民といっても、ウクライナ出身者もいればロシア出身者もいて、その違いを言い出すときがない。たとえばカ

リチョムのウリチ族住居の壁下地はウクライナの伝統である。
3）ロシア人のほうが土地に対して執着がある。先住民にはあまりない。
4）菜園や家畜の飼い方にも違いがある。ロシアのほうがしっかり管理している。
5）先住民はライカ系の犬を屋敷内にたくさん飼っている。
6）先住民は物置を別棟にする。ロシア人は主屋の中に含めるか、古い主屋を物置に転用する。
7）主屋と物置を分棟化する配置は先住民系で、ロシア移民がそれを受け入れたといっていい。
8）先住民の家には、魚の薫製小屋があるが、ロシア人の家にはない。
9）ロシア人はサウナ風呂（バーニャ）を別棟か台所に附属させるが、先住民は台所か夏の炊事小屋にバーニャを作る。
10）敷地内の中庭の地面を床板で覆うのは、ロシアの伝統。住居内に床を張るのも同じ。先住民はロシアから影響をうけた。

引用参考文献

［和文］

浅川滋男（編）2000『北東アジアのツングース系諸民族住居に関する歴史民族学的研究』住宅総合総合研究財団報告書、丸善

大貫静夫 1989「極東における平地住居の普及とその周辺」『考古学と民族誌』六興出版

［中文］

秋　　浦 1984『鄂倫春族』文物出版社

凌　純声 1934『松花江下游的赫哲族』国立中央研究院歴史言語研究所単刊甲種之十四

＊図面作成・資料整理協力者：北野陽子・小倉依子・鎌田礼子・田沼千秋・米川和歌子・菊池里佳・高木文華・森賀文月・水弘　彩・土井智奈美

第2部

ゴリン川流域の人々―フィールド調査から2―

狩りクマ送り儀礼の跡　コンドン村はずれの白樺林の中。下草はイソツツジ。
2002年7月撮影

第3章　サマギールの来歴

佐々木史郎

1．はじめに

　アムール川の下流の方で左岸に注ぐ大きな支流の一つにゴリン川と呼ばれる川がある。その周囲は針葉樹と広葉樹が混じった豊かな混交林に覆われ、川にも魚が多い。近年ではアムール本流での資源の減少を受けて、サケ・マス類の溯河性の魚が昇ってこなくなってしまったが、それでも、コイ、フナ、ナマズ類など陸封性の魚には恵まれている。ゴリン川を遡っていくと、フイン川という支流があり、それをさらに遡るとエヴォロン湖という大きな湖にでる。夏になると黄色の花をつける水草があちらこちらに群落を作る美しい湖である。この湖は広大だが、水深は浅く、湖の真ん中でも腰ぐらいまでしかない。夏にはこの水草の下にフナが集まってくる。そして冬には浅い湖は底まで凍ってしまうため、フナたちはフイン川の方に下ってくる。人々は、夏は水草に集まるフナを網に追い込み、冬には氷点下30℃にもなる厳寒の中、川の氷に穴を開け、その下に網を落として、寒ブナを捕らえる。エヴォロン湖の寒ブナはソ連時代にはモスクワのレストランでも高級魚として名前が知られたほどであったという。

　このゴリン川流域からエヴォロン湖にかけての地域に先住民として住みついてきた人々は、かつて「サマギール」と呼ばれていた。この民族集団の名前は民族学者の間では比較的よく知られ、また、北東アジアを専門とする東洋史の研究者にも知られるほどであった。しかし、実はこの人々に関する情報は意外と少ない。しかも、いかなる文化を持ち、いかなる生活をし、いかなる社会を築いていたのか、十分な民族誌が記される前に、ソ連の民族学者によって、アムール本流に広く住んでいるナーナイというツングース系の民族の一分派とされて、その民族誌に組み入れられてしまった。そのために、彼らの社会や文化の特質と実態は、実はあまりよく知られていない。

　本稿では彼らに関する数少ない民族誌や史料、さらには2002年夏に筆者自身が行った調査をもとに、彼らの来歴を簡単に振り返ってみたい。すなわち、この「はじめに」に続いて、第2節で研究史を振り返り、第3節では彼らに言及した歴史文献にふれる。そして第4節ではその居住地の変遷を歴史文書や古い民族誌、統計資料をもとに再現し、第5節でポスト社会主義的状況にある彼らの現状について触れることにしたい。

2．サマギール研究史

　サマギールらを一民族として初めて言及したのはミッデンドルフであった。彼は1844年の調査で秘密裏にスタノヴォイ山脈を越えて当時清の領土であったアムグン川流域からシャンタル湾沿岸を踏査したが、そのとき、アムグン川のネギダールたちからサマギールとよばれる人々が年に

1度交易のためにやってくるという情報を聞いたという（Шренк 1883：159）。しかし、彼はその人々に直接会うことはできなかった。ゴリン川の住民と直接出会い、民族調査を行った最初のロシア人はレオポルド・フォン・シュレンクLeopold von Schrenckである。その主著『アムール川流域の異民族』第1巻（*Об инородцах амурского края, том 1*，1883）によれば、彼は1855年の冬に犬ぞりに乗ってゴリン川をさかのぼり、サマギールの集落まで行ったという。ゴリン川河口にあったビチというゴリドの村からサマギールの最も近い村だったガーガ村（後のナーン村）まで行きは2日半、帰りは2日の行程だった（Шренк 1883：33-34）。

しかし、学術レベルでも、行政的なレベルでもサマギールという民族の存在は確実に認められたわけではなかった。例えば、1873年のソフィースク管区の人口統計では、ゴリン水系（ゴリン川の支流も含む流域）にヤミクタとコンダンという2つの村が認められているが、そこの住民は「ゴリド」（現在のナーナイ民族の旧称）と分類されている（РГИА ДВ 1873：ф. 1, оп. 1, д. 450, л. 25-27）。さらに、1897年に行われた第1回目の帝政ロシアによる国勢調査では、行政的にサマギールという民族が認められているものの、その資料を整理して、シベリア、極東のツングース系の住民の人口動向を整理したパトカノフС. Паткановはその存在に疑問を投げかけている。彼もその著書でサマギールという項目を立てているが、その中で、言語をサマギール語として独自なものと申請したのは10名しかおらず、ゴリン川の住民のほとんどは自らの言語をゴリド語であるとし、自らゴリドの1氏族であると認めていると主張した（Паткaнов 1906：150）。つまり、今の民族名で言い換えれば、ゴリン川の住民はナーナイのサマギール氏族であると主張したわけである。

しかし、サマギールという民族名称は海外では普及した。例えば日本でも、シュレンクの民族誌のドイツ語版が、東洋史学者などによく読まれたせいか、アムール川の民族史に関する研究書にしばしばその名が見られる。和田清の「支那の記載に現はれたる黒龍江下流域の原住民」や洞富雄の「東韃地方紀行」と「北夷分界余話」への注などでもサマギール（和田はSamager、洞はSamaghirと表記している）という名称が登場する（和田 1942：481；洞 1985：238）。もっとも、彼らは数少ない文献情報だけを頼りにしているために、間宮林蔵が記録した「キーレン」なる人々をシュレンクのいうサマギールだと断定してしまうなど、現在から見れば明らかに誤った理解をしている。しかし、間宮林蔵のキーレンがサマギールであると言い出したのはシュレンクであるため（Шренк1883：15）、現地調査をしたことがない彼らには致し方ないことだったのかもしれない。

サマギールが独自の民族であるのか否かという論争はソ連時代まで続く。そして、1926年から27年にかけてソ連の民族学者カルゲルН. К. КаргерとコジミンスキーИ. И. Козьминскийが行った調査の結果、サマギールはナーナイのサマル氏族であるという結論が出され（Каргер и Козьминский 1929；カルゲル 1944 a，1944 b）、公式にはサマギールという名称と民族分類は否定された。1926年、27年の国勢調査にはまだ残っているが、1939年の国勢調査からその名称が消滅している。その最大の理由は言語の特性にあった。つまり、パトカノフの時代にすでに指摘されていたことがそこで改めて確認され、言語の異同を柱として民族を認定するという旧ソ連の民族学

（それはシュレンク以来の伝統でもあるが）に則って、ナーナイの一分派であると規定されたのである。

　ソ連時代には、行政的にも学術的にもそれ以上の問題提起はなされなかった。しかし、ソ連崩壊後、ゴリン川流域の「ナーナイ」たちの間から異論が出始めている。すなわち、改めて自らをサマギールとしてアムール本流のナーナイとは区別しようとする意識が芽生えているのである。ただし、それは全く独自の民族であるという主張ではなく、ナーナイという民族の中でその独自性を主張しようというものである。それも、まだ住民すべてに共有されているわけではなく、行政的にも学術的にも認められてはいない。現在のところ、一部の知識層が中心となって、それを喚起しようとする動きにとどまっている。

3. 歴史文書に登場するサマギール

　ゴリン川という川の存在は、中国側にはすでに明代（1368～1644年）から知られていた。明代には「葛林河」、「葛林衛」、清代には「格楞河」という名称で登場する（譚其驤編1982：82-83；譚其驤編1987：13-14）。ナーナイの間にはエヴォロン湖からチュクチャギール湖にかけて13世紀頃にモンゴル軍がやってきたことを伝える伝承があるという情報も見られる（Зуев 2000：102）。しかし、そのような資料には、どのような住民がいたのかについてまでは語られていない。そのために、彼らが現在のサマル氏族あるいは、サマギールの直接の祖先だったかどうかは確認できない。しかし、それより遥か以前からゴリン川流域に人が住み着いていた事実は、考古学的な遺跡から確認することができる。ゴリン川の支流でエヴォロン湖から流れ出るフイン川の流域には新石器時代にまでさかのぼれる竪穴住居の跡が数多く見られる。旧ソ連の高名な考古学者オクラードニコフА. П. Окрадниковをリーダーとするノヴォシビルスクの考古学者たちが、コンドン村で発掘した土偶（コンドンの美女）もこの時代のものとされる。また、同じ川の両岸に並ぶ主要な丘の上には女真時代（主に11～13世紀）の砦の跡も見られるという。

　現在のサマル氏族あるいはサマギールの直接の祖先と推定できる人々が歴史文献に初めて登場するのは17世紀である。コンドンの郷土史家ズーエフВ. Ф. Зуевによれば、1643年から44年にかけてロシアコサックの中で初めてアムール川の航行に成功したポヤルコフВ. Поярковは、現在のゲレン川река Гэрэн（ゴリン川のこと）にシャマギールШамагирыと呼ばれる大きな集団がいたことを伝えているという。また、1653年から58年にかけてアムール川流域で精力的にヤサーク（毛皮税）を徴収し、貴重なヤサーク台帳を残したО. ステパノフは、1656年に戦闘的なシャマギール集団について言及し、その中で、大きな集落「コンドク」Кондокについて触れている。（Зуев 2000：103）。それが正しければ、この記録がサマギールの一大中心集落だったコンドンに関する最初の記述だろう。

　しかし、他方で、モスクワの民族学研究所のドルギフБ. О. Долгихは1681年の時点でシャマギールはブレヤ川方面にいて、ゴリン川にいたのはジルカギールДилкагиры（ドルギフは現在のナーナ

イのジゴル氏族Дигорの祖先だという)であったと主張する(Долгих 1960：605)。どちらが正しいかは根本資料である17世紀の古文書で確認しなければならないが、ドルギフの主張は、私がコンドンで聞いたサマル氏族の伝承とも符合する。それによれば、サマル氏族がゴリン川に入る前に、すでにジゴル氏族がこの地域にいた。つまり、ジゴルがこの流域の先住者であったというのである。ズーエフの主張とドルギフの主張の相違は、サマル氏族の祖先たるサマギール／シャマギールが17世紀の半ばにゴリン川に定着していたのか、それとも1680年代以降であったのかということにある。ただ、次に述べる中国側の資料との整合性から、すでに1660年代までにはサマル氏族の祖先たちはゴリン川流域に定着していたといえる。

　17世紀後期のアムール川を巡るロシアと中国との争奪戦で、ロシアが破れて、その流域から撤退した関係で、その後サマギールやゴリン川流域に関するロシア側の情報は、19世紀まで見られなくなる。代わって、そこの支配権を獲得した中国側、すなわち清朝の文書に、彼らに関する記述が登場するようになる。清の正史『清実録』によれば、清朝がゴリン川を正式に勢力下に納めたのは1661年(順治18年)のことである。聖祖康熙帝の時代を記録した「聖祖実録」には、この年の6月に「飛牙喀奚蘇克等七屯、奇勒爾塞馬爾姓之郎阿等三屯、初来帰順進貂皮賞賚如例」という一節があって、「飛牙喀」つまりニヴヒの祖先たちと同時に、奇勒爾塞馬爾姓の人々が毛皮朝貢を行って、清朝に服従することを申し出たというのである(清実録四 1985：70)。この記述の中の「奇勒爾」とはアムール川左岸にいたツングース系の人々を指すとされる。奇勒爾はKilerの当て字で、ナーナイ語、ウリチ語、ウデヘ語などアムール川流域のツングース系の言語と満洲語で、現在のエヴェンキなど北方ツングース系の言語を話す狩猟民を指すとされるが、17世紀の清朝ではアムール川左岸の森林地帯の人々を漠然と指していたと考えられる。そこにはシュレンクの分類でいうところの、ツングース、ネギダール、サマギール、そしてキレの祖先が含まれ、彼らは後にツングース(エヴェンキ)、ネギダール以外はナーナイの方言的分派と見なされるようになる。

　「塞馬爾姓」とはSaimar halaの音訳で、「姓」はこの場合満洲語のhalaの漢訳である。そこにはサマルSamar、サマギールSamagirにはないiの音が語頭のsaの後に入っているが、その理由は不明である。しかし、彼らがゴリン川のサマル、サマギールの祖先であることは、次の「郎阿等三屯」という村、あるいは集落の名称が入ることで確実となっている。これは郎阿など三つの村という意味で、郎阿屯とは満洲語のLangga gashanの音訳である(屯はgashanの漢訳)。これはシュレンクのいうガーガ村Nganga(後世ナーン村Naanと呼ばれる)のことを指している。語頭の音がLとNgまたはNと異なるが、アムールのツングース諸語の間では語頭の／l／と／n／の交代は頻繁に見られる現象である。例えば、ロシア人はナーナイ語、ウリチ語ではLochaあるいはLuchaというが、それがウイルタ語になるとNuchaとなる。したがって、ゴリン川のツングース語が満洲語に入るときにこの交代が起きたことは十分考えられる。

　ガーガあるいはナーンと呼ばれた集落はシュレンクが1855年冬に訪れたところで、ゴリン川が

アムール川に合流する地点の近くにあったビチ村から約120〜130露里（130〜140km）のところにあった。そこはまたエヴェロン湖から流れるフイン川がゴリン川に合流する地点のすぐ近くである。もし「郎阿屯」Langga gashanがシュレンクのいうNgangaとすると、1661年に清朝に朝貢した人々は、ゴリン川にいたサマルあるいはサマギールであったことが確実になるのである。

　この塞馬爾姓Saimar halaは、その後清朝がアムール川下流域の住民を中核にして築き上げた辺民制度（住民をhalaとgashanに組織し、クロテンの毛皮による朝貢と恩賞の下賜を柱として支配する体制）の主要なメンバーとなった。辺民制度の成立過程を記録した寧古塔副都統衙門の档案[1]や、完成後の状況を記した三姓副都統衙門[2]の档案にもしばしば登場する。1750年（乾隆15年）に完成したといわれる辺民体制の元では、Bildakiri hala、Fus'hara hala、Hechikeri hala、Ujala hala、Jakusuru hala、Kirel hala、Fiyaka hala[3]などとならぶ、数十戸から100戸にも及ぶ巨大なhalaの1つであった（実数については後述）。

　アムール川下流域の辺民の朝貢関係の業務が、1780年（乾隆45年）に寧古塔副都統衙門から三姓副都統衙門に移管されて以来、三姓档案には1873年（同治12年）の档案まで、この塞馬爾姓Saimar hala（『三姓副都統衙門満文档案訳編』では「賽馬爾姓」と漢訳されている。以下それに従う）の名前が毛皮貢納者のリストに登場する（遼寧省档案館他1984）。ただ、1820年代以降は貢納者の名前に変化が見られないなど、リストの形骸化が目立ち（表1）、実際にゴリン川流域の人々が19世紀後半まで三姓やアムール川上流の出先機関に出向いて毛皮を貢納していたのかどうかは確認できない。1858年のアイグン条約と1860年の北京条約によって、ウスリー川との合流地点より下流のアムール川流域はすべてロシア領となったが、それでもアムール川下流域住民の毛皮朝貢は一部では続けられていた。その証拠に、毛皮朝貢のためのgashan da（集落の長）の任命書が1870年代や90年代に発行されているのである。その見本（実物3通とトレーシングペーパーによるコピー1通）はサンクト・ペテルブルクにあるロシア科学アカデミー人類学民族学博物館に収蔵資料として保管されている（佐々木1990）。しかし、光緒年間（1876〜1909年）には、毛皮朝貢は原則として廃止され、北京の宮廷が必要とするクロテンなどの毛皮は現金で買い取る方針に変わっていたことから、三姓から遠いゴリン川流域の人々は、清朝の権威の低下とともに、朝貢に応じなくなっていた可能性もある。

　中国資料では1873年の三姓副都統衙門档案の毛皮朝貢者リストを最後に賽馬爾姓Saimar halaの名前は史料類から姿を消す。それに替わって、ロシア側の資料に再び姿を現すようになることについてはすでに述べた。L．シュレンクの調査と民族誌がそれである。

　日本側の資料ではサマギールの存在を確認するのが難しい。

　間宮林蔵の『東韃地方紀行』や『北夷分界余話』に登場するキーレンがサマギールであるという指摘は、前述のように、シュレンクが初めて主張し、日本側にも受け入れられてきた。『清実録』に「奇勒爾賽馬爾姓」という表現がみられることから、中国ではゴリン川の住民が奇勒爾Kilerの一派と見なされており、この推論はあながち間違いとはいえない。しかし、キーレン

第2部 ゴリン川流域の人々―フィールド調査から2―

表1 賽瑪爾姓 Saimar hala の集落と毛皮貢納者（1791～1873年）『三姓副都統衙門満文档案訳編』
1984年、遼瀋書社に基づく

集落名	役職	1791年	1794年	1813年	1814年
奇赫辰1	戸数	10	10	10	10
	姓長	貴達	貴達	貴達	貴達
	郷長	哲克西	哲克西	納布斉	納布斉
奇赫辰分出	戸数	17	17	18	18
	郷長	魯英額	魯英額	烏克成額	烏克成額
	子弟	貴達・穆克徳	貴達・穆克徳	克達・穆克徳	古克達・穆克徳
奇赫辰2	戸数	23	24	24	24
	郷長	寧古徳	瓦発	瓦発	瓦発
	子弟	苗禅	苗禅	徳布星額	徳布星額
郎阿西	戸数	23	23	23	23
	郷長	布吉	布吉	哈図里	哈図里
	子弟	古爾図	沃伯	沃伯	沃伯
郎阿東	戸数	14	14	14	14
	郷長	達瓦拉		瓦拉	瓦拉
	白人		伯奇		
迪金	戸数	15	15	15	15
	郷長	諾禅	諾禅	諾禅	諾禅
	子弟	達達色	達達色	達達色	達達色
図吉	戸数	5	5	5	5
	子弟	尤和	尤和	苟亨額	苟亨額

集落名	役職	1825年	1841年	1845年	1857年
奇赫辰1	戸数	10	10	10	10
	姓長	西寧額		西寧額	西寧額
	郷長	阿布斉	阿布斉	阿布斉	阿布斉
奇赫辰分出	戸数	18	18	18	18
	郷長	烏克成額	烏克成額	烏克成額	烏克成額
	子弟	富揚古・瑪其保	富揚古・瑪其保	富揚古・瑪其保	富揚古・瑪其木保
奇赫辰2	戸数	24	24	24	24
	郷長	瓦発	瓦発	瓦発	瓦発
	子弟	徳布星額	徳布星額	徳布星額	徳布星額
郎阿西	戸数	23	23	23	23
	郷長	哈図里	哈図里	哈図里	哈図里
	子弟	沃伯	沃伯	沃伯	沃伯
郎阿東	戸数	14	14	14	14
	郷長	瓦拉	瓦拉	瓦拉	瓦拉
	白人				
迪金	戸数	15	15	15	15
	郷長	必勒楚阿	必勒楚阿	必勒楚阿	必勒楚阿
	子弟	達達色	達達色	達達色	達達色
図吉	戸数	5	5	5	5
	子弟	苟亨額	苟亨額	苟亨額	苟亨額

		1865年	1866年	1867年	1873年
奇赫辰1	戸数	10	10	10	10
	姓長	西寧額	西寧額	西寧額	西寧額
	郷長	那布斉	那布斉	那布斉	那布斉
奇赫辰分出	戸数	18	18	18	18
	郷長	烏克成額	烏克成額	烏克成額	烏克成額
	子弟	富揚古・烏沁保	富揚古・瑪其木保	富揚古・瑪其木保	富揚古・瑪其木保
奇赫辰2	戸数	24	24	24	24
	郷長	瓦発	瓦発	瓦発	瓦発
	子弟	徳布星額	徳布星額	徳布星額	徳布星額
郎阿西	戸数	23	23	23	23
	郷長	哈図里	哈図里	哈図里	哈図里
	子弟	沃博	沃博	沃博	沃博
郎阿東	戸数	14	14	14	14
	郷長	瓦拉	瓦拉	瓦拉	瓦拉
	白人				
迪金	戸数	15	15	15	15
	郷長	必勒楚阿	必勒楚阿	必勒楚阿	必勒楚阿
	子弟	達達色	達達色	達達色	達達色
図吉	戸数	5	5	5	5
	子弟	苟亨額	苟亨額	苟亨額	苟亨額

（より正確にはKilenとなるのだろう）や奇勒爾Kilerはアムール左岸のツングース系の狩猟民を漠然と指すことの方が多い。ちなみに、『皇清職貢図』(1751年刊、高宗乾隆帝の命により大学士傅恒が編纂) 第三巻に登場する「奇楞」(これもKilenの音訳) は、亨滾河（アムグン川）の流域に住むと記されていて、現在のネギダールの祖先を含んでいる（傅恒編1751：241）。

　林蔵がキーレンという人々に関する情報を仕入れたのは、サハリンとアムール川の下流域だった。彼はゴリン川河口までさかのぼっていないが、19世紀末のサマギールの分布から類推すると、彼が調査したサンタンやスメレンクルの間に、ゴリン川流域出身のサマギールの人々が住んでいてもおかしくはない。また、彼が訪れたデレンの「満洲仮府」にゴリン川の人々が来ていた可能性もある。しかし、林蔵がサハリンで聞いたキーレンは「ロシアの属夷」といわれ、火打ち石式の鉄砲なども持っていた。ということは、彼らはロシア側からやってきた北方ツングース系の住民、すなわち、エヴェンキの祖先たちだった可能性が高い。林蔵がサハリン、アムールを調査した1808年、1809年の時点では、塞馬爾姓Saimar halaは、まだ清朝に対する忠実な毛皮貢納民であったから、「ロシアの属夷」と呼ばれることはなかったと考えられる。したがって、林蔵のいうキーレンはサマギールではない可能性の方が高く、江戸時代の日本の記録にサマギールが直接登場した形跡はないように思われる。

4. サマギールの居住地

（1）伝承に見られるサマギールの移住経路
　20世紀初頭まで、コンドン村やナーン村、ヤミフタ村などを中心にしてゴリン水系各地に散らばっていたサマギール、サマル一族には、独特の始祖伝説がある。そのうち「コンドンのサマル」と呼ばれる、コンドン村を中心に定着したグループは鳶を祖先に持つ。1926年にゴリン川流域を調査したカルゲルが採録した説話を紹介しておこう（富田良作の訳で、戦前に南満州鉄道株式会社が発行していた『書香』という雑誌に掲載されたもの。ただし、表記は現代の漢字、現代仮名遣いに直した）。

　むかしむかし、或る村で一人の娘を残したほかに村人は、みんな流行病にかかって死んでしまった。娘は一人ぼっちになり、いつもしくしくと泣いていた。或る日彼女が家から出た時、鳶が彼女の頭上をくるくると廻り、肩の上に糞を落とした。それから娘は妊み、息子を産んだ。母は村に残されてあった食べ物で息子を養った。子供は成長して妻を買い、そして三人の息子を生んだ。彼らは勇敢な人になった。かようにして、鳶からサマーギル氏族が生じたのである。後になって、サマーギル族の一部の人達は、黒竜江にそって下流にガリン河の河口までやって来た。そして、彼等の後に続いてくるサマーギル族の者達にどちらに進んだかということを教えるために、彼等は此処にガリン河の方に傾いた棒を立てた。彼等はガリン川にそって遡り、現在の居住地を見つけた。水は黒竜江の下流の方に標識の棒を廻転させた。先発隊に続いてやって来た同族者達は、この方向にそってリャングル島Lanadaまで行き、其処に定着したので

ある。コンドン村にて語られる伝説はかようなものである。(カルゲル 1944a：36-37)

　この説話では、コンドンのサマルはアムール川（黒龍江）を通って、ゴリン川を河口から遡って、現在の地に入ってきたことになる。仲間を間違ってアムールの下流へと導いてしまった道標の棒は、カルゲルたちが調査を行った1920年代にはまだ使われていたという。

　それに対して、ヤミフタ、ソルゴルのサマル（「ヤミフタのサマル」）は別の経路でこの地にやってきたという伝承を持っていた。カルゲルによれば、彼らはブレヤ川方面を原住地としていて、その上流から分水嶺を越えてアムグン川を経てゴリン水系に出てきたという。おもしろいことに彼らの説話では、アムグンを下りエヴォロン湖の方へ向かうところで、上記の伝承と同じことが繰り返されている。すなわち、先発隊がアムグン川からそれてエヴォロン湖へ流れ込むエヴォル川に出てくるが、彼らが立てた道標の槍が、流れによって向きを変えられてしまい、後発隊はそのままアムグン川を下ってやはりリャングル島まで行ってしまうのである。その後、エヴォル川に入った人々はそこにカルカギ村、ハグドゥ村をつくって住み着くが、次第にエヴェロン湖からフイン川に進出し、最後にソルゴル、ヤミフタの両村を築いて定着し、コンドンに住み着いた人々ともにサマギールというグループを形成することになったという（カルゲル 1944a：41）。

　この2つのグループがフイン川流域に定着した順番については、カルゲルは明言していない。しかし、コンドンのサマル出身者によれば、先にフイン川に定着したのは彼らであり、ヤミフタのサマルは、フイン川流域で住み分けることと、サマルを名乗ることを彼らから許されて、コンドンよりも少し上流に集落を作って定着したと主張する。コンドンのサマルから見ればヤミフタのサマルは「真のサマル」ではなく、「キレサル」、すなわちエヴェンキに近いツングース系の狩猟民なのである。このコンドン村とヤミフタ村は中国側の資料（寧古塔檔案、三姓檔案など）では確認できないが、シュレンク以来のロシア側の資料には必ず登場する。

（2）清代の史料に見られるサマギールの居住地
　サマギールの居住地についての最も古い情報は17世紀のロシアコサックたちによる報告書で、そこにコンドクKondokという集落名が登場することについてはすでに述べた。ただ、そこにどれだけの人口がいたのかについてはわからない。

　具体的な集落名、人数（あるいは戸数）、個人名までわかるのが寧古塔や三姓に残されていた副都統衙門檔案である。そのうち、1750年にアムール川流域とサハリンの毛皮貢納者（東北辺民）の戸数が固定されてからの状況をよく表している、三姓副都統衙門檔案に含まれていた毛皮貢納者台帳から、サマギールの祖先と思われる賽馬爾姓Saimar halaの部分を抜き出してみよう（表1）。三姓副都統衙門の檔案は1984年に現代中国語訳されて出版されているが、ここではそこに残されている1791年（乾隆56年）、1794年（乾隆59年）、1813年（嘉慶8年）、1814年（嘉慶9年）、1825年（道光5年）、1841年（道光21年）、1845年（道光25年）、1857年（咸豊7年）、1865年（同治4年）、

1866年（同治5年）、1867年（同治6年）、1873年（同治12年）の12通の档案に付随する付表を参照している（遼寧省档案館他 1984）。

そこには、表1にあるごとく、奇赫辰（Kihechen）、郎阿西（Langga wargi）、郎阿東（Langga dergi）、迪金（Digin）、図吉（Dugi）の5つの集落gashanが登録されている。档案では最初の奇赫辰という集落が3つの組織に分かれて、それぞれにリーダーがいるように記されているが、それらを合わせると52戸あり、最大の集落となっている。続いて郎阿西に23戸、郎阿東に14戸、迪金に15戸、そして図吉に5戸が登録され、文書上ではそれぞれ登録された戸数と同じ枚数のクロテンの毛皮を貢納し、同じ数の恩賞を受けたことになっていた。その数字を合わせると賽馬爾姓Saimar halaには109戸が登録されていたことになる。

これら5つの集落のうち、毛皮貢納民の中で最高の地位であるhala i da（漢訳では姓長）がいたのは最大の集落とされた奇赫辰（Kihechen gashan）であった。そこにはさらに次の位のgashan da（郷長）が3人、第3位のdeote juse（子弟）が3人、そして無位の毛皮貢納者であるbai niyarma（白人）が45人（年によって若干の増減あり）登録されていた。それに対して、郎阿西と迪金にはgashan daとdeote juseが各1人ずつ、郎阿東にはgashan daが1人、最も小さい図吉にはdeote juseが1人登録されているだけで、あとは無位の毛皮貢納民bai niyarmaであった。

1750年に毛皮貢納民の戸数が定額化（アムール、サハリン併せて2398戸）されてからはhala、gashanの数、そして各地位に任じられる人の数なども固定化されているため、これらの数字もすでに定例の数であって、戸数などは実際の集落内の戸数や人口を表しているわけではない。これはいわば、各集落で支払う毛皮の枚数と受けるべき恩賞の数量を表しているにすぎない。しかし、一応これらの数字は18世紀後半から19世紀初頭における賽馬爾姓Saimar halaの規模を反映していると見なすことはできるだろう（19世紀後半には状況が激変したと考えられる）。

この5つの集落のうち、近代のサマギールの集落と同定できるのは郎阿と図吉で、奇赫辰と迪金は該当する集落を見つけることはできない。郎阿Langgaは上述のごとく、フイン川の河口に近いゴリン川左岸にあったガーガNgangaあるいはナーンNaanである。ここは1661年に初めて賽馬爾姓Saimar halaが中国の資料に登場して以来、この集団の中心となる集落だった。これが西wargiと東dergiに分かれている理由は不明だが、シュレンクもこの村が東西に2つあったことを指摘している。すなわち、1855年の冬にゴリン川を調査したシュレンクは、ゴリン川を犬ぞりで河口からさかのぼると、まずガーガ村の無人の夏の村を過ぎ、それから2時間ほどして、人が住む冬の村に到着したというのである。ガーガ村付近ではゴリン川はだいたい西から東に流れていることから、夏の村が東にあり、冬の村がその西にある。アムール地域では定住性の高い人々の場合、冬の家、冬の村が本拠地となることが多いことから、西側にある村の人口が多くても不都合ではない。ただし、三姓档案に反映されている時代（18世紀中期）とシュレンクが調査した時代では100年以上の開きあるために、シュレンクが目撃した夏の村と冬の村が、郎阿東Langga dergiと郎阿西Langga wargiに相当するかどうか、確たることはいえない。

第2部　ゴリン川流域の人々―フィールド調査から2―

　しかし、18世紀には最高位のhala i daはここではなく、後述の奇赫辰という集落の方にいた。おそらく、1661年の最初の朝貢では、アムール川からゴリン川をさかのぼると最初に現れるこの村が代表的な集落として記録されたが、後に奇赫辰の方がもっと大きく、もっと力を持った有力者がいたことが判明したのではないだろうか。そして本格的な支配が始まると、そちらの有力者の方に最高位のhala i daが与えられて、賽馬爾姓Saimar halaの支配と毛皮貢納の義務が課せられたと考えられる。

　図吉Dugiはアムグン川の右岸に注ぐ支流の1つであるドゥキ川にあったと推定され、そこはゴリン水系とは分水嶺を挟んですぐ隣になることから、そこに賽馬爾姓Saimar halaの一部が住んでいても不思議ではない。そこはゴリン水系からアムグン水系に出る道筋の1つでもあった。

　迪金Diginの位置は不明だが、ゴリン川に注ぐある支流の河口あたりにあったと考えられる。というのは、Diginはツングース系の言語、とりわけエヴェンキ語など北方ツングース系の言語で「4」を意味し、さらにゴリン川流域には数字名がついた支流があるからである。その代表的な川が、コンドン村など多くのサマギールの村が集まるフイン川である。フイン川は、またフユン川とも呼ばれ、フユンhuyunはナーナイ語や満洲語などアムールから中国東北地方のツングース系の言語で「9」を意味する。そして、そのゴリン川との合流地点には支流名に由来するフインダHuinda gashanという村があった。ということは、迪金Digin gashanが4という名前の付いた支流のどこか（普通はその河口）にあったということは十分考えられる。しかし、現時点ではそのような名前の川がどこにあったかは確認できていない。ちなみに、ナーナイ語の標準的な方言とされるナイヒン方言では4はduinであって、diginではない。しかし、クル・ウルミ方言など北方ツングース系の言語の影響の強い方言では、digiとなることもあるようで（Цинциус ред. 1975：204）、北方ツングース系の人々が出入りしていたゴリン川流域の地名にその影響が見られても不思議ではないだろう。

　では、賽馬爾姓Saimar halaの中心地であった奇赫辰Kihechen gashanとはどこにあったのだろうか。この集落名は、別の論考でも紹介したとおり（第10章）、Kiとhechenに分解できそうである。hechenとはhotonと同じく、満洲語で城や城郭を意味する。つまり、この集落は「キ城」という名前だと解釈できる。ではその城はどこにあったのだろうか。

　現在のサマル氏族の人々の間で話を聞くと、どのインフォーマントもコンドンこそがゴリン水系のサマル一族の発祥の地であり、中心であると主張する。ここにはカイラソンと呼ばれる龍に見立てた丘が連なり、とりわけ旧コンドン村（現在のコンドン村の南東側）の前には川向こうに龍の心臓といわれる丘がそびえ立つ（写真1）。そして、その心臓の丘を仰げるフイン川の河原では、毎年黒い鶏を生け贄にして、龍を祭る儀礼が行われていた。その時にはナーンなどをはじめゴリン川やフイン川流域の集落から人が集まり、アムール本流からも一族が集まってきた。時には中国からも満洲官吏が参拝にやってきたとさえいわれている。このような状況証拠をかき集めると、三姓副都統衙門档案に登場する奇赫辰Kihechan gashanとは、まさにこのコンドン村を指して

いるのではないかという仮説を立てることができそうである。奇赫辰には最高位のhala i daがおり、戸数も賽馬爾姓Saimar halaの中で群を抜いて多く、中に3つの組織を抱えて、それぞれがgashan da、deote juseを擁していた。このような条件を満たせるのは、コンドン村しかないのである。

　この奇赫辰という集落は賽馬爾姓Saimar halaだけのものではなく、別のhalaの組織もあった。三姓档案には図墨里爾Tumelir halaという中規模のhala（戸数59戸）が見られるが、この奇赫辰には彼らの一部も登録されている（戸数11戸）。この図墨里爾Tumelir halaとは今日のナーナイとウリチにまたがる氏族であるトゥマリ氏族Tumali halaに相当する。つまりこの集落は複数のhalaが登録され、賽馬爾姓Saimar halaの52戸と合わせると63戸に達する規模の大きな集落だったわけである。ところで、近現代のコンドン村にもトゥマリを名乗る人が住んでいる。したがって、この点でも奇赫辰がコンドンに相当するという仮説は支持されている。しかし、残念ながら、文書的に確実な証拠をもってそれを証明する手段は全くない。また、現在のコンドン村のサマル氏族の人々に聞いても、そのような村名や地名は聞いたことがないという。

写真1　サマギールが崇拝する竜「カイラソン」の心臓の丘から眺めた旧コンドン村（2002年7～8月）

（3）帝政ロシアの史料に見られるサマギールの居住地
　中国の文書、特に寧古塔や三姓の副都統衙門の档案は公式に毛皮貢納者として登録された集落しか記していないため、実際に存在した集落をすべて網羅しているわけではない。したがって、18世紀段階でのゴリン川の集落の実態についてはわからないことが多い。中国の資料には出てこない小さいものも含めて、ゴリン川流域のサマギールの集落の名称を数多く書き残しているのが、シュレンクである。彼もサマギールのすべての集落を訪れたわけではないが、インフォーマントからの聞き取りも含めて、フイン川流域に次のような集落を書き留めている。すなわち、ククレキKукулеки（2戸）、フインダXуинда（2戸）、ヤメクタンカЯмектанка（2戸）、ツォンギンカЦонгинка（2戸）、コンドンカКондонка（6戸）、セロヒャンカСерохянка（5戸）、ツォルグンカЦоргунка（5戸）、フラヂャカXурадяка（2戸）、ヘロケXероке（1戸）、カダカドКадакадо（2戸）(Шренк 1883：32-34)、そして、フイン川河口にあったガーガHганга の計11の集落である。これらの集落のうち、後の調査で確認できるのはフインダXуинда、ヤメクタンカЯмектанка（ヤミフタ）、コンドンカКондонка（コンドン）、ガーガHганга（ナーン）、セロヒャンカСерохянка（セロヒ）の5カ村だけで、あとは確認できない。2002年の調査では、フイン川の沿岸にソェレキXэтэлэкиなる集落があったという情報が得られたが、もしかするとこれがククレ

写真2　エヴェロン湖畔のサマギールの聖地
kadakhachan（2002年7～8月）

キКукулекиにあたるのかもしれない。また、エヴェロン湖の沿岸に現在でもコンドン村の人々が聖地とあがめるカダハチャンКадахачанという岩場があるが、その近くに集落があったという話もある（写真2）。そこがカダカドКадакадоに当たるのかもしれない。しかし、いずれも確証はない。これから詳述するが、シュレンクの調査では後の全ロシア国勢調査で確認された集落が含まれておらず、遺漏もあると思われるが、その間40年もの年月がたっていること考えると（シュレンクの調査が1855年、全ロシア国勢調査が1897年）、古い集落の消滅、新しい集落の発生があったことも十分考えられる。

　徹底した人口調査は1897年の第1回全ロシア国勢調査を待たなければならないが、シュレンクの調査と国勢調査の間で、地方的な人口調査がおこなわれていた。例えば、1998年に私がウラジオストークの公文書館で確認した1873年のソフィースク管区の人口調査にも、ゴリン川流域の集落と思われるものが含まれている（第10章表2参照）。当時のソフィースク管区には現在のハバロフスクからソフィースクぐらいまでのアムール川流域が含まれていたが、そこにはヤミクタ、コンダン、サリュ、ダバクという4つの集落が記されている。それぞれ後のヤミフタ、コンドン、ソルゴリ、ダバクに当たる。ヤミクタは3戸人口35人、コンダンは5戸65人、サリュは4戸45人、ダバクは1戸9人であった（**РГИА ДВ** 1873：ф. 1, оп. 1, д. 450, л. 25-27）。この調査は専門家による徹底した調査ではないので、遺漏や誤記も多いと思われ、ゴリン川流域の集落もこの4つ以外にはしっかりと同定できる集落が見当たらない。もしかすると、カダ・カガがシュレンクのいうカダカドに当たるかもしれない。

　1897年の第1回全ロシア国勢調査に関しては、調査漏れが多い、不正確な民族記述や氏族認定が散見されるなど、後世の批判にさらさせることもしばしばだが、民族学の専門家も動員した徹底した村落調査、人口調査をおこなった点で、一定の評価を与えることができる。ゴリン川流域に関しても、三姓档案や1873年のソフィースク管区の調査などに比べると、小さい集落まで調査員が赴き、人口、戸数を調べ上げるなど、格段に網羅的に実施されている。そこにはゴリン川流域のサマギール、ゴリドなどの居住地として、次のような集落があげられている（表2）。

　これらの9つの集落のうち、ゴリン川の河口（アムール川との合流地点）近くにあったビチと、ゴリン川の上流にあったアンチュンは明らかにサマギールの集落ではないために、他の資料との比較対象からは外す。フインダはゴリドとなっているが、ここは明らかにサマギールの居住地域の中にあり、住民にサマギールが入っていることから、この村は比較対象に含める。

　この7つのサマギールの村を、三姓档案とシュレンクの調査結果と比較してみよう。

　先述のように、三姓档案とこの国勢調査の結果とで一致する集落は郎阿すなわちナーガ（シュ

第3章　サマギールの来歴

表2　第1回全ロシア国勢調査（1897年）に現れたサマギールの集落と人口（Патканов 1912）

集落名	戸数	人口	戸の人数	民族構成
ビチ　Бичи	6	56	9.33	ゴリド
バクトル　Бактор	1	3	3.00	サマギール
ナーガ　Haaга	10	98	9.80	サマギール
フインダ　Хуинда	8	45	5.63	ゴリド
コンドン　Кондон	8	82	10.25	サマギール
ヤミフタ　Ямихта	7	39	5.57	サマギール
ソルゴル　Соргол	5	43	8.60	サマギール
ハグドゥ　Хагду	2	9	4.50	サマギール
アンチュン　Анчун	1	18	18.00	ツングース

レンクがいうガーガ、後のナーン）だけである。三姓档案には他にも奇赫辰、迪金、図吉の3集落が見られるが、それに相当するものはここにはない。逆にここに見られるナーガ以外の6集落は三姓档案にはない。もし奇赫辰がコンドンあるいはそれに隣接したヤミフタも含むものとすれば、のこり4集落となるが、それにしても半数以上の集落は三姓档案には見当たらないものである。

写真3　旧ボクトル村の廃墟（2002年7〜8月）

　さらに、この国勢調査の結果はシュレンクのものともかなり食い違う。シュレンクがあげた集落と一致するのはビチ、フインダ、ヤミフタ（シュレンクのいうヤミフタンカ）、コンドン（同じくコンドンカ）とナーガ（同じくガーガ）の5つである。ゴリン川のアムールとの合流地点に近いところにあったゴリドの集落ビチと、フイン川がゴリン川に合流する地点の近くあったサマギールの集落ナーガの間のゴリン川沿いにバクトルという集落があることに関しては、これがシュレンクの時代と国勢調査の時代の間の、40年の間にできた村であることは確実である（写真3）。というのは、上述のように、シュレンクはビチ村からゴリン川をさかのぼって、最初に出会う村がガーガであると述べており、しかも彼は実際に冬に犬ぞりでゴリン川上を往復していることから、川沿いにある村を見落とすことは考えにくいからである。1926年にゴリン川のサマギールを調査したカルゲルとコジミンスキーは、シュレンクの時代以降、ナーガ（ガーガ）とビチの間に村が新しくできていたことを認めていて、彼らはその理由をサマギールの人々の世界観と結びつけて考えている。つまり、サマギールたちは疫病の流行などがおこり、村を移転するときに必ず下流の方に移動させる。というのは、小舟で川の上を移動すれば、痕跡が残らず、悪霊たちが人々を追いかけることができないと信じられているからだというのである（カルゲル 1944a：43）。

第2部　ゴリン川流域の人々―フィールド調査から2―

写真4　旧ソルゴル村跡（2002年7～8月）

　バクトル以外のソルゴル、ハグドゥ、アンチュン（これはナーガより上流のゴリン川上にあったエヴェンキと思われる人々の集落）に関しては、シュレンクが聞き漏らしたのか、シュレンク後の40年の間に形成されたものなのかは確かめることはできない。このうち、ハグドゥ村は1926年のカルゲルとコジミンスキーの調査の時に、ヤミフタのサマルあるいはサマギール（後述）の祖先たちが、ブレヤ川流域からアムグン川、エヴォル川、エヴォロン湖を経てフイン川に到着するまでの間に築いた村であることが確認されている。位置的にはエヴェロン湖に注ぐエヴォル川沿いにあったようである。そしてハグドゥ村の創設とほぼ同時に、同じグループの人々がフイン川に出て、ソルゴル村を開いたらしい（カルゲル1944a：41）。

　ヤミフタのサマルと呼ばれる人々の中心村落であるヤミフタは、ハグドゥ建設の後、ケオリ村、ダバク村（ソルゴル村の対岸、1873年の調査に見られる）を経て、ヤミフタに落ち着いた人々によって建設されたという（カルゲル1944a：42）。とすれば、ハグドゥ村はヤミフタ村よりも古いことになるため、この村がシュレンクの調査に出てこないのは、彼の調査地点からあまりに遠かったために（彼はガーガまでしか訪れていない）、聞き漏らした可能性はある。

　ソルゴルも同様に古い村だったが、シュレンクには知られず、1873年の調査で初めて確認されたのかもしれない。カルゲルの調査によれば、ヤミフタのサマルの祖先が開いた村のようだが、ここにはナイムカあるいはアイムカと呼ばれる氏族も住んでいた（写真4）。彼らに関しては、かつて中国から召使いとして連れて来られた少年が、長ずるに及んで自由を与えられ、サマル出身の女性と結婚して、彼女との間に生まれた子供たちから発展したということが伝えられている。この話はカルゲルが採録しているとともに（カルゲル1944a：42）、私もコンドン村で幾度となく聞いた。1897年の調査では5戸43人がサマギールとされているが、その中にはナイムカ（アイムカ）氏族も含まれていたはずである。

　シュレンクがあげていた上記5集落以外の、ククレキ、ツォンギンカ、ツォルグンカ、フラヂャカ、ヘロケ、カダカド、セロヒャンカの7集落の内、セロヒャンカを除く6集落については、その後どのようになったのかは確認できない。これらはシュレンク後の40年の間に消滅した可能性が高い。セロヒャンカだけは、1897年の国勢調査には見られないが、後述のように1920年代まではセロヒという名前で残っていた。

（4）ソ連の史料に見られるサマギールの居住地
　その後、ゴリン川水系のサマギールの集落はフイン川の上流からソルゴル、ヤミフタ、コンド

表3　カルゲルとコジミンスキーが調査した時のゴリン水系の集落、氏族、人口

集落名＼氏族	Samagir	Digr	Alcaka	Ajmuka	Tumali	集落総人口
ソルゴル	14			42	4	60
ヤミフタ	52		4			56
コンドン	97					97
フインダ		31	7			38
ナアン	47			6		53
ボクトル	35					35
タロムダ	13					13
ナメカン	22					22
総　　計	280	31	11	48	4	374

ン、フインダ、ナーン、ボクトル（バクトル）などの集落が残っていく。カルゲルとコジミンスキーが調査した1920年代はそのような状況にあった。1926年8月の調査時点で、彼らが訪れた村の人口と氏族構成は以下のようであった（カルゲル1944b：61）（表3）。

　タロムダとナメカンは初出であるが、ボクトルが形成されてから、カルゲルたちが調査するまでの間に新たに形成されていた村である。カルゲルによれば、ボクトルとタロムダの住民はナーン村からの移住者だったという。ナメカン村はゴリン川河口近くにあった村である。このナーン村よりも下流に村ができる現象は、サマギールの人々のアムール本流への進出と関係があるが、それがナーン村の縮小とも結びついている。すなわち、1897年の国勢調査では10戸98人いたものが、1926年には53人と半数近くに減少している。それはボクトル、タロムダへの移住の他にも、ゴリン川河口に近いアムール本流沿いにあったハルボ村にもナーン出身のサマギールが住んでいたという事実とも結びつく（カルゲル1944b：53）。このハルボ村は、現在ニーニジエ・ハルビという村に統合されている。そこにもサマルと名乗る人々が少なくないが、おそらくこの移住者の子孫だろう。

　実はナーン村の人口はその後回復し、以下の表4と5にあるように、75人、81人と人口第2の村の地位は維持しつづけている。しかし、その間にコンドンが急速に発展した。

　カルゲルとコジミンスキーが残した資料以外の資料もある。例えば、1926年のアルセーニエフ B. K. Арсеньевの調査ノート（ロシア地理学協会アムール地区調査協会の古文書、ロシア国立公文書館極東支部文書РГИА ДВ Фонд 14. опись 1. дело 111. лист 2）によれば、ゴリン水系のサマギールの集落とその人口は次の通りであった（この古文書のデータは、ロシア側研究協力者のアンドレイ・サマル氏からの情報提供による）（表4）。

　最初のボホルはボフトルBoxтopの誤り（表記ミス）と思われる。これはボクトル、バフトルなどと同じ集落を指している。

　また、アルセーニエフの調査の翌々年に当たる1928年のゴリン川水系の人口統計には次のよう

第2部　ゴリン川流域の人々―フィールド調査から2―

表4　アルセーニエフのメモに基づく、1926年のサマギールの集落と人口

集　落　名	戸　数・人　口
ボホル　Бохор	戸数（房子）1、男2、女1、人口3、犬1、そり0
ナーン　Наан	戸数（房子）14、男34、女41、人口75、犬81、そり94
フインダ　Хуинда	情報なし
セロヒ　Серохи	戸数18、男33、女39、人口72、犬90、そり0
コンドン　Кондон	情報なし
ヤミフタ　Ямихта	戸数（房子）7、男14、女21、人口35、犬39
ソルゴリ　Сорголь	戸数（房子）5、男20、女31、人口51、犬50

表5　古文書に基づく、1928年のサマギールの集落と人口

集　落　名	戸　数・人　口
バフトル　Бахтор	戸数（房子）1、人口2（80歳の老人と15歳の妻）
ナーン　Наан	戸数（房子）6、人口81
フイェンダ　Хуенда	戸数（房子）3、人口21
セロヒ　Серохи	戸数（ユルタ）2、人口20
コンドン　Кондон	戸数情報なし、　人口90
ヤミフタ　Ямихта	戸数（房子）3、人口39
ソルゴリ　Сорголь	戸数（房子）6、人口50

　な集落と人口が記されている（РГО ОИАК Фонд 14. опись 1. дело 111）（表5）。

　これらの古文書データによれば、シュレンクが記したセロヒャンカという村は1920年代終わりまで実在していたことがわかる。この両リストにあるセロヒがそれに当たる。1873年の統計や1897年の国勢調査に現れないのは調査漏れだろう。カルゲルはここをディグル（ジゴル）氏族のかつての村であり、この方面はエヴェンキの遊牧地で、定住的な集落は存在しないとして（カルゲル1944a：45-46）、ゴリン川流域の村の一覧表（表3）に入れていないが、それもおそらく彼の調査漏れだろう。これらの古文書データから、セロヒ村は1920年代の終わりまで、かなり大きな集落として存続していたといえる。この村はアルセーニエフ、そして1928年の資料によれば、ゴリン川沿いにナーン村からさらに35露里（約37km）さかのぼったところの左岸にあったという。しかし、わずか2年（1926年から28年）で戸数18から2へ、人口も72から20へと激減しているところを見えると、何らかの理由でこの時期に放棄されつつあったことが伺える。

　現在、フイン川流域を含むゴリン水系には、先住民系の住民が多く住む村はコンドンしかなく、他はすべて廃村となっている。現在のコンドン村はかつてのコンドンとヤミフタ、ソルゴルを合わせた村で、中心は旧コンドンとヤミフタの間にあるが、村域は旧コンドンからソルゴルまでを含む範囲に広がっている。ただし、住民は入れ替わっており、旧コンドン村の村域にも旧ヤミフ

第3章 サマギールの来歴

タ村出身者が数多く住んでいる。新コンドン村にはヤミフタ、旧コンドン、ソルゴル、フインダ、ナーンなどの住民が集まった。2002年現在の人口は496人、そのうち、先住民系が442人で、ロシア人が54人である。

　新コンドン村以外ではゴリン町など、周辺の開拓村や町にも暮らすが、下流のボクトル（バクトル）村の住民は、川から少し離れた場所に作られた新ボクトル村の方に移転している。旧ボクトル村には現在、捨てられた廃屋が数軒と、やはり放棄された気象ステーションの廃墟が残されているだけである。

　かつて、17世紀に『清実録』に登場したナーン（ガーガあるいは郎阿）はすでに森に飲み込まれようとしている。2002年の調査でその跡地を調査したが、そこには人々の暮らしの痕跡として、住居跡か倉庫跡と思われる長さ3〜4m、幅2mほどの竪穴（これは竪穴住居ではなく、小型の木造家屋の跡と思われる）、その近くにある腐りかけた木道、かろうじて立っている折れた柱（焦げ跡が見られ、火災にあったと思われる）、さらに、畑か菜園と思われる畝の跡、人々によく利用されたエゾノウワミズザクラや野バラの群落などが見られた。これらの痕跡は、ここがソ連時代まで人が多く住む村であったことを示している（写真5、6）。2002年の調査で見たのは川に近い、村の入り口のような場所であり、川のそばの自家菜園付きの家屋の跡だったのかもしれない。村域はそこからさらに奥に広がっていたと考えられる。しかし、クマの足跡、糞、座った痕などが散見され、そこが彼らの縄張りになっていることに気づいたため、奥までは入れず、村の全域を歩くことはできなかった。

写真5　旧ナーン村跡。農園の畝の跡が見られる。
（2002年7〜8月）

写真6　旧ナーン村跡。焼けた柱が立つ。
（2002年7〜8月）

　1920年代まで7カ村、シュレンクが調査した1850年代には11カ村も数えたゴリン川、フイン川流域のサマギール、あるいはサマル氏族の集落が、今日コンドン以外にはほぼすべて消滅し、人口の大多数がコンドンに集まっているのは、他のロシア極東地域の先住諸民族の場合と同じく、1930年代に始まった漁業、狩猟業の集団化と拠点集落の形成、そして、1960年代、70年代に推進された集住化政策のためである。ソ連政府はまず、「未開」と規定した先住民族に拠点集落を作らせ、生産活動の集団化を推し進めて、ロシア農民と同じように集団農場（コルホース）に組織した。さらに1960年代からは、集団農場（コルホース）の生産効率を上げるために、分散していた農場を統合したり、ソフホース（国営農場）に転換したりして、規模を拡大したのである。そ

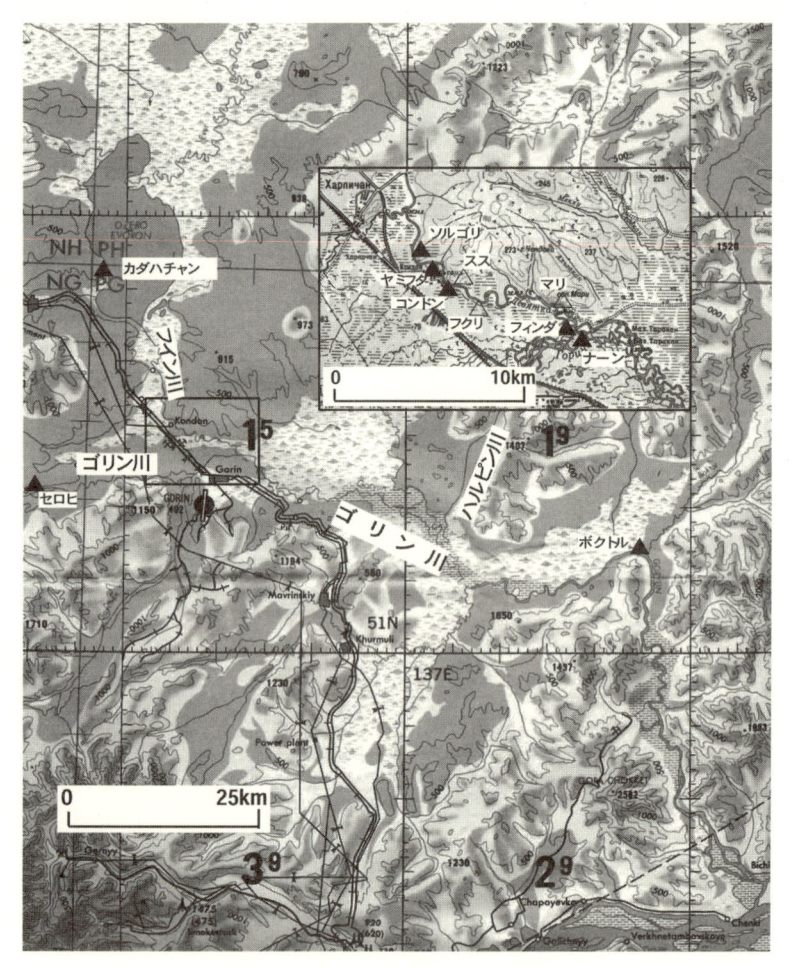

第2部　ゴリン川流域の人々―フィールド調査から2―

図1　ゴリン川流域の旧集落の位置

して、先住民系の農場の統合に際して、一つの水系の各地に分散して住んでいた住民を1カ所に集めてしまった。ゴリン水系では、それが古くからの中心地であったコンドンだったわけである。そのために、ナーン、セロヒなどの既に人口が減り始めていた古い大村落ばかりでなく、ボクトル、タロムダなどといった新しい村も廃村となり、住民はコンドンか、あるいは近くの開拓町に移らざるを得なかった。ただし、コンドンの周辺は立地条件に恵まれていたために、他集落の住民を多数受け入れても村での生活に支障はなく、ソ連時代には順調に発展した（図1）。

　ところで、18世紀の三姓档案以来の資料を通覧してすぐ気がつくのは、人口規模の変動である。例えば、1750年に固定化された賽馬爾姓Saimar halaの戸数は5集落合わせて109戸であった。それに対して、シュレンクが調査した時点では、10カ村合わせても29戸にしかならない（ガーガ村の戸数は記されていない）。また、1897年の国勢調査の結果でも41戸、319人（ビチとアンチュンは除外している）、1928年の資料でも、21戸（ただし、コンドンのデータはない、それを入れると30戸以上にはなる）、303人である。いずれのデータも完璧なデータ（一人も漏らさず集計したもの）ではないために、信頼性は高くないが、大体の人口動向を知るには十分なものである。

　清朝時代、満洲官吏たちが「戸」（満洲語ではbooという）をどのような単位として定義していたのかはわからない。満洲語のbooを字義通りに解釈すれば、家屋、房子ということになり、ロシア側でいうファンズфанзと同じだが、もし、成人男子を戸の代表者として数えているとすれば、戸数は成人男子の数を表すことになり、実際の家屋数よりも多くなる。一応前者の解釈に立って、

1750年の数値から毛皮貢納者の家族を含む人口を割り出すと、ロシア側の資料から、1戸あたり平均8～9人ほどの人数がいたと仮定すれば、900～1000人規模の人口を擁していたことになる。この数はロシア側の数値と比べると3倍である。

　実際に18世紀中期から19世紀後半までの100年間で人口が3分の1に減ったのかどうかは確かめようがないが、19世紀前半から見られた清朝辺民制度の弛緩と1850年代に始まるロシアのアムール地方への進出、そして、それらに伴う社会不安と疫病（天然痘、結核、インフルエンザなど）、アルコール中毒の蔓延などの社会的状況から、ゴリン水系でも人口の急激な減少が見られたことは事実だろう。そして、同時に1戸あたりの人口の減少も見られる。例えば、1873年のソフィースク管区の調査ではヤミクタ（ヤミフタ）とコンダン（コンドン）2村の戸数の合計が8戸で、人口が100人であることから、1戸あたりの人口は12.5人である。しかし、1897年には調査された7カ村の戸数は41戸で、人口319人であることから、平均すると1戸あたり7.8人ほどになる。平均の母数が異なるために単純に比較するのは問題ではあるが、実はこの傾向はアムール川下流域のナーナイ（ゴリド）の居住村落全域に共通してみられる。19世紀後半から末期にかけて、1戸あたりの人口が減少している。つまり、同じ家屋に住む（ということは生計を共にしている）家族の数が減っているのである（佐々木2000または10章参照）。ナーナイをはじめ、アムール川流域のツングース系の定住的漁撈民（ゴリン水系のサマギール、サマル氏族も含む）は、一つの家屋に拡大家族で住むことが多い。1戸あたりの人口が減っているということは、家族の規模が小さくなったことを示しているのである。

　この傾向は1926年まで見られ、アルセーニエフのノートにある数値からは1戸あたり平均5.2人という数字を導き出せる。しかし、他方で1928年の資料（表5）からは1戸あたり10.1人という数字も導き出せるので、使う資料によって数値は大きく変動する。したがって、必ずしも家族が小さくなったわけでもないのかもしれない。19世紀末期からロシア革命ぐらいまでの時代は、清朝から帝政ロシアに支配者が変わり、その開発政策がアムール川流域の先住民の社会を混乱させていたことから、人口が減り続けていた時代であり、それが1戸あたりの人数にも反映されていたとも考えられる。

5．21世紀のサマギール──結論にかえて

　現在ナーナイ民族のサマル氏族とされている人々が多く集まるコンドン村は、人口496人の静かな村である。ゴリンなどの周辺の開拓村がどことなく落ち着きがなく、しかも汚い印象を受けるのに対して、この村は清潔で、落ち着いた印象をうける。川岸に沿った集落であるため、洪水などの時に家が水につかる心配があるが、岸辺が低すぎないために、大水が起きても家が水につかる心配はない。専門家が判定したわけではないが、中国人が好む風水の上で、非常によい場所に立地しているのかもしれない。

　村の前を流れるフィン川をはさんで対岸は、地元の人々がカイラソンと呼ぶ竜に擬せられる小

高い丘が続く。旧コンドン村（現在の村の東よりの部分）の前の丘が竜の心臓に当たる。そこが最も重要な場所である。竜の頭はかつてススと呼ばれた小集落の跡地の近くにあり、尾はかつてのソルゴル村の後ろに伸びている。このカイラソンが横たわる一帯がサマル一族、あるはサマギールと呼ばれた人々が最も多く集まるところである。村人たちのカイラソンに対する崇敬の念は、新しい神話を生み出している。かつてソ連時代、コルホースの施設をカイラソンの心臓とされる丘の裾野に建設しようとして、丘の一部を削ろうとしたところ、重機が転倒して作業員が死亡する事故が起き、それ以来その丘に手をつけるものはいなくなった、というものである。

　このような伝承を持ち、古くから続いてきたゴリン川、フイン川上のサマギール／サマルの集落は、ソ連時代の1930年代から70年代にかけて、激しい変化に見舞われた。上述のように、当時のコルホースの規模拡大やソフホース化に伴って、小さい集落の整理統合が進められ、ナーン、フインダ、セロヒなどの歴史を持つ集落がつぶされ、住民はコンドン1カ所にまとめられてしまったのである。ヤミフタとコンドンも統合され、ちょうど両者の間に新しいコンドン村の中心がおかれた。現在ヤミフタとコンドンは地名としては残されているが、旧コンドン村の跡地にヤミフタ出身のサマルの家族が住み、ヤミフタの方にコンドン出身者が住むということは珍しくない。

　彼らに集住を強いたソ連政府の政策は彼らに光と影をもたらした。光は、彼らの聖地エヴェロン湖でとれるフナが、最高の食材としてモスクワのレストランに卸せるほどの評価を受けた点である。それはコンドンの人々にとって大きな名誉であった。また、ソ連政府はコンドンの人々がアムール川本流に持っていたシロザケの産卵場での漁業権をコンドンのコルホースにも保証した。1970年代には新コンドン村の人々は政治的にも経済的にも恵まれていたといえるだろう。

　しかし、ソ連崩壊とともに、経済環境は悪化し、コルホースは縮小を余儀なくされた。ポストソ連時代の現在でも、この村を支える主要な企業は未だに「コルホース」を名乗っている。このコルホースは完全にエヴェロン湖、フイン川、ゴリン川流域での漁業（フナ、ナマズ漁が中心）とアムール川で行うシロザケ漁に特化している。したがって、ポストソ連時代の今日でも、フナやサケの漁獲が企業の経営を左右し、さらには村の暮らしを支えている。その経営状況は苦しいとはいえ、まだ倒産の憂き目は見ていない。

　ソ連時代にコルホースの経営の柱の一つとされていた狩猟、とりわけ毛皮獣狩猟は、現在、この漁業コルホースとは異なる、別な組織（氏族共同体）にゆだねられている。そこでは資格を持った猟師たちが、ゴリン水系（ハルビ川などのゴリン川の支流）に設定された猟場（狩猟のために伐採などを禁止した森）でクロテン、ヘラジカなどを捕っている。

　ソ連の政策がもたらした影は、ロシア的生活様式の強制、ナーナイ文化の弱体化、さらにはナーナイにおけるサマル氏族の独自性の否定をあげることができるだろう。彼らのフナは賞賛されたが、彼らの伝統文化は否定された。彼らの場合は二重に否定されたともいえるだろう。つまり、まずカルゲルとコジミンスキーの報告に基づき、彼らの他のナーナイ文化に対する独自性が否定され、さらに1970年代以降のロシア語教育の強化のために、先住民族ナーナイとしての独自性も

奪われてしまったのである。彼らは固有の言語を話す場を奪われ、最も重要なカイラソンをまつる儀礼も禁止され、そしてサマル／サマギールとしてのアイデンティティを主張する権利も奪われてしまったのである。その反動のためか、ポストソ連時代になると、村人の中には、ナーナイよりもむしろ、サマル／サマギール（サマンジョという言い方もある）としてのアイデンティティを強調する人も現れている。

　さらにこの村は、ノヴォシビルスクの高名な考古学者、オクラードニコフが発掘を行ったことで、海外の考古学者の間にも名前が知られるようになった。先に触れた「コンドンの美人」はアムール地方の新石器文化の代表としてしばしば考古学の文献に登場する。しかし、ソ連流の考古学はまた、村に暗い影を落とした。彼らは先史時代の遺跡だけでなく、旧コンドン村の墓地も掘り起こしていたのである。

　旧村の墓地は旧コンドン村と旧ヤミフタ村のそれぞれにあり、現在では村域に含まれてしまっている。しかし、そこだけはうっそうとした森に覆われていて、人は手をつけようとはしていない。墓地自体はかなり荒れ果てていて、かつて埋葬後に建てられていた木造の祠の柱や屋根の部分が、ごくわずかかろうじて残されているだけである。そこには当然、現在の人々の祖先、それも比較的近い祖先が眠っている。考古学者の行為は、学術的には民族誌時代の遺物の調査という意味を持っていた。しかし、村人にとっては、いわば祖先の墓を暴かれるようなものであった。しかも、今聞くところでは、発掘者たちには死者やその子孫たちに対する配慮というものがみじんも見られなかったようである。当時、それに対して公然と抗議の声を起こすことははばかられた。政府のお墨付きをもった調査行為には逆らえなかったのである。しかし、社会主義体制が崩壊した今日では、やはり祖先の墓を暴いたことに対する反感が、一部の人の間で意識の底にわだかまっている。

　現在、生活条件の点では、同時に調査した沿海地方のクラースヌィ・ヤール村のウデヘの人々と比較したとき、コンドン村の方が恵まれているという印象を受けた。一つには、こちらの方が交通のアクセスが遙かに楽だからである。近くを鉄道（有名なバム鉄道の一部）が通っているということだけでもヤールとは雲泥の差である。コンドンには駅があるのである。鉄道に沿って幹線道路も整備されている。さらに、そのような鉄道や道路に沿って電線が走っているため、電気にも不自由しない。クラースヌィ・ヤールは立地の点で大きなハンディキャップを負っているといえるだろう。

　そのような恵まれた立地にあるコンドンでも、若者の流出は跡を絶たない。2002年の調査は、私にとっては12年ぶりのもので、前回は1990年の夏に行っている。しかし、そのとき交流した若者のすべてがコムソモリスク・ナ・アムーレやハバロフスクといった町に出てしまい、村には年寄りと子供が多かった。やはり、ペレストロイカ、ソ連崩壊といった混乱の中で、若い世代はよりよい生活を求めて村を出ていたのである。さらに、この激動の12年間に、多くの古老たちがこの世を去っていて、今コンドン村では最高齢の男性が60歳代という事態になっている（女性では

80代、70代がいるが）。したがって、古いサマギールやサマル氏族の文化や言語を調査するのはきわめて困難な状況にあり、また急を要する。しかし、世代は更新されているとはいえ、村の人口の8割が先住民であり、伝統生業である漁業と狩猟が村の経済を支える状況にあるため、現代ロシア社会における先住民社会動向を観察、分析するには、絶好の調査地である。

註

1） 寧古塔Ninggutaは牡丹江中流にあった清朝の東北地方支配の一大拠点。当初最高指揮官の将軍amban jangginがいたが、後に将軍は吉林に移駐し、副官格の副都統meile i jangginが置かれた。档案とは役所の文書類を指す。

2） 三姓Ilan halaとは牡丹江と松花江の合流地点にあったアムール、サハリン地方支配の拠点。ここは1714年に築かれ、1732年から副都統が常駐するようになった。現在は中国黒竜江省依蘭市となっている。

3） 満洲語のローマ字転写は基本的にメルレンドルフ方式に準拠したが、／sh／と／ch／の音に関しては、šとcを使用せず、sh、chとした。

引用参考文献

［和文］

カルゲル, N．K．（富田良作訳）1944a「サマギール族に就いて（上）—ガリン河流域の住民の氏族構成に關する報告書—」『書香』16（1）

カルゲル, N．K．（富田良作訳）1944b「サマギール族に就いて（下）—ガリン河流域の住民の氏族構成に關する報告書—」『書香』16（2）

佐々木史郎 1990「レニングラードの人類学民族学博物館所蔵の満州文書」畑中幸子・原山煌編『東北アジアの歴史と社会』pp.195-216、名古屋大学出版会

佐々木史郎 2000「19世紀〜20世紀におけるアムール川本流域の集落配置とその規模の変遷—ナーナイ（ゴリド）を中心として—」藤本強編『ロシア極東少数民族の自然集落に関する国際共同研究』科学研究費補助金［平成9〜11年度］研究成果報告書、28-48頁、新潟大学人文学部

洞　富雄 1985「北蝦夷・東韃地方居住民族注」洞富雄・谷澤尚一編『東韃地方紀行他』236-244頁、平凡社

和田　清 1942「支那の記載に現はれたる黒龍江下流域の原住民」『東亜史論叢』生活社

［中文］

傅恒編 1751（1995）『皇清職貢図』（影印本）瀋陽：遼瀋書社

遼寧省档案館・遼寧省社会科学院歴史研究所・瀋陽故宮博物館訳編 1984『三姓副都統衙門満文档案訳編』瀋陽：遼瀋書社

清実録四 1985『清実録』四（聖祖実録一）北京：中華書局

譚其驤編 1982『中国歴史地図　元・明時代』北京：中華書局

譚其驤編 1987『中国歴史地図　清時代』北京：中華書局

［露文］

Долгих, Б. О. 1960　*Родовой и племеной состав Сибири в XVII веке.* Труды института этнографии LV. Москва и Ленинград: Институт этнографии АН СССР.

Зуев, В. Ф. 2000 *Мэргэны озера Эворон*. Комсомольск на Амуре: Приамурское географическле общество и Администрация солнечного района хабаровского края.

Каргер, Н. К. и И. И. Козьминский 1929 *Гарино-амгунчкая экспедиция 1926 года*. Известия коммисси по изчению племенного состава СССР и сопредельных стран 3. Ленинград: Издательство академии наук СССР.

Паткановъ, С. 1906 *Опыт географии и статистики тунгусских племен Сибири,* ч. II. Записки императорского русского географического общества по отделению этнографии том XXXI, часть II. Санкт Петербург: Императорское русское географическое общество.

Паткановъ, С. 1912 *Статистические данные показывающие племенной состав населения Сибири,* том III. Записки императорского русского географического общества по отделению статистики, том XI, выпуск 3. Санкт Петербург: Императорское русское географическое общество.

РГИА ДВ 1873 Статистические сведения. О числах гольдов и селении в софийском округе и о населении оного. 1 января 1873 года. Владивосток: Российский государственный исторический архив Дальнего Востока, фонд 1, опись 1, дело 450, листья 25-27об.

РГО ОИАК 1926 Материалы В. К. Арсеньева. Архивы Общества исследоваия амурского края русского географического общества, фонд 14, опись 1, дело 111, лист 2. Санкт Петербург.

РГО ОИАК 1928 О стойбищах в басейне реки Горюн. Архивы Общества исследоваия амурского края русского географического общества, фонд 14, опись 1, дело 111. Санкт Петербург.

Цинциус, В. И. 1975 *Сравнительный словарь тунгусо-маньчжурских языков*. Ленинград: Издательство 《Наука》, ленинградское отделение.

Шренк, Л. И. 1883 *Об инородцах амурского края,* том 1. Санкт Петербург: Императорская академии наук.

第4章　サマギールの居住形態

大貫 静夫

1. はじめに

　2002年夏のコンドン村での調査の過程で、サマギールの旧集落の分布は前回科研調査の成果としてまとめたビキン川流域の旧集落分布（大貫 2000；大貫・佐藤 2002）とは大きく異なることはすぐに気が付いた。

　とくに興味深かったのは調査の根拠地としたコンドン村であった。そこには元来、ヤミフタサマルとコンドンサマルという異なる集団の別々の集落が数百mの間隔をおいて東西に分かれてあった。「サマギール」の由来については本書佐々木（第3章）論文に詳しいが、サマギール自体をナナイの一氏族とするのであれば、それの下位区分としての集団になる。

　現在では新しい共同墓地が村のはずれにあるが、古くからの墓地がそれぞれの集落に隣接してあった。確かによく見れば、旧ヤミフタと旧コンドンの間には林があり、無人地帯があるようだが、両集落の間は数百mしか離れていない。今ではその中間地帯にも人が住むようになり、境界がなくなりつつある。また、現在ではコンドンとヤミフタサマルは混ざりながら住んでいる。さらに、旧集落のサルゴリもヤミフタから2kmぐらいの距離にある。分布密度がかなり高い。

　このほかに、近くには、スス、フクリという旧集落があったということから、さらに密度が高いことになるが、これらの旧集落については、佐々木による綿密な考証の結果、スス、フクリ、マリについては1700年代末から1900年代の初頭の旧集落についての記録の中では特定できていない（第3章）。われわれはたんに旧集落の位置を知るのではなく、同時に存在した集落相互の分布状況こそが重要と考えており、いつ存在したのか分からないこれら3旧集落は以下の検討の対象から外すことにする。

　もともとゴリン川流域では、アムール川本流との合流点である河口付近からボクトルまでは狭い渓谷になっており、シュレンクが調査した1855年には旧集落が分布していなかった（第3章図1）。また、ボクトル自体も小さな集落であったが、それからさらにナーン付近までは沼沢地が広がっており、ここにも人が住んでいなかった。北側の龍の山を背にするナーンからコンドン付近までは居住地として適していたのであろう（写真1）。

写真1　フイン川と龍の山（右）

　佐々木によれば、ゴリン川流域の集落の数自

第4章　サマギールの居住形態

体は1897年で6集落、1926、28年では7集落であり、前回の科研調査で検討したことのあるビキン川の集落数と大差はないが、集落の規模自体はサマギールの方が大きく、異なる。そして、旧集落時代にもおいても一部地域への集中が著しいこと、そしてシロザケ漁の漁場やヘラジカやクロテン猟の猟場が離れた場所にあ

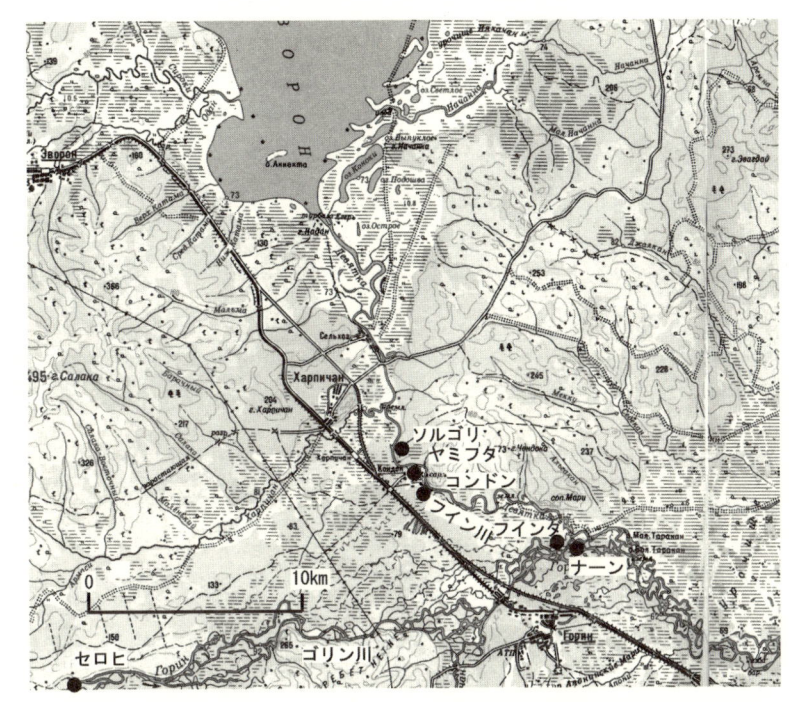

図1　フイン川流域を中心とする代表的な旧集落の分布

ることが異なる点である。ビキン川流域では集住化以後に、集落と猟場、漁場が離れたのであり、もともと各旧集落は猟場、漁場と組み合いながらほぼ等間隔に広がっていたという復原（大貫2000；大貫・佐藤2002）がなされたが、それとは明らかに異なる様相を示している。

　サマギール集団の居住領域の中心部では、ナーンとコンドンという大きな集落が約7、8kmの間隔であった。ナーンと対岸のフィンダの一組と、今は一体の集落となっているがかつては林を隔てて離れていた、コンドンとヤミフタ、そしてそれらより上流で、詳細はともかく成立がより新しいとされているソルゴリの三村一組からなる、二組が中心部にあり、ほかはゴリン川上流にあるセロヒがそれらから約25km離れ、ボクトルが約55km離れている（図1）。エヴォロン湖にあるカダハチャンが約30km離れているが、これは佐々木（第3章）によれば19世紀のシュレンクの記録に出ている集落の可能性があるらしい。それ以外の記録では同時存在した集落とは認められない。シュレンクによって記録された集落には位置を特定できない集落が多いので、これも居住形態の分析から除く。

　少なくともコンドンとヤミフタは異なる集団が近い距離で共存していたと説明されており、大小はあるが母村と分村という関係ではない。ナーン、コンドンそれぞれの集落組間の距離は7、8kmあり、それぞれ固有の領域を設定することが可能のようだが、各集落組内では相互に近接しすぎており、それぞれの集落の周囲に相互に排他的な生業領域を設定する余地があったとは見えない。

　また、それら中心地域とかなりの距離を置いて、ぽつんぽつんと集落が孤立してあることも居

第2部　ゴリン川流域の人々―フィールド調査から2―

住形態論的立場からするとなかなか説明しにくいあり方である。これはビキン川では認められた領域と集落との関係とは異なるものであり、この点について、佐々木（第3章）の成果を参照しながら少しまとめておきたい。

2．文献資料から見た旧集落の同時期分布

　佐々木（第3章）で位置が特定された同時代ごとの旧集落の分布を見ると、サマギールの展開する広大な地域の中で、居住域の集中が見られる。その周辺には広大な居住空白域がある。それこそが、漁場、猟場が遠隔地にあることの裏返しであることは後述する。

　そして、このようなあり方が強制集住化政策によるものでないことは、佐々木（第3章）がさまざまな文献、古文書資料を駆使しながら明らかにしているところである。

　居住形態を考える際に、大きく三つの段階を考える必要がある。

（1）1926―1928年の調査

　佐々木（第3章）に示されたロシア側の資料では、1926、1928年の集落はより下流のバクトルとゴリン川のより上流にあるセロヒのほかはフイン川沿いにナーン、フインダ組とコンドン、ヤミフタ、ソルゴリ組が並んでいる。

　セロヒの住居のみが伝統的なテント「ユルタ」であり、ほかは炕付きの平地住居「房子」である。そのセロヒでも一戸平均10人であるから、ユルタか房子かで居住人数に差はない。佐々木（第3章）の指摘するように、それよりも1926年と1928年のたった2年の差しかないのに、両者の一戸あたりの居住人数の変化が大きい。1926年は不明のコンドン、フインダ、一戸だけのバクトル、平均約10人のソルゴリを除き、ヤミフタとナーンは5人前後で核家族のようであるが、1928年ではサルゴリのように10人前後の大人数居住に変わっている。これにともない家の数が減っている。たった2年で核家族から大家族（?）に変わるのか疑問の残るところである。

　そのほかにカルゲル（1944）が報じている1926年の踏査報告がある。この報告は個々の集落や氏族の由来を探る研究が目的であり、そのためにはきわめて有効であるが、集落分布を押さえるには適さない。ただし、後述するシュレンクの集落調査で出てくるが、その後の追跡ができない小規模の集落のようなものは、統計調査に出てこないだけでまだまだあることを知りうる。それらは一時的な漁撈、狩猟小屋として使われていた場所に定住するものが現れるという形で集落が形成されていたという。バクトルはそのような例で、周辺に良好な猟場が存在するため、ナーンからの移住があったという。

　ナーンから約30km、バクトルから約20kmの中間に位置するフルムリ川河口にも、一時的な小屋があり、定住集落になる可能性が述べられている。

　また、バクトルからさらに下ったタロミ川の河口付近にナーン出身のサマギールの住むタロムダ集落（2戸13人）があった。さらに、河口から17km地点にコンドンサマルが開いたナメカン集

第4章 サマギールの居住形態

落（2戸）があった。このような、一時的な狩猟小屋や漁撈小屋との区別が難しい小さな集落は1926年の統計資料には出てこない。後述する1855年のシュレンクの調査資料に今日位置を特定できない小規模集落が多く記録されているのも、このような集落を含んでいるからかもしれない。

（2）1897年の国勢調査

1897年では、セロヒがなくて、ハグドゥという集落がある。これはカルゲル（1944）によれば、エヴォロン湖の北岸につながるエヴォル川沿いにあったという。サルゴリからでも約30km離れており、このハグドゥは戸数2人口9という小さな集落であるから、一時的に営まれた継続期間が短い集落の可能性もあろう。今回の領域論では扱わない。

この時点では、一戸あたりの居住人数が5人前後のフインダ、ヤミフタと10人前後のナーン、コンドン、サルゴリがある。サルゴリはずっと10人前後の大家族であり、ナーンは大、小、大と変化し、ヤミフタは小、小、大となっている。この間に集落人口が変化しているが、それはこの大、小の変化と絡まって、集落の戸数の増減が人口の増減と連動していない。

（3）1855年シュレンク調査資料

1855年のシュレンクの調査資料に残されたゴリン川流域の集落は11と、前後の年代の資料に比べて集落の数が多く、かつその後の調査で確認できない集落が6ある。したがって、この時期の居住形態は前後の時期と変化した可能性があるが、検討不可能である。

ただし、ここにはセロヒがある。佐々木（第3章）によれば1897年資料は信頼性に欠けるということから、ゴリン川上流域唯一の集落であるセロヒは継続してあったという可能性があろう。また、1897年以後のフイン川沿いの集落はすべてこのときにも確認されている。

1897年にあったハグドゥ、そして1897年以降1926、28年と続くソルゴルも出てこない。つまり、ソルゴルが抜けているがコンドン組、ナーン組の基本的な部分は遡ることが分かる。ただし、1897年の戸数と比較するとコンドンが8から6、ヤミフタが7から2、フインダが8から2とかなり減っている。その後の集落に比定不能の集落の中で、唯一大きな集落ツォルグンカが戸数5で、ほかは戸数2が多く、戸数1もある。この時期は集落数は増える一方、集落の規模が全体に小規模であり、分散型の居住形態となっているが、流域全体の戸数が減少しているようだ。ただし、シュレンクがその後の統計資料では拾わないような小さな集落まで拾ったから多い可能性があることはすでに上で述べたが、全体の減少は小規模集落が多いことの理由がただそれだけではないことを物語っている。

この戸数の家はすべてユルタと記されているから、このときにはまだ房子はこの地域に入っていなかったことになる。ユルタの方が房子より居住人数が多くなることはあまり考えられないので、やはり1897年よりゴリン川流域の人口は少なく、その後増えたのだろう。

さらに、平地住居の前が竪穴住居であったアムール川本流地域と違って、テントであったこと

は彼らの出自を考える際に重要である。サマギールやほかの氏族がすべてアムグン川方面に出自をもつというのは理解できることである。テントから房子への変化は定住化とも関連していよう。それを支えたものは、植物採集というよりも河川漁撈であろうと考えるべきであろう。それもサケよりもフナ、ナマズなどであろう。

竪穴住居を極東の住居として、テントを東シベリアの住居と考える場合、じつはサルゴリといえば、考古学者にとっては、かつてオクラドニコフがサルゴリからシベリア新石器時代の土器に類する尖底土器が出たことを報告していることを思い起こさせる。まさに、ゴリン川流域は極東とシベリアの接点であった。

後述するように、サルゴリはヤミフタより古くからあったという言い伝えが正しければ、ヤミフタはあるから、サルゴリもこの時期にあったことになり、フイン川流域にはコンドン、ヤミフタ、サルゴリがあり、フインダ川とゴリン川の合流点にはナーン、フインダがあり、ゴリン川の上流にはセロヒがすでにあったことになる。そして注意すべきは、この1855年は次の三姓档案の時代と重なっていることである。三姓档案は1750年にあった集落で固定しているとされているが、郷長の数が実際とかけ離れていた場合、恩賞をもらう側にとっても不都合であったに違いないのであるから、1855年時の集落分布は三姓档案を理解する上で重要になる。佐々木（第3章）に示されるように、はたして1855年頃に実際に恩賞制度が機能していたのかどうかという問題があるようで、実態がなければリストとかけ離れた集落分布状況になっていてもかまわないわけだが、なかったとも証明されていないようなので次にすすむ。

3．三姓档案資料と旧集落の分布

興味深いのが、1791年から1873年までの記録である佐々木の引く三姓副都統衙門档案資料（第3章表1）である。

佐々木がサマギールの集落として取り上げている7集落は、郎阿西、郎阿東、奇赫辰1、同2、奇赫辰分村、迪金、図吉である。このうち、図吉はより北の分水嶺を越えたアムグニ川流域にあるとされ、あまりに遠すぎるので扱わない。戸数15の迪金は場所が特定できていない。佐々木（第3章）では奇赫辰をロシア側の文献に出てくるコンドンに、そして郎阿はナーンに当てている。

その奇赫辰は賽瑪爾姓の同じ名前の集落名で三姓档案の各年代のリストでは二カ所に出てきており、佐々木は奇赫辰1（1791年で戸数10）と奇赫辰2（同23）に分けており、奇赫辰1には一人の姓長と一人の郷長がおり奇赫辰2には一人の郷長がいる。そのほかに奇赫辰分出という賽瑪爾性の集落（同17）に郷長が一人いた。つまり、郷長が集落の長であったとすれば、奇赫辰をコンドンに比定するとコンドン付近に三つの賽瑪爾姓の集落gashan（同総戸数50）があり、それぞれ郷長gashan daがいたことになる。漢語では、gashanは「郷」とし、gashan daは「郷長」と訳される。普通に考えれば同じ名前ででているのであるから、同一集落内に郷長を有する独立した複

第4章　サマギールの居住形態

数の集団組織があったと考えるべきであろうが、それぞれの郷長に代表される、独立した郷があったのかが問われる。一番容易な解釈は郷長を任命したときには独立した郷を形成していたが、その後集住して、一つの郷を形成してしまったため、複数の郷長が残ったと解するものであろう。しかしながら、コンドン村成立伝承で当初の郷としてできたコンドン、ヤミフタは今でも分かれて残っており、村の伝承からはそのような動きを見ることはできない。サルゴリはコンドンからの分村であるというぐらいであるからまったく逆である。

三姓档案ではこれ以外に、図墨里爾（トマリ）姓の郷長を有する集団（戸数11）が奇赫辰3として住んでいたことになる。1と2を合わせた賽瑪爾姓の戸数33、姓長一人、郷長二人のほかに、図墨里爾姓の戸数11があり、郷長が一人いた。

戸数11は奇赫辰1の10に近く、けっして少数集団ではないが、1897年のロシア側の資料では、すでにわれわれの知る、ヤミフタ、コンドンはサマギールの村というものであり、トマリは出てこないし、村生成伝承の中にも出てこない。佐々木（第3章）によれば、コンドン村の成立は1656年よりは古くなることから、成立期にはおらず、より後に村に入ってきて三姓档案に独立した集団として記録されたが、その後また数は少なくなってほかの二集団の居住域の中に取り込まれてしまったか、もともと独立した居住域をもっていなかったかであろう。

カルゲル（1944）の1926年の調査では、当時トマリはゴリン川流域にわずか4人しかいないが、それはサルゴリに住んでいた。当時のコンドンにはサマギールしかおらず、ヤミフタにはサマギールのほかにアルチアカ氏族が住んでいたという。

このように、三姓档案の奇赫辰にトマリ姓があることは、その後の民族誌に照らしても、やはりコンドン周辺こそが佐々木（第3章）の推定通り奇赫辰であることを示しているようである。

佐々木（第3章）に紹介されている伝承では、コンドンサマルが最初に村をこの地に作ったのは二人の兄弟であったとある。これは奇赫辰に二人の賽瑪爾姓の郷長gashan daがいることとよく符合し、その説明として語られたのではなかろうか。

奇赫辰の総戸数は44で姓長が1人、郷長が3人にいたことになる。分出まで加えると、総戸数61になり、郷長も4人となる。

また郎阿は西（同23）と東（同14）があり、それぞれに郷長が一人いる。郎阿をナーン付近に比定すると、ナーン付近に二つの集落があったことになる。

以上のように、奇赫辰そして郎阿西、東の戸数は1855年以後の集落の戸数に比べると多い。1897年以後の統計を見ると、一戸あたりの人数が10人前後の大家族になることが佐々木（第3章）で指摘されているが、それ以前をたとえば一戸あたり核家族の5人と見れば、単純に戸数は倍になるはずである。佐々木（第10章）がすでにアムール川本流域での一軒あたりの居住人数に変動があることを指摘しているように、戸数だけでは単純な比較は危うい。

この三姓档案は佐々木（第3章）にあるように、1750年に集落、戸数が固定されて以来、その後のあったであろう変化を反映していない（ただし、奇赫辰では分出を含め戸数が1813年までに2増え

ている)。そして、そのリストに基づく、恩賞体制はシュレンクが調査した1855年より後まで継続したかが不明らしいが、年代的には重なっている。にもかかわらず、三姓档案の1750年に固定された集落数、集落規模は1855年の集落数とは大きく異なり、1897年以降の資料とより整合的である。ただし、奇赫辰がコンドンであるという佐々木の比定が正しければ、1750年と1897年以降の資料に現れ、かつ現在その場所が特定可能な主要な集落は、その中間の1855年でも集落規模の縮小はあるが確認されている。ただ異なるのは前後の資料に見えない小規模集落が増えていることだけである。シュレンク調査時点での実態がこうであれば、清朝の恩賞制度は機能しなくなりそうだが、その1750年リストにしたがって機能していたという仮定の下に考えてみると、それは規模の変動はともあれ、1750年から1897年以降まで主要な集落は長期にわたって維持されていたという事実との符合として理解すべきことになる。そうであれば、長期継続集落のうち「三姓档案」中のgashanとの比定ができていないものも、さらに三姓档案に固定された1750年まで遡るものがあるのではあるまいかと考えるにいたる。

　現在のコンドン村ではコンドンサマールが最初に住み始め、後に北からヤミフタサマルがやってきて近くに住むことを許されたという伝承(佐々木(第3章))があり、現在の旧コンドン集落と旧ヤミフタ集落の配置はその頃から変わっていないと考えられる。というよりも、現在のあり方を説明するための物語であるとも言えよう。その旧コンドン集落の成立は佐々木(第3章)によれば1656年よりは古くなるが、その後に来たとされるヤミフタがいつやってきたのかが問題となる。もし奇赫辰がほかのロシア側の資料がつねにヤミフタとコンドンを区別するように、ヤミフタ集落を含まない旧コンドン集落だけを指すとした場合、すでにやってきていれば、三姓档案に別の集落名として登場してよい。なぜ、ヤミフタ集落を見いだすことができないのか、以下の二つの可能性があろう。

　戸数15と多く、1750年から1873年までリスト上は存在していたことになっているから長期継続型の集落にもかかわらず、その後1855年以後の存在が明らかな集落との関係が明らかでない「迪金」が問題となる。1855年以降に存在したことが明らかな長期継続型の集落としてはヤミフタとセロヒがあり、どちらかの可能性がある。フイン川沿いにあるヤミフタが三姓档案に出てこないのは不自然である。他方で1855年時点ではヤミフタは戸数2でセロヒは戸数5であり、規模の大きい方が1750年時点で戸数15の迪金としてより相応しいという考え方もあろうが、100年の間の人口変動は分からないのでこれでは何とも言えない。また、音がまったく一致しないという難点があるが、これはコンドンと奇赫辰でも同じであり、両者に通じる難点であるから、コンドンが許されるのであればヤミフタも許されるという考え方もあろう。

　もう一つの考え方として、同じ奇赫辰に賽瑪爾姓の二つの集団を記録しているのは示唆的である。佐々木の奇赫辰＝旧コンドン村付近という比定にしたがえば、コンドンサマルのすぐ近くにヤミフタサマルが分かれて住んでいたと考えられ、それが賽瑪爾(サマギール)姓の二つのgashan daをともなうgashan奇赫辰1・2であろうという仮説である。そして両者にそれぞれ郷長

がおり、サマギールの姓長はコンドンにいた。そして、「迪金（Digin）」という音はセロヒ集落の氏族ジゴルをカルゲルがDigrと表記し、パトカノフがDigeと表記しているようにかなり近い。少なくとも三姓档案後半の段階にはセロヒはすでにあったのであるから、そのジゴル氏族が恩賞にあずかっていた可能性は高く、三姓档案に登録されている可能性は高い。

　これは姓長のいる奇赫辰1をコンドンとした場合、奇赫辰2ヤミフタの方が人口が多くなり、村成立伝承で最初に入ってきたといわれ、1656年に大きな集落としてコンドンが現れ、1855年以降の記録がすべてコンドンの方が戸数、人口が多くなっていることとは符合しないし、1855年というある意味で三姓档案と同時代資料ともいえるシュレンク調査時点以降のすべてでヤミフタはコンドンと区別されているから、その蓋然性が高いとも言えない。ただし、逆に1600年代以来つねにコンドンという名前で出ているのに、なぜ三姓档案だけは、およそコンドンという発音と結びつきそうにない「奇赫辰（Kihechen）」という名称を使っているのであろうかという疑問が出てくる。つまり、奇赫辰というのはコンドンでも、ヤミフタでもない別の名称なのであって、全体を指す言葉だという可能性もあろうということである。

　つまり、「迪金」がヤミフタかセロヒかの確証はけっきょく無いが、セロヒの可能性のほうが高いのではないかと考える。それはヤミフタは奇赫辰の中に含まれるという考えに導くことにもなる。

　三姓档案によれば、コンドン組はサマギール2・トマリ1の3郷長を有する集団が奇赫辰を構成していて、さらに郷長1を有する分出がある。さまざまな不確定要因があり漠然としているが、それは村の伝承にはその後のさまざまな脚色が入っているためで、コンドン、ヤミフタ、サルゴリという分布がかなり古く遡るのではないかという仮説が成立する可能性を残しておきたい。少なくとも、それらと氏族や名称は異なれ、最低2、最大4の集落がコンドン周辺に三姓档案の時期にもあった。

　奇赫辰にいたことになっている図墨里爾（トマリ）姓の郷長に率いられた集団について、われわれの聞き取り調査では、本書佐藤論文に現在のコンドン村の民族構成が紹介されているように、トマリ、ジゴルも少数含まれているが、そのような集団がかつてコンドン周辺に独立した居住域をもっていたという言い伝えは確認できなかった。つまり、旧コンドンの中に含まれていたらしいので、そのために奇赫辰は規模が大きかったのかもしれない。

　カルゲル（1944）によれば、1926年の調査時にはコンドンは純粋にサマギールの村であり、サルゴリにはナイムカのほかトマリとサマギールがいた。ヤミフタにはサマギールとアルアチカ氏族がいた。アルアチカとトマリは密接な関係にあったという。

　またサルゴリは佐々木（第3章）が触れるように、コンドンから分かれた村であるという言い伝えがあるから、『三姓副都統衙門満文档案訳編』で「奇赫辰分出」とする集落があることを思い起こさせる。

　ただし、サルゴリがそれほど遡れるのかは、佐々木（第3章）で検討されているように、問題

があるようだ。サルゴリについてのわれわれがコンドン村で採取した言い伝えによれば、サルゴリに分出したのはナイムカと呼ばれる人々であり、中国方面から来たとも言い、サマギールとはまったく異なる出自の氏族集団とされている点は、『档案』では分出した集団も賽瑪爾姓に含めていることと符合しない。

ところが、カルゲル（1944）が1926年の調査した時の記録の方が詳細で、ヤミフタとソルゴリ（=サルゴリ）は北から下りてきたサマギールが作った村であるという。そして、このナイムカは奴隷として中国から来たが、その後自由の身となりサマギールの女性と結婚して、この夫婦からナイムカ氏族が始まって、いまやソルゴリ村の多数派になっているという。ここでは、ソルゴリはコンドンからの分村ではなく、ヤミフタよりも先にソルゴリが作られたと述べられており、出自的にはサルゴリは南のゴリン川河口から入ってきたという伝承をもつコンドンとは無関係で、ヤミフタと同じく北から来たサマギールとしている。

まさに歴史はつねに作られているという思いを抱かせる。このサルゴリの成立についてのまったく異なる二つの歴史は、今から約80年前に語られていた歴史の方がより真実としての重みを持っているように思われる。であれば、サルゴリはヤミフタよりも古くからあったことになる。

ところが、1855年シュレンクの調査時にはすでにヤミフタが記録されているのに、1897年のロシア国勢調査には出てくるソルゴル（サルゴリ）がない。さらにその成立が遡るとするには無理があることになる。ただし、このシュレンク調査時点の11集落中、6集落が後の調査で特定できない集落であることから、その中に隠れているのではないかという余地も残っている。

シュレンク調査時点の集落名は後の地名と対応するものを見ると、末尾に「нка」あるいは「ка」「га」が付いている。したがって、もしこの時点で「ソルゴル」が記録された場合、「ソルゴルカ」あるいは「ソルゴルンカ」に近いものになろう。それらしきものを探すと、「ツォルグンカЦоргунка」がある。「ソル」と「ツォル」、「ゴルン」と「グン」の対応が言語学的に説明可能なのか分からないが。

三姓档案中の奇赫辰からの分出した集落があるという記載と、その奇赫辰を現コンドン村とする佐々木の理解を認めた場合に、そのコンドン村にサルゴリがコンドンからの分村であるという伝承との符合に捨てがたいものを感じるのである。

しかし、カルゲルの記録にしたがうかぎり、サルゴリではないことになるが、それらがたとえ別個の存在であったとしても、より重要なことは、同じような集落分布の構造がより古くから存在したらしいことである。

さらに、今回の調査で同行したロシアの民族学者サマルより、ナーンはヤミフタサマルが開いた集落であるとの話を聞いた。これが正しいかどうかはきわめて重大であり、もしも正しければ、ナーンは佐々木により郎阿に比定されており、三姓档案のリスト固定時にはすでにあったのであるから、それを開いたヤミフタサマルはすでにゴリン川流域に入っていたのであり、ヤミフタ集落はすでにあったのだという理解にいたるからである。

第4章 サマギールの居住形態

　佐々木の想定にしたがい、奇赫辰を現在のコンドン村に仮定した場合、いくつかの説明が難しい点を残しているが、コンドン周辺、およびナーン周辺という近接した二カ所に偏った集落分布があったという旧集落のあり方は1750年までは確実に遡り、かつ強制集住化政策以前まで、シュレンク調査時点での一時的な小規模集落を除けば長期継続型の旧集落が龍の山の麓に集中していたという集落配置に大きな変化がなかったことになる。

　上では、ナーン付近では長らく2集落構成の1組で、コンドン周辺では古くは3ないし2単位からなる集落＋分出集落、新しくは2集落＋1集落構成の組として枠組みが抽出されるであろう。

　これが、今回のわれわれの現地踏査と佐々木による考証の結果からさらにいくつかの仮定を前提に導き出したサマギールの居住形態像の一端である。

　コンドン村の伝承と三姓档案とは、同じような居住形態を示唆しているように思われ、ヤミフタとサルゴリ集落の成り立ちが三姓档案成立以前に遡るのではないかと考えたいのだが、1750年以前に遡るという確かな同時代資料がないため、これ以上詰めることができない。

　郷長の数が多いほど、姓長のいる頻度が高くなるが、同じgashanの中に複数の単位があればあるほど当然人口も多そうだから、そのgashanが地域集団の中で中心的な位置にあるのが多いのは当然といえば当然であろう。その下位集団とはコンドン村の例では、同じサマギール族の中の、あるいはナナイ族の中のサマル氏族のさらに下位区分の血縁集団であった。つまり、同じ集落の中で族外婚が可能な組織であった。佐々木（第3章、第10章）の資料分析によれば、たとえば徳林というアムール本流域下流の村では4氏族からなる集落がある。

　純粋に単一の氏族からなる集団がそれぞれ固有の領域をもって広がっていたのが本来でそれが崩れたのは新しい時代の話だということは北方先住民の民族誌でしばしば見られるが、ゴリン川で見ても多数派の氏族で郷の氏族を決めている面があるので、はたしてそうなのだろうかという疑問がわく。小戸数の場合は、必然的に同一氏族に属する親族が一緒になることが多いからで、戸数が多い場合の実態は奇赫辰、ヤミフタ、サルゴリのようなことが起きていたのではなかろうか？同一氏族だけで領域を構成してしまうと婚姻において大きな問題が生じるから、下位の集団のヤミフタサマルが必要だし、アルアチカもジゴルも必要であったろう。

　ナーンとフインダとの関係は川を挟んで対岸にあることからも両者は郎阿の西と東という表記された可能性が高い。とすれば、ナーンとフインダにもそれぞれ郷長がいたことになる。ヤミフタとコンドンのような関係にあったのではなかろうかという想定がされる。

　筆者はフインダ、ナーンを訪れていないが、地図上に落とされた点によれば、両者の間にはゴリン川が流れており、林で隔てたヤミフタとコンドンの関係に比べれば、川を挟むだけとも言える。

　ナーン組は2集落gashanが1単位を構成するという異なるあり方として括られることになる。ところが、第3章表1を見れば明らかなごとく、18世紀末から19世紀初頭では、不明な「迪金」を除くコンドン組の総戸数は61か62であり、ナーン組の総戸数は37である。分出を除くコンド

だけでも44か45であり、郎阿東西を合わせた37より多い。フイン川流域でのコンドンの位置を示すものであろう。『三姓档案』での集落あたりの戸数を算出した佐々木（第10章）の研究によれば、奇赫辰は当時のアムール川下流域では最大規模の集落であった。それは内部に氏族も異にすることもある郷長をそれぞれ有する三つの単位を内包していたからである。

また佐々木（第3章）表2、4によれば1897年、1928年にはコンドン組は総人口121、129人、ナーン組は143、102人である。とくにコンドンは82人、ナーンは98人と多い。同じ1897年のアムール川本流域の集落毎の人口を佐々木（第10章）が検討しているが、それを見ても、コンドン、ナーンは最大規模の集落であることが分かるが、ナーンの成長が著しい。

姓長は歴史的にサマギールの中心であり、三姓档案では最大規模の集落であったコンドンにいたと佐々木は想定している。そのコンドン組ではコンドンが、ナーン組ではナーンがつねに戸数、人口が多く、対等ではない。ただし、姓長が氏族長であるとすれば、ツングース語族の氏族長は名誉職的であったといわれている（シロコゴロフ1941）。

4．旧集落の居住形態模式

上では、かなり冗長に佐々木（第3章）と重複することを書いてきた。それは、ロシア側の資料から知られ、かつわれわれの踏査で得られた集落分布に関するデータはどこまで遡りうるのかを検討するためである。最近までのサマギールの居住形態ではナーンとフインダ、コンドンとヤミフタという2集落1単位というものがどこまで遡るのか、あるいは偶然ではなく居住形態上の構造的特徴となるのかが興味をもたれるところであった。

そのため、個別の集落の消長、特定に基礎を置くが、それ自体が目的ではなく、集落分布の構造的特徴の時間的深さを知り、模式化が可能かどうかを知りたかったためである。

まず、気づくことは三姓档案に見られる集落数は佐々木が引く、1897年、1926年、1928年にあった集落の数とかなり符合する。つまり、コンドン周辺では、奇赫辰1・2、同分出とコンドン、ヤミフタ、サルゴリであり、ナーン周辺では、郎阿東、同西とナーン、対岸のフインダである。

さて、今までフイン川流域の狭い地域に規模の大きな集落が集中して存在してきたことを見てきた。確かにこれぐらいの規模のものはアムール川本流でも稀にあるが、けっして一般的ではなくより小規模の集落が点在するのが実態である（第10章）。サマギールの場合、それ以外の小規模集落が周りにほとんどないという点が大きな特徴といえよう。つまり、小規模分散か大規模集住かという居住形態場の大きな違いが認められるのである。

ただし、これまた、三姓档案と1897年の全ロシア国勢調査の間を埋める資料である、1855年のシュレンクによる集落調査では、フイン川流域の集落数が11と増えていることが佐々木（第3章）で指摘されている。この時期にも前後の時期と変わらず長期継続している集落が5ある。そのほかに前後の時期に見えない集落が6あることによって増えているのであるが、いずれも小規模の集落である。スス、フクリ、マリ、カダハチャンにあったとされる旧集落は前後の時期に当ては

める集落がないから、この分散時期の集落に相当するものが含まれているのかも知れない。そうであっても、カダハチャンは例外であるが、狭い龍の丘の麓を中心に展開していたことに変わりはなく、小規模分散とは言っても集中、偏在していると言える。その前後に見られる長期継続型の集落も戸数が減っている。三姓档案1750年時点で賽瑪爾姓の戸数は5集落で109戸であったが、シュレンク調査の1855年時点では11集落と増加しながら、戸数は29戸であった。戸当たりの人数の変動だけでは説明できないほどの現象であり、全体の戸数が減少している（第3章参照）ことから、たんにシュレンクの調査がより詳しかったと言うことではなく、一時的にコンドン組、ナーン組という集住現象が崩れて、小規模に分散した居住形態に変化していたらしい。

5．外婚単位

カルゲルによれば、北のアムグン川流域から来たネギダールというアルアチカとアムール川本流に広がるナナイのトマリ氏族に由来するトマリは外婚単位「ドーハ」であったという。アルチアカはフインダではジゴルと隣接する砂州に隣り合わせで住んでいて、ここではジゴルとドーハの関係にあるという。ジゴルをカルゲルはネギダールだというが、アムールナナイだという所見もある。その領域がゴリン川上流にあり、かつその住居がユルタである点からは北方由来の可能性が高く、ナナイよりもネギダールとの相関が強い。

ヤミフタサマルとコンドンサマルもまたかつては二つの氏族からなる外婚の単位ドーハであり、それがサマギールという一つの氏族に現在はなっているとカルゲルはいう。

つまり、外婚の単位である一対の氏族が隣接した集落、あるいは居住域に住んでいるということを示している。

大興安嶺のツングース語族の民族誌にも、外婚単位を構成する一対の氏族の話が出てくるから、このような枠組みはかなり一般的なものであったろう。それらでは、大きな氏族はより小さな単位を作り、それを族外婚の単位としている。族外婚を基本とするかぎり、広い領域の中がすべて族外痕の単位となる同一の氏族では支障を来すことは明らかである。

ゴリン川流域で興味深いのは、族外婚の単位ドーハの組み合わせが、少数氏族同士、多数氏族同士からなっていることである。

6．ゴリン川流域の居住形態と生業領域（図2）

以上で見てきたように、ゴリン川流域のサマギールでは龍の山の麓への集住化傾向があった。佐々木（第3章）によれば、それ以外の集落としては、シュレンクの1855年調査時にはすでに存在しその後、1897年調査時にはないが、1928、1928にはあったジゴルの集落というセロヒがある。1897年調査は不正確という評判らしいので、それを除くと長期継続型の集落と考えてもよいだろう。

1897年の記録に、ゴリン川の下流、もっとも近い集落であるナーンからの直線距離でも約

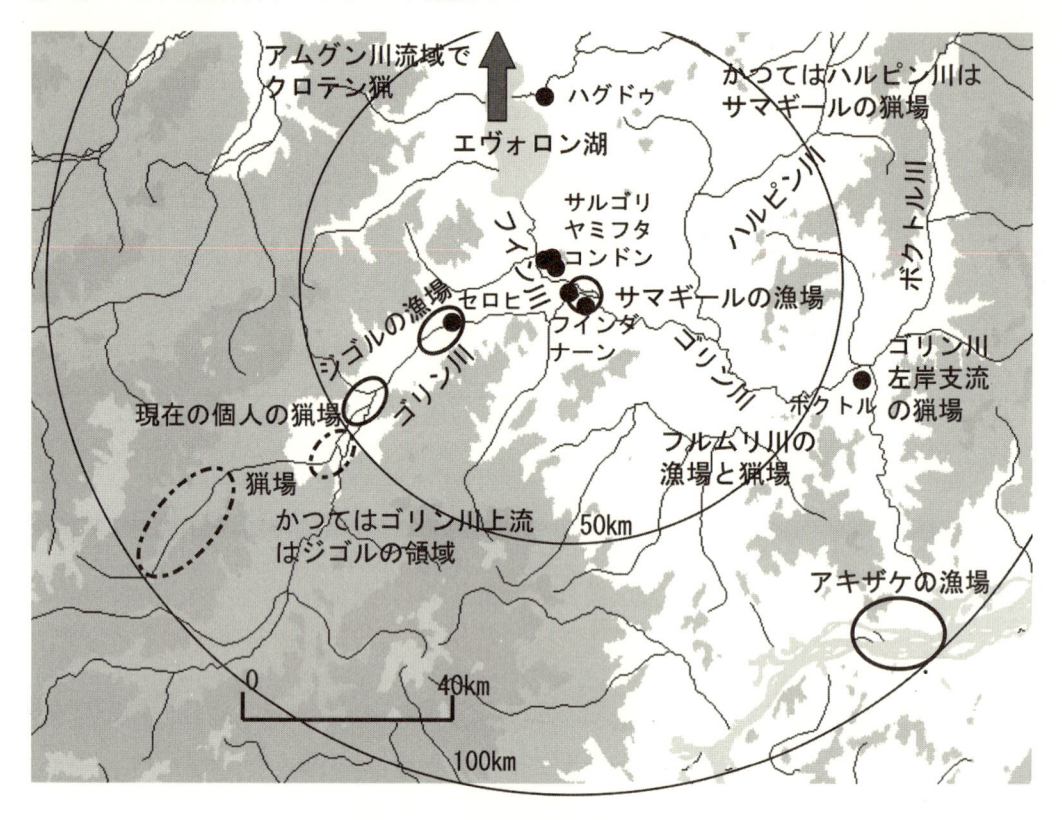

第2部　ゴリン川流域の人々―フィールド調査から2―

図2　ゴリン川流域の旧集落と生業領域

50km離れたところに、ボクトルが初めて現れる。このときの戸数わずかに1で人口3人である。その後も戸数1は1928年まで変わらず、人口も3人ないし2人であり、とても安定して集落が営める人数ではない。ボクトル川とゴリン川の合流点であるボクトルから南、アムール川本流との合流点までは両側から山が迫っており、河口部のナナイの村ビチまで集落はない。南はボクトル付近までがサマギールの住む領域であったが、ナーン以南はほとんど住んでいないと言うに等しい。

　北はシュレンク調査時点ではエヴォロン湖岸のカダハチャンに集落があったと、佐々木（第3章）では想定している。1897年調査では、記載が南から北に向かっているのでおそらくサルゴルより北にあったと考えられる、具体的な場所を特定できないハグドゥ戸数2人口9がある。

　ゴリン川流域はクロテンが豊富であったという。毛皮獣猟が生業の中で大きな比重を占め、かつそれが居住形態にも大きな影響を与えている。そのため、そのような交易換金商品を組み込まざるをえない生業論、居住形態論模式は先史社会を考える際の大きな注意点となる。食肉食料資源としてはゴリン川流域ではヘラジカが主要なものである。聞き取りではかつてはゴリン川流域には多くのヘラジカがいたというが、ヘラジカは大型のシカ類であり、そのため分布密度が低いはずである。北方のタイガ地帯ではそれを補うのが小型のノロであるはずだが、ノロの名前は聞かなかった。ゴリン川上流域やハルピン川上流域にはトナカイもいるらしいが、分布の南限であ

り、いると言うだけであろう。この点ではアムール本流の最下流部のニヴヒの地域の狩猟に近い。そこでもクロテンとヘラジカであり、狩猟は食肉供給源としては大きな役割を果たしていなかった。

　ゴリン川上流域ではトナカイ遊牧がおこなわれていたという話も聞いたが、ゴリン川流域は極東のアカシカ、ノロ、イノシシ猟をおこなう狩猟民にも、シベリアのトナカイ遊牧民にとっても暮らしづらい中間地帯であったろう。

　このような北方地域では本書佐藤論文（第5章）にあるように、クルミが無くドングリと松の実以外の堅果類もあまり期待できない。そのドングリも北限に近いことから、時期によっては、不安定で、量的にも問題があったろう。ゴリン川流域での重要な食糧供給資源は魚であろう。

　アムール川本流まで出れば、より下流のニジュニハルビ村の聞き取り（田口 2000）によれば、アカシカやイノシシがおり、今回の聞き取り（佐藤（第5章））によればクルミがある。このような極東的な動植物資源がないゴリン川流域は極東の外になり、本流域での生業体系をもってしては、ゴリン川を遡って生活することはできない。逆に言えば、後氷期最温暖期頃にはこの地域まで、アカシカ、イノシシ、クルミ、ドングリに代表される極東的な生態系が広がった可能性があり、それが新石器時代における極東平底土器文化の存在を可能にしたのであるまいか。

　今回の聞き取りでは、サマギールあるいはジゴルというような集団を単位とする漁場、猟場の所在についての漠然とした情報であって、これらそれぞれの集落の漁場、猟場がどうなっていたのかは分からなかった。聞き取りでは、西のゴリン川上流にジゴルの猟場があり、東のハルピン川の上流に（コンドン）サマルの猟場があり、ヘラジカやクロテンを捕っている。

（1）ゴリン川上流の猟場と漁場
　ゴリン川のより上流にあるセロヒは推定地点から直線距離で現コンドン村まで約20km離れている。当時は河川交通であったとした場合は、ゴリン川とフイン川との合流点、すなわちナーンまで約25kmある。さらにそこからコンドンまで7、8kmある。セロヒの西側はゴリン川の源流になるが、そこは分水嶺になる山の中で、これ以上西に集落が展開する可能性は低い。したがって、もっとも近い隣接集落がナーンとなり、そこまで約25kmというのはたとえ船での移動を考えても遠い。シュレンク調査時点では戸数5であったが、1928年にはわずかに戸数2で放棄される寸前であったらしい。1926年に踏査したカルゲルはフインダより上流のゴリン川流域には定住集落はなく、トナカイ遊牧地となっているとまで書いている。ところが、佐々木（第3章）によれば同じ1926年にはセロヒに戸数18人口72の集落があったことになっている。同じ年でこれだけ違うことから、何れかが正しいのであろうとすると、前後との整合性から言ってもカルゲルの方が信頼できそうに思われる。

　今回得られたさまざまな情報を総合的に見てみると、まずこのゴリン川のさらに上流にはサマギールの現在の猟場がある。また、セロヒの付近にジゴルの漁場があるという話を聞いた。この

第 2 部　ゴリン川流域の人々―フィールド調査から 2 ―

セロヒという集落はこのゴリン川上流唯一の集落であり、ここに漁場や猟場があったとすれば、それはセロヒに属したと理解するのが自然である。ジゴルの漁場というのも、正確ではないが、われわれの聞き取りではセロヒとほぼ同じ地点であり、セロヒにとってこの漁場、そしてさらにより上流の猟場が立地の大きな根拠ではなかったかと考えられる。それはセロヒの素性とも関わるように思われるが、それがなぜ「ジゴル」のものとされたのか分からなかった。なぜなら、今現在、ジゴルの集落などどこにもなく、かつ佐々木（第 3 章）に取り上げられている各種のロシア側の文献にも見えないからである。

　その後、カルゲル（1944）論文を見て、ジゴルの実態が少し見えてきた。1926 年当時ゴリン川とフイン川の合流点にあるフインダの主要な氏族はジゴルであり、ジゴルの集落といってよい。そのジゴルはアムグン川からゴリン川上流を通って来たとされている。その途中にあるのが、ゴリン川上流のセロヒであり、ジゴルの漁場、猟場である。ゴリン川上流にはかつてジャルギカ、ハグドゥ、パクタ、カカテ、セロハがあったという。最後のセロハがセロヒであるから、セロヒはジゴルの集落であり、その周辺に現在ジゴルの漁場とされるのがあるのは当然であった。1926 年当時ではすでにそのセロヒもなくなり、定住集落はゴリン川上流にはなくなっており、トナカイ遊牧地になっていた。ゴリン川の最上流には支流にハグドゥがあるので、今は猟場になっているところにかつてのジゴルの集落があったことになる。ジゴルも漁撈に比重を置くことになり、しだいに下流に下って、フインダまで出て行ったのであろうが、ナーンにはサマギールがおり、合流点付近の漁場はサマギールと共有の漁場であった。ゴリン川上流域はジゴルの生業領域であったことが分かった。ハクドゥ川との合流点まででフインダから約 55km それからさらに分水嶺まで約 30km ぐらいあり、その辺まで現在のサマギールによる猟場が広がっているということから、ジゴルの猟場もかつてはその辺まで広がっていたのであろう。山間に点々とテントが点在するような居住形態であったろう。ただし、同時存在集落は確認できないので、居住形態分析はできない。それほど定住性が高かったかは疑問である。このジゴルが先住民族であったからこそ、サマギールは別の場所に、漁場と猟場を求めることになったのだろう。

（2）ハルピン川上流の猟場

　聞き取りでは西のゴリン川上流がジゴルの猟場で、ハルピン川上游がサマギールの猟場であったという。ヘラジカやクロテン猟をしていた。そして、もっとも近い集落はナーンである。ハルピン川上流には集落や露営地があったという情報はまったくなかった。かなり遠距離移動をしていることになる。

（3）ゴリン川河口付近の漁場

　われわれの聞き取りでは現在コンドンにある漁業コルホーズは秋ザケ漁にアムール川本流まで出て行くということであった。その本流の漁場は伝統的にサマギールの漁場であって古く遡ると

いう。カルゲル（1944）は1926年にコンドン、ヤミフタの住民が秋ザケ漁に本流に向かうのに遭遇している。シロザケは現在でもすでに廃村となったナーンの近くにサマギールの漁場があり、そこまでコンドンから出て行っている。かつてはコンドンまでサケが上がったが、今は上がってこないという。しかし、たとえ上がったとしても量的には少ないのは明らかであり、だからこそ本流まで出かけたのである。1926年時点では、本流まで出かけるのは全員ではなく一部であり、残りの人々は集落に残っていた。

　おそらくこのような移動が、夏になると川岸に露営してサケを捕り、冬になると支流の奥の山の中に入り狩猟をするという民族誌上の長距離季節移動の一部なのであろう。

（4）ナーン付近の漁場
　ゴリン川、フイン川の合流点であるナーンの付近は聞き取りではサマギールの漁場である。今現在、ナーンにはサマギールの集落はなく、コンドンから出漁することになるが、かつてはナーンにも旧集落があった。その旧集落の立地要因の一つがこの漁場であろう。川の合流点が良好な漁場であることはよく知られていることであり、現在でもここまではシロザケが上がっている。ただし、かつては対岸のフインダにはジゴルを代表とする別の氏族が住んでおり、かならずしもサマギールの独占ではなかった。

（5）エヴォロン湖以北の猟場
　サマギールの領域は、北はエヴォロン湖以北のアムグン川流域にまで広がるらしいことはサマギールの旧集落の北限がエヴォロン湖以北にあったことからもうかがえるが、現在はもっとも北がヤミフタであり、あまり具体的な情報を得ることができなかった。サマギールの猟場はエヴォロン湖以北にもあり、そこではかつてはクロテンがよく獲れたが、その後減少したという（カルゲル 1944）。このエヴォロン湖以北の猟場はヤミフタサマルに属し、ハルピン川上流の猟場はコンドンサマルに属するという話も聞いたが、詳しいことは分からない。

7．まとめ

　旧集落の立地の大きな要件としては、ヘラジカなどの猟場は離れているし、サケ漁も遠く本流まで出て行くことを考えると、フナやナマズなどの内陸河川漁撈用の漁場が重要な意味を持っていたことが読み取れる。フナやナマズなどの漁場はそれぞれの集落近くにあり、また重要な植物質食料資源であった堅果類もまた集落近くにあったであろうことから、生業領域は重層的であった。これまで見てきたように、今回のゴリン川流域での調査では、その期間も短いこともあり、生業領域についてはあまり詳しいことは分からなかった。そのため、居住形態と生業領域の分析にあたり、既存の文献に依拠するところが大きかった。しかしながら、その文献の解読にあたっては、現地踏査時の生態系的知見や聞き取りによる知見が大いに役に立ったことは間違いない。

第2部　ゴリン川流域の人々―フィールド調査から2―

　ゴリン川での居住形態では季節移動のきわめて短い、定着性の強い居住形態を復原したビキン川流域とは異なり、漁場、猟場への距離が遠いことを前提とし、秋はサケを求めてアムール川の本流まで、そして冬はヘラジカやクロテンを求めて、ゴリン川上流やハルピン川上流さらにはエヴォロン湖以北へと向かう、かなり長距離の季節移動があったことになる。また、それが、これほど狭い範囲に集中して集落が存立しえた理由でもある。

　ゴリン川流域の居住形態や領域のあり方はかつて検討したビキン川流域とはかなり異なることだけはあきらになったといえよう。民族考古学に対する批判の一つとして、すべては歴史的文脈の中にあり、それを無視してはありえないという考えがある。それはその通りであり、だからこそ歴史的文脈を上では明らかにしようとしてきた。あくまでも参考にしか過ぎないのであるが、多変数方程式の変数を入れ替えることによって普遍性を確保するような方程式を組み立てるための参考模式を提示することが重要だと考えるだけである。

　先に分析したことのあるビキン川流域の居住形態との違いは大きい。その違いがどこまで両極の模式として普遍化できるかはすこし考える必要がある。それは、すべては歴史的な文脈の中にあるからである。ビキン川流域では下流の本来大きな集落があったはずの場所は農耕に適したこともあり、いち早く漢族が入ってきて、上流域のみに閉じこめられたという側面がある。しかし、その上流域の領域は非常に狭かった。他方、ゴリン川流域は農耕に適さないこともあるが、またアムール川本流との間には長い渓谷があり、そして、さらに湿地帯が続いていて、居住に適した龍の山付近まではかなり離れていたことがその違いの大きな理由になっていそうだ。

　今ひとつの理由としては生態領域の違いがある。広い領域の中の生態系の広がりが、ビキン川では川筋にそって同じような生態領域が並んでいるので、さまざまな食料資源がほぼ均等に分散していた。そのために川筋にそった領域の分割が可能であった。しかし、ゴリン川流域では地点毎に異なる生態領域がパッチ的に分散しているために、食料資源や居住適地が同一箇所になく分散している。そのために個々の領域の中に居住地を取り込んだ形での領域の並列分割ができなかったということがあろう。

　この相違の背景として、ビキン川流域では、アカシカ、ノロ、イノシシというゴリン川流域には棲息しない動物が主要な対象であったことがあろう。じつは、ビキン川流域でもヘラジカ猟はおこなわれているが、その棲息領域は居住領域と連動した猟場とはかけ離れた奥地にあった。そのため、ヘラジカ猟だけを取り出せば、その居住地から遠く離れた地点に猟場がある点でゴリン川流域と大差ないことになる。しかし、ヘラジカ猟はビキン川流域では大きな比重を占めなかった。

　［附記］　短期間の調査ゆえの限界があるが、それにもかかわらず、本稿のようなものがまとめられるのは、同行したコンドン村出身のサマル氏と、毎回のわれわれの調査ではいつもそうだが、深い民族学的見識とすぐれた語学能力を併せ持つ佐々木史郎氏のおかげで、このフィールドノートがあるからである。サマル、

第4章 サマギールの居住形態

佐々木氏がいなければ、このような調査はまったく不可能であった。さらに佐々木氏の研究の成果として、佐々木（第3章）がまとめられている。その二つの材料から何が言えるかをまとめようとしたものが本稿である。本稿を草するにあたっても、佐々木からさまざまな教示を得た。感謝するしだいである。

引用参考文献

［和文］

大貫静夫 2000「季節的移動とその領域」藤本強『ロシア極東少数民族の自然集落に関する国際共同研究』（科学研究費補助金［平成9～11年度］研究成果報告書）106-120頁、新潟大学人文学部

大貫静夫編 2004『ロシア極東少数民族の伝統的生業と居住形態に関する民族考古学的研究』科学研究費［平成13～15年度］研究成果報告書、東京大学大学院人文社会系研究科

大貫静夫・佐藤宏之 2002「ウデヘの居住形態と領域」『先史考古学論集』11号、53-78頁

佐々木史郎 1997「18、19世紀におけるアムール川下流域の住民の交易活動」『国立民族学博物館研究報告』22巻4号、683-763頁

エヌ・ゲ・カルゲル（富田良作訳）1944「サマギール族について（上）（下）」『書香』16巻1号、34-46頁；16巻2号、53-64頁

シロコゴロフ（田中克己・川久保悌郎訳）1941『北方ツングースの社会構成』岩波書店

［中文］

遼寧省档案館・遼寧省社会科学院歴史研究所・瀋陽故宮博物館編 1984『三姓副都統衙門満文档案訳編』遼瀋書社

第5章　コンドン村とロシア極東の植物資源利用

佐藤　宏之

1. はじめに

　先史時代の狩猟採集生活を、考古学資料だけから帰納的に解釈していこうとする方法には限界がある。狩猟採集のシステムとそれを支える社会・文化的構造を考える場合には、そのための考古学的データが決定的に不足しがちである。従って、演繹的な観点から考古学的過去を説明するモデルを構築するために、近現代の民族誌資料や狩猟採集民のデータから抽出されるモデルを参照する方法が重要となるが、そのための方法として民族考古学が近年注目を集めている（佐藤2000b）。

　筆者は、こうした研究上の認識に立った民族考古学的調査と研究を意図し（佐藤1989；1990；1993；1998b；d；1999）、東北日本の伝統的狩猟者集団マタギ（安斎・佐藤1993；1996；佐藤1998a；c；2000a；佐藤・田口2001）やロシア極東の先住猟漁民（佐藤1996；1998a；c；2000a；b；c；佐藤編1998；大貫・佐藤2002）の狩猟システムとそれを取り巻く社会・文化的構造の内実を明らかにしようと努めてきた。そして、最近では、狩猟行動システム研究に加えて、先史人の主要生業のもうひとつの一翼である植物質食料の獲得システムや植物質資源の利用の問題に関する民族考古学的調査を実施している。本稿では、そのうち、ロシア極東の先住民サマギール人の植物利用について述べてみたい。

　現地調査は2002年7月23日から8月10日まで実施した。調査参加者は、筆者の他に大貫静夫（東京大学）、佐々木史郎（国立民族学博物館）、アンドレイ・ペトロビッチ・サマル（ロシア科学アカデミー極東研究所）の各氏である。アンドレイ・サマル氏は、コンドン村出身の民族学者であり、本調査が短期間にきわめて効率よく実施できたのも氏の協力によるものが大きかった。また調査データの整理にあたり、佐々木氏にも大変なご援助をいただいた（佐々木2002）。

　言うまでもなく、アイヌにおいても植物利用は盛んであり、古くから調査・研究事例は蓄積されているが、比較検討の対象となる北方地域の植物利用はよく知られてこなかった。本稿では、このことを意識して、なるべく具体的なデータを報告し検討することに努めたい。

2. サマギール人とコンドン村

（1）サマギールについて

　ロシア極東南部の沿海州やアムール川流域、サハリン島には、多くの先住民が居住している。かれらの多くは、シベリアの先住民とは異なり、エヴェンキ人・ウイルタ人を除くと非牧畜系で狩猟漁撈を主な生業にしてきた。このうちウスリー川・アムール川中流域に住むナーナイ人、ナー

ナイより下流のアムール流域に住むウリチ人、最下流域と間宮海峡側海岸域およびサハリン北部に住むニブヒ人、サハリン島中部のウイルタ人（オロキ）、ウリチおよびニブヒに隣接しシホテ・アリニ山地北部に居住するオロチ人、アムールの支流アムグニ川流域に住むネギダール人、そしてシホテ・アリニ山地中央部から南部にかけて住むウデヘ人は、旧ソ連時代以降、少数民族政策の一環として「北方少数民族」を構成するエスニック・グループと行政的に認定されてきた。

　これらのエスニック・グループとは集団の規模も領域もはるかに小さく、アムール川左岸の支流ゴリン川流域に主に居住しているのがサマギール人と呼ばれる人々である。この地域に住む先住民の民族呼称や民族の「認定」に関しては、ロシア民族学とそれに同調した少数民族政策が複雑に絡み合ったエスニック・アイデンティティー形成の歴史（ethnic process）を有している。佐々木によれば、19世紀中葉のシュレンクの調査当時サマギールはエヴェンキの影響を受けた独自の民族であったと考えられるが、その後アムール本流域のナーナイの影響を受けて、1920年代のカルゲルの調査時までにはナーナイとの同化が進み、その下位グループ（サマル氏族）といえる状態になったらしい（佐々木2001；本書第3章）。

（2）コンドン村

　コンドン村は、ロシア連邦ハバロフスク地方ソールネィチュヌィ地区に属する（図1）。ゴリン川中流でゴリン川左岸から合流するフイン（デビャンカ）川の右岸にあり、その上流約14kmのところにエヴォロン湖がある。フイン川とゴリン川流域には湿地帯が発達しており、洪水に襲われない程度の高さを有する河岸段丘面が所々に散在している。埋没し切れていない竪穴住居跡の群在によって確認される考古遺跡や旧集落はこの台地上に存在するが、コンドン村もこの地形上に立地している。なお、オクラドニコフの発掘調査によって著名な新石器時代のコンドン遺跡は、コンドン村の中にある。

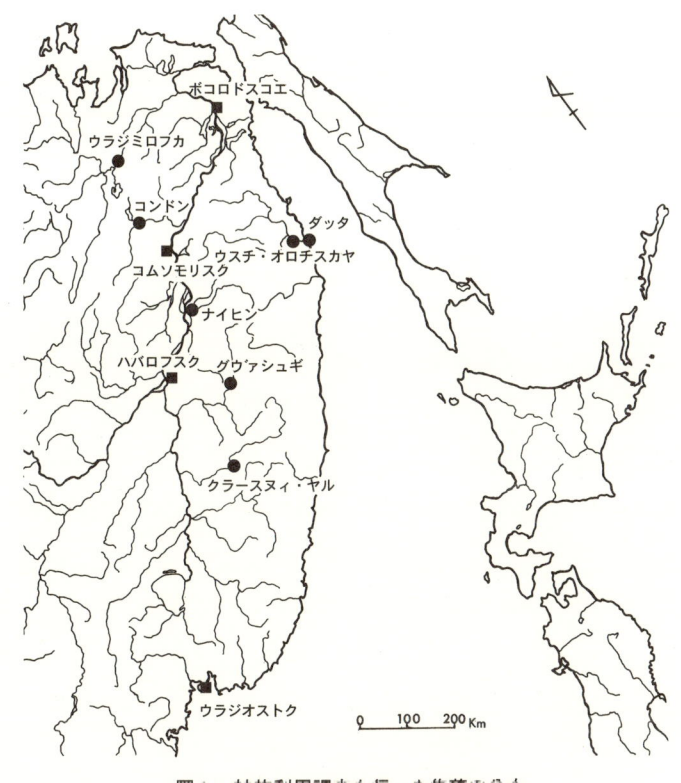

図1　植物利用調査を行った集落の分布

現在コンドン村の人口は約500人で、そのうち先住民族は442人である。2001年現在の先住民の氏族構成は、サマル182人、ジゴル34人、ナイムカ23人、ベリディ18人で、他にアリチカ、ゲーケル、トゥマリ等が数人ずつである。コンドン村の形成に関する伝承によれば、主要な氏族はナイムカ、サマル（コンドン・サマル、ヤミフタ・サマル）、ジゴル、トゥマリ、アリチカの5つで、前3者が起源を異にする様々な方角から集まり集合して村が形成されたという伝承が残されている（本書第3、4章参照）。

写真1　エヴォロン湖

コンドン村の主要な経済の基礎は漁業・狩猟・林業であるが、そのひとつは、エヴォロン湖における特産のフナ漁にあると言える（写真1）。この漁は、現在先住民を主体とした漁業コルホーズが実施している。現在の漁は、冬季結氷したエヴォロン湖に注ぐ支流での氷下漁によって行われる。投下する網は200mの長さにもなり、これを50m～1kmにわたって氷の下をトローリングする。水深がきわめて浅く広大なエヴォロン湖がフナ資源の再生産を支えているため、アムールの他地域で一般的に見られるような資源の枯渇は現在のところ顕著ではない。この特産のフナは美味で有名で、中国にまで輸出されている。

3. 狩猟活動

この地域は、シホテ・アリニ山地のウデヘ人が居住する針広混交樹林帯地域と同じ植生帯に区分されているが、この植生帯の北限に近くより針葉樹が卓越する植生帯（ダフリアカラマツからなるタイガ）に近接しているため（小野・五十嵐1991）、ウデヘでは主要な狩猟対象であったアカシカとイノシシの生息数が減少し記憶に残る程度の個体数しか見られない（南満州鉄道株式会社編1927；佐藤1998c）。そのため、計画的な狩猟対象とは認識されていない。狩猟対象としての大型獣は、より生息密度が下がるヒグマとヘラジカが主体となり、季節移動するトナカイも狩猟対象とされている。従って生業に占める漁撈のウエイトが相対的に高い。

ヒグマは現在特定の狩猟法はなく、主に探索猟によって捕られているが、かつては秋の内に巣穴を探索して見当をつけておき、2月以降越冬巣穴猟で捕獲した。同時に子クマが得られるが、これはしばらく飼育してウリチに売ったという。猟師のアルベルト・アンドレビッチ・ナイムカ氏の話によれば、ヤミフタ・サマル（旧コンドン集落に隣接していた旧集落ヤミフタ系のサマル氏族）では1950年代末までは飼いクマ送り儀礼を実施していたという。ナーナイに飼いクマ送り儀礼が存在したかどうかが問題となっている現在注目すべき証言である。なお、狩りクマ送りはあり、現在も実施している猟師もいる。

ヘラジカは北方系の種なので、シホテ・アリニよりも個体数は多い。現在は銃猟であるが、か

つては自動弓「セルムウ」で捕獲していた。季節移動するトナカイを狩猟することもあるが数は少ない。小型獣としては、クロテン、ウサギ、カワウソ、ミンク、キツネ、イタチ等を狩猟している。主に毛皮を目的としており、クロテンはかつてはフカ、自動弓、網（田口1998）で、現在はカプカーン（捕獣器）で捕獲している。自動弓は渡河地点等の特別な地点では、上・下・横の3方向から狙った。クロテン以外の小型獣も対象とした。ミンクは1949年に毛皮獣としてアメリカから導入し、1953年頃には広く分布して狩猟ができるようになった。

かつて猟場は、氏族毎に決められていた。この猟場の位置は、ヒギン・ウデヘのように、旧集落が立地する河岸の背後に広がる領域という構成（佐藤2000ｃ；田口2000）ではなく、コンドン村や旧集落から離れた河川沿いに定められている。これは、コンドンのサマギールの複雑な成立過程の歴史を反映している可能性が高い。漁場も同様である（本書第4章参照）。

4．採集活動

コンドン村およびその周辺は、白樺を主体とする二次林から構成されており、湿地帯に広がる低位段丘面は採草地として利用されている。両岸に見られる白樺を主体とする二次林は、比較的最近の開発の痕跡と考えられよう。しかしながら、竪穴住居跡が視覚的に確認できる遺跡周辺や岩山等にはモンゴリナラの林（写真2）が広がっており、針広混交林も村からさほど遠くない場所に点々と残されている（南満州鉄道株式会社編1927）。こうした場所が植物資源の採取地となっている。

写真2　モンゴリナラの幼木。ゴリン川岸辺に林が広がる

インフォーマントは、植物利用に関しては下記の4人がメインであるが、狩猟・漁撈関係の聞き取りの中で他のインフォーマントから得られた情報も、一部データとして利用した（表1）。いずれもコンドン村在住。

A：ヴァリレー・バレンチノビッチ・サマルVarelii Varentinovich Samar
　　1940年旧コンドン村生まれのコンドン・サマル。男性。
B：タチヤナ・マキシモブナ・ベリディTat'yana Makisimovna Bel'dy
　　1929年生まれ。サルゴル村のナイムカ氏族出身。女性。
C：ソフィア・デミトリィブナ・サマルSofia Demitrievna Samar
　　1944年生まれ。コンドン・サマル出身。現在の学校長。女性。
D：アンナ・ペトロブナ・サマルAnna Petrovna Samar
　　1936年パシュニャ村生まれ。コンドン・サマル出身。女性。

第2部 ゴリン川流域の人々―フィールド調査から2―

表1 植物利用一覧

種名	ナーナイ語名称	採集時期	利用部位	利用法	保存法	情報提供者	備考	クラースヌィ・ヤル	ナイヒン	ダダ・ジュエンギ・ウラジミロフカ・ハバロフスク・オロチョスカヤ	ダッダ	アイス
クロウメモドキ	ニョンゴ	8月初～冬	実	タクサ(魚)のアンブンに油、砂糖を混ぜて食用	燻制・きのしの治療薬用、冷水漬け長期保存可	ABCD		○(食用)			○	
ハスカップ	ケークチモクタ	7～8月初	実	タクチ(魚)のアンブン油、砂糖を混ぜて味付け、ジャム(現在)	冷水漬けで長期保存可	ABCD		○(食用)				
ツルコケモモ	ガクタ	9月～翌春	実	その主な用途、茶にも利用、薬用	袋に入れてぶら下げておく	ABCD		○(食用)				
コケモモ	デウクテ	9月～翌春	実、茶葉	実をジャム、茶葉にも利用、薬用本葉にも利用	冷凍	ABC						○(食用、薬)
エゾイチゴ		7月	実、茶葉	昔は茶葉にも利用		A		○(食用)				○(食用、薬)
オランダイチゴ	チョモヨコタ		葉	実をジャム、冬のお茶に	保存しない	ACD		○(味付け)				○(食用、薬)
コグワ	トクニ	9月と冬	実	魚の肌に調理、スープに入れ香料付け、茶に入れ	愛の主食	A		○(食用)	○(薬用)			○(食用、薬)
コロミクタ			実			ACD	コンドにはない	○(食用)	○(薬用)			
エゾノウワミズザクラ	シアクタ	8月	実	石ですりつぶし厚さ3cmのクッキー(ドゥトゥ)にして天日で長時間かき混ぜ乾燥、狩りの携行食		ABCD	クッキーは餓餓の携帯用としたと	○(食用)	○(道具材・染料)	○(クッキー)	○(果実、材料)	○(食用、薬)
アカフサスグリ	ウニクテ	7月末～8月	実	その主な用途、ジャム		A		○(食用)				○(食用、薬)
クロフサスグリ		7月末～8月	実	食用		AD						
エゾスグリ		9月	実	果実酒と酒精作るが、たくさん食べてはいけない		AD						
ノバラ	オヤクタ、ケヨクタ	8月～9月	実、葉、根	皮は薬用、根は薬代に茶に入る、同葉の同肉あり、脂肪としてた煎じて薬を作る	日干し	ABCD	2種あり?	○(薬用)			○(薬用)	
サンザシ			実、コブ、トゲ	実は食用、トゲをまぎ代用とし、オテキの機で薬		A						
ヤナギのキノコ	シャウクチメチ	6月～夏中		細切りにして乾燥、魚肉スープに入れる	乾燥保存として冬用	ABCD	元々キノコは民族固有の信念とは縁がない	○(食用)				○(食用、薬)
ナラのキノコ		9月			乾燥保存として冬用	AB						○(食用、薬) エノキタケ
ホロンゴビチニ		9月	全体	細切りにして乾燥、魚のスープに入れる		A		○(食用)				○(食用、薬)
シロハナタケ			全体	食用		BD				○(道具材)		○(薬)ハラタケ
ヤマドリタケ				果実党酒は酒精作されるよりまた売ってた食混			3年ごとロシア人にずり去った					
キハダジャニーシカ	ウェシ	5月～6月初	葉	スープ・タケ(魚)のタキの味付け	日干し、塩の濡れるとを半日乾燥	ABCD		○(食用)				○(食用、薬)
ヨモギ	スワクタ	5月初～8月	葉、茎	ゆでて味んだ日干しを繰り返し保存		ACD			○(薬用もあり)			○(食用、薬)
イタドキ	ビクテ	5月初～8月	葉、茎	柔らかい葉をゆて魚のスープに入れる	乾燥保存・貯蔵はしない	A	かつて調味料として重宝された	○(食用)				○(食用、薬)エゾイタドリ
アサカ	カルテ	5月～夏	芽	生の主食、魚・肉のスープに入れる		ABCD	ロシア人に花冷番から食用	○(食用)		○(道具材)		
ワラビ	ガギニコロチ		実	魚・肉の主食、保存しないく食い物		A	本来は食用としていない					
アサ	オトソ	7月	繊維	ヒモに利用		A					○(繊維)	
ユリ	ソダジョタ	5月～8月	花、根	黄色鑑漬を材代用にゆて食いる、蒸し入れる、未粒用の混雑食は食用は多し、新しむと	花は日干し乾燥	ABCD				○(食用)		○(食用)エゾスカシユリ、オオウバユリ他
シシウド	エソ		茎	表皮を剥いて生食		ABC						
ジョウド属の一種	エソベレン	6月、8月	根	煎じて飲用(内臓薬、強壮薬)	日干し乾燥	AD			○(薬用)			
チョウセンアサガオ	コルドヘン	秋～春	地果	スープ・タケ(魚)のタキの味付け(辛み付け)		BD	チョウセンゴヨウドピング	○(食用)		?		
シラタマ		8月		辛漬油、タラの味と採集、採集する苗まおいしい	保存せず	ABCD	リの利用に関する音話あり	○(食用)				○(食用)ミズナラ、カシワ
モンゴリナラ	ホシクタ	秋11月	堅果	干しイクラをヤクトの実、魚類の材料	乾燥保存	C	大量貯蔵の記述はない		○(染料)		○(薬)	○(食用)
モミ	ヌフ		樹皮	内皮から香料(滋味)、繊維利用		E						
ヒノキ	チョロキチ		葉、枝	備薬(薬剤)、鏡礼利用	室内乾燥	CD	チョウセンゴヨウドヤカを競似で適用	○(儀礼、良い引)				○(食用、薬)オニグルミ
マツジュウクルミ	コチキ	随時	実	削って気を補う		A			○(薬用)		○(薬用)	
トゲのあるドングリ?	アオッテ	随時	葉	電を偏む	保存しない	ABC	村周辺はない					
野生のネギ	エル	秋	根	落口の化膿止め、風邪薬として飲用	保存しない	AD	村周辺に多い					
ヤナギの一種	チェンクレ	6月	葉	胃薬	乾燥保存	C	ゴリン川方面に多い		○(道具材)		○(食用)	○(食用、薬)エノキ
コウブリ属の一種	バラミナ		根皮	腎臓薬	除干し	C			○(染料)	○(道具材・食用)		○(食用、薬)コウリンカ
シラカバ	チャルベス	8月	葉	比血剤		D				○(道具材)		
カラマツ		6月	根	滋養強壮		D				○(道具材)		○(食用、薬)
イソツツジ		随時	根			D				○(薬用)		
？	セシクレ		茎			D						
マンシュウクルミ	フランジラ		根			D						
？	レチェンクレ		葉			D	村周辺にはなく村周辺にも購入	○(薬用、換金)		○(食用)		
ヒマラヤヤマノシタ属			根			D						
チョウセンニンジン	ゴンラビン		根			D				○(薬用)		

A:ウリリー、バレンチノビッチ・サーレ B:タチャナ・マキシモブナ・ベリダィ C:ソフィア・ドミトリイブナ・サーレ D:アンナ・ベリタイ・サーレ E:ビビアン・ミハイロビッチ・サーレ

現コンドン村は、旧ソ連時代の集住化政策により付近に点在していた旧集落を集めて作られた。かつては、フイン川右岸にコンドン村とヤミフタ村が、同左岸にサルゴル村が数100mの間隔でほぼ隣接して存在していた。コンドン村とヤミフタ村は、現在のコンドン村の村域内に吸収されているが、サルゴル村は放棄され無住である。パシュニャ村は、ゴリン川がアムール本流と合流する付近にあった村である。

（1）食用

コンドン村における植物資源の利用は、大きく分けると食用・薬用・道具の材料の3種類からなる。ただし、食用といっても味付けや薬味に利用する植物と本格的な食用の二種にさらに大別され、飲茶のように、食用（飲用）であるとともに薬効も同時に期待されている植物があり、実際には整然と区分されるわけではない。これは現代人の食生活においても同種の現象が見られるが、先住民の食文化では、それがより未分化と言うことができる。

果実　夏季を中心に果実がよく利用されている。採録された種類としては、クロマメノキ、ハスカップ、ツルコケモモ、コケモモ、エゾイチゴ、オランダイチゴ、アカフサスグリ、クロフサスグリ等のベリー類や潅木の果実が利用されている（写真3）。そのまま食用とすることが多いが、かつてはタクサと呼ばれる魚肉から作られた田麩にこれらのベリー類を混ぜて、魚油をかけて食べることも多かった。砂糖が普通に入手できるようになると、魚油のかわりとした。今はジャムにして食用・保存する。ツルコケモモは、フルーツポンチにして食べることもある。長期保存する場合には、袋に入れてそのままぶら下げておき冷凍保存したり冷水に漬けたりした。ただし、オランダイチゴのように、保存しないものもあった。ツルコケモモ、コケモモ、エゾイチゴは、葉を茶葉に利用していた。ツルコケモモのようなベリー類の一部は冬を越えても枝にそのまま付着しているため、翌春も採集して利用した（写真4）。

エゾノウワミズザクラは、特別な調理法・保存法をもっている。実を多量に集めて石ですりつぶし、厚さ3cm程の方形のクッキー（ドゥトゥ）を作る。それを天日干しにした後、焚き

写真3　ブルーベリー

写真4　ベリー類の採取具。コンドン村にて

火の周りにおいて乾燥させ、かつては魚油をふたの周りに塗って密閉した陶器に保存した。今は白樺容器に保存する。狩りの携行食によく利用した。クッキーには独特の模様をつけた。冬にはクッキーを崩してタクサに混ぜて食べた。ゴリン川流域に多い。なお同様の事例は、ナイヒン村のナーナイにおいても報告されている（第1章参照）

　日本の縄文時代の住居跡等から食料加工物と推定される炭化物質や炭化種子粒がしばしば発見されており、この中に「縄文クッキー」と呼ばれる加工食品がある。小型のものは「クッキー状」と呼ばれ、大型品は「パン状」と形容されることが多いが、それ以外にも「練り餅状」「だんご状」「そろばん状」とも形容される多様な形状を有している。縄文時代早期末から後期にかけて出土例があるが、前期の山形県押出遺跡出土の「押出クッキー」には、土器文様に類似した渦巻沈線紋が付されている。エゾノウワミズザクラのクッキーは、この種の加工食品の調理法や機能・用途を考える上で示唆的である。

　エゾウコギも果実を食用するが、強い強精作用があるとされ、たくさん食べてはいけないと言う。果実を酒類につけ込んで保存飲用もした。

　ノバラには複数の種類があり、果実が長いタイプは生食するが、丸いタイプは葉を乾燥させて茶葉に利用した。前者は数は少ないがおいしく、後者は数は多いがおいしくないと言う。後者の根を煎じて飲用すると下痢止めになる。サンザシの実は食用にしたが、それ以外にもトゲをお守りに使用したり、コブの部分からおできの塗り薬が作られた。コクワはコンドンの周辺には見られないが、食用されている。アムール川方面に遠出した時に採集した。

キノコ　元々サマギールの人々はキノコはあまり利用していなかった。キノコに対する消極的利用は、アムール・沿海州の先住少数民族に広く認められる。木にはえるキノコだけが食用可能とされ、ヤナギのキノコとナラのキノコが伝統的に利用されていた。細切りにして乾燥させ肉のスープに入れて食用した。乾燥保存すると冬までもった。1950年代になるとロシア人が多種のキノコを利用していたのをまねて、サマギール人もシロハラタケ（写真5）やヤマドリタケ等を食べるようになった。キノコは主に夏から秋にかけて採集した。

写真5　コンドン村の背後の林床に生えるシロハラタケ

草本類　春になるとギョウジャニンニク、ヨモギ、イラクサ、アカザ、ワラビ、ユリ等が出るので、それらを採集し、魚のスープ（ウハ）や肉のスープに入れたり、魚のたたき（タラ）の味付けとした。日干し保存が原則であるが、ヨモギ、イラクサ、ワラビは茹でて揉んで日干しするという工程を繰り返し、身を柔らかくして利用した。キョウジャニンニクの茎は、塩が

導入されるようになると塩蔵した。ワラビは本来食用していなかったが、ロシア人が採るようになると食べるようになった。ヨモギはウハに入れるとよく合った。特殊な利用法としては、アカザの花を戦時中にロシア人から教わって湯がいて食用したことがあった。なおイラクサは、かつては漁網の材料としてコンドンだけではなくアムール流域の先住民にとって重要であったが、ナイロン網が普及した現在ではこの利用はほとんど見られない。イラクサの漁網は、かつて東北アジアの漁撈ではきわめて重要な漁具であったがナイロン網に比べて強度がないため、ナイロン網が出現すると急速にそれと置き換わったと考えられる。それに伴い、漁法も変化している。ユリは花の色で2種に分けている。黄花種は花弁をスープに入れる。花弁は乾燥保存した。赤花種は、塊根を生食したり粥に入れて食用した。

写真6　白樺樹皮製容器に入れたウハ（魚のスープ）。パデミクタで味付けしている

　6月になると、シシウドや野生ネギが採集できる。シシウドには2種あり、「トイ」は茎の表皮をはいでそのまま食べたが、「エウヘヒン」は根を煎じて内臓の薬や強精剤として利用した。根は日干し保存した。チョウセンゴミシは、現在もよく利用されている。蔓を砕いてウハや魚の蒸し料理に臭い付けとして入れた。茶にも入れて飲用する。保存は蔓のまま乾燥させておいた。コウゾリナ属の一種である「パデミクタ」は、ピリっとした辛さがあるので、ウハやタラの味付けに用いられる（写真6）。唐辛子の代用品。

堅果類　チョウセンゴヨウ、モンゴリナラの堅果類が利用されている。チョウセンゴヨウの毬果は、秋から翌春にかけて狩猟・漁撈といった生活活動の途中で採集され、これらの活動時の携行食として利用されている。今は保存・貯蔵していない。モンゴリナラの堅果は、秋11月に集められ、水さらしで虫殺しとアク抜きを行い乾燥後貯蔵する。干しイクラと混ぜて食用（ソリツァ）していた。冷凍するとおいしくなる。大量に貯蔵した記憶はない。

　チョウセンゴヨウ、モンゴリナラの堅果類は、現在はほとんど利用されていないが、かつてはかなり利用されていたらしい。同じくコンドン村および周辺のナーナイ人の植物利用を調査したボストレツォフによれば、20世紀前半頃のナーナイ社会では、堅果類は主要な食物であったと言う（Восторецов 2000）。ボストレツォフの報告の大要を下記に再録しておく（ボストレツォフ 2004）。

　　ドングリ（モンゴリナラの堅果）は落果後に大量に採集され、生産効率のよいナラ林の場合には小舟で採集に行った。ドングリの採集には狩猟者を除く全村人が従事した。収穫後ドングリは白樺容器で2週間ほど水漬けにし、その間3～4回水を取り替える。この過程で虫殺しとアク抜きが行われた。その後ドングリは乾燥させて、そのままナマズ皮製の袋や白樺容器に入れ

て倉庫に保存した。一部は粉にして白樺容器に保管した。つぶのままのドングリは3年は保ったので、各年の収量が安定しなくともカバーすることができた。収量の少ない年には、春も採集した。粉に挽いたドングリは、他の食品と混ぜて食用したが、特にイクラと混ぜた食品はソリツァと呼ばれ好まれた。乾燥イクラはそのままでは歯に付着するので食べにくいためである。ドングリの粉に魚油をまぜたものを、翌年3月まで魚皮袋にいれて保存することもあった。

ドングリの消費量は多く、高カロリー食品としてナーナイ人の間ではよく知られていた。このことに関連した説話をボストレツォフは記載しているが、この話は筆者等も採録した。

「あるハンターには二人の妻がいた。ある日厳しい秋が訪れた。ひとつの希望はマツの実（チョウセンゴヨウ）とドングリであった。ハンターは遠い場所に猟に出かけねばならなかった。妻達が空腹で死なないように、彼は若い妻をマツの林に、年老いた妻をドングリの林に残した。春になって彼が戻ってみると、年老いた妻は健康に太り、若いかわいらしい妻は痩せて骨と皮ばかりになっていた。」

このようなドングリの利用法と重要性に関する認識は、シダミ（ドングリの実）の利用を活発に行っていた日本の東北地方の例ときわめて類似している（畠山1997）。現在筆者が調査を行っている山形県小国盆地においても、かつてはシダミの利用は盛んであったが、現在そのことに関する記録はほとんど得られない。これは植物利用に関する民俗知が急速に失われることを意味すると共に、ドングリに対する価値観も影響している可能性が高い。小国の人々の間では、シダミは「貧しい、卑しい食品」という評価が内在しており、この価値観が記憶から急速に消しさろうとする心因として働いているのではないだろうか。ナイヒンの聞き取り例もそれを傍証しているように思える。アムール中流域のナーナイの民族村ナイヒンでの調査時に採録された証言では、モンゴリナラの堅果は、現在もっぱらブタのエサに利用していたという（田口2002）。ただし、かつては食糧として盛んに利用された形跡があり、ここでも乾燥イクラと混ぜてソリツァとして食されていた（第1章参照）

チョウセンゴヨウは現在では保存・貯蔵されておらずリス猟の時についでに採集する程度であるが、かつてはゴリン川上流に出かけた猟師が大量に採集した。シホテ・アリニ山地では主要食糧として利用されていたと言う（ディメノーク1997）。

なお他の堅果類を利用した植物としては、マンシュウクルミと「アチアクタ」と呼ばれる植物がある。マンシュウクルミは利用されていたがコンドン周辺にはなく、アムール本流域まで南下しないと見られない。「アチアクタ」は種名が不明で、ゴリン川方面に多いと言う。あるいはハシバミかもしれない。コンドン村周辺には少ないが、ヒシの実も食用とした。

（2）薬用

前述のように、茶葉に利用したり茶に入れて飲用する例などを中心に、食用か薬用かが未分化な例が多く認められる。特に強精剤としての例は、その典型である。薬用として主に利用された植物には、イソツツジ、オオバコ、ヒマラヤユキノシタ属の一種（「ゴジラヒン」）、チョウセンニンジン、種名不明の「ワランコラ」と「フレツ」、モミがある。この「ゴジラヒン」

写真7　イソツツジの群落

は、後述するアムール中流のナイヒンで北海道開拓記念館が調査・採録した「ゴダルヒー」と同種と思われるが、開拓記念館の調査でも種同定はできていない。報告した水島等は、言語学の風間伸次郎氏の採録を引用して「一年ぐらいは育った人の胸の高さくらいの低木」で「川の岸の、水のない地面に生えている」植物と推定している（水島・池田 2000）。

イソツツジは、必要な時に随時採集され、治療と儀礼用に用いた。頭痛や痛みには、新鮮なままよく揉んだ葉をヘラジカの脂と混ぜて患部に塗る。熱湯の中に葉とヘラジカの脂を混ぜて飲用すると風邪薬になる。また、新鮮な葉をよく揉んで顔や手足に塗り蚊避けに使った。儀礼用には、葉を焚いて煙を出し清めに使った。そのためどの家でも天井からつるして保管していた。イソツツジは、アムール流域の先住民の間では儀礼によく使われているが、筆者等が調査したウデヘ人のクラースヌィ・ヤル村での自動弓の復元製作では、罠製作時についた人間の臭い消しにも使われていた（佐藤編 1998）（写真7）。

オオバコは、8月に葉を採集しておき日陰干しにして保存する。傷口に化膿止めとして貼ったり、お茶にして風邪薬にする。「ゴジラヒン」は胃薬になるが、ゴリン川流域になくアムール本流域にあるため、コンドン村の人はボロン湖に近いジュエン村の人から購入していた。

チョウセンニンジンの根は、コンドン周辺には生えていないが、老人はよく使用していた。40歳以上の大人が使うもので、若者には使用が許されていなかった。チョウセンニンジンは、アムール流域の先住民やシホテ・アリニ山中のウデヘ人の間では貴重な換金商品であり、かつてはクラースヌィ・ヤルのウデヘにとっては生業カレンダーに組み込まれた主要採集物の一つであった（佐藤編 1998；カンチュガ 2001；ディメノーク 1997）。

「フレツ」は、6月の開花前に根を掘りだし、止血剤に利用する。産後の日立ちにも用いられた。「ワランコラ」は随時採集し、茎を削り取って少し湿らせてから患部に塗布すると関節炎に効いた。モミの樹脂を集め暖めて患部に塗布すると、傷薬やヤケドの薬となった。また煎じて飲むと結核に効く。チョウセンゴヨウの樹脂も同じ効能がある。

写真8 樹皮を剝がした跡の残る白樺林。集落の近傍に広がる

（3）道具材

　今回の調査では、道具の材料については組織的な聞き取りを実施していない。そのためここでは、聞き取りの過程で付随的に採録できた植物について報告する。

　アサは繊維を取り出してヒモの材料とした。イラクサは前述の通りである。シラカバの樹皮は保存・貯蔵用の容器の材料として、コンドン・サマギールだけではなく、広く東北アジアの諸民族に利用されている（写真8）。白樺樹皮船も造られ、現在もその技術が伝承されている。カラマツの内皮からは染料が作られる。染料は今回の調査ではあまり記録化されていないが、北海道開拓記念館の調査では多種の染料源植物が知られている（手塚・水島1997；水島・池田2000）ので、コンドンにもまだ未採録の染料が多種あるものと推測される。なお湿地に生えるカラマツの枝を、自動弓の弓の材料に使った。6月始め頃に採集するレチェンクレというヤナギの根は非常に長いので、籠を編むのに利用した。

5. サマギールとアムール・沿海州諸民族の植物質資源利用

　サマギールの植物利用の実態を検討するためには比較資料が必要となるが、既刊の文献等は断片的情報が主体であり、この地域での民族植物学的調査も着手されたばかりである。ここでは、本論と同様の目的で行われ、記録採取地やインフォーマント等の調査コンテクストが報告されている北海道開拓記念館の調査データ（手塚・水島1997；水島・池田2000）および筆者等によって継続調査されているビキン・ウデヘ調査記録との比較を試みたい。ただし、クラースヌィ・ヤル村での植物利用に関しては、まだ組織的な調査を行っていないため、ここでの記載は暫定的なものにとどまることを注記しておきたい。

　表1に、コンドンで記録された有用植物の内、筆者等が調査したクラースヌィ・ヤル村（シホテ・アリニ山地西側、ウスリー川の支流ビキン川沿いにあるウデヘ人の村）および開拓記念館が調査したナイヒン村（アムール中流のナーナイの村）、グヴァシュギ村（クラースヌィ・ヤル村のあるビキン川の北を流れるホル川沿いにあるウデヘ人の村）、ウラジミロフカ村（アムグン川中流域にある先住民の村。エヴェンキ、ネギダール人から採録）、ウスチ・オロチスカヤ村（シホテ・アリニ山地北側トゥムニン川流域のオロチの村）、ダッタ村（ウスチ・オロチスカヤ村の25km下流。トゥムニン川河口付近）でも記録された種を示した（第1図）。多くの種類が共通するが、各村で記録されながらもコンドン村では採録できなかった種類も多い[1]。これらは食用は少なく薬用や道具材が多いので、主要な食用植物はコンドンで採録されていると考えることができる。また、比較参考資料として、北海道アイヌの利用した植物資源のうち、上記資料に該当するまたは類似するデータがある場合に限り、

それを表に示した。参照した文献資料（北海道立衛生研究所他 1996）では203種が採録されており、上記の予備的な調査よりもはるかに高い精度の記載がなされているが、全体的な傾向は類似しているようである。

極東地域では、クラースヌィ・ヤル、ナイヒン、グヴァシュギ、ウラジミロフカ、ウスチ・オロチスカヤ、ダッタとわずかな記録地点しかないが、これにコンドンを加えると、これらの調査地点はアムール河口域のウリチ、ニブヒを除いた沿海州・アムール流域の先住民の居住地域をとりあえずほぼカバーしていることになる（図1）。従って、極東先住民の植物利用の実態を概観することは可能であろう。ちなみに、ウリチ、ニブヒの植物利用に関しては、今回の調査でも若干の情報が得られているが、まだ断片的かつ未整理なため本稿では使用しなかった。ただし、その内容を瞥見する限りは、ベリー類の利用を中心とした植物利用が主体であり、本論で議論した北方的様相と矛盾するところはない。

アムール流域および沿海州の先住民に見られる植物利用を考えると、いくつかの傾向を指摘することができる。まず第一に、コンドンで得られた植物利用の主目的が食用・薬用・道具材利用に3大別されるという傾向と、食用および薬用としての利用が未分化であるという傾向は、この地域全体でも一般化が可能である。植物利用における道具材と食用・薬用は比較的種単位で区別されており、両者が同一種である場合にも利用部位が異なることが普通である。これに対して、食用と薬用は未分化な場合が多い。葉や根を利用する多くの植物では、茶葉に転用したり茶とともに飲用することが多いが、これは煎じて薬用とする行為と実際にはそれほど変わりがない。飲茶の風習は、元代以降帝政ロシア期まで中国の支配下あるいはその強い影響下にあったこの地方の基層文化に組み込まれたものと考えられるが、茶の利用自体が、もともと滋養強壮や薬用を目的としていた。先住少数民族に対する旧ソ連の苛烈な「近代化」（＝ロシア化）政策の徹底にもかかわらず、沿海州やアムール中流域の先住民族の基層文化には、中国文化・世界の影響が深く潜在している。生活や生業だけではなく、社会的・文化的そして世界観を含む思想的側面にまでそれが及んでいること（佐々木1989）を、これまでの10年近くにわたる筆者等の現地調査でもしばしば実感した（佐藤編1998等）。

また、これらの植物をウハ（魚のスープ）やタラ（生魚のタタキ）といった伝統的な料理に添加するのも、味付けや臭い付け・臭い消しのためであると同時に、滋養強壮の意味ももつ東洋漢方的な意味合いが付加されている可能性がある。

第二に、当然のことではあるが、植生の違いを反映した植物利用が認められる。北方に行くほどベリー類を中心とした果実利用が発達していると言えよう。またカラマツやヤナギに見られるように、南方では道具材・染料・薬用としての利用が主体である植物を、北方では食用にも利用している点が注意される。これは、おそらく資源として重要な堅果類が分布しないか数量の少ない地域における食性拡大のための適応行動なのではないだろうか。

第三に、考古学的にもっとも重要と考えられるのは、チョウセンゴヨウ、モンゴリナラ、マン

シュウクルミといった堅果類の利用の問題である。マンシュウクルミは、ウデヘの住むシホテ・アリニ山地南半部やアムール川中流域までは豊富であるが、コムソモリスク・ナ・アムーレより以北にはほとんど分布していない。また、モンゴリナラやチョウセンゴヨウは、これより北方にも分布しているが、筆者等の踏査による限りアムグン川が合流する以北のアムール河口部には少ないようである。おそらくニブヒとウリチの居住地帯の境であるボゴロドスコエ付近がその境となる可能性が高い。沖津によれば、モンゴリナラの分布北限はアムール河口部のすぐ北に引かれている（沖津2002）が、現地踏査による限り、ボゴロドスコエを越えた北側ではその数量が著しく減少すると思われる。少なくとも、主要資源としての資源量を確保するのは困難なのではないだろうか。

　前述したように、これらの堅果類は現在ではそれほど積極的には利用されていないが、古老の断片的な記憶や各種の調査データ・文献資料等を総合して考えるとかつては相当量の利用があり、少なくともこれら3種の分布域ではいわゆるメジャー・フードであった可能性が高い。残念ながら開拓記念館の調査では、これら堅果類の利用に関するデータが得られていない[2]が、これは主体的利用時期が情報提供者の記憶にないかあるいはかろうじてとどまっている頃のことであり、しかもその利用に関する価値観に蔑視的側面が潜んでいる可能性があることも影響したと考えられる。旧ソ連における少数民族政策が本格化する以前の20世紀前半までは、堅果類は主要食物の一翼を担っていたのではないだろうか。この点を確認することが、現在の民族考古学的調査では相当に困難であることが惜しまれる。

6．メジャー・フードの問題——結語にかえて——

　コンドン村の植物利用を基礎に、沿海州・アムール流域の諸民族の植物利用を見た場合注意されるのはメジャー・フードの問題である。これら諸民族の食用植物利用を概観すると、堅果類を除けばそのいずれもが、大量消費・保存・貯蔵を行うメジャー・フードとは見なし得ない。今日堅果類の利用に関する記憶や伝承は限られ断片的ではあるが、少なくとも20世紀前半以前のこの地方では、新石器時代以来堅果類の利用が活発化し、基本食料となっていた可能性を考えてよいのではないだろうか。とすれば、陸上動物・水産資源を含めて考えられるアムール下流域を除いた当該地域の基本食料資源の構成は、モンゴリナラ・チョウセンゴヨウ（＋クルミ）＋シカ・イノシシ＋サケであったと推定することができる（佐藤1998ｃ）。

　この基本構成は、少なくともシホテ・アリニ山地南半部では現在でも確認することができ、中華民族や帝政ロシアによって開発が進められる以前のアムール流域でも存在していたと考えられる。そして、より北方に行くに従って、クルミが見られなくなりイノシシとアカシカが減少、ヘラジカが徐々に増加し、アムール下流域でモンゴリナラとチョウセンゴヨウの利用限界に到達すると考えられる（馬・西原1998）。

　一方日本列島の新石器時代（縄文時代）の基本食料資源の構成は、本州北部ではクリ・ドング

リ（・クルミ）＋シカ・イノシシ＋サケであり、北海道ではクリは道南に限られイノシシが脱落する。縄文時代北海道におけるクリとイノシシの分布については以前から議論されている。イノシシは、その出土記録が道央を中心とし現在は自然分布をみないことから、一時的な人為的移入説が有力である。一方現在のクリの自然分布北限が黒松内低地帯にあり、クリ堅果の遺跡出土例（山田・柴内1997）や住居構造材へのクリ利用例（三野2001）の分布範囲もほぼそれに一致することから、縄文時代以降道南にはクリが分布していたと考えられる。ただし、山田・柴内は、北海道におけるクリの分布は、縄文期における人為的移入ではないかと考えている。ちなみに、大陸におけるクリの分布北限は朝鮮半島北部から中国東北部にかけてで、本論で議論した範囲には分布しない。

　このように、北海道の縄文時代は、クリを除けば、沿海州・アムール流域のそれに基本的に一致している。堅果類＋シカ・イノシシ＋サケ他という構成は、東北アジアに限らず東アジアの温帯〜冷温帯地域における食料資源の基本構造であったと考えられる。

　このように見てくると、日本を含む極東アジアの基本食料資源の構成はかなりの部分共通しており、主要資源となりうる種の分布特性に応じて地域毎の構成の内容に違いが認められることになる。

註

1）コンドン村で採録されなかった種類としては、種名不明を除くと、クラースヌィ・ヤルではハシバミ（食用）・スイカズラ（食用）・野生リンゴ（食用）が、ナイヒンではコウホネ（食用）・ツユクサ（染料）・ヨシ（食用・道具材）・カミレツ（薬用）・オノヤガラ（薬用）が、グヴァシュギではシラタマミズキ（染料・薬用）・シャクヤク（薬用）・ヨブスマソウ（食用・道具材）・ハンノキ（薬用）・ニレ（住居材）が、ウラジミロフカではトウヒ（道具材）・チョウセンヤマナラシ（弓材）・ポプラ（丸木船材）・ホザキナナカマド（薬用）・シラタマミズキ（犬の薬用）・ミツガシワ（食用）が、ウスチ・オロチスカヤではトウヒ（薬用）・ハンノキ（染料）・ヒロハノヘビノボラズ（食用）・ミヤママタタビ（食用）が、ダッタではスギナ（食用）・トウヒ（薬用・道具材）・クサノオウ（薬用）・ヤナギラン（薬用）・ガンコウラン（薬用）・ノコギリソウ（薬用）がある。

2）開拓記念館の調査地点の内、アムグン川中流のウラジミロフカはこれら3種の主体的分布範囲からはずれると思われることと、間宮海峡の日本海側に近いウスチ・オロチスカヤやダッタもその可能性があることがあるいは影響しているのかもしれない。

引用参考文献

［和文］

安斎正人・佐藤宏之　1993「マタギの土俗考古学―岩手県沢内村での罠猟の調査」『古代文化』45巻11号、15-26頁

安斎正人・佐藤宏之　1996「アキビラ猟の空間構造―岩手県沢内村での罠猟の調査」『先史考古学論集』5集、12-30頁

第 2 部　ゴリン川流域の人々―フィールド調査から 2 ―

大貫静夫・佐藤宏之 2002「ウデへの居住形態と領域」『先史考古学論集』11集、79-96頁

小野有五・五十嵐八枝子 1991『北海道の自然史』北海道大学図書刊行会

沖津　進 2002『北方植生の生態学』古今書院

カンチュガ，K.［津曲敏郎訳］2001『ビキン川のほとりで―沿海州ウデヘ人の少年時代―』北海道大学図書刊行会

佐々木史郎 1989「アムール下流域諸民族の社会・文化における清朝支配の影響について」『国立民族学博物館研究報告』14巻 3 号、671-771頁

佐々木史郎 2001「近現代のアムール川下流域と樺太における民族分類の変遷」『国立民族学博物館研究報告』26巻 1 号、1 -78頁

佐々木史郎 2002「コンドン村における食用野生植物利用について」『アムール科研成果報告会資料』(12.13東京大学にて開催)

佐藤宏之 1989「陥し穴猟と縄文時代の狩猟社会」『考古学と民族誌　渡辺仁教授古希記念論文集』37-59頁、六興出版

佐藤宏之 1990「縄紋時代狩猟の民族考古学―陥し穴猟から―」『現代思想』18巻12号、178-191頁

佐藤宏之 1993「罠猟における誘導柵の使用例とその民族考古学的可能性」『法政考古学』20集、23-42頁

佐藤宏之 1996「狩猟システムのエスノアーケオロジー―ロシア沿海州ウデヘ民族調査から」『古代』102号、15-35頁

佐藤宏之 1998 a 「罠猟のエスノアーケオロジー：過去と現在の架橋」『民族考古学序説』民族考古学研究会編、160-176頁、同成社

佐藤宏之 1998 b 「日本考古学の現状と民族考古学」『民族考古学序説』民族考古学研究会編、226-233頁、同成社

佐藤宏之 1998 c 「狩猟のエスノアーケオロジー研究とは何か―ウデヘとマタギの狩猟システムの比較から」『ロシア狩猟文化誌』佐藤宏之編、47-75頁、慶友社

佐藤宏之 1998 d 「陥し穴猟の土俗考古学―狩猟技術のシステムと構造」『縄文式生活構造』安斎正人編、192-221頁、同成社

佐藤宏之 1999「民族考古学的方法」『縄文時代』10号（第 3 分冊）、22-30頁

佐藤宏之 2000 a 「罠猟とマタギ―土俗考古学の射程から」『東北学』3 号、114-129頁

佐藤宏之 2000 b 『北方狩猟民の民族考古学』北海道出版企画センター

佐藤宏之 2000 c 「ビキン・ウデヘに見る狩猟の領域と居住形態」藤本強（編）『ロシア極東少数民族の自然集落に関する国際共同研究』科学研究費補助金［平成 9 -11年度］研究成果報告書、122-132頁、新潟大学人文学部

佐藤宏之編 1998『ロシア狩猟文化誌』慶友社

佐藤宏之・田口洋美 2001「信州・秋山郷のクマの陥し穴」『法政考古学』27集、1 -17頁

田口洋美 1998「ロシア沿海州少数民族ウデヘの狩猟と暮らし―罠猟を中心とした狩猟の技術と毛皮交易がおよぼした影響をめぐって―」『ロシア狩猟文化誌』佐藤宏之編、81-156頁、慶友社

田口洋美 2000「アムール川流域における少数民族の狩猟漁労活動」『ロシア極東少数民族の自然集落に関する国際共同研究』科学研究費補助金［平成 9 -11年度］研究成果報告書、9 -27頁、新潟大学人文学部

田口洋美 2002「ロシア極東アムール流域と東シベリアにおける先住民の狩猟漁労活動」『国立民族学博物

館調査報告』34集、165-214頁、国立民族学博物館
ディメノーク, M.［橋本ゆう子・菊間満訳］ 1997『どんぐりの雨―ウスリータイガの自然を守る―』北海道大学図書刊行会
手塚　薫・水島未記 1997「ロシア・ハバロフスク地方におけるエヴェンキ、ネギダール、オロチの植物利用」『北海道開拓記念館研究紀要』25号、97-119頁
畠山　剛 1997『縄文人の末裔たち―ヒエと木の実の生活史―』彩流社
北海道立衛生研究所・(財) アイヌ民族博物館・白老町 1996『全道版　アイヌ民族の有用植物―薬用・食用編―』
ポストレツォフ, ユーリ［佐藤宏之訳］ 2004「沿海州および沿アムールにおける古代先住民のナラ林の利用」後藤直（編）『東アジア先史時代における生業の地域間比較研究』科学研究費補助金［平成12～15年度］研究成果報告書、169-170頁、東京大学大学院人文社会系研究科
馬逸　清・西原悦男 1998『北東アジア陸生哺乳類誌Ⅱ　中国黒龍江省・内蒙古北部・シベリア極東篇』鳥海書房
水島未記・池田貴夫 2000「ロシア・ハバロフスク地方におけるナーナイ、ウデへの植物利用」『北海道開拓記念館研究紀要』28号、39-60頁
南満州鉄道株式会社編 1927『露領沿海地方の自然と経済』上巻、大阪毎日新聞社・東京日々新聞社
三野紀雄 2001「先史時代における木材利用（5）―クリ材について―」『北海道開拓記念館研究紀要』29号、37-50頁
山田悟郎・柴内佐知子 1997「北海道の縄文時代遺跡から出土した堅果類―クリについて―」『北海道開拓記念館研究紀要』25号、17-30頁

［露文］

Вострецов, Ю. Е. 2000　Использование дуьа древними и коренными народами Приморья и Приамурья. *Интерания Археологицеских и Этнографицеских Исслеъований*. С. 176-177. Владивосток.

第3部

シホテ・アリニ山地の人々―フィールド調査から3―

ラバス（据木台）から銃を構える猟師
2002年8月撮影

第6章 ウデヘの居住形態と領域

大貫静夫・佐藤宏之

1. ビキン川流域のウデヘ

　ウデヘは現在では今回調査に入ったクラースヌィ・ヤル村と日本海側のサマルガ川のアグズ村に多く住んでいる。かつてはロシア沿海州北部からハバロフスク州南部のシホテ・アリニ山中に広く住んでいた（図1）。ウデヘは狩猟と漁撈を主要な生業としてきた人々である。ロシアによる集住化に伴う変化以前から南部の地域では農耕もおこなわれていた。周辺地域から隔絶していたわけではない。ただし、農耕民への道を歩む沿海州南部の平原、沿岸地域に住む人々と住み分けるように山中に展開していたことにうかがわれるように、生業においても平原とは異なる、狩猟・漁撈を中心とした生業体系をもっていたようである（佐藤編1998）。

　クラースヌィ・ヤル村は、ロシア連邦沿海州ポジャルスキー地区に所在し、アムール川の支流ウスリー川に西流して注ぐ支流ビキン川中流に面する。シホテ・アリニ山中にウデヘ人の民族村として、1959年周囲の村を統合して建設された。ウデヘ人は、ナナイ・オロチ等のツングース系先住民族であり、ロシア極東には多数のこれら少数民族が居住していることがよく知られている。ウデヘは、かつてウスリー川に西流して注ぐ3本の支流（北から南にホル・ビキン・イマン）沿い、アムールの支流アニュイ川沿い、シホテ・アリニの脊梁を越えた日本海側のサマルガ川流域などを本拠としてきたが、帝政ロシア・清朝・旧ソ連等の度重なる民族政策の結果、ロシア文化への統合と集住化が図られ、現在ではその伝統的な生活習慣や文化を残す地域はきわめて少ない（森本1998等）。

　その中にあってクラースヌィ・ヤル村は、政策的に形成されたとは言え、比較的以前の生活や慣習をよく保存しているほとんど唯一の村ということができる。沿海州の少数民族、特にウデヘ人は、帝政ロシアのシベリア進出以来つい最近まで（1990年の新生ロシア誕生）、小型毛皮獣狩猟の専門的猟師として積極的に保護されてきた歴史的経緯があり、ロシア式住居への居住や伝統的な信仰体系の否定、中国の影響の徹底的な排除等といったロシア文

図1　ビキン川の位置（佐藤編1997一部改）

第3部　シホテ・アリニ山地の人々―フィールド調査から3―

化の強制による「近代化」による文化・生活習慣の著しい変容を受容しながらも、生業の柱である狩猟活動については、相対的にそれまでの伝統を保存している場面が多く見られた。

　今回取りあげる狩猟領域に関しても、伝統的な区画割や維持が図られてきたと考えられるが、それは第一に、最も重視されてきた狩猟対象獣がクロテンであり、罠猟によってのみ効率的な狩猟が困難であるという点に原因がある。一般に欧米を中心として、銃器の発達による狩猟活動の劇的変化が世界各地でよく認められるが、小型毛皮獣であるクロテンの毛皮を傷めることなく効果的に狩猟するためには、高度の罠猟技術をもつ先住民を保護し利用する方が効率的であったのであろう。

　さらに、早い段階で欧米系の毛皮猟師によって壊滅させられたビーバーのような北米の例とは異なり、開拓ロシア人人口が圧倒的に少なかったことも大きな要因のひとつと考えられる。北米への欧米の進出も、その最初期こそ毛皮の獲得が最大の目的であったが、やがてすぐに海外植民地として大規模な植民による開拓＝農耕地化が推進された。一方シベリアの開拓は、その厳しい気候環境条件からなかなか進まず、現在においても食糧の自給は達成されていない。

　また、沿海州は、1860年に至るまで中国領であったという特殊な事情も存在し、清朝は我が国でサンタン交易としてしられる北方交易の積極的保護政策を推進してきた。清朝は、長い間東北以北への漢人の立ち入りを制限し、毛皮交易と狩猟を保護してきたのである（佐々木1996）。帝政ロシア期には、この地域で中国人農民による開拓が徐々に行われるようになったようであるが、毛皮獣狩猟の保護政策を受け継いだ旧ソ連は、コルホーズ等の幾度かの試みにもかかわらず、ついに本格的な農耕地化に成功していない。これには、1950年代の中ソ対立の影がこの地域にも色濃く残っていることからも知ることができる。

　さらに、ビキン川流域が、開発・農地化の進んだイマン川流域と比べて気候環境的により厳しく、本格的なロシア人等の入植が遅れた点も考慮にいれねばならないだろう。また、後述するように、この地域のウデヘたちが、狩猟の恵みをもたらす森を開発・伐採から守るために、団結して抵抗してきたという社会的要因も大きく作用している。以上のような諸条件が組み合わさって、ビキンの森と猟場は現在まで守られてきた。

　後述するパトカノフの統計資料やアルセーニエフの探検記等の文献資料および聞き取り調査から知られるウデヘ人の旧集落は、ナナイとウデヘの分布境界にあたるベルヒニィー・ペリバールからアホトニチィ（旧ウルンガ）までである。ベルヒニィー・ペリバールは、クラースヌィ・ヤルのひとつ下流の村落で、ここから対岸の中国領に続くウスリー川沿いの平原が展開しており、ウデヘとナナイは、地形環境によってきれいに住み分けている。

　また、ベルヒニィー・ペリバールからクラースヌィ・ヤルを経て本格的な山地に入るシワンタイ・ミャオまでは、パトカノフやアルセーニエフの報告する19世紀末から20世紀初頭にかけての時期には、すでに多数の中国人農民が入植しており、ウデヘとの混住状況が見て取れる。この地域の村は、農耕や交易といったより上流部の村とはことなった性格を有していた可能性が考えら

第6章　ウデヘの居住形態と領域

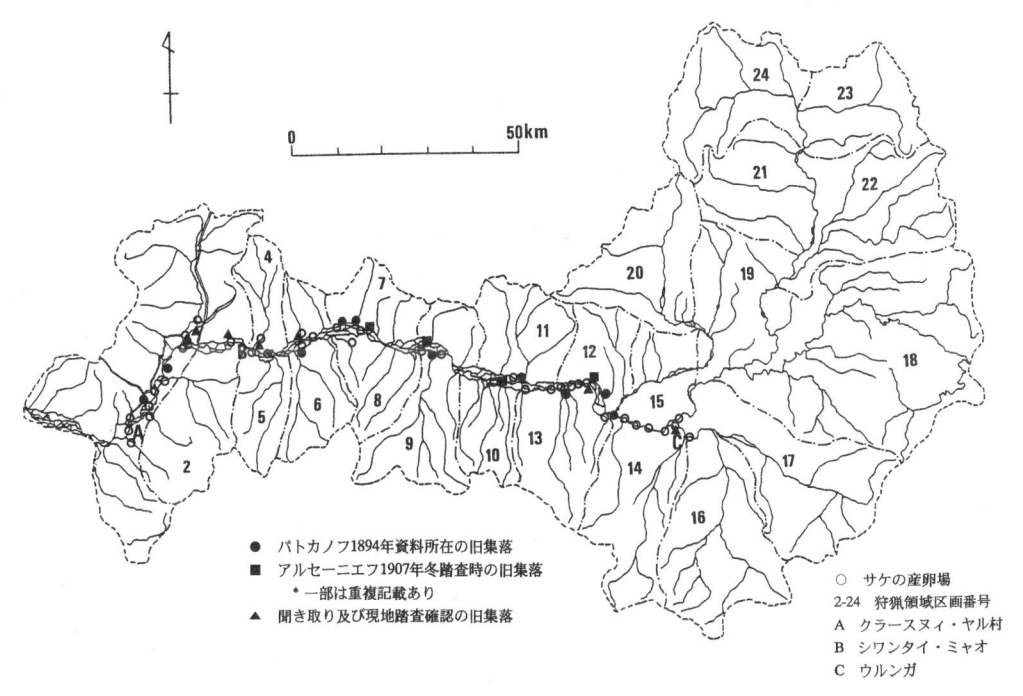

図2　ビキン川流域の狩猟領域と旧集落および鮭産卵場所分布

れる。従って、旧集落の居住システムの検討には、シワンタイ・ミャオからウルンガまでの地域が適当と考えられる（図2）。

2．旧ソ連時代の狩猟テリトリー

　旧ソ連時代ビキン川流域は、ゴスプロムホースと呼ばれる国営狩猟組合によって管理されており、ウデヘを主体とする猟師が国家の課したノルマ達成のために働いていた。クラースヌィ・ヤル村より上流の流域は、現在22の狩猟テリトリーに分かたれており、各領域は原則として一人の猟師に割り当てられてきた。聞き取りの結果これらの領域は、基本的には伝統的な領域をそのまま継承して設定されてきたようである。それは、毛皮の効率的獲得という帝政ロシア以来の先住民政策の結果的産物である可能性が高い。これらの領域は、主要対象獣であるクロテンの捕獲を、各領域においてもっとも平均的（＝平等）かつ効率的に実施可能なように伝統的に設定されてきたものであり、クロテンの行動生態に精通しない限り実施が困難な罠猟の継続的実行には、ロシア人猟師の導入よりも先住民の狩猟体系を保存・利用する政策が奨励されたためと考えられる。各狩猟区（テリトリー）は、最小で22,460ha（7区）、最大で180,343ha（18区）、平均55,984ha、総面積1,231,649haを測る。植生的には、12・13区と14・15区の境界付近を境として、上流側はエゾマツ―落葉広葉樹（モンゴリナラ等）混交林、下流側ではチョウセンゴヨウ―落葉広葉樹混交林が主体となるが、実際には上流側はより針葉樹が多く"暗い森"となる。クロテンは基本的に落葉広葉樹林帯を好むため、テリトリーは下流側で相対的に小さく、山奥側の上流側に行くにつ

れて相対的に大きくなる[1]（図2）。

　ウデヘの狩猟対象となったクマ・アカシカ・ノロ・ヘラジカ・イノシシ等の動物は、これらのタイガに数多く棲息していた。クマはツキノワとヒグマの2種おり、ヒグマの方が上流域および山地側に分布する。ヘラジカは例外的に上流の針葉樹林帯を好むが、その他の中・大型獣は、落葉広葉樹林帯を主生息域にしている。特に食糧として最も重用なのは、アカシカとイノシシであり、イノシシは下流側に多いものの、アカシカは広く産する。これらの罠猟を基本とする狩猟テリトリーは、他の狩猟においても厳格に守られており、基本的には全ての狩りは自分のテリトリー内で行うのが原則であった。例えば、後述するスサーンの言によれば、アカシカやヘラジカを自分のテリトリー内で撃ちそれが他人のテリトリー内に逃走した場合には、あらかじめ決められた獲物の部位（肝臓、腎臓・すね肉の一部と胸肉の半分）を、そのテリトリーの持ち主に分与せねばならなかったと言う。ただし、政治や時代の状況あるいは狩猟対象等によっては、狩猟権の貸借等も行われていたようで、いわばコンテクストに応じたフレキシブルな利用も行われていたらしい。また、チョウセンニンジン等の換金商品となる資源を除いては、植物質資源の利用は、必ずしもこのテリトリーとは直接関係しないような重層的利用がなされていた可能性が高い。

　後述するように、旧集落の位置が時代とともに少しずつ変異することからもわかるように、これらのテリトリーの構成が往古から固定されていたとは考えにくい。おそらく、基本構造は維持しながらも、その時々のコンテクストに応じて変動が繰り返されたと思われる。

　テリトリーの所有権は、旧ソ連時代にはゴスプロムホースに、現在ではゴスプロムホースを引き継いだ民族猟師企業「ビキン」にあり（佐々木1998）、旧ソ連時代には、5年毎に更新される使用権を各猟師は与えられていた。腕のよい猟師は、引退するまでそのテリトリーを事実上使用し続けることができた。聞き取りによれば、1930年代以前には、各テリトリーは猟師個人が所有し、その猟師の子のうちもっとも猟の腕の良い者に相続されたという。領域境は分水嶺とビキン川によって分界されるのが原則で、各領域は、ビキン川に注ぐ数本の支流域から構成されている。この谷間ヤクパーが、罠猟の重要な単位となる。

3．スサーン・ゲオンカの狩猟領域と行動

　クラースヌィ・ヤル村においても、ロシアによる集住化を主体とした民族政策が開始された1930年代およびそれ以前の狩猟を知る猟師はきわめて少ない。現在85歳になるスサーン・ゲオンカは、ハバゴウに生まれ、ラオへ育った（佐藤編1998）。彼は、10歳でクロテン狩りに成功して以来猟師となり、腕のよい猟師として1992年まで現役を続けた。ここでは主に聞き取りと補足的な現地踏査の結果に基づいて、1930年代およびそれ以前の伝統的な狩猟領域の利用形態と狩猟行動について検討する。

　スサーンの猟場は、5区に相当する。毎年の猟期は10月初めから開始され、翌3月10日頃まで、ひとりで狩り小屋にこもるのが通常であった。最大の目的であるクロテン猟は、落とし罠ドゥイ

第6章　ウデヘの居住形態と領域

によって主に捕られる。小規模な流水や沢をまたぐ倒木上に設置するドゥイは、一回に10から15mおきに100箇所程度しかけ（佐藤1998a）、続いて補足的に跳ね罠フカ（佐藤編1998：204-207）やジャゴウジカ用のくくり罠フカ（佐藤1998b）、切り株を利用した罠ラギ（佐藤編1998：7＆79）、各種の仕掛け弓（クマ用のみ11月から降雪まで）も仕掛けた。クロテン猟は、雪の降り始めが最高とされるため、10月から12月はじめまでの落葉期に使用が限定されるドゥイ猟がもっとも熱心に行われた。他の罠猟は、猟期いっぱい行われた。

猟期中は罠の見回りと大型獣狩りの繰り返しであり、全ての狩りは自分のテリトリー内で行われ、狩り小屋からの日帰り狩猟が原則

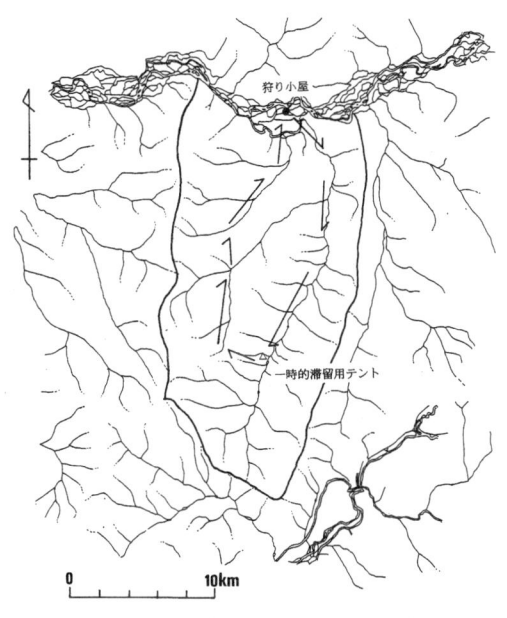

図3　1930年代スサーン・ゲオンカ氏の狩猟領域（狩猟区画ｎｏ.5）

であった。スサーンの猟区である5区は、シワンタイ・ミャオ[2]の東側に隣接するバチヘーザ川（北流してビキンに注ぐ）流域で、南北約30km、東西約10kmの不整長方形状を呈し、面積30,180haを測る。スサーンの狩り小屋は、バチヘーザ川とビキンが合流する川岸にあり、このテリトリーの北の端にあたる。各テリトリーは分水嶺を境界にしているため、谷間の罠猟場の巡回距離は実際にはテリトリー全面におよぶ訳ではないが、それでも10×20km程度の範囲はカバーしていたという。罠を見回りながらの巡回コースは、まず狩り小屋を出発してバチヘーザ川沿いに南下し、15～16km程度奥につめた後尾根を越えて西側のバチヘーザ川の支流におり、反転して北上しながら小屋にもどるのが基本コースであった（図3）。この場合一日の延べ歩行距離は30～40kmに及んだと推定される。

冬の狩猟には、罠猟以外にも各種ある。アカシカは、イヌと鹿笛を使った弓矢猟や雪の深いときには槍による追い込み猟で捕獲し、イノシシは、単独での接近猟、集団での追い込み猟、イヌ使用の追跡猟（いずれも槍でしとめる）によった。他にもセングミー（仕掛け弓）によるウサギ狩りや各種の鳥猟、クロテンの網猟、クマの巣穴猟[3]、アナグマのトキリ（足跡追跡）猟等が行われたが、食糧としてもっとも重視されたのはアカシカとイノシシである。

旧暦新年の祝いを除いて、10月から3月10日頃まで狩り小屋にこもり狩猟活動を続けた後、猟師は村にもどった。5月初頭には産卵期に産卵場に集まるイトウの大群を釣りやヤスによって大量に捕獲し、保存食フムテを製作する。魚皮は靴等に使う。6月に入ると狩猟場でのアカシカ猟が行われるが、これは漢方薬に珍重される袋角を採取するための猟である。肉は乾し肉にされる。8月後半からヘラジカ猟が始まり、続いて9月にはアカシカ猟も行われる。この時期のヘラ

141

ジカ・アカシカ猟は、繁殖期で興奮し警戒心の鈍ったオスを待ち伏せや鹿笛によるおびき寄せ（アカシカ）によって狩猟する。これらの夏から秋にかけての狩猟は狩猟テリトリーで行われるが、狩り小屋は基地として一時的に利用され長期滞在はしない。

　猟期が開始される10月は、同時に食糧資源としてきわめて重要なサケの漁撈が最盛期を迎える。サケの産卵場は家族単位で所有しており、漁場近くに仮小屋を建てて、家族と共に漁撈に従事した。このサケの漁獲は、越冬食糧としてきわめて重要であり、スサーン一家の例では、1シーズンに3,000〜4,000頭のサケを漁獲していた。この数字は、アイヌの漁獲量に匹敵する。猟師は漁撈に参加するが、その後の処理（乾燥と貯蔵）は家族の仕事であり、猟師はサケの漁撈後ただちに狩り小屋へと単独で移動する。家族は、漁場から冬村へと移動する[4]。

　また、越冬食料を提供する冬季の狩猟や保存食を蓄える春秋の集中的な漁撈が目に付きやすいが、淡水魚を対象とした夏場の日常的な内水面漁撈はウデヘの定着的生活を支えた夏場の安定した食料供給源として忘れるわけにはいかない。

　ビキン川の広葉樹林にはクルミやドングリがある。しかし、ウデヘの人々の暮らしの中で植物採集活動は大きな比重を占めることはなく、とくにデンプン質のクルミやドングリなどの堅果類は少なくとも記憶のおよぶかぎりでは主な食物対象となっていなかった（佐藤編 1998：27）。ナナイの村ナイヒンでの今回の聞き取りでも同様であり、ナイヒンではブタの餌であったという。このような堅果類に対するあつかいをどこまで過去に遡らせることができるのかが問題となろう。黒龍江水系[5]にもかつては「すりうす」が広がっており、それは雑穀農耕とのかかわりで理解されることもあるが、堅果類加工も当然想定されるところである（大貫 1998：238-249）。黒龍江水系における堅果類、ないし植物質食料の過去の生業中にしめる位置については、注意すべきであろう。

4．民族誌に見られるウデヘの家と居住形態

　ウデヘには冬季を中心として長期にわたって住む比較的恒久的な居住地（以下集落と呼ぶ）と夏季の一時的（数日から2、3カ月）な居住地があり、季節的な住み分けと移動があった。そして、集落の住居で普及していたのは切り妻屋根の竪穴住居であったという（Старцев 1996：17-18）。夏季の一時的な平地住居はその度に建てられた。このような、夏は竪穴住居を出て、川岸の仮小屋に住むという、民族誌に見られる季節移動の居住形態は中国の史書に見られた居住形態に近い。

　冬営地は風を遮るために山に挟まれた場所で、毛皮獣猟をする沢から近い場所が選ばれた。3から5軒の竪穴住居が建てられ、15から20人が住んでいた（Подмаскин 1998：138）。簡単な算術にしたがえば1軒あたり4、5人の核家族になろうか。

　夏の一時的居住地は川岸に近く漁撈に適し、風がよく通る場所が選ばれた。3軒から5軒の小屋が建てられ、3から10家族が住んだ（同上）。1軒あたり1ないし2家族になる。この場合の家族とはいかなるものか。後述のパトカノフの人口統計資料では1家族が10人以上の場合がある。

また、旧ソ連の少数民族に関する代表的な概説書である『シベリアの諸民族（Народы Сибири）』(1956)によれば、ウデヘは複数家族からなる集落に住んでいたが、獣や魚を求めてしばしば移動したという。より遊動的な生活が想起されてしまいそうだが、冬営地は何十年にもわたるのが一般的であり、100年を越える場合もあるというように、季節移動を繰り返しながらも定着的であった（Старцев 1996：17）。

（1）ウデヘの冬の住居（Старцев 1996：17-25）
切り妻屋根の竪穴住居
　冬の住居としてもっとも普及していた。竪穴の規模は長さ5～10m、幅3～5m、深さ50～60cmで、この上に2～3mの屋根が載っていた。床の中央には炉があった。フンガリ川やイマン川流域の竪穴住居には炕が付くものがあった。
　このもっとも一般的といわれる竪穴住居の図も写真も管見することができない。また、民族誌時代の旧集落には凹みが多数あってもよさそうであるが、我々の踏査ではハバゴウの1例しか見ることはなかった。かって、ビキン川のラオヘにも炕の付いた竪穴住居があった（佐藤編 1998：18）というが、ウデヘの分布はかなり広いことから、竪穴住居がビキン川でどこまで一般的なものであったのか分からない。
房子（ファンズ）
　ビキン川やイマン川のもっとも豊かなウデヘは炕付きの平地住居に住んでいた。イワン・ガンヴォビッチの家の近くで1軒確認した。
円錐形のテント
　ホル川、そして若干のビキン川、イマン川のウデヘが冬の家とした。
大型の樹皮葺き平地住居（図4－1、2）
　若干のホル川やアニュイ川のウデヘが住んだ。長さは4から8m、幅は3から5mの長方形切り妻屋根で壁がない。高さは2から3mであった。出入り口は妻入りで両側にあった。炉も二つあった。このような住居には大家族が住むことが多い。図4－2はこの例であろう。
小型の樹皮葺き平地住居
　若干のホル川、アニュイ川、フンガリ川、サマルガ川のウデヘが住んだ。出入り口は一つで、3から5人の家族が住んだ。

　これらから、冬の家には小型樹皮葺き住居のように核家族を単位とする場合と大型の樹皮葺き住居のように複数の核家族を単位とする場合があることが知られる。面積が居住人員数と相関するらしい。
　竪穴住居は上の記載では核家族を単位とするかのようであるが、その規模には大型の樹皮葺き住居と変わらない大きなものがあったようであるから一律には判断できない。ハバゴウの竪穴も

第3部　シホテ・アリニ山地の人々―フィールド調査から3―

図4　ウデヘの住居
（1 Старцев 1996：2 - 4 Primorsky Local Lore Museum Named after Arseniev 1997）

大きかった。住居軒数からだけで安易に集落の規模を推定、比較することは避けるべきであろう。

住居形態と居住形態の間にある程度の相関があるとすれば、円錐形のテントはかなり移動性の高いものと考えられ、ウデヘの居住形態を一律に考えるのは危険であることを示唆している。

（2）ウデヘの夏の仮小屋（Старцев 1996：26-29）（図4―3、4）

大型の樹皮葺き平地住居

前室が無いことを除けば冬のものと変わらない。屋根の葺きを厚くすることで簡単に冬の家にも使える。

小型の樹皮葺き平地住居

屋根の葺きが一層であることを除けば冬用と変わらない。前室と炉のない小屋もある。

壁の立つ方形切り妻の住居

サマルガ、ホル、ビキン、イマン川のウデヘにあった。

かまぼこ形の小屋

アニュイ、ホル、イマン川のウデヘにあった。2.5から3.5m幅で3から5mの長さがあった。魚の豊富な川岸の近くに建てられた。

ほかに布を葺いたテントや天幕もある。

　樹皮葺きの平地住居を見るかぎり、夏と冬では規模に大差はなく、居住人員にも変化はなさそうである。また、夏の居住地でも複数の家族と家からなるということから、冬営地の規模とも大差なかったようである。もともとそれほど大きくない冬営地の構成員は夏にもあまり分散することなく、一緒に動いた可能性が高いように思われる。逆に言えば、冬営地が大きくなると、夏季には分散することになるのかもしれない。

　以下で、その具体的な実相に接近することにしたい。

5. ビキン川流域旧集落の居住形態の復元

　ビキン川流域には1930年以降の集住化政策以前にウデヘが住んでいた旧集落として、19の集落名が知られている（佐藤編1998：4）。これらの位置を考えるのは集落立地を考える上で重要であるが、すべてが同時に存在していたわけではないし、居住人口も変化したはずである。ロシア人研究者はこの地域にはつねにほぼ13の村が存在していたと考えている。したがって、居住形態を考える上では同時代性を保証しうる資料から、居住形態を考える必要がある。

　ビキン川地域の居住形態を考える上で、管見しえた資料はパトカノフ（Паткановo 1906）が紹介している1894、1897年の統計資料とアルセーニエフが1907年にビキン川を踏査した際の、有名な『デルス・ウザーラ』を含む記録である（アルセーニエフ1995）。

　アルセーニエフ（下325；以下も河出文庫の頁数）によれば、1857年の段階ではビキン川流域には中国人（満族）はおらず、ウデヘだけであった。その後中国人が入ってきた。1895年にはビキンの土着民は306人にすぎなかった。その後、中国人をすべてビキン川から一度追い出したが、1907年以前にふたたび入ってきて、シゴー地方に住み着いた。以下に検討する地名が漢語由来のものが多そうだということからも中国人の流入をうかがわせる。このように、ビキン川流域は周辺地域と隔絶していたのではないし、大きな影響を受けていた。特殊、個別的な歴史、生態的背景をもたない集落など過去にも現在にもありえない。だからといって、そのような状況下の集落研究は無駄だとは考えない。生態系と人の暮らしとの間には、個別、特殊な事情を超えて、体系の相関が繰り返し現れると考えるからである。

（1）パトカノフ資料からの復元

　パトカノフの資料（Паткановo 1906）によればビキン川流域の旧集落は以下のようになっていた。

ビキン川統計　1897年
　ウデヘの自然集落は6
　　　　　軒　　人数　　男性

第3部 シホテ・アリニ山地の人々―フィールド調査から3―

シゴー 最大	5	46	25
ククチンゲ	2	16	9
タラロ	2	13	8
小計	9	75	42

ほか3は1軒か1家族

| 小計 | 3 | 21 | 14 |
| 合計 | 12 | 96 | 56 |

1軒あたり平均8人

ビキン川統計　1894年

ウデヘと中国人の合計

	房子	バラガン	家族	人数	男性
タ・バイチェラザ		?	1	19	10
ムシ・ジ・ジェ		2		23	11
ダウ・シク・チ		2		24	12
ガンガトゥ		3	2	22	10
バイチェラザ		3		16	7
トゥン・ゴウザ		2		13	11
グンジュゴウ		1	1	22	13
フンスラーザ			2	17	9
メタヘジ		4		22	13
タハロ	1	3	3	38	24
ククチンゲ	1	1		14	7
シゴー	6	1		70	35
シャ・ムシ・ジジェ	1	1		10	6
タバン					
合計	9	23?		310	

　バラガン（バラック）とは樹皮葺きの平地住居が主であろうと考えておく。ククチンゲではバラックのウデヘだけの人数を示しているようだ。
　アルセーニエフ（下325）は1895年の土着民総数を男女合計306としている。しかし、1894年のシゴーの男性35人は中国人だとも書いている（下357）。タハロ以下の房子のある集落は中国人や混血の存在を考えておく必要があろう。

家族数と軒数の両方が判明する集落ではほぼ近い数値を示している。男女比はおおむね半数づつだが、トゥン・ゴウザは男性の割合が異常に高い。

房子のないタ・バイチェラザからメタヘジまでなら１軒あたり平均約９人となる。親子兄弟夫婦の拡大家族であろうか。１家族で20人前後になる集落があり、２家族で20人前後の集落とほぼ同数になっている。大きく、１家族10人前後の場合と20人前後の場合がある。いずれも核家族ではなく、大家族である。冬の平地住居には炉が複数あり、大家族が住んだという上述のスタルツェフの内容とも符合する。家族数は１から３となっている。家族の実態は不明だが、１家族という以上は同一の氏族に属すると考えられよう。したがって、少数の家族からなる集落では同一氏族からなる場合が多かった想定することはできよう。

94年、97年両者の１軒あたりの人数は平均、８、９人でおおむね一致している。核家族ではない。しかし、両者の統計は旧集落数、総人口ではまったくあわない。これをどう理解するかについて、パトカノフは次のような理解をしめしている。

1897年は冬の統計資料で、1894年は夏の統計資料であり、冬は集住化し夏は分散するためこのような差が出たと仮定しても、やはり差がありすぎる。また、この間に大きな疫病や移住はなかった。1897年の村や人口が少ないのは冬のため交通が困難で、上流まで調査されていない可能性が高い。したがって、1894年の資料の方が信頼できる。ウデヘは１軒８人ぐらいとすると約200人ぐらいと推定する。

これはバラガンをウデヘの住む家と仮定していることを意味する。

a. 1894年の旧集落分布の復元（図５）

1894年は夏の調査だが、次に復元するアルセーニエフの冬営地の分布と大差はないことなどから、ここに出てくる旧集落は冬営地のものであろう。

ここに出てくる旧集落の位置を地図に落とす作業を行った。しかし、現在の河川名を記す地図上に、ここで検討の対象となる約100年前の記録に現れる河川名を見いだせるものはきわめて少ない。そのため、アルセーニエフの『デルス・ウザーラ』とポドマスキンが1996年に作成したビキン川流域に流れこむ支流の旧名研究（ウラジオストック・アカデミー手稿）とロシア側研究者によって提供された、この地域のサケの産卵場の分布を示す「ビキン川流域サケ産卵場所図」（一部旧河川名を記す）を参考にして対照を試みた。この作業により、旧地名の多くは現在名に同定できたが、一部不明なものがあり、すべてが判明しているわけではない。なお、『デルス・ウザーラ』に出ている地名の表記は、河出文庫版長谷川四郎によっているが、最近1972年ウラジオストック発行の同名のロシア語版を見ることができ、地名表記を異にするものが有ることを知ったので、その場合は注記する。

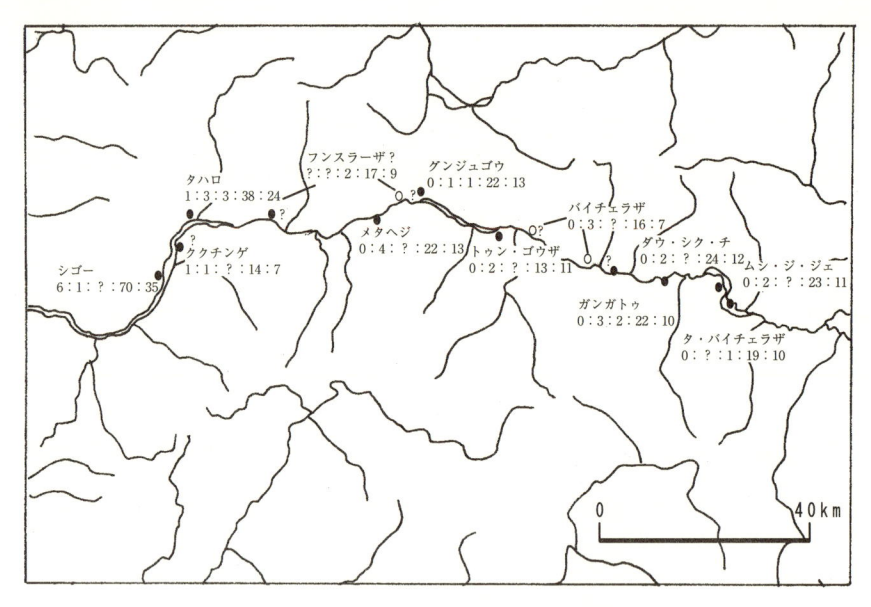

第3部　シホテ・アリニ山地の人々―フィールド調査から3―

図5　パトカノフ1894年資料による旧集落

タ・バイチェラザ

　もっとも上流の村である。アルセーニエフ（下324）はラオヘより上流の右岸支流として、山の名前でもある「ベイシラーザ」をあげている。ポトマスキンは現在のクルチェバヤ川とする。これより上流ではウルンガ旧集落付近にサケの産卵場があるが、ビキン川の旧集落の分布とサケの遡上限界および産卵場所の分布とはおおむね一致する。

ムシ・ジ・ジェ

　アルセーニエフ（下324）はラオホゼン（ラオホ＝漢語の「老虎」）とベイシラザの間の右岸支流として「ムゼイザ」渓流をあげている。同じであろう。ラオヘとの中間とすると現在のジョルティ川のことか？

ダウ・シク・チ

　アルセーニエフ（下330）はラオヘの次の下流の冬営地として「ダヴァシグチ」をあげている。同じであろう。左岸に現在でもタヴァシグチ川という支流がある。

ガンガトゥ

　アルセーニエフ（下330）が「カンガクー」とするものであろう。ロシア語版では「カンガトゥ」である。ハバゴウから約4km上流にあるストゥルイスタヤ川の旧名がガンガトゥ川である。今回我々が踏査した地点である。

148

バイチェラザ

　この位置はガンガトゥ川とドゥン・ゴウザ川の間ということしか分からない。ほかの旧集落の分布がサケの産卵場所と相関することから、この中間に産卵場所と探すとすると、ドゥン・ゴウザの位置するオモロチカ川のすぐ上流と、今回我々が踏査したハバゴウがあるビデンカ川の二カ所がある。前者の場所にはニュウロ山があり、具体的な地点が不明なため今回踏査はしなかったが、かつてニュウロという旧集落があったところである。したがって、いずれかの可能性が高いが、バイチェラザという地名がいずれかの近くにあったのか確証はない。ビデンカ山はこの付近ではもっとも高い。これが「白石砼子」であれば、ビデンカ川がある。ハバゴウとなるが不明。この二カ所の産卵場所は大きく間隔が開いており、この区間には旧集落はない。旧集落間距離が大きくなる理由である。産卵場所は時により移動するであろうが、大きな変化はないと考えておく。

　アルセーニエフ（下333-334）は次のシゴンク・グリャニ渓谷でウデへに遭遇し、さらに下流に「ベイシラーザ・ダタニ」があると聞き、次の宿泊地として探し求めたが15km以上歩いてもついに見つからず野営することになったと書いている。名称はともかく、この間には確かに人は住んでいなかったのである。ビデンカ川をアルセーニエフはハバグー川と呼んでおり、そこに人が住んでいるが、パトカノフには「ハバグー」に近い名称の旧集落はない。この13年の間に地名が変わったのであろうか。だとすれば、「ベイシラーザ・ダタニ」はハバゴーであろうか。謎である。

トゥン・ゴウザ

　アルセーニエフ（下332）は「ドゥンゴウザ」とする。現在測候所のある川、オモロチカ川が旧ドゥンゴウザである。ここから下流は急に両側の山が張り出し、渓谷になる。アルセーニエフはシゴンク・グリャニとよぶ高い急な崖があると書いている。そして、次にまた開けるところまでしばらくサケの産卵場所はない。この渓谷を挟んで、上流では針葉樹が多く、下流では広葉樹が多くなる。イノシシは松の実が多いときはこの上流に遡るが、少ないときはここより下流に下る。植物、動物の食糧資源から見て大きな分岐点である。

グンジュゴウ

　サケの産卵場所でオモロチカ川の次にあるのはプシュナヤ川である。この川の旧名はポドマスキンによれば「ジャムチゴウ」である。「ビキン川流域サケ産卵場所図」によればこの川は「グンチュグ」である。ここであろう。

　シゴンク・グリャニ渓谷を挟んでいるので、トゥン・ゴウザとは距離的に離れている。生態系が大きく異なることから、生業にも影響したであろう。

第 3 部　シホテ・アリニ山地の人々—フィールド調査から 3 —

フンスラーザ

　これにぴったり一致する旧地名を検索できていない。位置の推定が難しい。アルセーニエフ（下356）によればより下流のアンバ川近くの「●」で示したところにフンズィ・ラーザという似た地名がある。そして、アンバ付近はかって旧集落があったことが知られている。しかし、今まで見てきたようにパトカノフの資料に出てくる地名は上流から下流へと並んでいるようなので、別のものと考えるとすると、次のメタヘジとの間では、産卵場所が二カ所ある。仮にこれらのどちらかに比定した地点が「〇」の地点である。しかし、〇の地点では集落間距離が狭すぎるように思われる一方で、●は旧地名と近く、かつそこに集落がないと次の集落まで間隔が開きすぎるので、旧集落の並びの順序が逆になっていたとも考えられる。

メタヘジ

　我々が踏査した集住化時代の旧集落「メタヘザ」は現名タイメニ（旧名ホイトゥン）川の傍にあった。1930年代の集住地であり、15軒ぐらいの家があり、病院や学校があったという。1939年には廃絶した。ここはビキン川の右岸である。ところが、旧名メタヘザ（現レスヌハ）川は左岸にある。アルセーニエフの本（下354）にはやはり左岸の川として「ミタヘーザ」がある。タイメニ川の交点付近とビキン川を挟んだその対岸には大きなサケの産卵場がある。より古くは左岸にあってもおかしくはない。

タハロ

　タハロ川はビキン川の支流としては大きな川で、現名も変わらない。交点から10kmぐらいにわたって産卵場が続いている。

ククチンゲ

　旧名チャムディンザ川近くの支流にある。今回同行したニキーチンによれば、現名スプトニッツァ川の河口付近である。

シゴウ

　「西溝（西の川）」である。ビキン川流域でもっとも人口の多い集落であった。アルセニエフ（下357）もおそらく同じ基礎資料からであろうが、1894年には70人いたが、半分は中国人男子、半分は借金のかたに取り上げられたウデヘの女性であったと記している。

タバニ

　「ダバンド」であり、現在のベルフニー・ペレバル村である。

第6章　ウデヘの居住形態と領域

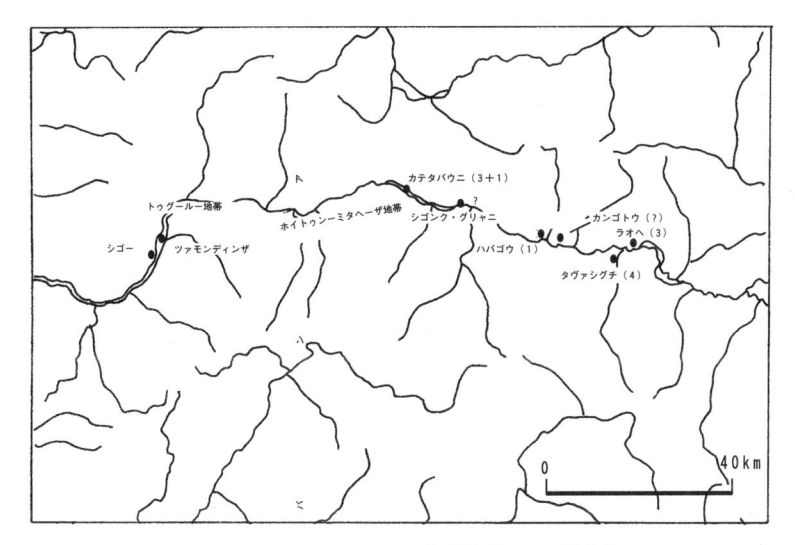

図6　アルセーニエフ1907年冬資料による旧集落

（2）アルセーニニエフの1907年冬の記録からの復元（図6）

旧集落の所在した場所の地名にはパトカノフ資料と重複するものもあるが、新しく出てくるものもある一方で、出てこない地名もある。ウデヘの冬営地は13年の間、まったく固定していたわけではなく、その間に変化があったことをある程度反映しているのであろう。その間の変化を上流から見てゆくことにする。

（先頭に「＊」を付すものはパトカノフの1894年資料にあり、アルセーニエフ1907年資料に見あたらない居住地名。「★」アルセーニエフ資料に新出する居住地名。）

＊タ・バイチェラザ
＊ムシ・ジ・ジェ
★ラオホゼン

漢語「老虎」からきている川名、現名パントヴァヤ川から少し下流にある。1996年におこなわれた踏査の記録が『ロシア狩猟文化誌』にあるので参照されたい。すでに触れたように、踏査した集住化時代の集落はビキン川左岸にあるが、アルセーニエフの記録（下324）ではラオホゼン川の流れこむ右岸のように読める。

上記2カ所に相当する3軒。新出。

タヴァシグチ

パトカノフに前出。家の数は2から4に増えている。

カンガトウ

パトカノフに前出。今回踏査した地点。軒数不明。

151

第3部　シホテ・アリニ山地の人々―フィールド調査から3―

★ハバゴウ

　今回踏査した地点。現名ビデンカ川。1996年におこなわれた踏査の記録が『ロシア狩猟文化誌』にあるのでそれも参照されたい。竪穴住居を1軒確認している。アルセーニエフがユルタ1軒としている点で軒数は一致するが、そのユルタと呼ばれたものが竪穴住居であったかは疑問が残る。

＊バイチェラザ

　これがハバゴウに近いかいなかは定かではないが、同じような領域に所在したので、ハバゴウはこれに代わるものと考えられる。

★シゴング・グリャニ

　パトカノフには見られない地点である。軒数不明。アルセーニエフの記載ではシゴング・グリャニの居住地から15km進んで野営し、さらに18km進んで次のカテタバウニに着いているから、合計33kmもカテタバウニから離れていることになる。しかし、次のカテタバウニの推定位置に大差がないとすると、ハバゴウまでの直線距離に近い。ハバゴウとカテタバウニの中間くらいとすると、ここはパトカノフのトゥン・ゴウザに近いかもしれない。

＊トゥン・ゴウザ

★カテタバウニ

　1894年資料でグンジュゴウに比定したプシュナヤ川はアルセーニエフ1907年ではジャンシゴウザとして出ている。それよりビキン川の上流にカテタバウニ渓流はあることになっているから、現名ゴンゴビャサ（ウデヘ語　biasa川）川に比定しておく。ホルへ行くもっとも低い峠があるということや、カテンないしコテンという川がプシュナヤ川より下流にあるのが気になるのだが。川の長さが10kmというのはおおむね合っている。

以下には詳細な記載無し

ホイトゥン―メタヘーザ地帯

　中国人男子とウデヘ女子との結婚から土着民が住んでいる。中国式の家に住み、漁撈、狩猟以外に畑も作っている。

トゥグールー地帯

　中国人が多くなり、ウデヘが少なくなる。

★ツァモンディンザ

　1894年資料のククチンゲの近くのチャムディンザのことであろうか。

ダーファズイゴウ

　1907年時点では廃墟。

6．旧集落の規模と分布

（1）1894年の集落規模と分布

　1894年では4～6km離れているものが小群を形成し、さらにそれらの間が10km前後と16km前後に離れている。これはシゴンググリャニ渓谷によって上流と下流が分断され、別の地域を構成していることと関わる。何れの年も川の右岸に多いのは、冬営地として、山を背にして北風を避けるためもあろう。

　＊（　）内はユルタの軒数　ーーの間の数値は直線距離km

上流群（11軒102人）　シゴンググリャニ渓谷より上流
　三小群に分かれる
　　タ・バイチェラザ（1 ?：19）ー4ームシ・ジ・ジェ（2：23）　小群（計3軒42人）
　　　－9－
　　ダウ・シク・チ（2：24）　小群（計2軒24人）
　　　－10－
　　ガンガトゥ（3：22）ー5（或は18）ーバイチェラザ（3：16）　小群（計6軒38人）

渓谷付近　あまり人が住まない
　　トゥン・ゴウザ（2：13）　男性が11人という特殊な集落。狩猟に特化？

中流群（7軒53人）　メタヘーザ・ホイトゥン地区
　　グンジュゴウ（1：14）ー10？（4？ーフンスラーザ（2 ?：17）ー6？）ーメタヘジ（4：22）
　　ー17？（フンスラーザ（2 ?：17））
　　　＊フンスラーザの位置　不分明

（2）1907年の集落規模と間隔

　メタヘーザ・ホイトゥン地区にはかなりの人が住んでおり、集落も多かったようだが、具体的な記載はないので検討できない。農耕がおこなわれており、上流群とはだいぶ生業が異なっていた。

渓谷付近
　　シゴング・グリャニ（?）
　　やはり人があまり住んでおらず集落間距離が大きい。

第3部　シホテ・アリニ山地の人々―フィールド調査から3―

上流群（9軒以上）　二つの小群に分かれる。
　ラオヘ（3）－5－タヴァシグチ（ダウ・シク・チ）（4）小群（計7軒）
　－12－
　カンガトウ（ガンガトゥ）（?）－4－ハバゴウ（1）小群（計2軒以上）

　1907年の4集落のうち、2集落は1894年からの継続と見られる。すくなくとも13年間は続いている。

7．居住形態と生業

　ここで検討した旧集落はすべて冬営地と考える。ウデヘは夏になると川岸に仮小屋を建てて移動したとされている。旧集落との夏の仮小屋との位置関係は具体的には今回も捉えることはできなかったが、我々の踏査した冬営地である旧集落は本流の川岸から数百mしか離れていない林の中にあり、川岸から大きく離れることはなかった。また、夏の家はあくまでも臨時の仮小屋であり、統計調査の対象になる居住地とは考えにくい。
　旧集落は比較的大きな支流と本流との交点付近に分布する傾向がある。また、サケの産卵場所もまたそのような場所にある。サケの産卵場の分布を見ると、旧集落の位置は、ほとんど全て主要なサケの産卵場の極近くに存在している。このことは聞き取り調査によって得られた既述の情報とよく一致している。また、狩猟テリトリー図上に旧集落の位置をプロットすると、これも各テリトリー毎にそれぞれの旧集落が立地することがよく理解できる（図2）。現在の狩猟領域は伝統的な領域を継承しているとされているが、それらはおおよそ旧集落分布とも重なる。そしてそれらの集落間には5kmないし10km前後という距離が認められた。シゴング・グリャニ付近では現在の狩猟領域が両岸を含んでいるのは、狩猟対象獣の棲息数が少ないからであろうし、旧集落間距離が大きく離れることと符合する。
　かっては、氏族ないしは同じ氏族出身の親族集団が、ビキン川に注ぐ主だった支流の領域を占有し、その河口に集落を形成した。その一族が占有した支流は、さらに猟師とその家族に割り当てられた（佐々木1998：182）とされているように、各地の民族誌は川筋が集団の形成にとって重要な意味を持っていたことを物語っている。
　パトカノフの1984年の集落数を例にとればメタヘザから東では9集落であるが、領域番号6から15とすれば、ほぼ同数の領域数の9ないし10となる。アルセーニエフではシゴング・グリャニ以東の旧集落は5であるが、これも領域番号9から13の数に対応する。もちろん、すでに見たように集落の分布も恒久的に固定しているわけではなく、また過去も今と同様の厳密な区画意識があったかの保証はなく、現状の猟場の区画と厳密に対比することは無理があろうし、慎重であるべきであろう。
　また、1897年の統計資料が正しいとすれば、集団が大きく衰退し、ふたたび増加したともとれ

る。食料採集民であるがゆえに自然環境の変化に大きな影響を受けたり、当時すでに入り込んでいた外部の人からもたらされた病気の流行とか、集団の規模が不安定で増減を繰り返したということは十分にありそうではある。そうでなければ少しずつ集落の移動がありながらも全体として大きな変化を示さなかったことになる。いずれにしても1894年と1907年ではいくつかの集落は異なるが、全体としては似通った配置を示すことが重要であろう。同様の生態系の中では同じような集団配置構造をとるということであろう。

ビキン川流域は、現在ではアムール河口部での漁獲を筆頭に下流部における漁撈の結果、ほとんどサケが遡上してこないが、かつては豊富な資源としてウデヘの食糧資源の根幹を支えていた。ビキンでは2 kmおきに家族毎に一カ所の産卵場所に漁場を与えられたという（森本1998：30）。家族は必ずしも核家族ではなく、夏の居住地もまた複数の家からなっていたという注意が必要であろう。

旧集落の分布からみた産卵場所との関係からは旧集落の人々はすぐ目の前の河川に家族分だけの産卵場所を確保するのは容易であろう。あえて、分散して遠距離の季節移動をする必要はなかったであろう。産卵場所が時によって大きく変動しないと言う前提ではあるが、比較的大きな集落のある付近には産卵場所もまた広く広がっているようである。集落の規模が小さいことからいっても、冬季集住、夏季分散というような居住形態の長距離移動をともなう大きな季節的な変化はあまりなかったのではなかろうか。

現在のクラースヌイ・ヤルのように集住により大きな村（冬営地）が形成されると猟場、漁場の確保のための分散という行動が生じることになろう。ただし、冬季の狩猟は猟師だけで動くので集落の分散は不可避ではない。黒龍江水系の人々のロシア化以前の「自然」ないし「伝統的」居住形態はつねに均一に分散した小規模な集落からなっていたわけではないことは明らかであるし、考古資料中にみられる集落資料からも明らかである。現在のビキン川の居住形態を旧ソ連の集住化政策にもとづく人為的な居住形態として無視することなく、過去にもあったであろう集住化モデルとして評価すべき側面もあろう。

ここで、最初に触れた史書中の生業と居住形態についての疑問に戻ろう。ウデヘに農耕が導入されたのは最近のこととされ、それは中国人の進出と結びつけられている。伝統的なウデヘの生業とは認められておらず研究、記録化の主要な対象となっていない。黒龍江流域の民族誌では一様に農耕は存在しないか新来の異質な生業としてあつかわれ、考古学や文献資料から程度はともあれ農耕や家畜の存在が知られる民族誌時代以前と齟齬をきたしているのである（大貫1998：238-249）。純粋な食料採集生活を極東の食料採集民の「伝統」的姿として過去に投影するのは注意を要する。

民族誌時代に何が作られていたか分からないが、現在のウデヘの生業暦では農作業は6月から9月であった。秋から冬の狩猟、春と秋の漁撈の繁忙期とはうまくずれている（森本1998：29）ので生業暦に組み込みやすかったかもしれない。サケの遡上は10月であった。ただし、畑ないし

第3部　シホテ・アリニ山地の人々―フィールド調査から3―

菜園の畝の痕跡のあるのは、夏は無人になると民族誌の伝える冬営地であることと夏の家の問題がどうなるかがやはり注意される。春と秋の漁撈の繁忙期だけ移動するなどの居住形態の変化を促したのか否か。あるいは冬営地と夏の家の場所が近く大きな問題にならなかったのであろうか。たんに新来の生業であるからといって軽視することなく、どのような構造変化がおきたかあるいはおきなかったかという視点が必要であろう。

8. 旧集落・サケの産卵場・猟場の分布

集住化以後のウデヘは、生業から見る限り、家族は基本的に集落（通年）←→漁場の仮小屋（春・秋の一時期）を振り子的に移動し、猟師は集落（春～秋）→漁場の仮小屋（春・秋の一時期）→狩り小屋（冬）→集落という巡回移動形態を有していた。この集住化以後の移動形態の基点となっている集住集落と狩り小屋の機能的連関は集住化以前には遡及せず、別の居住形態が自ずと想定される。

すなわち、現在の狩り小屋と猟場との有機的な関係はかっての旧集落と猟場との関係態に置き換えられることになる。それぞれの狩猟領域の一角に冬季の旧集落があり、そこから猟師は狩りに出かけたのである。集住化以後は狩り小屋を基点として、1日歩行圏内での狩猟を基本としていた。猟場の領域がそれ以前の領域をおおむね引き継いでいると想定されることから、このような狩猟形態がさらに遡ると想定される。したがって、旧集落以外にさらに別の恒久的な狩り小屋を山の中に想定して、数カ月にわたって長期に滞在するという集住化以後のようなことは想定しにくい。

サケの主要な産卵場は、ビキン川と支流の合流点付近に存在し、旧集落もそこに立地する。この支流の流域が狩猟テリトリーとなっているのである。パトカノフの報告から復元されたビキン川流域の人口統計では、タハロ（38人）やシゴー（70人）といった下流部の中国人と混住していたいくつかの集落を除くと、各集落の人口は10人から24人の間に収まる。これらの集落の男性の数は6～13人であり、年少・老齢男性の存在を考慮すると、この内半分程度が狩りに従事していた可能性が高い。ウデヘの狩猟は単独狩猟が基本であるが、追い込み猟という集団猟もある。多くても5、6人である（田口 1998：93）。旧集落の男性人口から狩猟人口を想定すれば、狩猟に参加する猟師の単位の基本もこの集落単位で成り立ちうる。

以上のことから、少なくとも旧集落の分布するシワンタイ・ミャオからウルンガの間の各狩猟テリトリーは、各集落にいた3～6人程度の成人男性猟師によって利用され、このうち最も有力な家長的猟師によって世襲されてきたものと考えられる。各テリトリーは一人の猟師に占有権が認められてはいるが、猟師は狩猟しか行わず、獲物の処理、狩猟装備の維持・補修等はすべて家族が行う性別・年齢分業の存在を考慮すると、実際には各テリトリーは、家族単位の所有とみなしてよいと考える。これらの狩猟テリトリーは、かつては各集落の生活領域であった可能性が高く、これが集住化以降狩猟テリトリーとして受け継がれてきたと考えられる。

9．集落、領域と社会組織

　上流、中流という群やその中で地図上から抽出された小群に、社会組織としての意味があるのであろうか。ウデヘも属するツングース語族系の諸集団では氏族が社会組織を構成する中で重要な位置を占めていたといわれるので、氏族の分布との関わりの検討が必要であろう。

　旧集落が10人前後の拡大家族からなる家数軒からなる程度の規模とすれば、それらが親族関係にあり同一の氏族に属する男性からなる集団であった確率は高かったであろう。ただし、大興安嶺の狩猟採集民ではそのような小規模な場合でも、複数の氏族からなる場合があるから、そう決めつけることはできない。

　クラースヌィ・ヤル村の博物館長が作成した20世紀初頭から1930年までのウデヘの旧集落とそこに住んだ氏族の一覧表が博物館にあった。その旧集落名では上で検討した資料中には出てこない名前があるから、それらすべてが同時に存在したのかどうか分からない。大きな集落には複数の氏族が含まれ、小さな集落は1氏族からなる傾向がありそうである。

　それによると、カンチュガ氏族がもっとも勢力大きく中、下流に分布している傾向を読みとるが、あとは複数の集落にまたがるものが少なく、旧集落の広がりとの関係はよく分からない。隣接する二つの集落に同じ氏族はおらず飛び越える傾向があり、実体は複雑であったらしい。逆に言えば、異なる氏族が近くにいることは集団の維持に必要な氏族間婚姻には有利であったろうが。

　前で見たような集落間距離が5kmあるいは10km前後という数値は考古学での居住形態分析による遺跡間距離としてよく知られた数値である。日本列島の事例では、縄文時代の拠点集落間で7から10km前後（谷口1993）、弥生時代の拠点集落間でやや狭くなり5km前後（酒井1984）という数値が出されている。中国新石器時代の農耕集落でも同様の傾向を認めている（大貫1997）。集落、集団の規模の大小はあっても同じような距離を示すことに留意すべきであろう。

　川筋に並ぶ集落では領域は支流に沿って奥に延びることによって領域の大小が決まるので、集落間交通距離とは連動しない。狩猟採集民考古学の分野でよく知られた半径5kmないし10kmというような機械的な円形領域論は実体に即さない。

　森本和男の算出した猟場面積（森本2000）から試算すると、パトカノフ1894年統計ではシゴングリャニ以東では100平方kmあたり3〜4人程度となる。この数値は10〜200人という値を示す北西海岸とは比較にならず、カナダやアラスカといった亜極北地域や冷温帯森林地帯の人口密度に匹敵し、食料採集民の数値としてはかなり低い。数少ない人口資料のあるアムール河口部のニブヒでさえ、19.2という数値が報告されている（Kelly 1995：Tab 6－4）。定着的生活が直ちに高い人口支持力を有していたわけではないことを、ウデヘの例は我々に教えてくれる。

　食料採集民のつくる社会集団の集落はみな小規模で格差がないという、ステレオタイプの「自然」集落とか「伝統的」集落像は最近日本の縄文時代研究者に評判が悪い。しかし、アイヌのコ

タンもそうであるが、けっして資料に基づいていないわけではないことにも注意しなければならない。問題はそれらの背景をどう読みとるかである。

ビキン川では、より下流の方が獣、魚、植物からなる食料資源が豊富であり、人口密度が高く、より大きな集落があった可能性がある。パトカノフ1897年の統計によれば、現在のクラースヌィ・ヤルに近いところにあったシゴーの人口はやはりすこし多い。現在の民族学の世界ではかって自ら描いた食料採集民の社会像を世界システム論的あるいは歴史的観点から見直しているように、そのような自然に恵まれ比較的大きな集落が形成された地域には中国人が入り農耕が広がり、逆にそうではなかったより上流域には農耕が定着せず、より伝統的な食料採集民の世界が残ったという可能性も考えておくべきであろう。

今回の我々の踏査ではシワンタイ・ミャオ以東では河川沿いに民族誌時代以前の古い竪穴からなる集落跡を見ることがなかったことは気になるところである。旧ソ連の集住化政策によりそれ以前の集落跡は破壊され地表から見えなくなっているだけだという理解も一部にあるが、同じように集住化政策が実施されたアムール川やイマン川流域には竪穴住居からなる多くの古い集落跡が見つかっていることから理解しにくい面がある。かつては民族誌時代以上に人が住んでいなかったということも考慮したい。したがって、このような地域の人口密度をかつての極東食料採集民集落の基準とすると非常に偏ったものになるおそれがある。

また、一見伝統的食料採集民社会像に対する見直しからのようにして最近喧伝される複雑食料採集民の階層化社会論も実はこのようなステレオタイプの単純食料採集民社会の存在を比較の前提にしていることに留意すべきであろう。

10. まとめ

19世紀から20世紀にかけてウデヘの旧集落は、各テリトリー内のサケの産卵場に近くに立地していた。ウデヘの主要な生業は、サケとアカシカ・イノシシに代表される大型獣狩猟であったと考えられ、これに交易目的用のクロテン等の小型毛皮獣狩猟が重複するものと考えられる。もちろん、黒龍江水系における毛皮交易の歴史はきわめて古く遡るが、サンタン交易などがよく知られるように時代とともにその重要性が増した。

サケの産卵場が分布せず、針葉樹林が卓越し、食用動植物も激減するアホートニチィ（ウルンガ）より上流の狩猟区（16-24区）は、ウデヘの伝統的な生業システムでは生活が困難であると考えられ、実際旧集落の存在は知られていない。旧集落から遠く離れたこれらの狩猟区は、15区までの狩猟区とは同列にあつかうことはできない。

従って、集落間の距離は、狩猟領域間の距離に基本的に一致する。これは、サケと毛皮獣・大型獣を中心とする陸獣狩猟が生業の主体を形成していたためと思われる。かつての冬村は分散して各テリトリーおよびそのすぐ近くの川岸からわずかに離れた段丘面に立地し、5月から10月にかけての内水面漁撈期には、集落近くの川岸の仮小屋で生活していたと考えられる。漁場近くの

仮小屋は、夏の暑さよけや移動の便という利点もあり（Подмаскин 1998П）、漁期以外の夏の一定期間にも居住していた可能性がある。とすると見かけ上は、夏～冬で居住地を違える振り子型居住にも見えるが、実際には、後述するように、冬村と夏の仮住居が近接して設置される年間定住型に近い（Старцев 1996）居住形態を有していた可能性が高い。少なくともビキン中流域においては、夏村～冬村間の季節的な遠距離移動はなく、むしろ年間定住的な村を形成し、春から秋の漁撈期には川岸の仮小屋で一時的生活が送られ、冬期間猟師は、集落を基点に狩猟活動を展開したと考えたい[6]。

ウデヘはシホテ・アリニ山中に広がる狩猟民で、漁撈民として知られる黒龍江、烏蘇里江、松花江に広がるホジェン（ナナイ）に比べて生業中の狩猟の比重が高いであろうことから、より移動性が高いであろうというのが民族誌からの我々の知識であった。その民族誌の記載は時間と地域を超越した説明であり、検証が難しい。これはあくまでもビキン川流域の19世紀末から20世紀初頭という限定の上でのことであるが、かなり安定した居住形態であったらしい。

註

1) 下流側11区の平均面積は38,515haであり、上流側は73,453haとなる（森本 2000）。なお、群を抜いて広い面積を有する18区の180,343haというのは、シホテ・アリニ山中の高層湿原・草地や沼沢地が多く含まれるためであるが、これを除いた平均面積でも62,764haとなり、下流側との面積の差異は歴然としている。
2) ここはウデヘによって「森の神（精霊？）」に祈りを捧げたほこらのことである（森本 1998）。
3) 春先のデグマ猟は、ウデヘは実施していないようである。
4) ウデヘの狩猟の詳細については、佐藤編 1998を参照されたい。
5) ロシアのアムール川は中国では黒龍江と呼ばれ、その支流には松花江やビキン川がそのまた支流でもあるウスリー（烏蘇里）江などがある。「アムール川」はロシア領内に限定して認識される場合が多いので、「黒龍江水系」をこれらの中ロ両国に広がる流域全体を指す言葉として用いた。
6) ただしウスリー川やアムール川本流域では、冬村と夏の漁撈キャンプ地間を遠距離移動していた可能性が高い（マーク著加藤監訳 1972）。ビキン上流域での定着的な生活形態は、下流部でのナナイとの棲み分け、移動手段としての手漕ぎボート（川船）による移動能力、少ない集落人口等の要因も複雑に作用していた可能性がある。

引用参考文献

[和文]

アルセーニエフ、ウラジミール［長谷川四郎訳］1995『デルスー・ウザーラ（上・下）』河出書房新社

マーク，R.［加藤九祚監訳］1972「アムール河流域民族誌」『季刊ユーラシア』5号、65-93頁；6号、125-152頁；7号、167-223頁

大貫静夫 1997「『河南文物地図集―河南分冊―』を読む―嵩山をめぐる遺跡群の動態―」『住の考古学』139-154頁、同成社

第3部　シホテ・アリニ山地の人々―フィールド調査から3―

酒井龍一　1984「弥生時代中期・畿内社会の構造とセトルメントシステム」『文化財学報』3号、37-51頁

佐々木史郎　1996『北方から来た交易民―絹と毛皮とサンタン人―』日本放送出版協会

佐々木史郎　1998「クラーススィ・ヤール村の狩猟採集産業の行方―株式会社民族猟師企業「ビキン」の挑戦―」佐藤宏之（編）『ロシア狩猟文化誌』164-202頁、慶友社

佐藤宏之（編）1998『ロシア狩猟文化誌』慶友社

佐藤宏之　1992『日本旧石器文化の構造と進化』柏書房

佐藤宏之　1998a「狩猟のエスノアーケオロジー研究とは何か―ウデヘとマタギの狩猟システムの比較から―」佐藤宏之（編）『ロシア狩猟文化誌』47-75頁、慶友社

佐藤宏之　1998b「陥し穴猟の土俗考古学―狩猟技術のシステムと構造―」安斎正人（編）『縄文式生活構造』192-221頁、同成社

佐藤宏之　1999「新考古学NewArchaeologyは日本の旧石器時代研究に何をもたらしたか―先史考古学研究のパラダイム・シフト―」『旧石器考古学』58号、133-140頁

田口洋美　1998「ロシア沿海州少数民族ウデヘの狩猟と暮らし」佐藤宏之（編）『ロシア狩猟文化誌』81-157頁、慶友社

谷口康浩　1993「縄文時代集落の領域」『季刊考古学』44号、67-71頁

森本和男　1998「クラーススィ・ヤールとビキン川流域の調査」佐藤宏之（編）『ロシア狩猟文化誌』1-41頁、慶友社

森本和男　2000「ロシア極東の狩猟民族ウデヘの集落」『大塚初重先生頌寿記念考古学論集』1116-1139頁、東京堂出版

［欧文］

Binford, L. R. 1977 Forty-seven trips: a case study in the character of archaeological formation processes. In: *Stone Tools as Cultural Markers,* edited by R.V.S.Wright, pp.24-36, Australian Institute of Aboriginal Studies, Camberra.

Binford, L. R. 1980 Willow smoke and dog's tails: hunter-gatherer settlement systems and archaeological site formation. *American Antiquty* 45: 4-20.

Kelly, R. L. 1995 *The Foraging Spectrum: Diversity in Hunter-Gatherer Lifeways.* Smithsonian Institute Press: Washington.

Watanabe Hitoshi 1968 Subsistence and Ecology of Northern Food Gatherers with Special Reference, in: *Man the Hunter,* pp.69-77.

Primorsky Local Lore Museum Named after Arseniev 1997 *Vladimir K. Arseniev: A bibliography in photographs and EyewitnessAccounts.* Vladiovostok.

［露文］

Арсеньев, В. 1972　*ДЕРСУ УЗАЛА,* Владивосток.

Старцев А. Ф. 1996　*Материальная культура Удэгейцев.* Владивосток.

Паткaнов С. К. 1906　*Опыт географии и статистикм тунгусских племен Сибири на освании данных переписи населения 1897 г.* И дргих истчников, Ц. 2.

Подомаскин В. В. 1998 *Народные знания Удэгейцев.* Владивосток.

第7章　クラースヌィ・ヤールの住居と高床倉庫

浅 川 滋 男

1．調査のあらまし

　ウデヘ族は、ロシア全体で人口がわずか2000人ほどの少数民族である。言語学的分類でいうところのツングースの一群であり、その大半の人びとは、シホテ・アリニ山脈とウスリー川に挟まれた沿海州およびハバロフスク州の森林地帯に住んでいる。われわれが調査したクラースヌィ・ヤール村は、沿海州とハバロフスク州の境界近くを流れるビキン川の中流域に立地する計画的定住村落で、ロシア系移民を含むものの、約650人のウデヘ族が集住しており、今も活発な狩猟・漁撈活動を営んでいる。この村に2002年8月9日から8月21日まで滞在し、村落内と猟場において住居・集落に関する建築学的調査をおこなった。まずは、調査過程の概要を述べておく。

　8日：新潟空港より出国。ウラジオストックから夜行列車に乗る。

　9日：夕方5時、クラースヌィ・ヤール村着。宿舎となるニコライ・イワノビッチ・ゴルノフ家に荷物をおろし、村をみてまわる。3棟の高床倉庫アンバルを発見。

10日：広場で祭りがあり、テントが張られていた（写真1）。そこでウデヘのダンスを見学。夕方、小型トランシットの練習を兼ねて、テントの周辺を測量した（図1）。

11日：スサン・エドワルドビッチ・ゲオンカ家で、屋根伏配置図の測量、主屋・台所の実測調査。

12日：アレクサンドロ・アレクサンドロビッチ・カンチュガ家を調査。屋根伏配置図の測量、高床倉庫アンバルのほか、地倉サライの実測。

13日：歩測とコンパスによるクラースヌィ・ヤール村の地図作り開始。アンバル18棟発見。

14日：歩測による地図作り完了。全部で22棟のアンバルを確認。

15日：アンバルに番号をつける。東端の1棟をZ01、以下、南に向かってZ02、Z03、Z04……とナンバリングし、西端の1棟をZ22とする。全棟写真撮影。

16日：全アンバルの所有者とその民族について聞き取り調査。

17日：大雨のため村落内での調査を断念した。

18日：ビキン川を上り、メタヘーザを経由して、チャムチュグの狩猟小屋へ。主屋を実測。

写真1　祭りの日に広場に設置されたテント
　　　（背景はビキン川）

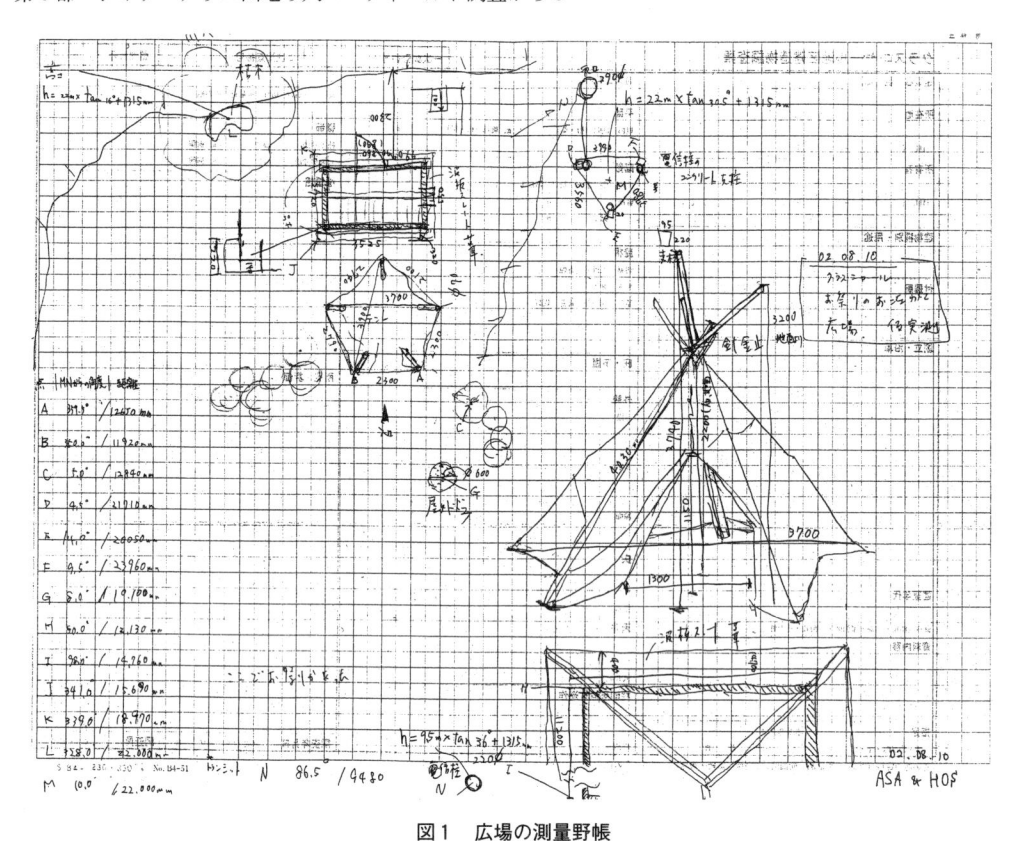

第3部　シホテ・アリニ山地の人々―フィールド調査から3―

図1　広場の測量野帳

19日：メタヘーザ川沿いの狩猟小屋へ移動し、屋根伏配置図の測量、建物の実測。

20日：チャムチュグ猟場小屋で屋根伏配置図の測量、丸木船の実測など。猟場を離れて川を下り、クラースヌィ・ヤール村に戻る。

21日：調査を終え、クラースヌィ・ヤール村を離れる。約6時間、車で北行しハバロフスクに到着。夜行列車でウラジオストクへ（翌日、新潟空港に帰国）。

2．クラースヌィ・ヤール村の住居と高床倉庫

　クラースヌィ・ヤール村は、ソヴィエト連邦の体制下、1959年に成立した計画村落である。われわれがおこなった歩測調査によると、集落の範囲は東西1860m×南北700m（図2）。東西にのびるレーニン通りが集落の幹線道路であり、これに平行する東西方向の道路は、ビキン川に近い北側に1本、南側に2本通る。集落の中心的エリアは学校と郵便局がつらなる一帯で、郵便局の西側にはレーニン通りに直交する南北方向の幹線道路がとおり、ビキン川の岸辺につながっている。ほかにも南北方向の道路は数本あるが、いずれも小路のようにして分断されている。屋敷地は非常に大きく、50m×50mの範囲を超える例が大半を占める。佐藤宏之編『ロシア狩猟文化誌』（慶友社、1998年）によると、村の人口は約700人で、ウデヘ族を中心とする先住民とロシア人が混住している。ちなみに、われわれが間借りしたニコライ・イワノビッチ・ゴルノフ家（写真2）

第 7 章　クラースヌィ・ヤールの住居と高床倉庫

はビキン川に近いナベレージュナヤ通りに北面する。ベラルーシにいたロシア人だが、チェルノブイリ原発の事件勃発直後、クラースヌィ・ヤールに移民してきた。

（1）クラースヌィ・ヤール村の住居と宅地利用

　クラースヌィ・ヤール村落内では、集落のほぼ中心にあって隣接するゲオンカ家とカンチュガ家を調査した。いずれもウデヘ族の住まいだが、ロシア化が顕著であるのは言うまでもない。住居建築のロシア化は村落内すべての屋敷に共通する現象ではあるけれども、他地域ではほぼ消滅した高床倉庫アンバルを数多く残している点がクラースヌィ・ヤールの特徴であり、特筆にあたいする。以下に紹介する 2 軒はその代表例である。

a．ゲオンカ家の調査

　スサン・エドアルドビッチ・ゲオンカ家の住所はコムソモリスカヤ通り28番地（位置は図 2 参照）。

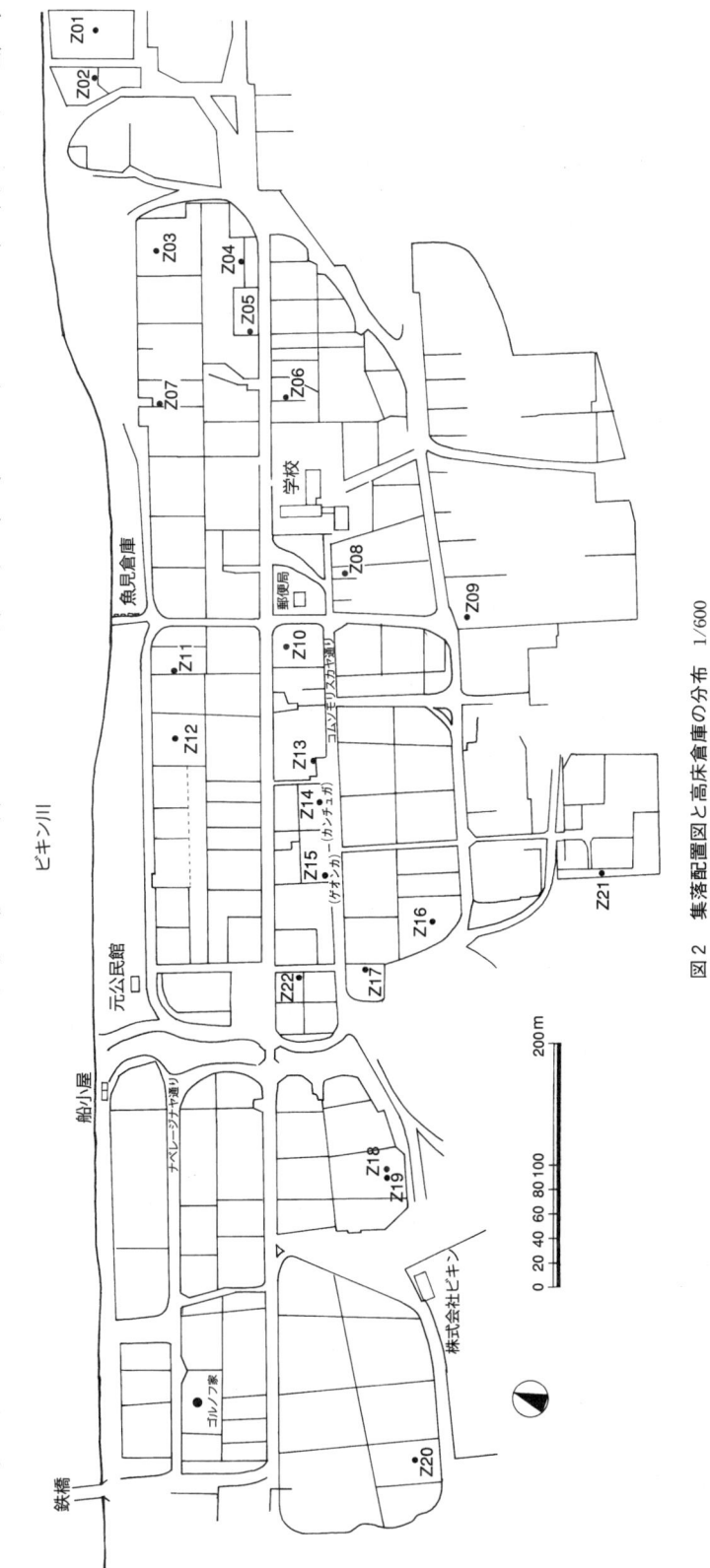

図 2　集落配置図と高床倉庫の分布　1/600

163

第3部　シホテ・アリニ山地の人々―フィールド調査から3―

写真2　ゴルノフ家の外観

コムソモリスカヤ通りはレーニン通りの一列南側を東西に走る。ゲオンカ家はこの道路に南面し、敷地はやや不整形ながら、東西・南北とも約50mの規模を有する（図3a～e）。敷地南面の中央東寄りに片開きの門をひらき、その東脇に薪小屋を置く。薪小屋は片流れ屋根に防水シート（アスファルト・ルーフィング）を被せただけの素朴な造りである。門から主要な建物に至る道筋には板を敷いている。

　主屋の南妻壁は道路側にあって、門から約9mしか離れていないが、主屋の正面は反対の北妻側にある（写真3）。切妻造の南北棟で、累木壁構造（ログハウス）の北側にだけ妻庇をかけて玄

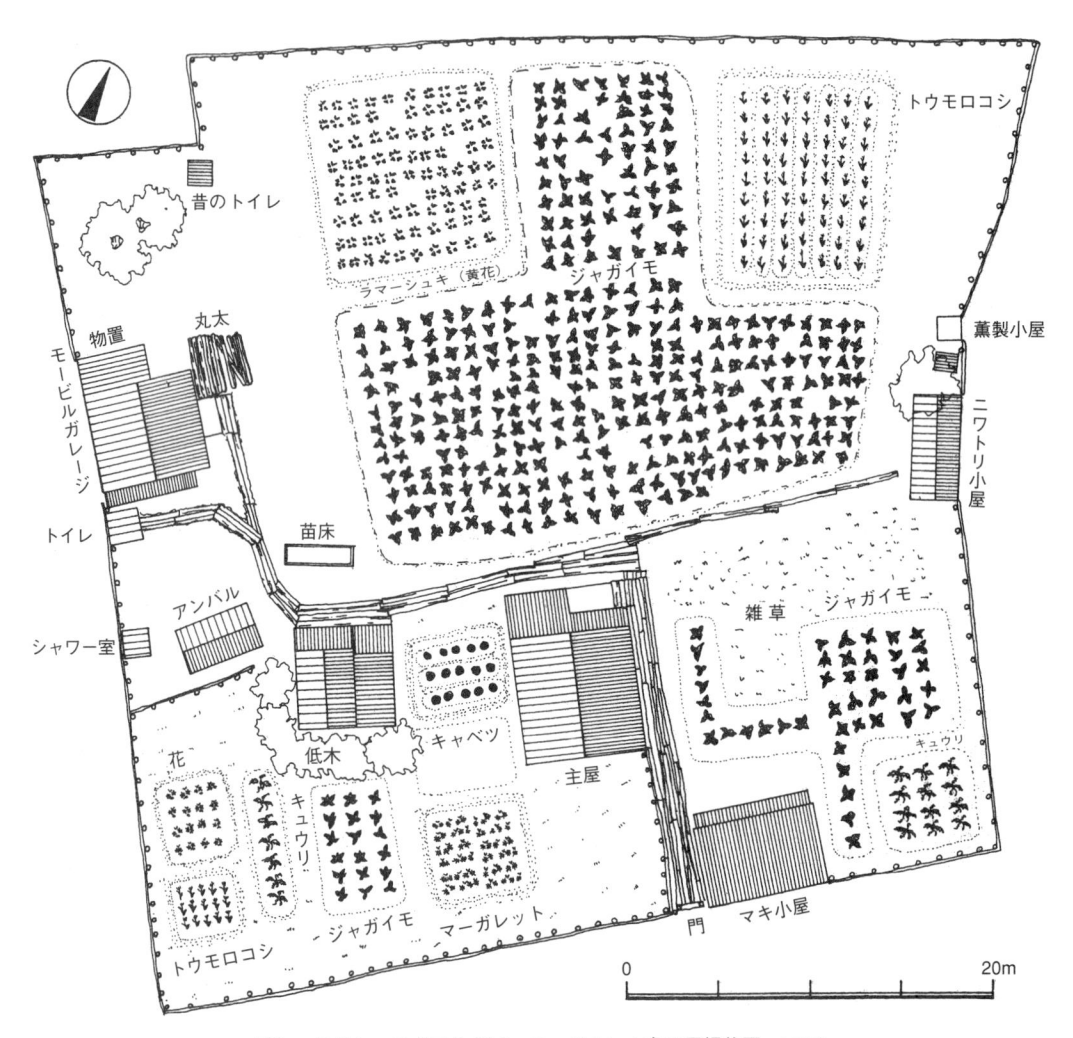

図3a　スサン・エドアルドビッチ・ゲオンカ家の屋根伏図　1/400

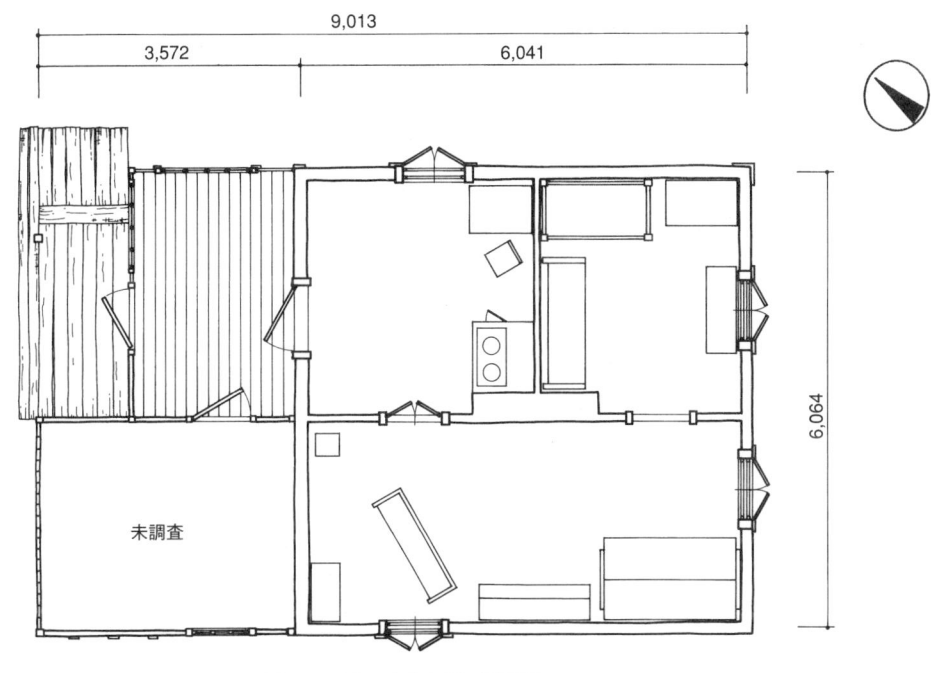

第7章　クラーススィ・ヤールの住居と高床倉庫

未調査

図3b　ゲオンカ家主屋　平面図　1/100

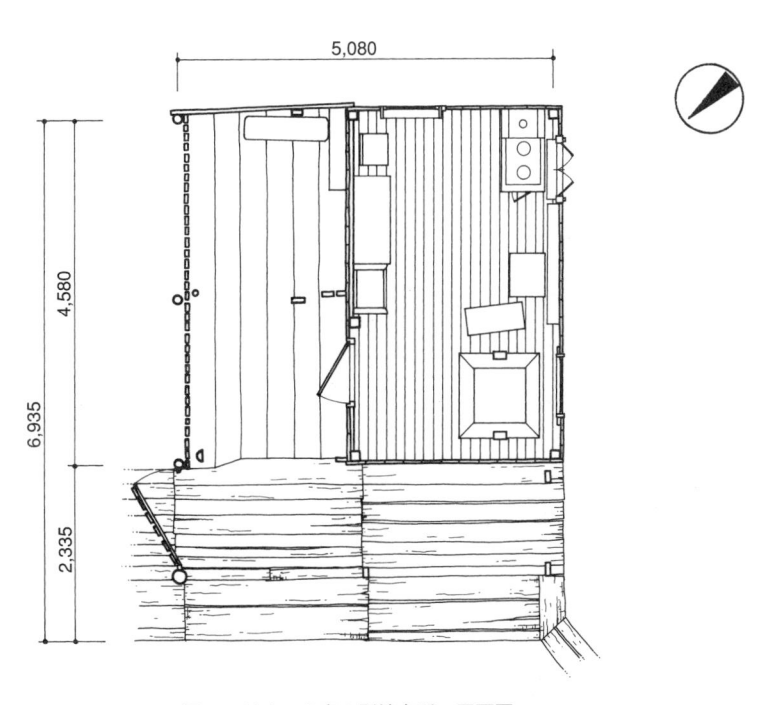

図3c　ゲオンカ家の別棟台所　平面図　1/100

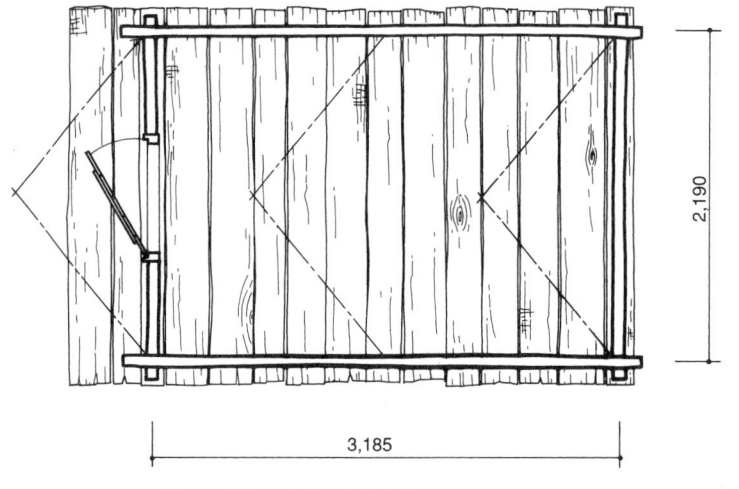

第３部　シホテ・アリニ山地の人々―フィールド調査から３―

図3d　ゲオンカ家の高床倉庫アンバル　平面図　1/50

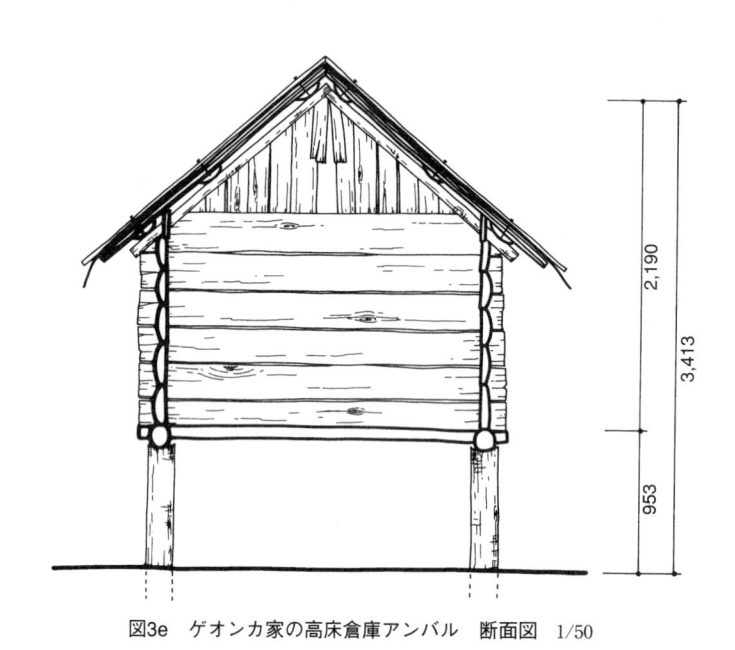

図3e　ゲオンカ家の高床倉庫アンバル　断面図　1/50

関としているが、半戸外のポーチ状としているのは東側幅半間ほどの板敷部分のみで、他の妻庇領域は屋内に取り込む（西半の部屋は入室できず未調査）。累木壁による本体はほぼ６m四方の正方形平面で、隅柱風にみえるのは単なる張付け柱（写真４）。要するに、板を壁に貼り付けて柱形にみせているだけで、構造材ではない。内部は３室に分かれる。東半は小部屋に２分割し、前室にペーチカを置き、背面側はソファ、ベビーベッド、テーブル、箪笥などを並べる。この奥の部屋には揺り篭も吊されていた。西半は間仕切りのない大広間である。屋根は波板スレート葺き。

　キャベツ畑を挟んで主屋の西側に別棟の台所を置く（写真５）。建て増しがあったのか、構造はやや複雑である。ペーチカを置く本体部分は角柱による軸組に竪板壁をめぐらせたもので、桁行

第7章　クラースヌィ・ヤールの住居と高床倉庫

写真3　畑側（北）から見たゲオンカ家の主屋（左）と台所

写真4　道路側（南）から見たゲオンカ家の主屋

写真5　北からみたゲオンカ家の台所（中央）。主屋（左）とアンバル（右）に挟まれて立つ

写真6　ゲオンカ家の台所内部。井戸を設けている

写真7　ゲオンカ家のアンバル外観

写真8　ゲオンカ家のアンバル内部

4.58m×梁行2.90m（写真6）。屋根は切妻造波板スレート葺き。板敷通路につながる北側にはやはり妻庇を設けるが、妻庇からこの板壁の内側には直接入れない。板壁建物の東側に柱筋の異なる附属の片流れ屋根をかけて柵をめぐらし、台所への前室とする。

　別棟台所の西隣には、高床倉庫アンバルを置く（写真7・8）。アンバルは主屋・台所とは方位を変えて東西棟とする。直径18〜19cmの掘立柱を4本立てて束柱とし、丸太の床桁上に床板を渡す。束柱相互の心々距離でみると、平面規模は桁行3.185m×梁行2.190m。床高0.953m。床

上を累木壁とするので、まさに校倉造にみえる。校木は丸太から角材を製材した残りの部分、すなわち辺材であり、これを5段積み上げている。壁面の高さは1.43m。屋根は切妻造。妻入の正面には板縁を設ける。小屋組にはサスや束を用いない。左右の垂木を頂点であらかじめ接合し、下側は最上段の校木にかけて留める。この垂木を両側の妻と中央の3カ所に組み上げる。垂木上には板状の木舞を片面に3枚並べ、その上に屋根下地板を縦に並べ、アスファルト・ルーフィングで覆う。板状の木舞や屋根下地板、そして床板にも辺材を多用する。内部をみると、収納されているものは雑多であり、食料貯蔵庫というよりも、物置に近い感じがした。

アンバルの西側には、柵と接してシャワー室を置く。また、アンバルの北側にある大きな建物はモービル・ガレージでその南北には物置と便所を配する。このほか敷地東面の中央には鶏小屋を設け、その北側に薫製小屋も置く。残りの敷地は大半が畑である。調査時、最も大きな面積を占めていたのはジャガイモ畑。ほかにトウモロコシ、キャベツ、キュウリなどを植えていた。なお、ゲオンカ家の調査時にインフォーマントを務めてくれたのは若い主婦であり、建築年代などについての詳しい情報を得ることができなかった。

b. カンチュガ家の調査

カンチュガ家はゲオンカ家の西隣にある。住所はコムソモリスカヤ通り30番地（位置は図2参照）。一家のご主人アレクサンドル・アレクサンドロビッチ・カンチュガ氏は、その自伝『ビキン川のほとりで』（津曲敏郎訳、北海道大学図書刊行会、2001年）の執筆者として知られる（写真9）。カンチュガ氏は1934年、沿海州ボジャルスキー地区カヤル村の生まれ。少年時代をビキン川沿岸のメタヘーザ村やシャイン村で過ごし、1958年に移住してきた（村の成立は1959年だが、それ以前には対岸にオロンという集落があった）。クラーススィ・ヤールで一男一女をもうけたが、今は夫人と二人暮らしをしている。アンバルの項で紹介するように、クラーススィ・ヤール村には、ほかにカンチュガ姓の家が少なくとも4軒ある。

カンチュガ家の敷地は東西72m×南北46mと横長で、ゲオンカ家よりも広い（図4a～e）。敷地内の建物のうち、主屋以外のすべては自分で建てたが、主屋だけは国家狩猟組合ゴスプロムホース（現在は株式会社「ビキン」に改組）が1972年頃建てたもので、一般的な妻入の住居とは形式を異にしている。

敷地東南隅から約24mのところに片開き戸の門をひらく。門の東脇にはガレージ兼薪小屋を置く。1988年頃に建てた片流れ屋根、波板スレート葺きの小屋である。門から南に6m行くと、左に主屋、右に高床倉庫アンバルが建っている。主屋は東西棟平入で、本体部分は累木構造切妻造。この北側に庇を2段に葺

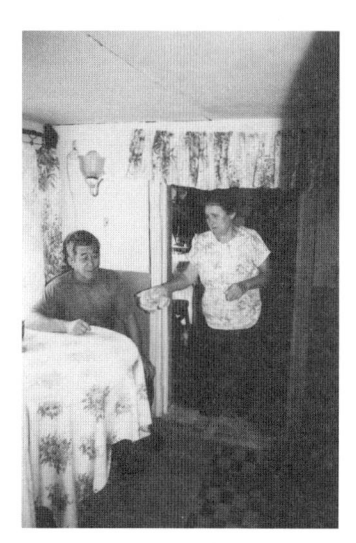

写真9　台所の一室でくつろぐカンチュガ夫妻

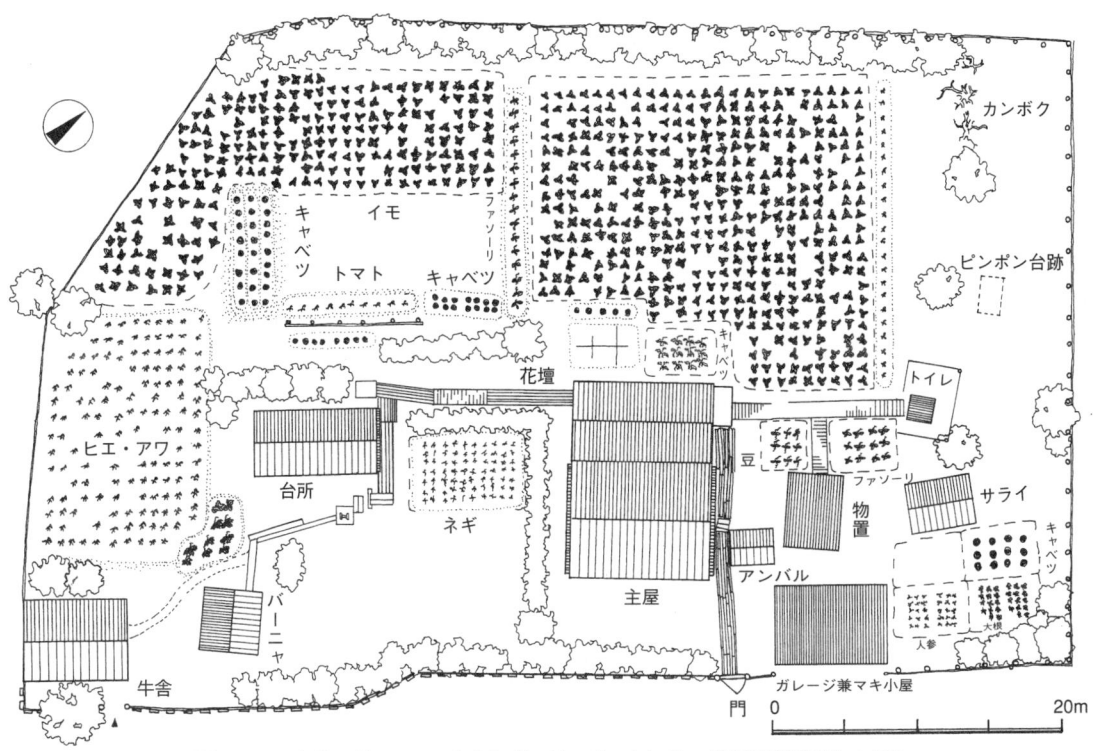

図4a　アレクサンドル・アレクサンドロビッチ・カンチュガ家の屋根伏図　1/500

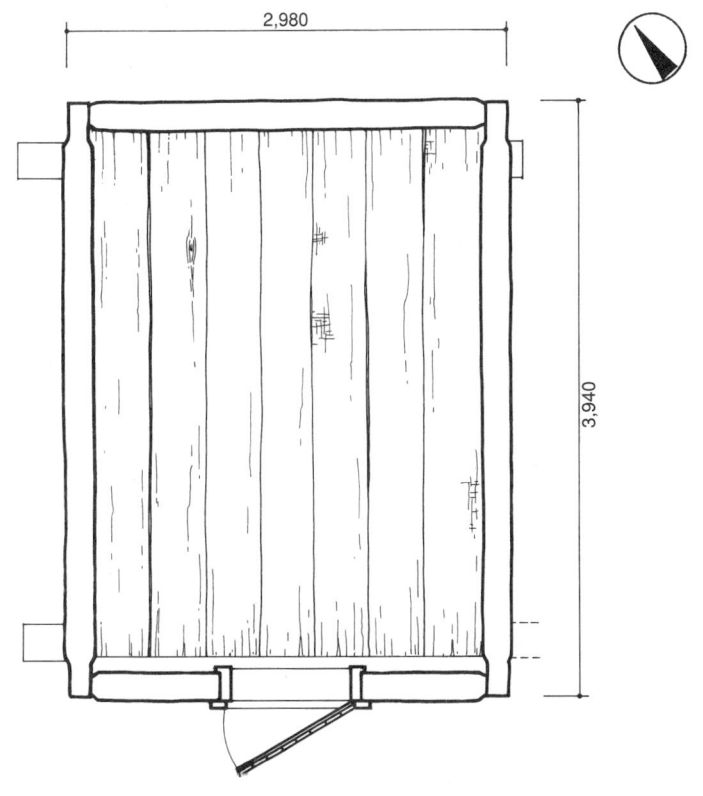

図4b　カンチュガ家の地倉サライ　平面図　1/50

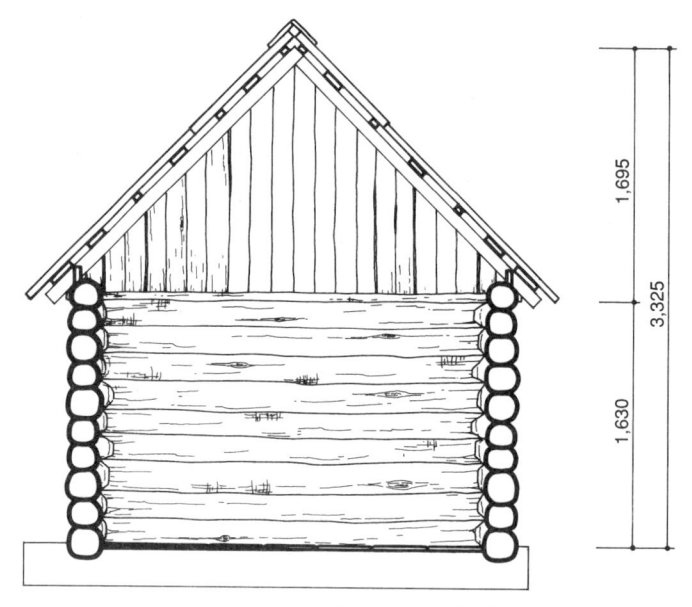

第3部　シホテ・アリニ山地の人々―フィールド調査から3―

図4c　カンチュガ家の地倉サライ　断面図　1/50

図4d　カンチュガ家の高床倉庫アンバル
　　　平面図　1/50

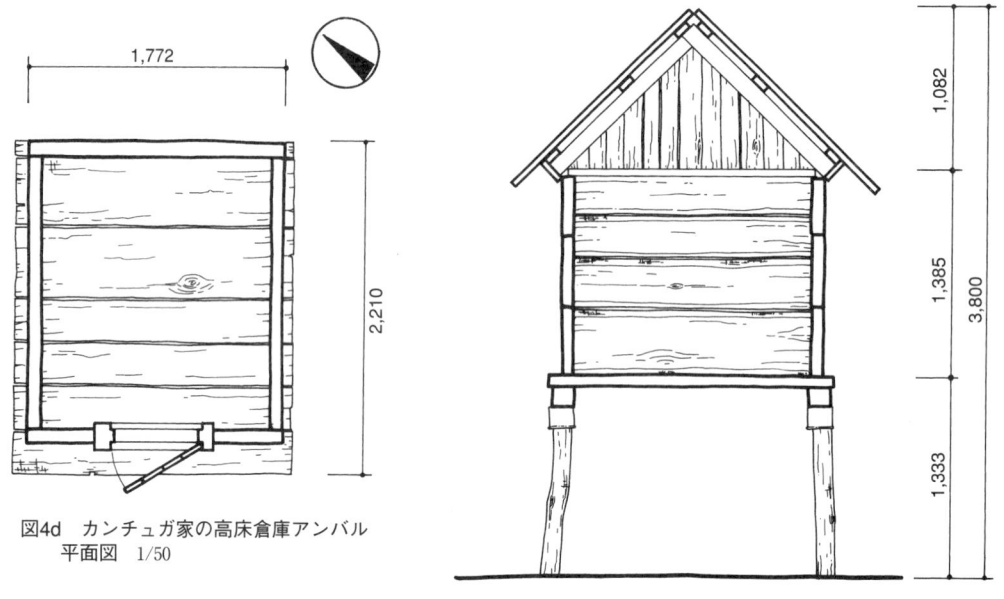

図4e　カンチュガ家の高床倉庫アンバル　断面図　1/50

き下ろし、玄関とする。屋根はすべて波板スレート葺き（写真10）。ネギ畑をはさんで主屋の西12mのところに別棟台所がある。台所は主屋とほぼ平行関係にある東西棟だが、入口形式は伝統的な妻入である（写真11）。建築年代は1969年頃というから、主屋よりもわずかに古い建物である。カンチュガ家の場合、主屋・台所はいずれも現代化が著しく、実測調査はおこなわなかった。

　台所の南側には井戸、蒸風呂バーニャ、牛舎を配する（写真12）。バーニャは1974年頃、自分で作った。一方、主屋の東側には倉庫・物置（薪小屋）が集中する。片流れ屋根の物置を挟んで、

第7章　クラースヌィ・ヤールの住居と高床倉庫

写真10　畑側（北）から見たカンチュガ家の主屋（左）とジャガイモ畑

写真11　カンチュガ家台所のペチカ

写真12　カンチュガ家台所背面の井戸。左奥は蒸風呂バーニャ

写真13　カンチュガ家の地倉サライ外観

　西側に高床倉庫アンバル、東側に地倉サライを配する。サライはアンバルの束柱を省略したものであり、中国黒龍江省の赫哲族（ナーナイ）なども多用している。カンチュガ家の場合、建築年代は地倉と物置が古くて1977年頃、古式にみえる高床倉庫は1993年の建築という。新築か建て替えかは確認していない。サライは井桁状に組んだ土台上に床板をわたし、壁は丸太を組上げて累木壁とする（写真13）。平面規模は桁行3.940m×梁行2.980m。校木となる丸太は側面で10段、正背面で9段重ねる。校木の仕口部分は長方形に削り出して相欠とする。小屋組は単純な垂木構造。垂木上に数本木舞をわたし、波形スレートを葺く。屋根の勾配はきつい。梁上の妻壁は竪板組である。サライには農具・漁具・狩猟具などあらゆる物が収納されている（写真14）。

写真14　カンチュガ家の地倉サライ内部

　アンバルはサライよりも小振りで、平面はほぼ1.8m四方の正方形を呈する（写真15）。入口側の床板をわずかにせり出し板縁を設ける。掘立式の束柱を四隅に立て、柱頭に空き缶を被せる。

第3部　シホテ・アリニ山地の人々—フィールド調査から3—

写真15　カンチュガ家の高床倉庫アンバル外観

写真16　カンチュガ家の高床倉庫アンバル内部

これが鼠返しであり、後述するように、他家では洗面器やブリキ板を用いる場合もある。空き缶の上に床桁を打ち付け、その上面に厚さ45mmの床板を7枚わたす。床高は1.3m余り。床上は板倉式で幅45cm前後の板を3〜4枚釘打ちしてボックスを作る。伝統的な継手を用いていない。屋根の構造はサライとほぼ同じである。アンバルの中は、ほんのわずかながら食料を納めているが、空家同然であった（写真16）。

このほか、サライの北側に便所を設けている。便所のさらに南側には卓球台の跡が残っている。作物は敷地北半の畑をほぼジャガイモが占めていたが、その西半のジャガイモは枯れていた。何も植えられていない畑もみられた。建物と建物のあいだにある南半の畑にはインゲン豆、ネギ、キューリ、大根、キャベツなどを植えていた。このほか牛舎の北側には稗・粟類の畑がひろがっていたが、これは牧草かもしれない。

（2）クラースヌィ・ヤール村のアンバル

図4には、集落内に分布する高床倉庫アンバルの位置を示している。すでに述べたように、集落内部で22棟のアンバルが残っていた。ウデヘ族などの先住民に限らず、ロシア人にも普及している。宿舎となったニコライ家にアンバルはなかった。主人のイワノビッチ氏に「なぜアンバルのある家とない家があるのか」と尋ねたところ、「その家が必要としているかどうかによる」とかれは答えたが、実際にはほとんどのアンバルが何も収納していない。食糧の貯蔵が本来の用途であるにも拘わらず、食糧以外の収納庫になったり、子供たちの寝間になっていたりする。建築年代が1990年代以降の新しいものも少なくなく、ソヴィエト連邦解体後の民族意識の復興と係わる象徴物なのかもしれない。残念なことに、アンバルに関する詳細な調査をおこなう時間的余裕はなかったが、以下、その全棟について概説する。

Z01（写真17）：所有者ニコライ・アレクセイビッチ・ルテコ。ロシア人。建てたのは自分たちではない。壁は横板組。鼠返しはブリキ巻き付け。屋根はアスファルト・ルーフィング。短い束柱が傾いて、倒れそうになっている。

Z02（写真18）：所有者リュドミラ・ラウラノヴァ・トルガシェヴァ。ロシア人。壁は丸太組。

第7章　クラースヌィ・ヤールの住居と高床倉庫

写真17　アンバルZ01

写真18　アンバルZ02

写真19　アンバルZ03（左の建物）

写真20　アンバルZ04

写真21　アンバルZ05

写真22　アンバルZ06

鼠返し不明。屋根は波形スレート。

　Z03（写真19）：所有者アレクサンドル・エゴロヴィッチ・ゲオンカ。ウデヘ族。壁は丸太組。鼠返しは洗面器反転。屋根はアスファルト・ルーフィング。規模が大きく端正な外観を示しており、実測調査しようとしたが、大雨のため調査を断念した。

173

第3部　シホテ・アリニ山地の人々―フィールド調査から3―

写真23　アンバルZ07

写真24　アンバルZ08

写真25　アンバルZ09

Z04（写真20）：所有者ソフィヤ・ウエウルムハミドヴナ・カンチュガ。タタール族。壁は竪板組で現代的な倉庫のようにみえる。束柱は短く、壁板は長くて水色を塗る。鼠返しは空き缶反転。屋根は波形スレート。ロシア化した主屋の構法が影響したアンバルである。

Z05（写真21）：所有者アレクセイ・イニケンチエヴィッチ・カンチュガ。ウデヘ族。壁は横板組。鼠返し空き缶反転。屋根は波形スレート。

Z06（写真22）：所有者アレクサンドル・ニコラエヴィッチ・カンチュガ。ウデヘ族。壁は竪板組で、Z04に近いが壁板にペンキは塗っていない。屋根は波形スレート。

Z07（写真23）：所有者ユーリー・ニコラエヴィッチ・カンチュガ。ウデヘ族。壁は半割丸太組。鼠返しは束柱にブリキ巻き付け。ブリキを巻くと鼠の足がすべる。屋根はアスファルト・ルーフィング。小型のアンバル。

Z08（写真24）：所有者ボリエ・ヴァエンリエヴィッチ・アヤツコ。ウデヘ族。壁は横板組隅柱付。鼠返しは束柱に波形ブリキ巻き付け。ブリキが錆びて、鼠の足はすべらないかも？　屋根はアスファルト・ルーフィング。

Z09（写真25）：所有者名・民族不明。壁は横板組隅柱付。鼠返し洗面器反転。屋根は波形スレート。けらばの出が非常に長い。

Z10（写真26）：所有者アンタニナ・ヤコヴレヴナ・シェベコ。ウデヘ族。壁は横板組。鼠返し洗面器反転。洗面器が新しくよく目立つ。屋根は波形スレート。

Z11（写真27）：所有者ナジェジュダ・ダブロブナ・ククガンコ。ウデヘ族。壁は横板組。屋根

第7章　クラーススィ・ヤールの住居と高床倉庫

写真26　アンバルZ10

写真27　アンバルZ11

写真28　アンバルZ12

写真29　アンバルZ13

写真30　アンバルZ16

写真31　アンバルZ16の束柱と鼠返し

写真32　アンバルZ17

写真33　アンバルZ18

第3部　シホテ・アリニ山地の人々―フィールド調査から3―

写真34　アンバルZ19（奥に見えるのがZ18）

写真35　板材に用いたZ18の鼠返し

写真36　Z19の内部

は波形スレート。

Z12（写真28）：所有者ユーリー・イワノビッチ・ゲオンカ。ウデヘ族。壁は横板組。鼠返しは束柱に波形ブリキ巻き付け。屋根は波形スレート。

Z13（写真29）：所有者オリエグ・グリゴーリエビッチ・レスニコフ他（8世帯の住む長屋）。ナーナイ族。壁はロシア型主屋に近い竪板組。鼠返し不明。屋根は波形スレート。

Z14：カンチュガ家（前節参照）。

Z15：ゲオンカ家（前節参照）。

Z16（写真30）：所有者リュドミラ・アレクサンドロヴナ・ククレンコ。民族不明。夫の母が10年以上前に建てた。壁は竪板組。鼠返しは角材の束柱に鉄板をのせる（写真31）。屋根はアスファルト・ルーフィング。入口前の板縁が長い。

Z17（写真32）：所有者アナトーリー・ミハイロヴィッチ・ヴィリケレノフ。ロシア人（夫人はナーナイ族）。壁は横板組隅柱付。鼠返し洗面器反転。屋根はトタン葺き。

Z18（写真33）・Z19（写真34）：所有者ニコライ・ドゥンカイ・イメイルヴィッチ。ナーナイ族。10年前、食糧が安いから貯め込もうとして2棟建てた。壁はいずれも横板組。鼠返しはZ18が束柱に波形ブリキ巻き付けて上端に板材をのせ（写真35）、Z19は洗面器反転とする。洗面器は底を抜いており、束柱上端から抜け落ちそうになっているものがあった。屋根はいずれも波形スレート。中にはダンボール箱などが積まれるが、モノはあまり多くない（写真36）。

Z20（写真37）：所有者コンスタンチン・アナトーリエヴィッチ・スアンカ。ウデヘ族。2～3年前に建設。壁は横板組隅柱付。鼠返し方形ブリキ板。屋根は波形スレート。

Z21（写真38）：所有者アナトーリー・アナトーリエヴィッチ・ウザ。ウデヘ族。壁は竪板組。屋根は波形スレート。鼠返しは束柱に波形ブリキ巻き付け。建物全体が大きく傾き、危険な状態になっている。

第7章　クラースヌィ・ヤールの住居と高床倉庫

写真37　アンバルZ20

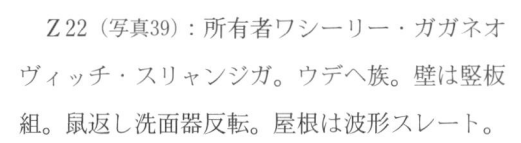

写真38　アンバルZ21

Z22（写真39）：所有者ワシーリー・ガガネオヴィッチ・スリャンジガ。ウデヘ族。壁は竪板組。鼠返し洗面器反転。屋根は波形スレート。

3．猟場の住居と高床倉庫

8月18日からビキン川を遡り、2泊3日でメタヘーザとヂャムチュグの狩猟小屋を調査した。われわれを船に乗せて猟場へと導いてくれたのは、ナゴルニィ（ロシア人、1948年生）とスリャンジガ（ウデヘ人、1955年生）という二人の狩人である（写真40）。

（1）ヂャムチュグの狩猟小屋

われわれが2泊した狩猟小屋（図5a〜c）。クラースヌィ・ヤール村に住むククチェンコという猟師が1989年に主屋と高床倉庫アンバルを建てた。ほかに蒸風呂バーニャもあるが、これは少し後に建てられたものである。川と主屋の

写真39　アンバルZ22

写真40　ビキン川を遡る。左からナゴルニィ、スリャジンガ、細谷、佐々木

あいだに魚干場、木挽場、外カマドを設ける（写真41）。主屋の東にはわずかながらジャガイモ畑もみられる。ククチェンコは冬だけの猟師で、他の季節は株式会社「ビキン」（ゴスプロムホースの後身）で働いている。ヂャムチュグの上流8kmのところにもククチェンコの狩猟小屋がもう1棟あり、この一帯がかれの猟場である。

主屋は川岸の南約16mのところに建っている。累木壁で囲まれた屋内は桁行4.445m×梁行3.830mで、その西側を正面として妻庇をかける（写真42）。屋根型だけみれば春日造のような形式である。庇はまさに向拝のようで、壁がなく、畑側に丸太の手摺りをわたすのみ。地面に直接

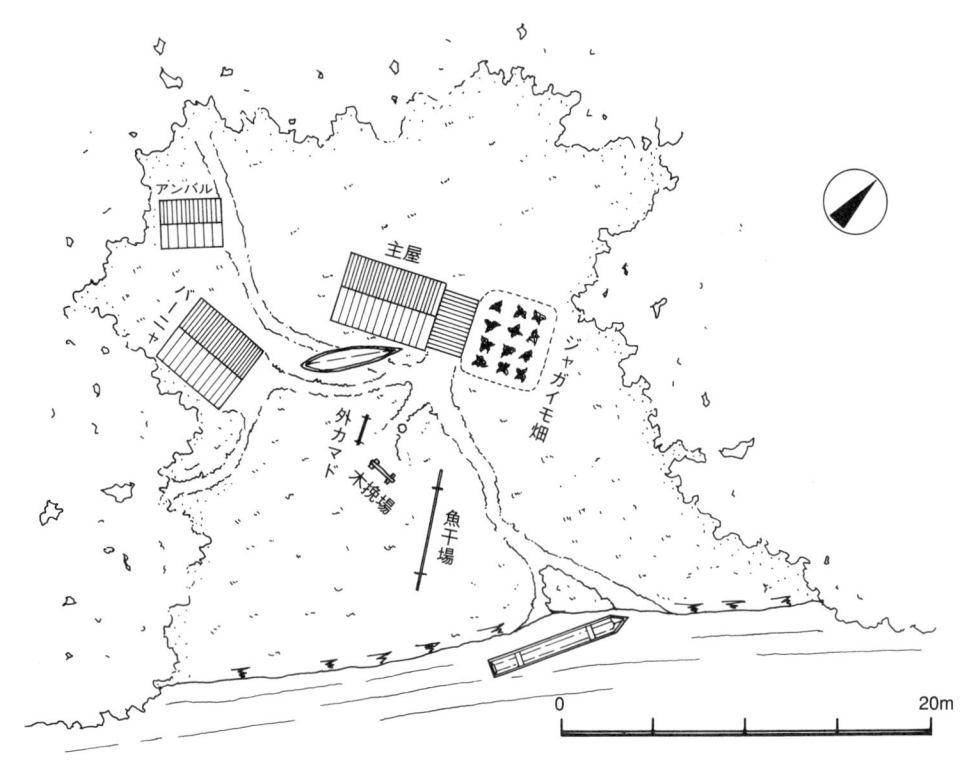

図5a ヂャムチュグの狩猟小屋 屋根伏配置図 1/400

テーブルとベンチをおく。妻庇のかかる西側の累木壁のほぼ中央に片開きの出入口をあける。屋内には床板を張り、奥の正面にテーブル、その両脇にベッドを配する。南側のベッドは板敷でセミダブル・クラス、北側はスチール・ベッドに毛皮敷でシングル・クラスの規模である。壁には日本の週刊誌のグラビアが何枚も貼り付けてあった（写真43）。入口の側には南にテーブル、北にストーブを置く。校木は11本、床下になる最下段の材は地中に埋め込まれている。天井高は1.860m。天井板の上に土を被せて断熱材とする。小屋組は垂木を拝みにして組み、その頂部を束で支える素朴な構造。屋根は板葺きで、上に防水シート（アスファルト・ルーフィング）を被せ、釘打ちしている。

　高床倉庫アンバルは主屋の後方約8mのところに建っている（写真44）。床の低い切妻造の丸太倉で、累木壁は桁行2.900×梁行1.940m、床高1.050m。通常、丸太倉の場合、校木となる丸太の先端を方形に削り出して相欠仕口とするが、この倉では丸太のまま相欠としており、古式を残す可能性がある。また、妻壁の校木は棟木に達しており、小屋組は桁行方向の材で妻壁をうけており、これも古風にみえる（写真45）。軒桁と床桁の間に1本支柱を入れている。蒸風呂バーニャは主屋とアンバルの中間に位置し、やや川寄りに建てられている。バーニャも切妻造で、累木壁構造の平屋建物である（写真46）。桁行3.120m×梁行3.070mと平面は正方形に近い。

　主屋の南側には古い丸木船が放置してあったので、これも実測した（図6・写真47）。総長5.415m、中央部分の幅62cm、深さ21cm。

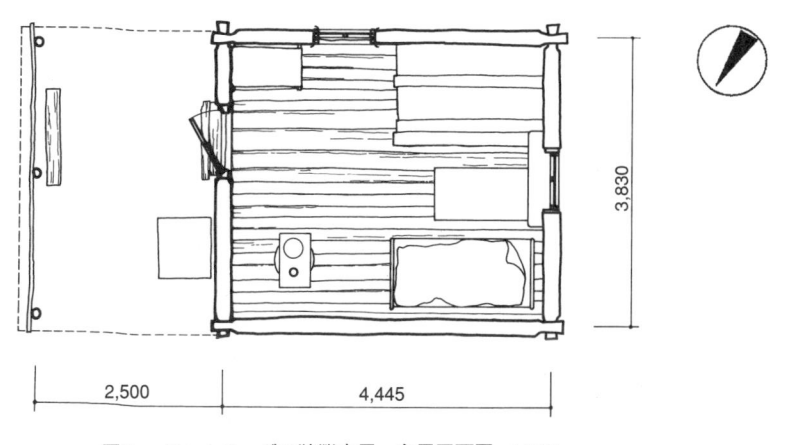

第7章　クラースヌィ・ヤールの住居と高床倉庫

図5b　ヂャムチュグの狩猟小屋　主屋平面図　1/100

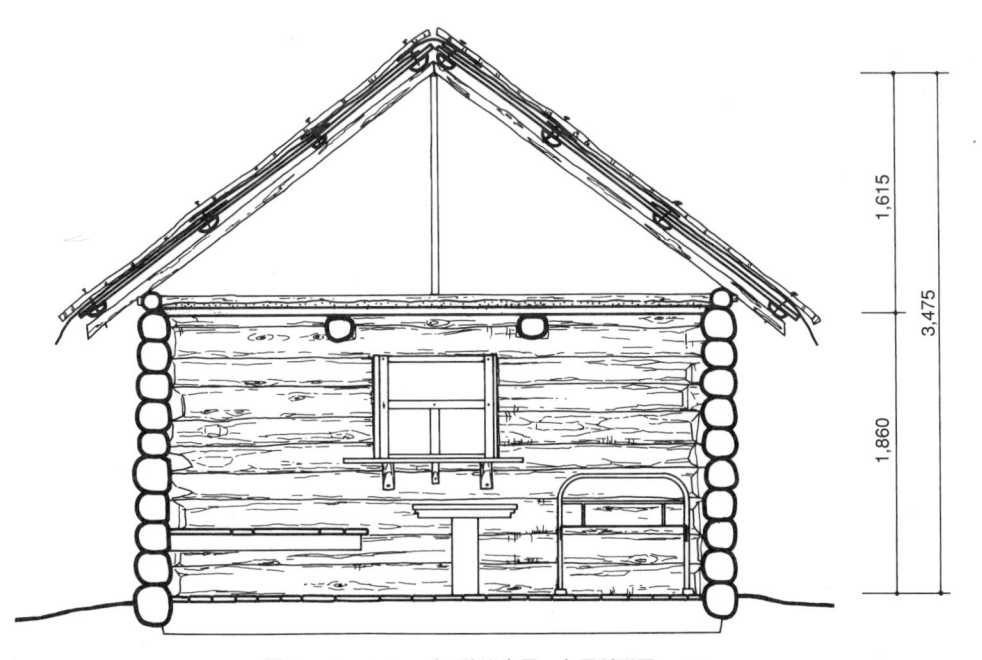

図5c　ヂャムチュグの狩猟小屋　主屋断面図　1/50

写真41　ヂャムチュグ狩猟小屋。左から蒸風呂、高床倉庫、主屋。前に木挽場、屋外炉、丸木船が見える

写真42　ヂャムチュグ狩猟小屋主屋の外観

第3部　シホテ・アリニ山地の人々―フィールド調査から3―

写真43　奥の妻壁に貼り付けられたグラビア（ヂャムチュグ狩猟小屋主屋）

写真44　ヂャムチュグ狩猟小屋の高床倉庫アンバル

写真45　ヂャムチュグのアンバル　妻壁の詳細

写真46　ヂャムチュグ狩猟小屋の蒸風呂バーニャ

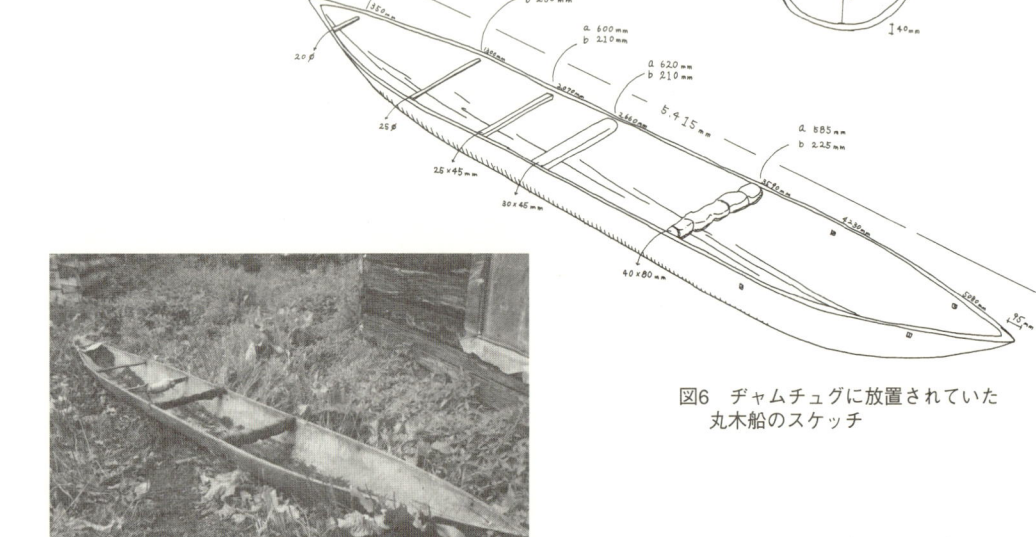

図6　ヂャムチュグに放置されていた丸木船のスケッチ

写真47　ヂャムチュグの丸木船

180

第7章　クラースヌィ・ヤールの住居と高床倉庫

(2) メタヘーザの狩猟小屋

　シーマ・カンチュガという女性がこの狩猟小屋で一人暮らしをしている（図7 a～h）。但し、所有者はシーマの従兄弟にあたるヴィクトル・ボリソビッチ・カンチュガである。この小屋には次から次に猟師があらわれ、休憩しては去っていった（写真48）。主屋、高床倉庫、蒸風呂は1980年代の建築という。

　主屋は川岸の南約10mのところに建っている（写真49）。チャムチュグと同型の春日造のような屋根形式で、切妻造の屋根の下を累木壁で囲み、その西の妻壁中央に片開戸を設け、その前に妻庇をかける。平面規模はチャムチュグよりわずかに大きく、累木壁部分は桁行4.925m×梁行4.010m。内部の空間利用もよく似ているが、こちらにはベッドが3台置いてある。南西隅のベッドがやや大きめ、北西隅と南東隅は小さめのベッドである（写真50）。北東隅にはストーブを置く（写真51）。妻庇は2列の柱で支えられており、地面に板を敷く。校木は7段で、妻側最上段の校木の中央に2本の丸太を並べて、天井中央を高くしている。天井高は1.725m。この上側に湾曲する天井板の上に土を被せ、壁の筋に軒桁、中央に棟束を立てる。棟束上には棟木をおき、棟

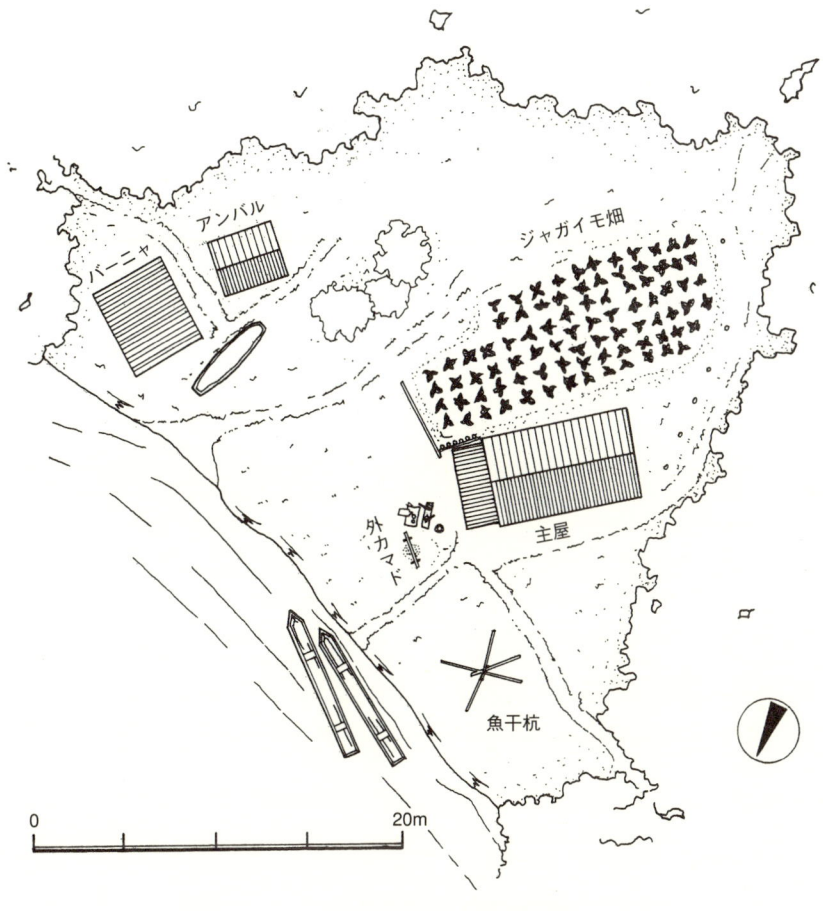

図7a　メタヘーザの狩猟小屋　屋根伏配置図　1/400

第3部　シホテ・アリニ山地の人々―フィールド調査から3―

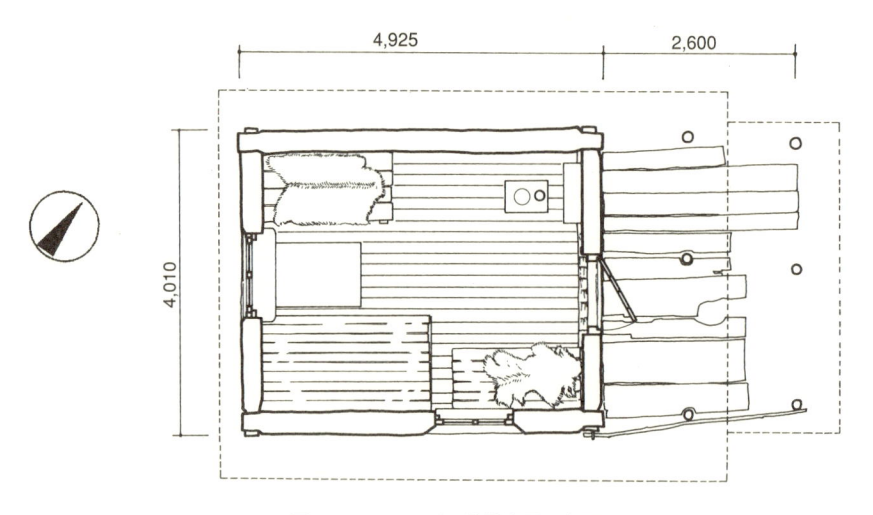

図7b　メタヘーザの狩猟小屋　主屋平面図　1/100

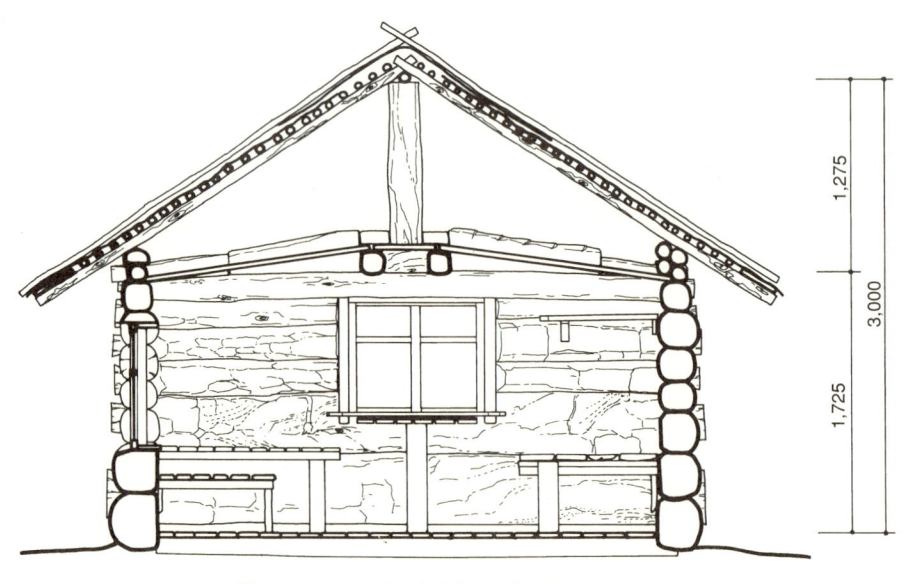

図7c　メタヘーザの狩猟小屋　主屋断面図　1/50

第7章　クラースヌィ・ヤールの住居と高床倉庫

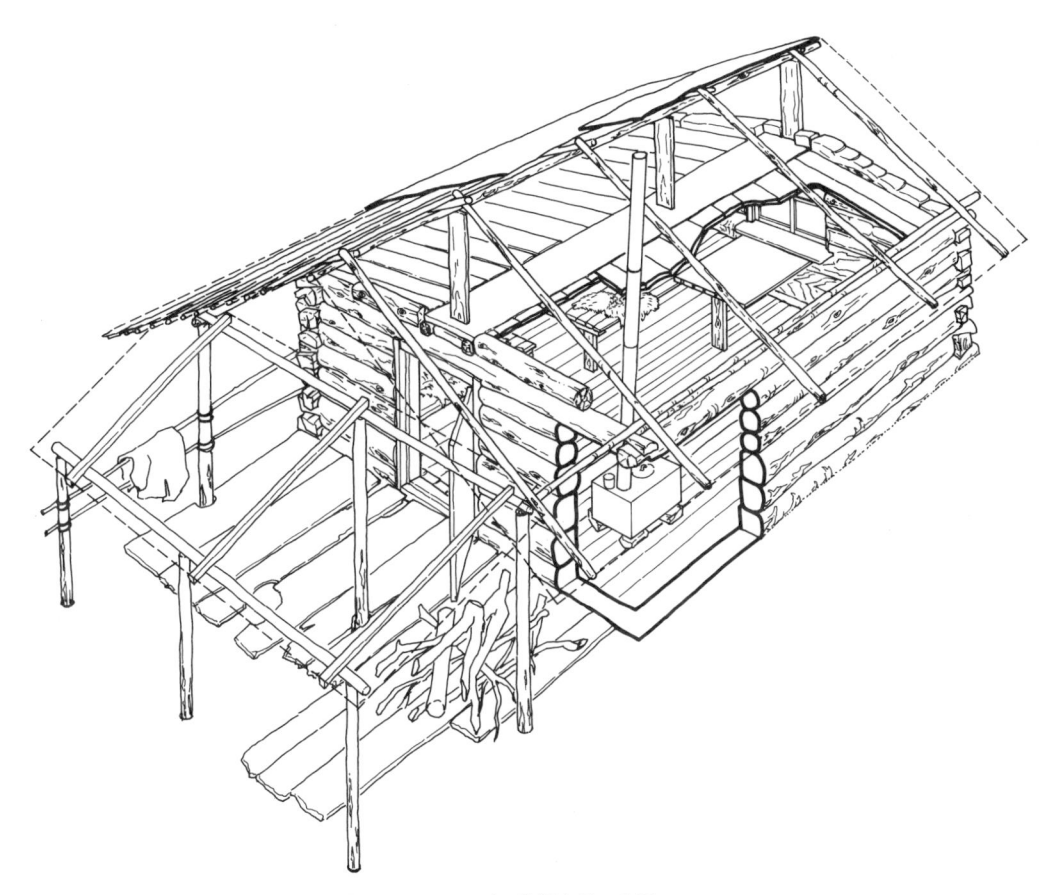

図7d　メタヘーザの狩猟小屋　主屋パース

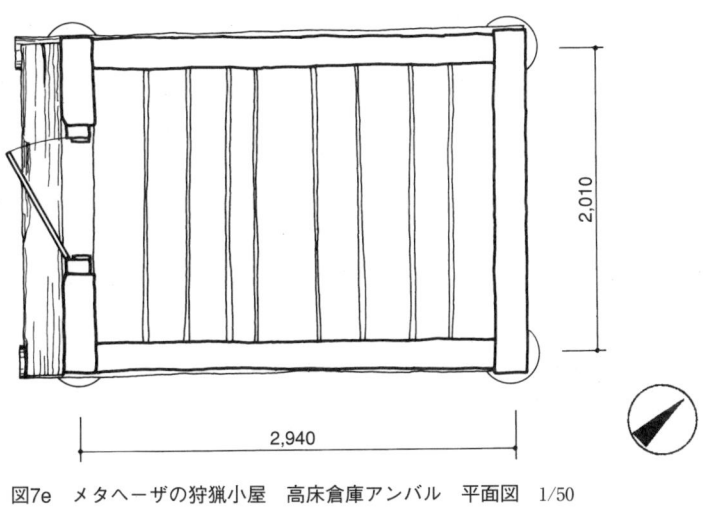

図7e　メタヘーザの狩猟小屋　高床倉庫アンバル　平面図　1/50

第3部　シホテ・アリニ山地の人々―フィールド調査から3―

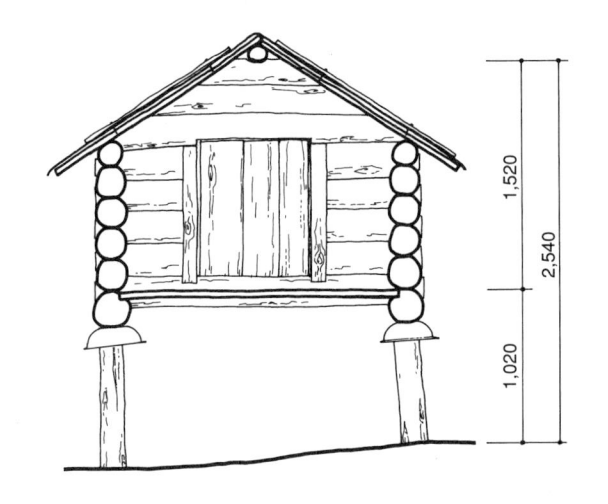

図7f　メタヘーザの狩猟小屋　高床倉庫アンバル　断面図　1/50

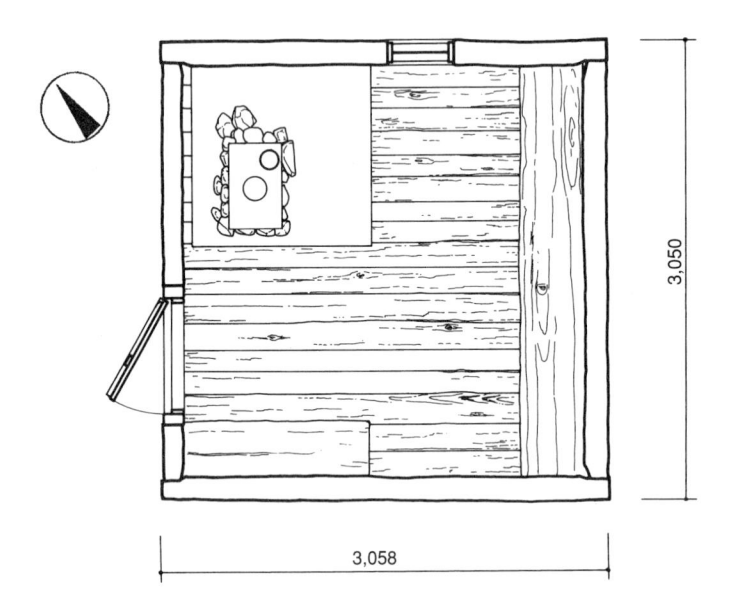

図7g　メタヘーザの狩猟小屋　蒸風呂バーニャ　平面図　1/50

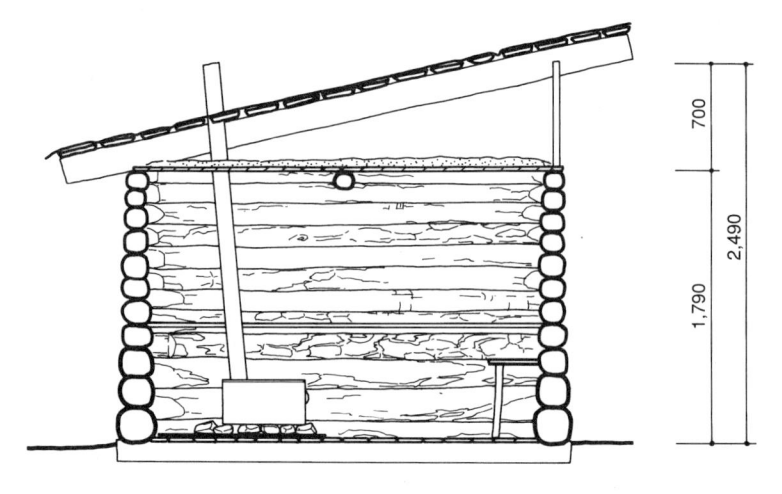

図7h　メタヘーザの狩猟小屋　蒸風呂バーニャ　断面図　1/50

第7章　クラーススィ・ヤールの住居と高床倉庫

写真48　メタヘーザの狩猟小屋主屋の日陰で休む猟師

写真49　背面から見たメタヘーザの狩猟小屋主屋

写真50　メタヘーザの狩猟小屋主屋内部。南側のベッドとテーブル

写真51　メタヘーザの狩猟小屋主屋内部。北東隅に置かれたストーブ

写真52　メタヘーザの高床倉庫アンバル（右）と蒸風呂バーニャ（左）

写真53　メタヘーザの高床倉庫アンバル内部

第3部　シホテ・アリニ山地の人々―フィールド調査から3―

木と軒桁上に垂木をわたしている。垂木頂部は拝みになっていない。小屋組はチャムチュグの主屋よりも古式を示すものと思われる。

　高床倉庫アンバルは主屋から離れて西側に建っている（写真52）。主屋とアンバルの棟はほぼ平行で、棟と棟の距離は約15m。切妻造の丸太倉である。床上平面は桁行2.940m×梁行2.010m。正面側のみ、わずかに校木をはねだし、入口前の板縁をつくる。床高は1.020m。

写真54　メタヘーザの蒸風呂バーニャ内部

束柱の上に洗面器を反転させて鼠返しとし、その上面から校木を組む。アンバルの内部には船のモーターを格納している（写真53）。アンバルの北に隣接して、川岸寄りに蒸風呂バーニャを設ける（写真54）。ほぼ3m四方の正方形平面で、壁は累木式で他の建物と同じだが、屋根は片流れとする。

4．おわりに

　クラースヌィ・ヤール村は今なお22棟の高床倉庫アンバルを残すという点において、ウデヘ族にとどまらず、ロシア極東少数民族全体のなかでも稀少価値の高い集落と言える。但し、アンバルそのものは食料貯蔵庫としての機能が薄れており、アンバル以外の家屋や宅地利用はほぼロシア化していて、他地域と変わるところがない。ところが、ビキン川上流域の狩猟小屋では、主屋のほかアンバルと蒸風呂バーニャからなるきわめて素朴な建物配置がみられ、ロシア化以前のウデヘ族の住居そのものではないにせよ、それを想像させるに足るイメージをよくとどめている。主屋、アンバル、バーニャの3点セットのうち、バーニャを取り除けば、おそらく往時の建物構成が復元できる。ウデヘの場合、主屋とアンバルがやや離れて棟をほぼ平行に配列する点に特徴がある。かつて調査したナーナイやウリチの住居では、主屋の入口近くに、棟を直交させてアンバルを置く傾向もみられたが、今回調査したウデヘの建物配置はそれとは異なっていた。

　大貫・佐藤の論考（本書第6章参照）によると、ウデヘの伝統的住居（主屋）は多様であり、竪穴住居、平地住居、円錐形テントなどの形式に分けられる。ただ、主流をなすのは切妻造樹皮葺妻入の平地住居もしくは竪穴住居とみてよいのではないだろうか。そのうち大型のものは、前後両方の妻壁中央に入口を設け、奥行の狭い前室をおいて中央に大きな広間を配し、炉も二つ置く。小型の場合は炉は一つ、出入口は片側のみになる。このような切妻の伏屋に加えて、円錐形テントやカマボコ形漁撈小屋をもつ点はナーナイとよく似ている。それが現状では、切妻造妻入の平屋に変わっている。構造形式はロシア化し、入口に庇をつけて「春日造」のような形態に変わっているが、切妻造妻入の形式を遵守しており、伝統的な伏屋が近代的な平屋に進化したものとしてもとらえうるであろう。

［附記］　本調査は筆者と細谷幸希君（鳥取環境大学生）が共同でおこなったものだが、二人ともロシア語をまったく解さない。これを補っていただいたのは折茂克哉さん（東京大学学術研究支援員、当時）と佐々木史郎さん（国立民族学博物館）である。クラースヌィ・ヤール村では折茂さん、猟場では佐々木さんに通訳の労を煩わせた。御両名に対し、改めて感謝申し上げる。また、豪華なリビング・ルームを私どもの宿舎として提供し、美味しい手料理を毎日作ってくださったゴルノフご夫妻にも、この場を借りて深い感謝の気持ちを伝えたい。なお、作図については細谷がおもに配置図を受け持ち、北野陽子さんと小倉依子さんが平面図・断面図・パースを担当した。北野さんと小倉さんの手描きトレースは、CADでは到底表現できない木造建築のぬくもりを伝えており、いつものことながら感嘆するしかない。またしても多謝！

第3部　シホテ・アリニ山地の人々―フィールド調査から3―

第8章　ウデヘの狩猟活動の季節的変移

田口洋美

はじめに

　本稿が扱うのは、ロシア連邦沿海地方ポジャール地区クラースヌィ・ヤール村の事例である。
　クラースヌィ・ヤール村の人口は、2001年現在の統計によれば637人。その大半がウデヘ、ナーナイ、オロチ、ヤクート、エヴェンキなどの少数民族の人々で占められている。なかでもウデヘが最も多く400人あまりとなっており、ロシア、ベラルーシ、ウクライナ、チュッヴァシ、カザフ、ブリヤートなどの少数民族外の人々が100人あまり居住している。
　ところで、筆者らがクラースヌイ・ヤール村を調査拠点集落として選択した理由であるが、まず東北アジアの狩猟採集民の生活文化を技術や行動といった具体的な側面から把握し明らかにするためには、狩猟採集活動が現在も生業としての地位を失っていないことが望ましい。なぜならば過去におこなわれていた生業を個人や集団の記憶に頼る聞き取りや他者が記載した民族誌などの文献から復元する場合、調査者自身が想定可能なかたちで理解しやすく、客観性に乏しい。しかも想定外の発見が生じにくい性格をもつ。これに対して過去から現在にいたるまで生業として継続されている場合には、間断なく各世代が村なり集落で暮らしている場合が多く、技術上の変容が存在したとしても何らかのかたちで過去の知見や経験が重層的に残存し、その上に改良が成されており、変容プロセスを具体的に、しかも通時的に明らかにできる可能性が高い。しかも話者であり現役の実践者でもある個人や集団と現場を共有できることが想定外の発見を生じやすい。
　さらに断続的に拠点集落の調査を継続するためには、その集落と綿密な情報の交換が可能な人材が不可欠であり、また筆者らの調査の趣旨を理解し、これを支援してくれるような関係の構築が容易な社会的状況を有していなければならない。このような意味から、現在においても生業としての狩猟採集活動がおこなわれており、実際にその活動の現場を見ることや技術の復元が可能な環境下にあるのは、アムール・ウスリー川流域においてはクラースヌイ・ヤール村をおいて他にないと判断したからである。
　筆者は、日本国内の狩猟漁撈活動、とくに中山間地域の狩猟集落に着目し、その生活構造を技術と行動から明らかにする試みをつづけてきた（例えば、田口1992；2002aなど）。しかし、中部東北地方の中山間地域に見られる狩猟採集活動を基盤生業、あるいは換金生業の一部にすえてきた人々に見られる狩猟漁撈に関する技術や行動などの側面は、決して国内特有の内発的で独自なもの、いわゆる地域発生とは考えにくく、まず東アジア、とくに東北アジア全体の中で捉え直してみる必要があり、ロシア極東の少数民族世界に目を向けてきたのである。

第8章　ウデヘの狩猟活動の季節的変移

　本稿では、クラースヌィ・ヤール村における狩猟採集活動の前提となる狩猟テリトリーの問題と、現時点での狩猟採集活動の生業としての地位を確認した上で、夏期と冬期の活動の実際を述べることにしたい。

1．クラースヌィ・ヤール村の現状

　今回、筆者らが狩猟同行調査を実施したのは、クラースヌィ・ヤール村の東北東、ビキン川を上流へ125kmほど遡った中流域のハバゴーと呼ばれる狩猟テリトリーである（図1）。ハバゴーの狩猟テリトリーは、クリーム・アレクサンドロヴィッチ・カンチュガ氏（1950-：以降、敬称を略しクリームと表記）が占有する猟場であるが、南北約27km、東西約8kmの領域で、その面積は約2万2000haである（図2）。2001年度の秋期調査ならびに2002年度の夏期調査においてクリームの助手として協力してくれたオリエグ・ドミートリエヴィッチ・カンチュガ氏（1944-：以降、敬称を略しオリエグと表記）の狩猟テリトリーもビキン川中流域に位置しており、ハバゴーから30kmあまり下流のジャムチグである。このテリトリーの面積も約2万haあまりで、後述することになるが狩猟テリトリーの再分割後に占有的利用権が与えられた猟場である。

　現在、クラースヌイ・ヤール村には43人のプロの狩人（штатный охотник：ソビエト時代の国家認定狩人の資格を有する者：ウデヘ＝25名、ナーナイ＝8名、ロシア＝7名、ウクライナ、ヤクートなど3名）が存在する。43人のプロの狩人の内、最高齢者はヤーコブ・アレキサンドル・ゲナジーヴィッチ氏（1945-）であり、最年少の狩人はサージ・アレクサンドル・ゲナージヴィッチ氏（1966-）で、50歳代のオリエグやクリームは年齢的に高齢者の仲間に含まれる。彼らウデヘのプロの狩人たちは、それぞれが占有する狩猟テリトリーとクラースヌィ・ヤール村との間を年間10度あまり往復しながら狩猟、漁撈、採集などの生業活動をおこなっている。

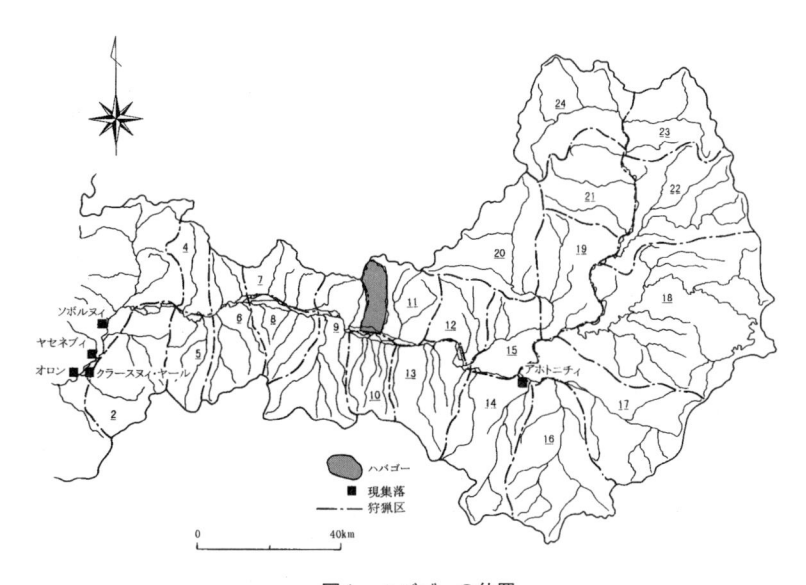

図1　ハバゴーの位置

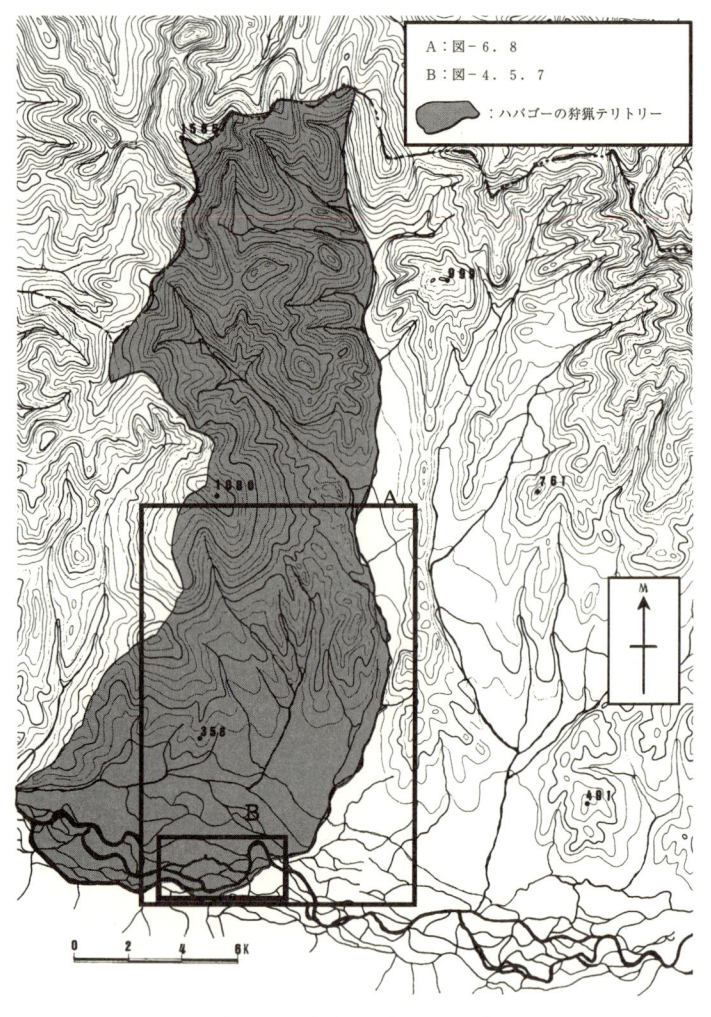

第3部　シホテ・アリニ山地の人々―フィールド調査から3―

図2　ハバゴー：ガイドマップ

(1) 狩猟テリトリーの推移

　従来、北方帯の狩猟採集民の狩猟形態については、共同狩猟、小集団狩猟と見るのが一般的解釈である。しかし、現状を見る限り大がかりな共同狩猟や小集団による狩猟活動は見られない。あくまでも狩猟活動は個人およびその家族によって実施されており、単独狩猟が基本となっている。もちろん単独狩猟ではない例も見られ、晩春から春期にかけておこなわれるクマの穴見猟やイノシシやアカシカを対象とした追い込み猟などでは、地縁血縁者によって構成される猟もおこなわれている。しかしこの場合も4～5人程度のグルーピングが多い（田口1998；

2000）。しかも、このような小グループでの追い込み猟などは、集落に比較的近い場所でおこなわれる場合に限られている。筆者が2003年1月5日に同行したクラースヌィ・ヤール村から20kmほど離れたタハロでのツキノワグマの穴見猟（沿海地方では2002年までツキノワグマ猟は禁止されていたが、個体数の増加にともなって2003年は狩猟が許可された）でも、参加した狩人はクマ穴の発見者であるピョートル・ガンボーヴィッチ・カンチュガ氏（1934-：以降、敬称を略してガンボーヴィッチと表記）とその血縁者2名の計3名によるものであった。

　狩人たちの語るところによれば、現在は狩人それぞれに狩猟テリトリーが存在し、基本的にそれぞれが個別にテリトリーに入って猟を展開するため、集団を構成するのは極めて困難であるという。もし仮に数人の加勢が必要となった場合は、狩猟テリトリーが近い狩人のもとへ加勢を依頼しに出かけるか、一旦村へ帰り親類縁者などに依頼するしかないという。すなわち現状においては、大型獣狩猟などに見られた伝統的な共同狩猟や小集団狩猟を実施するには、狩猟テリトリー

第 8 章　ウデヘの狩猟活動の季節的変移

を基本とした狩猟システムそのものが障害となっていると見ることができる。

　周知のように当該地域は17〜19世紀にかけての中国清朝支配下での毛皮交易、あるいは1860年の北京条約以降における帝政ロシア統治下での毛皮産業など、大国の政治経済の影響が複雑に入り組んだ地域であり、このテリトリーという概念そのものも歴史的に推移してきた可能性がある。

　クラースヌィ・ヤール村自体、1957年ソビエト時代の民族集住化政策によって誕生した比較的新しい村なのである。さらにソビエトの崩壊にともなってウデヘなどの少数民族の狩人たちは、それまで所属していたコルホーズ（Колхоз：集団農場）の狩猟漁撈部門、いわゆるゴスプロムホースが解体することとなり、以降この役割や機能を継承する組織づくりを目指し、現状の民族猟師企業株式会社ビキン（以降、A. O. ビキンと表記）の設立にいたった（経緯については第１章参照）。

　現在、ウデヘの狩人たちが分割管理し利用している領域は、ビキン川中上流域の約135万2000haである。そのうちの約10％あまりは、村外や村内のアマチュアの狩人（国家認定資格を有しない狩人）に開放しているため、純粋にクラースヌィ・ヤール村のプロの狩人たちが分け合う狩猟テリトリーは123万ha前後で、単純に計算すると１人の狩人および家族が占有するテリトリーの面積は、平均約３万ha前後となっている。これらの狩猟テリトリーの実質的な管理主体は、ソビエト時代はゴスプロムホースであったが、現在ではこれをA. O. ビキンが引き継ぐかたちとなっている。既述したように、クリームのハバゴー、オリエグのジャムチグというように、それぞれの狩人は占有的に狩猟をおこなうテリトリーと、このテリトリー内にベースキャンプとなる狩猟小屋（その多くは1970年代から80年代にかけて、旧ソビエト時代にコルホーズの資材提供などの協力によって建設された）をもっている。

　クリームやオリエグなどの話によれば、現在の狩猟テリトリーは、1957年にクラースヌィ・ヤール村が誕生した11年後の1968年にコルホーズがビキン川流域の調査をおこない、その根拠は明らかではないが１人の狩人およびその家族が資源を枯渇させることなく持続的に利用していくには約10万haあまりの領域が必要であると試算し、これを基本に猟場を分割したことにはじまるという。その後、1970年代後半から毛皮資源の利用拡大にともなってソビエト政府が国家認定の狩人を増員したため、1983年にテリトリーの再分割が実施されたという。この再分割では、ビキン川上流部に関してはテリトリーと村との往復に時間がかかること。ハバゴーの上流部にビキン川狭くなり屈曲する場所があり、例年ここに流木が溜まり舟やスノーモービルでの往き来を阻んでいるなどの理由から利用希望者が少なかったため再分割されず、中流域のテリトリーのみを再分割の対象とした。そのため、上流部のテリトリーについては1968年の分割時のまま残されることとなり、一つのテリトリーの面積も10〜18万ha前後となっているのだという（図１：図中に記された狩猟テリトリー22区画が当初分割されたテリトリーである）。これに対してビキン川の中流域は２度の分割によって一つのテリトリーの面積が狭くなり、２万ha前後となったという。

　しかしながら、スサーン・ツフイエヴィッチ・ゲオンカ氏など、クラースヌィ・ヤール村の古老の聞き取りなどから1968年にテリトリーが設定される以前、母胎となる領域上の区分け（集村

化する以前の2～5軒程度の小集落が占めていた領域）が存在しており、とくに毛皮獣狩猟を目的とした狩猟領域はヤクパーと呼ばれていたという。そして、ヤクパーは長男、次男に関係なく、あくまでも狩猟技術に長け、才能のある男子に相続されたという（田口1998）。また、アレクサンドル・サンサーノヴィッチ・カンチュガ氏（1934-）は著作『ビキン川のほとりで―沿海州ウデヘ人の少年時代―』のなかで「私ははじめ、猟場をどうやって決めるのかわからなかったが、この冬ようやくわかった。猟師は猟期が終わって家に帰ると、毎晩互いの家を訪れて、夜通し猟の話をする。今日だれかの家に来て話をすれば、次の日は別の家にまた集まる、といった具合で毎日続くのだ。話の中で、次の猟ではどこへ行くつもりか尋ねる。そうしてそれぞれが今度行く予定の場所の名をあげる。だれも反対したり、腹を立てたり、争ったりしない。そういうわけだったのだ」（カンチュガ2001：104）と第二次大戦後間もない時期の大型獣狩猟に関する猟場について記している。

　ウデヘの狩人たちが占有する狩猟テリトリーは、分水尾根を境界とする小河川や沢などを中心とした両岸とするのが一般的である。そして、このテリトリーは、スサーン・ツフイエヴィッチ・ゲオンカ氏が語るように、毛皮獣狩猟に限ってはこのテリトリー内での活動に制限されていた。しかし、一方では大型獣狩猟や漁撈、植物採集活動に関しては、道義的にテリトリーの占有者に了解を得さえすれば利用できるのであり、排他的な生活上の領域というものではない。このテリトリーは、あくまでもクロテンなどの毛皮獣狩猟に特化して設定されたものであり、この考え方は基本的に現在も踏襲されている。そして、ビキン川中流域の狩猟テリトリーが比較的狭く、上流部ほど広く設定されているのは、毛皮獣狩猟の中心となるクロテンの生息密度が上流部に遡るほど薄くなることに由来するのではないかという意見もある。アレクセイ・イワーノヴィッチ・ピオンカ氏（1965-）によれば、ビキン川のウルンガから上流部は針葉樹が卓越する寒冷な地域となり、モンゴリナラなどの落葉樹、あるいは針葉樹の中でもチョウセンゴヨウの分布が薄くなり、これらの木の実を採食するネズミの生息密度が下がる。さらに、ネズミなどを捕食するイタチやクロテンの密度も下がるからだという。この意見の正否は定かではないが狩猟テリトリーの分割基準が、単に面積を均等配分することにあったのではなく、またマンシュウアカシカやイノシシなどの食肉用の大型獣に基準があるのでもない。毛皮獣狩猟のしかもクロテンの生息密度を基準にしているという解釈は興味深い。純粋に狩猟採集漁撈を基盤生業とした生活を送る保証としてテリトリーが設定されているのであれば、その基準は採集物や食用の動物種、あるいは漁獲量など、個人の技量はともかくとして、捕獲や採集の機会が村人相互に均等に与えられるような工夫がなされるはずである。しかし、テリトリーの分け方そのものは必ずしもそのようになってはおらず、むしろ狩猟採集生活の保証としての基本的占有権としてよりも、換金交換交易資源としての毛皮獣狩猟を前提になされていると解釈できよう。

　ウデヘたちの狩猟に関するテリトリー設定は毛皮交易、毛皮市場との関係のうえに成立し継承されてきたものであり、17～19世紀、中国清朝との毛皮交易や帝政ロシアからソビエト時代にお

ける少数民族の狩猟を毛皮獣狩猟に特化させる政策の名残りをそこに見ることができる。また、ソビエト時代は、中国清朝の影響下につくられたシステムを土台に、コルホーズやゴスプロムホースといった組織化がおこなわれたものと推定できるのである（田口 2000：13）。

　さらに、大貫静夫と佐藤宏之が、考古学の立場から旧集落の居住形態と狩猟テリトリーの問題を取りあげ、中国清朝が当該地域の毛皮獣狩猟と毛皮交易を保護してきた経緯を述べたうえで、帝政ロシアもこの保護政策を受け継ぎつつ「基本的には伝統的な領域をそのまま継承して設定されてきたようである。それは、毛皮の効率的獲得という帝政ロシア以来の先住民政策の結果的産物である可能性が高い」（大貫・佐藤 2003：81）としており、筆者や佐々木史郎の民俗学、社会人類学による聞き取り調査、狩猟同行調査などから導かれた見解と相違がない。

　いずれにしても、狩人とその家族に特定の毛皮獣狩猟に特化した排他的テリトリーが与えられているということは、テリトリー内の毛皮獣の個体数の変動もまた、狩人とその家族によって維持管理されてきたということになる。現状においては、どこかのテリトリーにおいて極端にクロテンが減少し枯渇したというデータは見あたらず、このテリトリー分割の方法は、地域個体群の維持管理上も有効に機能してきたと理解することができよう（田口 2000：13）。

（２）生業としての狩猟の地位

　1990年代初頭、ソビエト崩壊直後から極東地域においては10年あまりにわたって物資の流通が滞り、物価が高騰するなど、経済的に不安定な時期がつづいた。現在でも決して安定しているとはいえないが、年々状況は改善される方向に向かいつつある。このような地域的状況の中で少数民族における経済生活上、狩猟活動も少なからぬ影響を受けてきた。筆者は、クラースヌィ・ヤール村における狩猟の状況を1998年から2000年にかけて、半自給的な食肉獲得のためのマンシュウアカシカやイノシシを中心とした大型獣狩猟へと漸次移行してきており、もはや毛皮獣狩猟は換金生業としての地位を失っている、と述べてきた（田口 1998）。しかし、この数年の調査では、毛皮獣狩猟がもたらす収入は維持されてきており、大型獣狩猟は半自給的食肉の獲得という状況から食肉を換金するためのものへと変化してきていることが明らかとなった。

　ガンボーヴィッチの話によれば、現在、５人家族が１カ月生活してゆくためには最低でも5,000ルーブルあまりの月収が必要であるという。またそれだけの収入を得るためにさまざまな生業を組み合わせ、また即現金収入となる仕事が優先されるともいう。クラースヌィ・ヤール村の人々の生活は、この５年ほどの間に消費経済が急激に浸透したといえる。衣類や野菜、果物、穀物などの生活必需品だけではなく、タイガの猟場と村を往復するための舟やスノーモービルの燃料、エンジン、修理部品、発電機、衛星テレビや受信用パラボラアンテナ、ビデオデッキ、ステレオ、自家用車やオートバイなど、あらゆる生活物資がクラースヌィ・ヤール村にもたらされるようになった。このような状況から、クラースヌィ・ヤール村の狩人たちも効率の良い現金収入源をこれまで以上に意識し、市場志向型の生業、とくに狩猟の換金生業化をより明確にしたと

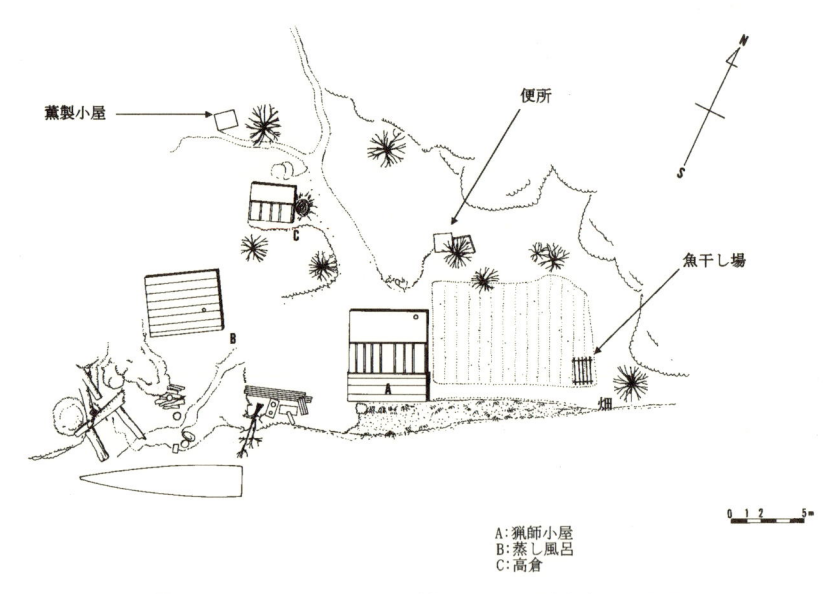

第3部　シホテ・アリニ山地の人々―フィールド調査から3―

図3a　クラースヌィ・ヤール村ハバゴーの狩猟小屋配置図

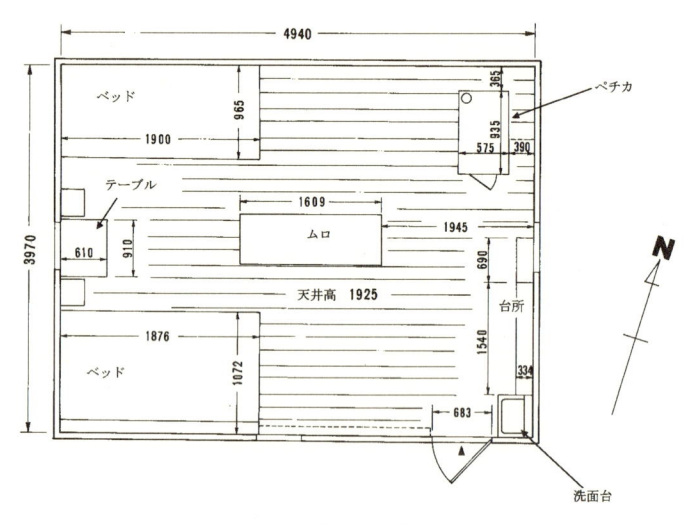

A：猟師小屋
B：蒸し風呂
C：高倉

図3b　狩猟小屋平面図

いえる。

　ところで、A. O. ビキン所属の狩人A氏の場合、2002年の1年間の猟果は、大型獣はマンシュウアカシカ（以降、アカシカと表記）15頭、イノシシ2頭、ヘラジカ1頭の計18頭。毛皮獣はクロテン25頭、イタチ3頭の計28頭であった。これらはすべてA氏が占有する狩猟テリトリー（猟場）で捕獲されたものである。また、先にも記したがクラースヌィ・ヤール村の43名、その他のアマチュアの狩人たちが年間に捕獲するクロテンは500頭あまりで、1人当たりの平均捕獲頭数は約5～6頭、プロの狩人だけを見ても8～9頭であり、A氏の捕獲率の高さが理解できよう。また数人の狩人の捕獲数を見てゆくと、与えられている狩猟テリトリーの面積と捕獲数の間には相関

第 8 章　ウデヘの狩猟活動の季節的変移

関係は見られない。

　狩猟から得られる収入についてであるが、50歳代のA氏の場合、クロテンの売却収益はおよそ12,500～20,000ルーブル、大型獣の肉の売却収益は約10,000ルーブルあまりである。A. O. ビキンの肉の買い取り価格は、アカシカの肉1kgで20ルーブルであるから10,000ルーブルといえば500kg相当ということになる。

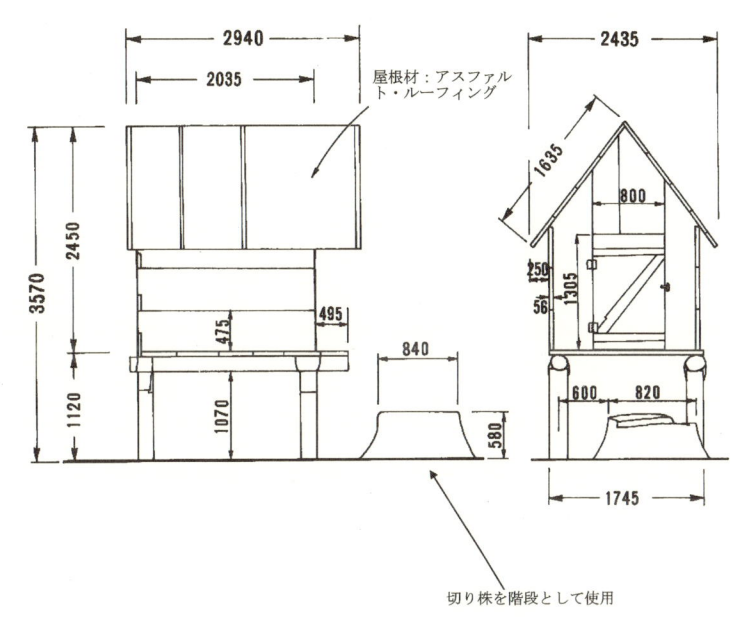

図3c　アンバール（高床倉庫）立面図

　さらにA氏は、例年クラーススヌイ・ヤール村と狩猟テリトリーの間を年間約10回往復し、狩猟小屋を中心に猟場で約4カ月間を過ごしている（図3a，b，c、写真1）。その内容は、4月、ビキン川の解氷とともにオモロチカ（狩猟用の丸木舟。ウデヘ語ではウトゥンガという）でのアカシカを対象とした待ち伏せ猟とウデヘ語でデッケ（台という意味）、ロシア語でラバス（лаьасе）と呼ばれる据木を使用した誘因待ち伏せ猟などをおこなう。5月、狩猟小屋横の畑を耕す。6月、畑にジャガイモを植える。7月、オモロチカによるアカシカ猟。8月、オモロチカによるアカシカ猟。9月、ジャガイモの収穫。冬場の食料のために300kgは収穫し、狩猟小屋の床下などの室に貯蔵する。10月末、凍結したビキン川をスノーモービルで猟場に入り、毛皮獣用の各種罠を準備し、猟場内に仕掛ける。12月末、新年とクリスマスを祝うために帰村し、1月上旬にまた猟場へ戻る。2月、捕獲した毛皮を村に運び、大型獣狩猟のために、再び猟場へ戻る。以上、9往復は例年のことであり、このほかにその年々によって所用やガイドなどで2、3回往復することが

写真1　ハバゴー狩猟小屋
　ハバゴーの狩猟小屋の概観。狩猟小屋は1987年、薫製小屋は1988年、風呂は1990年、高倉は1995年にそれぞれ建設された。長期滞在型の狩猟小屋とその付帯施設は生活上の優先順で、まず保存食を作る施設が不可欠であるとクリームは語る（2003.01.19）

195

あるという。狩猟小屋に入らない残りの8カ月はクラースヌィ・ヤール村で過ごし、レスプロムホース（森林組合）で月800ルーブルの給料をもらいながら働いているという。また、不定期な大工仕事にも従事しており、額は少ないが副収入になるともいう。そしてタイガに観光や狩猟に訪れる外国人などの車の送迎、タイガのガイド料や手伝いといった副収入が約10,000～20,000ルーブルあり、年収は約50,000～60,000ルーブルとなっている。

　すなわち、A氏の全収入の80％あまりは狩猟関係、あるいはタイガに関わることで生み出される収入ということになる。また、A氏は猟場の河川で漁撈をおこない、年間1,000匹前後の川魚を得ている。その内の2、3割を狩猟小屋で消費し、残りは村に持ち帰って自給用の保存食料として利用している。漁撈は直接的に現金を生み出すということはないが、自給用の食物資源の獲得という意味で大きな役割を担っていることに違いはない。A氏は、この10年あまり自宅周辺の空き地や猟場の狩猟小屋横にも畑を作り、自給用のジャガイモやタマネギを作っており、プロの狩人とはいっても完全な狩猟専業という訳ではなく、タイガを背景とした複数の生業によっているのである。

　50歳代のB氏の場合は、年間の猟果はアカシカ5頭、クロテン7頭、カワウソ2頭、ミンク3頭であった。70歳代のC氏の場合、アカシカ9頭、イノシシ3頭、ノロジカ2頭、クロテン19頭、イタチ3頭、リス160頭であった。

　B氏によれば、理想を語ればアカシカやイノシシなどの大型獣を1カ月に平均1～2頭捕獲できればかなり生活は安定するという。1頭は自家用、1頭はA. O. ビキンに売却してやっと家族の生活が安定するのだという。C氏は、年金が月2,500ルーブルあるが、狩猟や他の仕事で年間およそ22,000ルーブルぐらい稼いでいるが、それでも生活は苦しいという。

　すなわち、収入の割合には個人差が見られるもののクラースヌィ・ヤール村での生活では、現状においても狩猟が生業として重要な役割を担っていることには変わりがない。そして、クラースヌィ・ヤール村のウデヘは、アムール川本流および支流のウスリー川流域に居住するナーナイ、ウリチ、ネギダール、ニヴヒ、オロチなどの多くの少数民族の村がある中で、タイガに依拠した生活形態を現在もなお色濃く残しているという意味で希少な例ともいえるのである。このような傾向は、隣接するホル川沿いに暮らしていたウデヘグループなどと異なり、当該地域が森林伐採をまぬがれたことに起因しているといえる。つまり、狩猟やガイド料などタイガに関わることで基本的収入が得られ、タイガの持続性がウデヘたちの生活を保証する相互関係が保たれており、地域経済の影響を受けつつ、また技術的な部分では変化著しいものも見られるが、基本的な森林に依拠した生活構造は旧来の姿をとどめていると判断できるのである。

2. 夏期における狩猟活動

（1）アカシカの待ち伏せ猟

　狩猟小屋を中心におこなわれる毛皮獣狩猟や大型獣狩猟は、その自然環境と狩猟対象となる動物種の行動生態にそって組み合わされている。狩猟対象となる動物種をいかなる目的で捕獲するのか、それが狩猟の時期を決定しており、毛皮であれば最も毛皮が良質な厳冬期に、肉であれば最も脂ののった晩秋から冬、漢方の素材となるアカシカの袋角であれば、角が生え変わる初夏となる。その狩猟方法について、ガンボーヴィッチは「夏は待って、冬は追うのだ」という。

　ビキン川が解氷し、春を迎えるとアカシカやイノシシを対象とした据木猟がおこなわれる。クリームによれば「イノシシやアカシカは、冬期間塩分の乏しい時期を過ごしているので春先には塩を欲しがる。だからヌタ場などに塩の袋を置いておくと、それを舐めにやってくる。そこをラヴァスから狙う」という。据木の高さは、その場の状況によってまちまちであるが約5〜8mあまりで、設置場所となるのは主にヌタ場や水場である。ハバゴーの猟場、狩猟小屋周辺には3カ所にラヴァスが設置されているが、この数年は使用していないという（図4）。理由は、オモロチカで水辺に寄ってくるアカシカなどを狙った方が捕獲効率が良いこと。ラバスでの待ち伏せ猟は、長いときには4〜5日近くラバスの上で過ごさなければならず、肉体的に辛いこと。さらに近年では村の自宅の周辺に畑を耕作しはじめているため、春期はジャガイモなどの作付けに村に帰らなければならないからだともいう。1990年代以降、クラースヌィ・ヤール村では小規模ではあるが農耕化が進行しており、このため労働力が農耕へそがれ、狩猟採集活動に少なからぬ影響

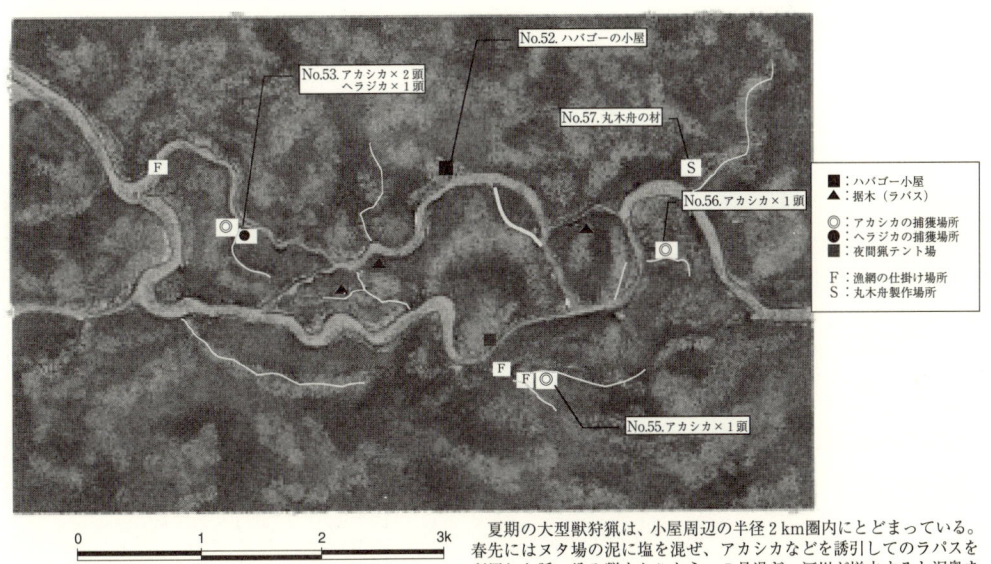

図4　ハバゴー：夏の狩猟領域【大型獣狩猟】2002.08

夏期の大型獣狩猟は、小屋周辺の半径2km圏内にとどまっている。春先にはヌタ場の泥に塩を混ぜ、アカシカなどを誘引してのラバスを利用した誘い込み猟をおこなう。7月過ぎ、河川が増水すると沢奥まで丸木舟で進入し、夜間の待ち伏せ猟をおこなう。図中に示した捕獲事例はすべて夜間の待ち伏せ猟によるものである。
図中のNo.は章末資料「表-3」のGPSデータ表のNo.に対応

第3部　シホテ・アリニ山地の人々―フィールド調査から3―

表1　2002年夏期：ハバゴーにおける狩猟・漁撈活動状況

年	月	日	天候	気温	主要な活動	漁撈	狩猟(哺乳類)	狩猟(鳥類)
2002	Aug	11	快晴	16℃	クラースヌィ・ヤールからハバゴーへ移動。漁網の敷設。夜間の待ち伏せ猟	3（レノク）	0	0
		12	快晴	14℃	ヘラジカの解体処理。昨秋捕獲したアカシカの骨格を回収：夜間の待ち伏せ猟	5（レノク）	1（ヘラジカ）	0
		13	晴れ-雷雨	15℃	アカシカの解体処理。漁網の回収。ハバゴーからクラースヌィ・ヤールへ戻る	7（レノク）	1（アカシカ雌5才）	0
					クラースヌィ・ヤールでの調査			
		18	曇り-雨	12℃	クラースヌィ・ヤールからハバゴーへ移動：漁網の敷設。夜間待ち伏せ猟	3（ハリウス）	0	0
		19	快晴	12℃	午前：釣り。薫製用の薪伐り。夜間待ち伏せ猟	3（レノク、タイメニ）	1（アカシカ4才）	0
		20	曇り-小雨	13℃	夏期の肉の保存、干し肉、薫製、塩漬けの再現	5（レノク）	0	0
		21	小雨	15℃	オモロチカ（猟用丸木舟）の復元のための材料探し。午後、肉の保存処理	4（レノク）	0	0
		22	小雨	14℃	オモロチカの製作復元	0	0	0
		23	雨	14℃	オモロチカの製作復元；夜間待ち伏せ猟	0	0	0
		24	雨	15℃	アカシカの解体処理。オモロチカの製作復元	0	2（アカシカ親子）	0
		25	曇り-晴れ	13℃	オモロチカの製作復元	0	0	0
		26	濃霧-晴れ	12℃	ハバゴーからクラースヌィ・ヤールへ戻る	0	0	0
					猟果	ヘラジカ	1	
						マンシュウアカシカ	4	
						魚類	30	

が出はじめている。さらに、ラバスでの待ち伏せ猟の場合、ノロジカやジャコウジカなど肉の少ない動物も引きつけられてくる。しかし、狩人としては換金率が高く肉の量が多いアカシカに狙いを定めたい。そのため、オモロチカでの猟が優先されることになるともいう。

　オモロチカを用いた、水辺での待ち伏せ猟は7〜8月が最盛期となる。アカシカは、夜間に採食活動をし、春先から秋期にかけては水辺に生える水草を食べにやってくる。そのため水辺にアカシカの採食痕や足跡が残され、狩人はこれを見て獲物の動きを判断している。

　通常、日が傾きはじめるころに板舟に乗って狩猟小屋を出発し、猟場となる分水流の水辺を丹念に足跡を見て歩き、併せて漁網の点検などもおこなう。そして一旦、ビキン川本流沿いに仕立てた簡易テントで休み、日が暮れるのを待つ。この簡易テント場にオモロチカが置いてあり、実際の猟には板舟からオモロチカに乗り換えて出猟することになる。そして夜の訪れとともに簡易テントを出発して猟場となる分水流に入る。待ち伏せ猟は、暗闇の中にアカシカがいれば目が青く光るのでそれと分かる。銃には事前にバッテリー・ランプを装着しておくので、アカシカの気配を察知したらランプをつける。そして、ランプに照らし出されたアカシカをオモロチカの上からライフルで狙い撃つ。仕留めると、アカシカを分水流から本流へと運び出し、河原で内臓を取り出しておく。夏場は気温が高いため、アカシカの腹部にガスが溜まり腐敗が進みやすいためである。その後、簡易テントに戻り仮眠をとって、翌朝漁網を見て回り、アカシカと漁獲した魚を板舟に積み、狩猟小屋へ戻る。天候さえ良好であれば、このようなサイクルを数日間繰り返して

おこなうのである。

　狩猟小屋へ戻ると、早速アカシカの解体をおこなう。現在では、特別な保存作業はおこなわず、解体は大きな部位に分けるだけである。クリームの場合は、解体した肉を風呂場（蒸し風呂）として使用している小屋の中に吊しておく。このように生の状態で数日間保管する場合は、肉を細かく切り分けてしまうと傷みが早まるので、そのまま肉の固まりを保管するのである。気温や湿度によって若干ズレは生じるが、通常このようにして保管できるのは3、4日が限度であるという。取り出された内臓は、虫がいることが多いため肝臓などの一部を除いて毛皮とともに川などに廃棄される。秋であればクマなどの誘引猟に餌として使用することがある。とくに夏期のアカシカの毛皮は、皮と皮下脂肪の間にウシバエの幼虫が寄生してできた腫瘤（英語ではWarblesと呼ばれる）が多く見られ、ウデヘの狩人はこれを嫌う。また夏期の毛皮はダニが発生しやすく利用価値もないため廃棄されるのである。これに対して肝臓や心臓はスープの具として煮込んで食される。秋の場合、アカシカの背肉の一部はタラと呼ばれる生食に用いられる。背肉を細かく刻み、タマネギやニンニクと合え、塩をまぶして食される。ウデヘの人々は、このアカシカのタラを御馳走と考えており、猟のあった夜にはこれをつまみに酒宴となる。

（2）夏の狩猟活動領域

　夜間待ち伏せ猟をおこなう領域を図4に示す。図には2002年夏期の同行調査の折りに捕獲されたアカシカ3頭とヘラジカ1頭の捕獲場所を示した。2001年の秋期調査においてもほぼ同じ場所で捕獲しており、図中に示した3カ所の分水流がハバゴーにおける待ち伏せ猟のポイントになっているといって良い。春から秋期までのアカシカを主とした待ち伏せは、狩猟小屋を中心に半径2〜3km圏内でおこなわれている。

　このような夏の狩猟活動は、狩猟テリトリーの分割以前と基本的には変わってはいないとクリームはいう。ただ、変化が著しかったのは、板舟に船外機を取り付けるようになった1950年代であったらしい。ガンボーヴィッチによれば、当時は、集住化される以前であり、現在のクラースヌィ・ヤール村から15kmほど上流にセインと呼ばれる30軒ほどの集落があった。船外機が導入される以前、セイン集落からハバゴーまでは櫨と棹で操舟して1日15kmほどしか遡上できず、2週間はかかったという。また夏場など、ビキン川の水量が多い時期にはハバゴーまで遡上するのに20日近くかかる場合も珍しくはなかったという。このため船外機が導入されるまで、ハバゴーなど村から100km以上も離れた猟場で獲得された肉は、後述することになるが、薫製や干し肉（写真2）、塩蔵などの保存処理が施された。保存処理された肉は、基本的には村に持ち帰り消費されたが、その一部は狩猟小屋での食料にも用いられた。現在では、クラースヌィ・ヤール村、ハバゴー間は船外機付きの板舟で往路が7時間、復路で5〜6時間という早さになった。猟場との往復が短時間ですみ、しかも肉が売却できるようになったため保存処理をせずに生肉のまま保管し、数日間猟を継続し肉が蓄えられると村へ戻り、A. O. ビキンの冷蔵庫に入れるようになっ

第3部　シホテ・アリニ山地の人々―フィールド調査から3―

写真2　鹿肉の薫製作業
　1960年代前半までは、写真のようなウデヘ語デッケ（台という意味）と呼ばれる木組の薫製台をつくって食肉の保存作業を行っていた。写真は、ピョートル・ガンボーヴィッチ・カンチュガの協力で当時の薫製作りを再現してもらったもの（2002.08.20）

ている。

　2002年8月の調査時には、ヘラジカ、アカシカ合わせて4頭を捕獲したが、その内アカシカ1頭は、1/2頭分を薫製や干し肉などの保存技術の再現のために利用し、残りはクリーム、オリエグ、ガンボーヴィッチのウデヘ狩人3名と筆者ら調査隊の3名、計6名で消費した。クラースヌィ・ヤール村まで持ち帰った肉はアカシカ2頭分とヘラジカ1頭分であった。

　オリエグによれば、5人が小屋で暮らす場合、肉だけの食事をすればアカシカ1頭の肉で1週間程度しかもたないという。パンや野菜が豊富であれば2週間以上食べていける。そのため、わずかであってもジャガイモやタマネギ、キャベツなどを栽培することは、それだけ肉の消費量を減らすことになり、売却する肉の量も増えることになるという。現在、クラースヌィ・ヤール村において、積極的に畑を耕作しようとする動きが見られるが、その背後には狩猟による肉の供給と消費の関係があるのである。

3. 冬期における毛皮獣狩猟と大型獣狩猟

（1）罠の設置場所と設置方法

　例年、ウデヘの狩人たちが毛皮獣狩猟のために猟場に入るのは10月半ば過ぎ、ビキン川が完全に凍結してからである。2002年、クリームは10月末、クラースヌィ・ヤール村からスノーモービルでハバゴーに入り、本格的な毛皮獣狩猟をはじめた。クリームがハバゴーの猟場内に仕掛けた罠は、クロテン用が25カ所、イタチ用2カ所、カワウソ用6カ所の計33カ所である（図5，6）。1980年代までの毛皮獣狩猟全盛期には、1人の狩人が500～600の罠を仕掛けていたという。しかし、今日では20～30、比較的多く仕掛ける狩人でも50～70と極端に少なくなっているとクリームはいう。無論、現在使用されている罠は、専ら捕獲器（トラバサミ）である。クリームによれば、捕獲器による毛皮獣の捕獲率は約10～15％で、そのなかでクロテンが掛かる率は5％ほどであるという。クロテンを捕獲するためにワイヤーは一切使用されない。その理由は、ワイヤーで捕獲すると毛皮に傷が付くこと、さらにワイヤーの場合は、降雪の度に埋もれてしまうためメンテナンスを頻繁におこなわなければならないからだという。

　ところで現在、ビキン川流域には2種のクロテンが生息している。一つは首筋が黄色いクロテ

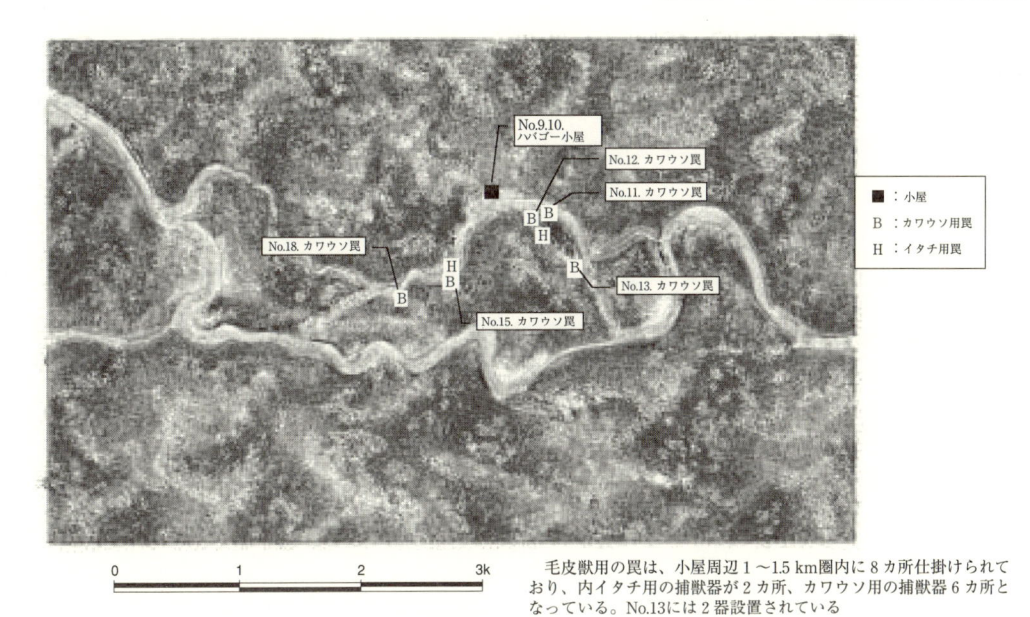

第8章　ウデへの狩猟活動の季節的変移

毛皮獣用の罠は、小屋周辺1～1.5km圏内に8カ所仕掛けられており、内イタチ用の捕獣器が2カ所、カワウソ用の捕獣器6カ所となっている。No.13には2器設置されている

図5　ハバゴー：冬の狩猟領域【小屋周辺の罠の設置場所】2003.01

ンであり、この種が従来からビキン川流域に生息していたものである。もう一つは、放獣された全身が黒い毛で覆われたもので、良質のクロテンといわれているバイカル湖周辺を原産地とするバルグジンスキー・ソーバリ（баргузинский соболь）である。このクロテンは1950年代後半にゴスプロムホースの狩猟部門（ГПХ: охотнитье хозяйство госпромхоз）によって移入され、繁殖したものである。毛皮の買い取り価格も後者が3割程度高い。このあたりにいかにソビエト政府が少数民族の主要産業として毛皮獣狩猟を奨励していたかが理解できる。

ところで、2003年1月、筆者がハバゴーに調査に入った時点で狩猟小屋周辺にクリームが罠を仕掛けていた場所を図6に示す（表2）。

まず、狩猟小屋から東西に500mほど離れた2地点にミンク用の罠を仕掛けていた。仕掛けは、凍結した分水流の上に雪で山を作り、その中に空洞を設けて捕獣器を設置し、魚の頭を入れておくという簡単な誘因罠であるが、結局、この罠には滞在中1頭も掛からなかった（写真3）。さらに分水流に沿って6器のカワウソ用罠を設置していた。図中では5カ所の記載になっているが、No.15に2器の捕獣器が仕掛けられていた。カワウソ用の捕獣器は、流れのある狭い場所に仕掛けられており、河川が凍結する以前からカワウソがその場所を通るように流路を狭めておいた場所である（写真4）。これらのカワウソ用罠も、滞在中に獲物は掛からなかった。クリームによれば、カワウソは1シーズンに掛かったとしても2、3頭であるという。それは圧倒的に個体数が少ないことと、罠に対してきわめて敏感であるからだという。

一方、クロテン用の罠であるが、この罠の仕掛け方には大きく2つの方法がある。一つは、餌を使用して仕掛ける誘因式のもので、木の根子部分の洞や倒木などの陰に仕掛けられる。一つは、餌を用いずにクロテンの足跡に沿って仕掛ける待ち伏せタイプのものである（写真5a，b，c，

201

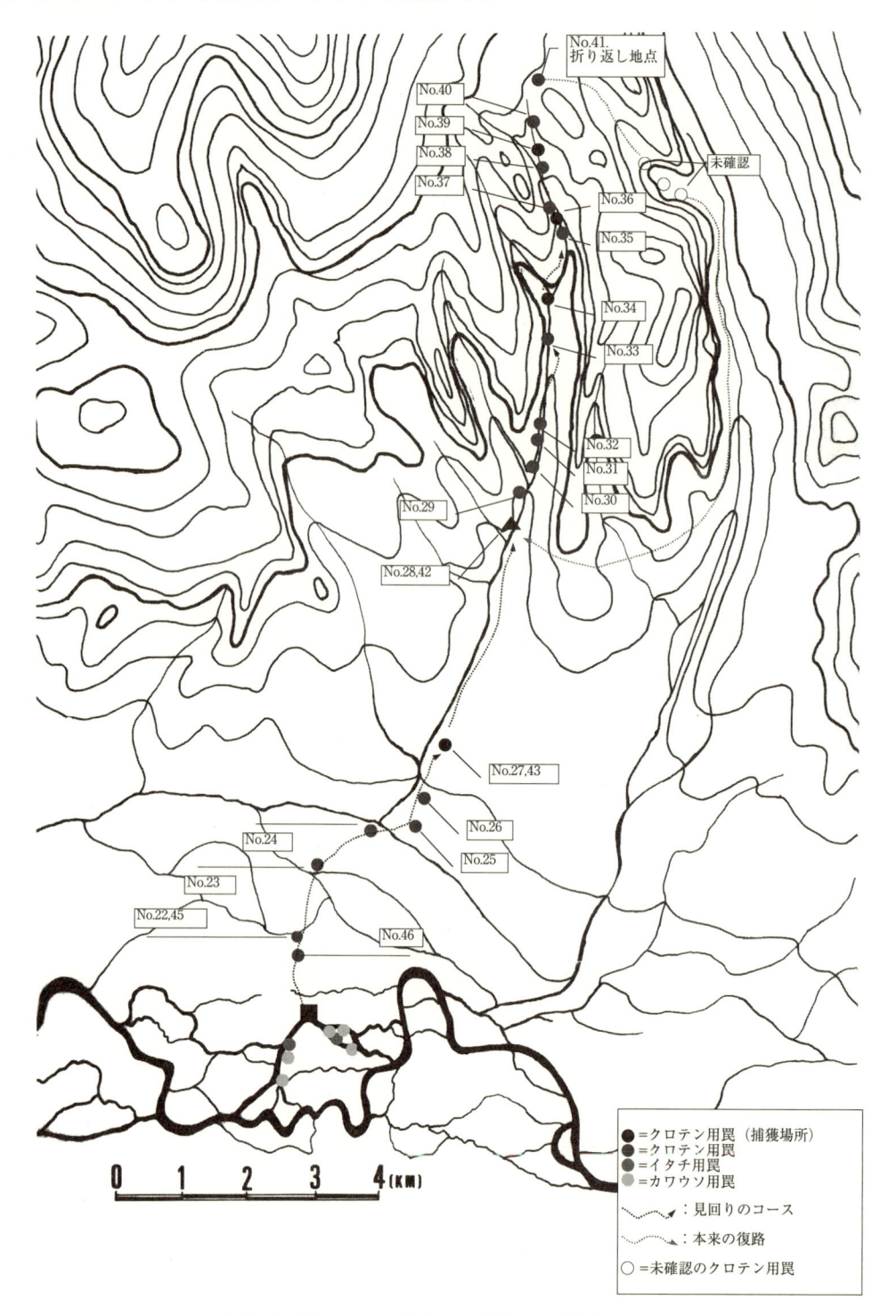

第３部　シホテ・アリニ山地の人々―フィールド調査から３―

図６　ハバゴー：冬の狩猟領域【罠の設置場所】2003.01

第8章　ウデヘの狩猟活動の季節的変移

写真3　イタチ用罠
イタチ捕獲用に仕掛けられた捕獣器。雪穴の中に魚の骨などを餌として入れ、捕獣器を仕掛けておく。例年3、4カ所にこのような罠を仕掛けるが、捕獲量は2、3頭であるという（2003.01.08）

写真4　カワウソ用罠
カワウソ用の罠を点検するクリーム。カワウソ用の罠は、小河川の流れのある浅瀬に仕掛けられるもので、餌は使用しない（2003.01.08）

d）。いずれのタイプも比較的クロテンが捕食するネズミの多い沢に沿って仕掛けられる。クリームは、後者の待ち伏せタイプを採用していた。仕掛けられたクロテン用の罠すべてが待ち伏せタイプのものであった。クリームは、ほとんど倒木の上に捕獣器をかけており、クロテンが倒木上を移動してきても、倒木をクロスするかたちで乗り越えようとしても捕獣器に前足がかかるように細工をした（写真5a）。この罠の仕掛け方は、狩人毎に違っているが、罠の仕掛けられる場所ごとの環境要件から生ずるというものではなく、罠猟を誰から教わったのか、その指導者の考え方に大きく影響されていることが多い。

　ハバゴーには、ビキン川沿いの狩猟小屋の他に、7kmほど離れた山沿いにクリームが第2のバラクと呼んでいる小さな簡易狩猟小屋（小屋の広さは3680mm×2780mm：以降、奥の小屋と表記）が設置されている。クリームは狩猟小屋から奥の小屋、そして奥の小屋からさらに8kmほど奥の稜線部にかけて1本の沢筋全体にクロテン用の罠を25器仕掛けていた（図6）。さらに稜線部を越えて東側の沢沿いに3器（未確認）掛けており、その罠の分布は、沢に沿って総延長約15kmにおよんでいる。この罠の見回りを6、7日ごとにおこなう。罠の見回りには専らスキーが利用されるのであるが、気温−20℃〜−40℃の中を単身で移動するため、危険性が高いという。クリームの猟場は、既述したように約22,000haであるが、いかに冬期間の狩猟活動が広がるといっても、猟場全体の約3割しか利用していない。クリームによれば、奥の小屋からさらに7kmほど奥にもうひとつ小屋を建てたいが、地形が険しくなるのでスノーモービルでの移動も困難なため、現状では奥の猟場までは利用できないという。またクリームは、冬期間の寒冷な環境下において

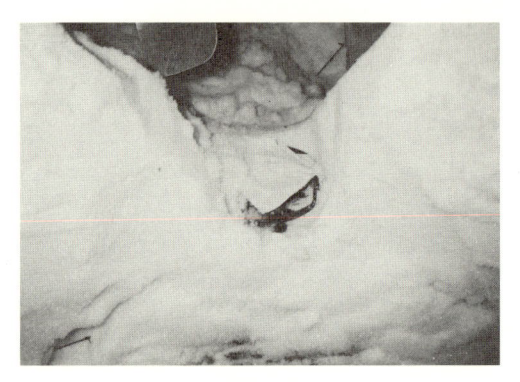

第３部　シホテ・アリニ山地の人々―フィールド調査から３―

写真5b

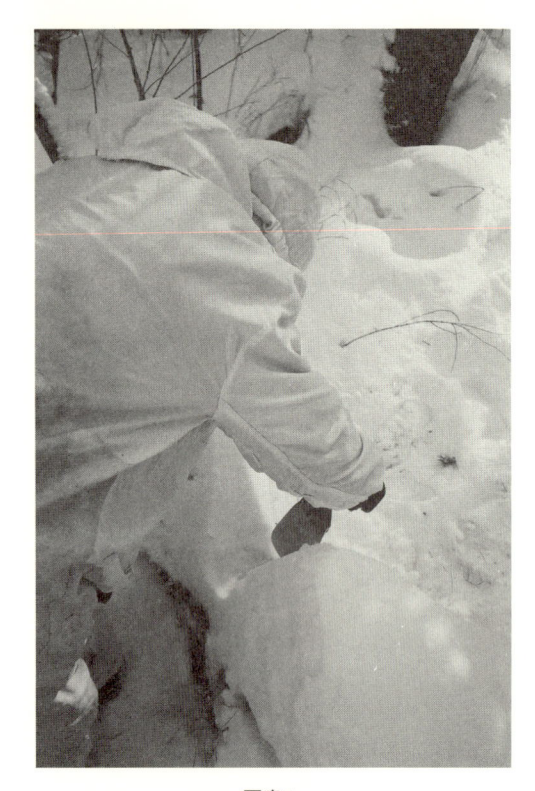

写真5a

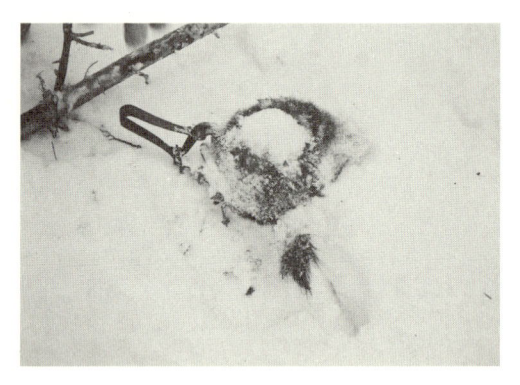

写真5c

写真5a.b.c.d　　クロテン用罠の設置
　クロテン用の罠は、現在すべて捕獣器を使用している。捕獣器の仕掛け方には大きく２通りあり、一つは餌を使用して誘引する方法、一つは餌を使用せず獣道に設置して待ち伏せる方法である。どちらの方法を採用するかは、その猟場の条件もあるが猟師の考え方いかんで決まる。クリームは後者を採用し、倒木上に捕獣器を設置することが多い（ａ）。写真は倒木上に設置した捕獣器の点検作業。降雪の度に捕獣器が雪に埋もれてしまうので、点検はこまめに行われる。捕獣器の機関部の凍結を防ぐために捕獣器の上には薄い紙が敷かれ（ｂ）、その上にうっすらと雪をかける。写真ｃは捕獣器に掛かったクロテン、写真ｄは小屋内で干されるクロテンの毛皮（2003.01.12）

写真5d

7kmという移動距離が一つの目安になるという。徒歩であってもスキーを利用しても、片道7km、往復約15kmが毛皮獣狩猟を中心におこなう厳冬期狩猟の移動の区切りになる、そのため狩猟小屋と奥の小屋は7kmほどの距離に設置してあるのだという。

（2）大型獣狩猟の活動領域とその方法

冬期間の猟場滞在中には、アカシカ、ノロジカ、イノシシ、クマ類などの大型獣狩猟もおこなう。通常は1人で滞在しているため、その方法は雪面に残された足跡や食痕などを追っておこなう追跡猟が主になる。もし滞在者が複数になった場合には、追い込み猟もおこなう。2003年の1月は、クリームと筆者、そしてサポート役のミーシャ（クリームの娘婿）が同行していたため、3人で追い込み猟をおこなった。このときおこなった追い込み猟の範囲と場所を図7に示す。追い込み猟は、クリームと筆者が射手を務め、ミーシャが勢子を務めるというかたちでおこなった。図7に見回りのコースを示したが、毎日このコースを歩いて罠の確認もしながらアカシカやノロジカ、イノシシなどの新しい足跡を探し、まだその猟場の範囲内に獲物が留まっているかどうかを確認して、足跡が猟場から抜けていない場合には追い込み猟をおこなった。表2に示したように、滞在期間中に連日10回以上追い込み猟をおこなった。しかし、獲物の姿は確認できても捕獲にはいたらなかった。

通常、クリームが単身でおこなっている追跡猟の範囲を図8に示す。大型獣の追跡猟は、クロテン用の罠を見回りながらおこなうのが一般的であるが、大物の足跡などを発見した場合には、罠の見回りよりも追跡猟を優先する。狩猟小屋滞在中の食料を確保するためにも追跡猟はかかせないからである。クリームが追跡猟をおこなうのは、奥の小屋周辺であるが、その1日の移動距

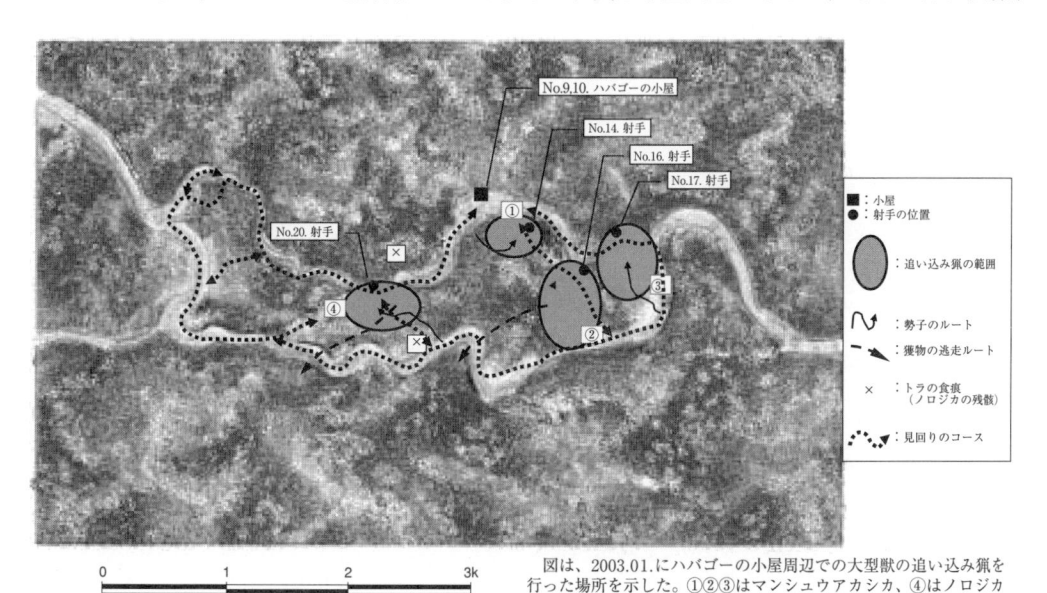

図7　ハバゴー：冬の狩猟領域【小屋周辺での追い込み猟】2003.01.

図は、2003.01.にハバゴーの小屋周辺での大型獣の追い込み猟を行った場所を示した。①②③はマンシュウアカシカ、④はノロジカを対象としたもの

表2　2003年冬期：ハバゴーにおける狩猟・漁撈活動状況

年	月	日	天候	気温	主要な活動	漁撈	狩猟(哺乳類)	狩猟(鳥類)
2003	Jan	7	晴れ	(-)35℃	クラースヌィ・ヤールからハバゴーへスノーモービルで移動	0	0	0
		8	晴れ	(-)30℃	トラッキングによる大型獣狩猟(アカシカの追い込み猟)：カワウソ用罠見回り	0	0	0
		9	雪／曇り	(-)30℃	トラッキングによる大型獣狩猟(アカシカの追い込み猟)	0	0	0
		10	晴れ	(-)26℃	トラッキングによる大型獣狩猟(アカシカの追い込み猟)：カワウソ用罠見回り	0	0	0
		11	薄曇り／小雪	(-)35℃	トラッキングによる大型獣狩猟(アカシカの追い込み猟)	0	0	0
		12	曇り／小雪	(-)30℃	奥の小屋へ徒歩で移動：クロテン用の罠を見回りながら移動	0	0	0
		13	曇り／小雪	(-)17℃	奥の小屋から沢沿いに上流部へ移動。罠の見回り。沢奥のピークで折り返す	0	3(クロテン)	0
		14	薄曇り／晴れ	(-)32℃	奥の小屋からハバゴーの小屋へ戻る。帰途も罠の見回り。小屋に戻り毛皮の処理	0	1(クロテン)	0
		15	快晴	(-)34℃	クロテンの毛皮の処理。アカシカの足跡を追跡する	0	0	0
		16	快晴	(-)36℃	イノシシの足跡を追う。カワウソの罠の見回り	0	0	0
		17	小雪／晴れ	(-)23℃	アカシカとノロジカの足跡を追跡	0	0	0
		18	晴れ	(-)33℃	ノロジカの足跡を追跡。鳥猟	0	0	2(エゾライチョウ)
		19	晴れ	(-)32℃	薪伐り。ノロジカの足跡を追跡	0	0	0
		20	晴れ	(-)37℃	ハバゴーからクラースヌィ・ヤールへスノーモービルで戻る	0	0	0
					猟果	クロテン エゾライチョウ	4	2

※魚類は昨秋捕獲し冷凍保存されたレノーク、タイメニ等65匹がアンバールのなかに貯蔵されており、毎日1～2匹食用に使用。

離は10～15kmになる。標高の高い山手にはイノシシが多く、冬期間狩猟では例年1、2頭のイノシシを捕獲している。

　クリームは、あまりおこなわないが、10月～11月にかけてクマ猟がおこなわれる。クマ猟は、越冬穴で冬眠中のクマを狙うものであるが、まず冬眠に入る前の時点でクマの足跡を発見してから越冬穴に入るまで数日かけて追跡する。穴に入ったことを確認すると、近くのテリトリーにいる仲間を呼び寄せて2、3人で猟をおこなう(写真6)。冬期間の狩猟では、エゾライチョウも獲る(写真7)。エゾライチョウは、通常個体ごとに行動しているが10月末から繁殖期に入り10羽程度の群をつくり捕獲が容易でもあるため、大型獣狩猟が不猟の時には貴重な食料源となるのである。もちろん銃は散弾銃かトーゾフカと呼ばれるリス撃ち銃が使用される。クリームによれば、ハバゴーにはリスが少ないため、ほとんどリス猟はおこなっていないという。下流側のテリトリーにはリスが多く移動してくるので盛んにおこなわれている。筆者も1999年におこなったダドゥンガでの調査の際、滞在中に27頭のリスを捕獲しており、猟場の環境によってリスの生息数にはかなりの開きがあることがわかる。

4．食物の保存技術と季節性

　1960年代ごろまでは、夏の猟場に滞在するために、春の漁撈が重要であった。春の漁撈ではコ

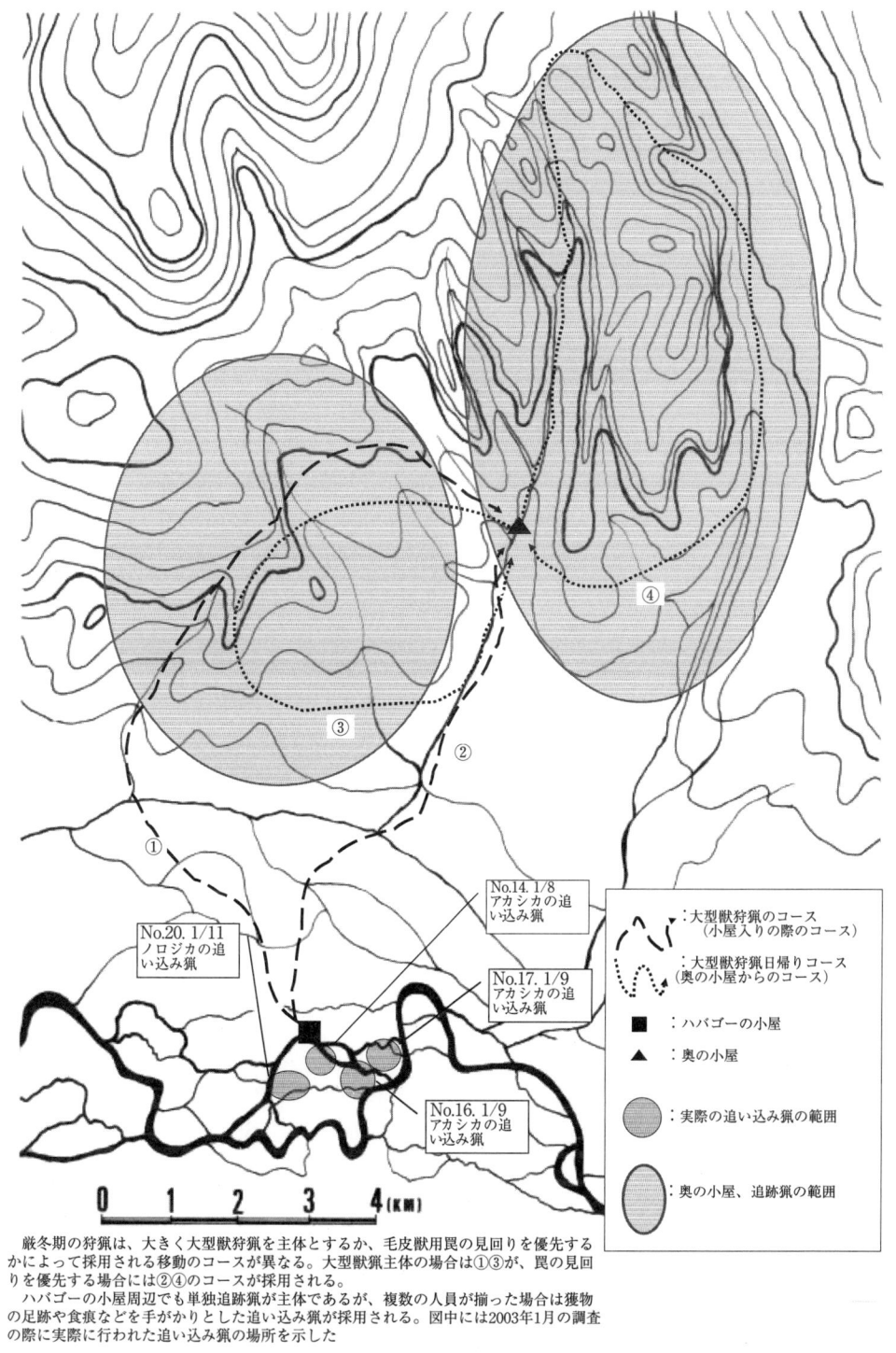

第 8 章　ウデヘの狩猟活動の季節的変移

厳冬期の狩猟は、大きく大型獣狩猟を主体とするか、毛皮獣用罠の見回りを優先するかによって採用される移動のコースが異なる。大型獣狩猟主体の場合は①③が、罠の見回りを優先する場合には②④のコースが採用される。
　ハバゴーの小屋周辺でも単独追跡猟が主体であるが、複数の人員が揃った場合は獲物の足跡や食痕などを手がかりとした追い込み猟が採用される。図中には2003年1月の調査の際に実際に行われた追い込み猟の場所を示した

図 8　ハバゴー：冬の狩猟領域【大型獣狩猟】2003.01

第3部　シホテ・アリニ山地の人々―フィールド調査から3―

写真6　クマ穴
ツキノワグマが冬眠していた樹木の洞。ピョートル・ガンボーヴィッチ・カンチュガが発見し、捕獲に出かけたが、ロシア人のアマチュア猟師に先を越されて既に捕獲されていた（2003.01.05）

写真7　捕獲されたエゾライチョウ
冬期間、大型獣狩猟や毛皮獣狩猟の合間をぬって、鳥猟も行われる。主にリャープチックと呼ばれるエゾライチョウが獲物となる（2002.01.18）

クチマス、カワヒメマス、カワカマス、イトウ、ウグイ、コイなどが獲られ、夏に向けての保存食としてウデヘ語でフムテと称する田麩が作られた。夏から秋にかけては、魚種は変わらないがナメクテと呼ばれる保存期間が20日前後の短期保存のための薫製が作られた。また、春から秋にかけてアブラハヤ、ウグイなどの小魚類も網漁や釣り猟によって獲られた。

　当時のことに関してスサーン・ツフイエヴィッチ・ゲオンカ氏は、例年、4月下旬から5月上旬ごろにかけて1家族で数百から千の単位でイトウやコクチマスを獲り、この魚肉とアカシカの脂を混ぜてフムテを作ったという。フムテの加工処理は、5月一杯かけておこない1家族あたり20〜30kgを保存し、夏の猟場に持ち込んだという。現在では、河川が汚れ、これらの魚が減少しており、食料も外部から購入できるのでフムテは作られていない。

　夏期から秋期における大型獣狩猟によって捕獲された肉も魚類どうようにセウテーと称する薫製肉やカスーと呼ばれる干し肉に加工し、10日から20日あまりの短期的保存食料として利用していた（写真2）。セウテーにするのは、おもにカスー用の肉を剥ぎ取った後の肉の付いた肋や大腿部などの骨の部分である。

　カスーは、肉の固まりを短冊状に薄く切り、乾燥しやすくする。カスーやセウテーは、軽く塩をかけて薫製台の上に並べられる。セウテーにする物は薫製台の中央に置き、煙に燻されやすいように並べ、カスーにする物は薫製台の端の方に下げて、丸1日かけて乾燥される。薫製を作る場合の薪は、セウテー（獣肉）でもナメクテ（魚肉）であっても、最初にトネリコを燃やして燻してから、ハンノキを燃やして匂いをつける。こうすることで、薫製の生臭さをとるのだという。この他、肉は塩漬けにして保存された。この場合は2カ月あまり保存できた。また、一旦塩に漬けてから1カ月後に水分を捨て、再度漬け直すと2年は保存できたともいう。しかし、1年以上も保存すると肉は石のように堅くなり、水で塩を抜くには4、5日はかかるという。

　さらに冬期間狩猟を間近にひかえた10月から12月にかけて、かつてはシロザケ漁が盛んにおこなわれていた。スサーン・ツフイエヴィッチ・ゲオンカ氏によれば、クラースヌィ・ヤール村よ

りもビキン川の下流側にシロザケの漁場があり、この漁場でシロザケをユーコラと呼ぶ干し魚に加工したという。その量は、5人家族で3,000～4,000匹にものぼったという（田口1998）。現在、シロザケが減少し、また漁業権の問題などから漁はおこなわれていない。そのため、冬期間の狩猟小屋では、晩秋に捕獲したコクチマスやイトウなどを冷凍させて保存食として利用している。

また、5月から6月にかけてはゼンマイ、ワラビなどのシダ類、フキ、ユリ科のギョウジャニンニクなどの山菜類の採集が行われ、シソ科のハッカ、ノコギリソウ、ワレモコウ、ノイチゴなどは初夏から初秋にかけて採集される。ツツジ科のコケモモ、クロマメノキ、エゾノウワミズザクラ、スイカズラ科のケヨノミ、サルナシなどのベリー類、果実類の採集も子女が中心となって盛んにおこなわれた。そしてこれらの採集物の加工品が夏冬の狩猟小屋にも持ち込まれたのである。

現在では、表1に示したように、夏場（春～秋を含む）は猟場に入るなり、まず川に網を入れ、魚を獲得することからはじまる。そして最初の獲物が得られるまで食卓は川魚で占められる。網を入れるのは、狩猟小屋から2～3kmほど離れた分水流である。ハバゴーでは毎回3カ所に網を入れるが、筆者らが滞在した2002年8月は計30匹のコクチマス、イトウを捕獲した。2001年10月の滞在時には103匹を捕獲している。

このようなことから、1980年代ごろまでのウデヘの狩猟活動は、夏期、冬期の狩猟シーズン前の春と秋に大量の川魚が確保され、この保存食料を糧として狩猟がおこなわれた訳である。そして、その狩猟活動は、夏期においてはタイガ内の樹木が茂り、視認性が悪く追跡も困難であるため、また主な狩猟対象となるシカ類が、水辺を頻繁に利用し、狩人も舟を利用することで獲物の行動生態に沿って捕捉することが可能であるなどの理由から狩猟小屋を中心に半径2～3km圏内でおこなわれた。冬期においては視認性が高まり、また雪面に獲物の行動の痕跡が残り、追跡が容易でもあることから10～15km圏内へと広がる傾向を示すのである。すなわち、ウデヘの狩猟漁撈活動は、自然環境の四季の変化に応じて食物保存戦略を基底とした組織化がはかられていたといえる。

引用文献

［和文］

大貫静夫・佐藤宏之 2002「ウデヘの居住形態と領域」『先史考古学論集』11号、79-96頁

大貫静夫（編）2004『ロシア極東少数民族の伝統的生業と居住形態に関する民族考古学的研究』科学研究費補助金［平成13～15年度］研究成果報告書、東京大学大学院人文社会系研究科

カンチュガ,A.［津曲敏郎訳］2001『ビキン川のほとりで―沿海州ウデヘ人の少年時代―』北海道大学図書刊行会

佐々木史郎 1997「広域経済システムとウデヘの狩猟」『社会人類学年報』23号、1-28頁

佐々木史郎 1998a「クラーススィ・ヤール村の狩猟採集産業の行方―株式会社民族猟師企業「ビキン」の挑戦―」佐藤宏之編『ロシア狩猟文化誌』163-202頁、慶友社

第3部　シホテ・アリニ山地の人々―フィールド調査から3―

佐々木史郎　1998b「ポスト・ソ連時代におけるシベリア先住民の狩猟」『民族学研究』63巻1号、3-18頁

佐藤宏之（編）　1998『ロシア狩猟文化誌』慶友社

佐藤宏之　2000a「ビキン・ウデヘに見る狩猟の領域と居住形態」藤本強編『ロシア極東少数民族の自然集落に関する国際共同研究』科学研究費補助金［平成9-11年度］研究成果報告書、122-132頁、新潟大学人文学部

佐藤宏之　2000b『北方狩猟民の民族考古学』北海道出版企画センター

佐藤宏之　2004「サマギールの生業活動―コンドン村の植物利用を中心に―」『宇田川洋先生華甲記念論文集アイヌ文化の成立』613-627頁、北海道出版企画センター

田口洋美　1992『越後三面山人記：マタギの自然観に習う』農山漁村文化協会

田口洋美　1998「ロシア沿海州少数民族ウデヘの狩猟と暮らし―狩猟を中心とした狩猟の技術と毛皮交易がおよぼした影響をめぐって―」佐藤宏之（編）『ロシア狩猟文化誌』81-156頁、慶友社

田口洋美　2000「アムール川流域における狩猟漁撈活動」藤本強（編）『ロシア極東少数民族の自然集落に関する国際共同研究』科学研究費補助金［平成9-11年度］研究成果報告書、9-27頁、新潟大学人文学部

田口洋美　2002a「マタギ集落に見られる自然の社会化―新潟県三面集落の民俗誌―」安斎正人（編）『縄文社会論』193-235頁、同成社

田口洋美　2002b「北方の狩猟誌―極東・シベリア先住民族の狩猟漁撈活動を中心に―」『東北学』7号、196-227頁、東北芸術工科大学東北文化研究センター

田口洋美　2002c「ロシア極東アムール流域と東シベリアにおける先住民族の狩猟漁撈活動」『国立民族学博物館調査報告』34号、165-214頁

田口洋美　2003「北方の狩猟文化研究の課題」『Arctic Circle』46号、4-9頁

田口洋美　2004a「少数民族ウデヘにおける狩猟活動の季節的変移―沿海州クラースヌィ・ヤール村ハバゴーの事例を中心に―」大貫静夫（編）『ロシア極東少数民族の伝統的生業と居住形態に関する民族考古学的研究』科学研究費補助金［平成13～15年度］研究成果報告書、13-33頁、東京大学大学院人文社会系研究科

田口洋美　2004b「アムール川中下流域の狩猟漁撈用具」大貫静夫（編）『ロシア極東少数民族の伝統的生業と居住形態に関する民族考古学的研究』科学研究費補助金［平成13～15年度］研究成果報告書、131-149頁、東京大学大学院人文社会系研究科

藤本　強（編）　2000『ロシア極東少数民族の自然集落に関する国際共同研究』科学研究費補助金［平成9-11年度］研究成果報告書、新潟大学人文学部

森本和男　2000「狩猟民族ウデヘの集落と人口」藤本強（編）『ロシア極東少数民族の自然集落に関する国際共同研究』科学研究費補助金［平成9-11年度］研究成果報告書、83-105頁、新潟大学人文学部

第9章　ウデヘの狩猟行動

森本　和男

はじめに

　ロシア極東のシホテ・アリニ山脈に少数民族のウデヘが暮らしている。彼らは、19世紀中頃にロシア人が極東にやって来る前から、シホテ・アリニの森の中で生活していた。沿海地方がロシア領になる前、中国の文献にウデヘ人が登場するが、記載された内容は乏しく、彼らの生活実態は不明であった。沿海地方がロシア領になってからも、森の中で暮らすウデヘたちと、植民者であるロシア人との間に接点はなく、ロシア人の注意を引くことがほとんどなかった。先住民族ウデヘについて、比較的多くの記述を残したのは、『デルスー・ウザーラ』の著者アルセーニネフであった。

　アルセーニネフは、20世紀初頭に数度の調査旅行を実施して、沿海州の地理的状況について詳細な著述を残した。彼の著作から、先住民族のウデヘやナナイをはじめ、当時その地方にいた中国人、朝鮮人たちの動向も知ることができる。アルセーニネフは軍人であり、彼の極東調査も軍事用に情報収集を兼ねていたものであっただろう。しかし、アルセーニネフの集めた情報は、単なる軍事知識にとどまらなかった。ロシア人にとって未踏のタイガから、植物や動物、山河などの地形に関する知識、点在する集落と、そこに暮らす住民たちの生き生きとした姿が伝えられたのであった。そこには、スペインやイギリスなど、他の植民地宗主国で開花した博物学的記述を、見て取ることができるだろう。

　アルセーニネフは、1910年から1918年までハバロフスク博物館の館長となり、動植物、先住民族の研究を続けた。1919年には日本から来た鳥居竜蔵が彼に会っている。1930年に彼が死んだ後も、多数のロシア人民族学者によって少数民族の研究が進められた。

　ウデヘを研究している現代のロシア人民族学者として、А. Ф. スタルツェフ氏とВ. В. ポドマスキン氏をあげることができるだろう。スタルツェフ氏にはウデヘ民族の社会経済的発展、ポドマスキン氏にはウデヘ民族の宗教・精神文化に関する著作がある（Старцев 1996；2000；Подмаскин 1991；1998）。その他に、最近刊行されたベレズニツスキィ氏の著作の中でも、ウデヘの精神文化や狩猟習俗について触れられている（Березницкий 2003）。

　彼らの記述はウデヘ民族の様々な側面におよんでいるが、しかし残念ながら、狩猟活動に関する具体的な細かい記述は少ない。例えば、狩猟に参加する人数、狩猟小屋に宿泊する人数、猟師の行動範囲、捕獲する動物の数量などについて、あまり知られていない。これまでに幾度となくクラースヌィ・ヤールを訪れ、狩猟に関する聞き取り調査をしてきたのだが、狩猟現場での具体的な様子を調査する機会は乏しかった。そこで、捕獲した狩猟動物の数量、地理的条件に左右さ

れた狩猟行動、猟師の狩猟技術などを把握するために、狩猟小屋に泊まって、猟師とともに狩猟現場を体験することにした。

調査地点は、沿海州北部のビキン川中流域に位置するクラースニィ・ヤールの周辺である。クラースニィ・ヤールは、先住民族ウデヘたちの民族村として有名である。調査は1999年と2003年に行なった。ロシアの猟期は日本と同様に11月から2月までなので、冬に猟場に入った。1999年の調査では、日本人2人とロシア人1人、そしてウデヘ猟師2人、計5人が行動を共にした。2003年の調査では、日本人2人とロシア人1人、そしてウデヘ猟師1人、計4人で行動を共にした。

1．1999年の調査

（1）調査の概要

極東ロシアの東端にシホテ・アリニ山脈が南北にのびている。比較的なだらかな山地が連なり、標高2000mを越える高い山は無い。この山脈の西側には、アムール川に流入するウスリー川が南から北へと流れている。また、山脈の東麓はそのまま日本海の海岸線になっていて、ウスリー川と日本海に挟まれるようにしてシホテ・アリニ山脈が広がっている。そしてシホテ・アリニ山脈を分断するように、東西にウスリー川の支流が数本流れている。ビキン川はその支流の一つで、北緯46度30分付近を東から西へと流れている。

クラースニィ・ヤールはビキン川中流の河岸に位置し、標高は約140mである。狩猟を主な生業とする先住民族ウデヘを主体とする民族村である。村の人口は600～700人である。旧ソ連邦時代に、クラースニィ・ヤールにはビキン川中上流域の狩猟区全体を管理する狩猟組合があった。管轄領域は中上流域の357kmで、流域面積は1,352,000haにもおよぶ。現在この狩猟組合は、株式会社ビキンに改組されていて、猟師たちはこの組織からライセンスを得て狩猟をしている。90年代初頭に、この狩猟組織に55人の職業的猟師が登録されていた。その他、外部の狩猟愛好家170人が中流域で狩猟を行なっていた。

1999年の調査では、11月16日から11月21日までクラースニィ・ヤールに滞在した。11月15日にハバロフスクのホテルに一泊した後、翌日現地の村へ車で向かった。ハバロフスクからナホトカまで高速道路が開通していて、ビキン川流域ではクラースニィ・ヤールの近辺を通っている。この道路は木材運搬道路として活用されていて、丸太を積んだトラックやトレーラーが頻繁に往来し、道路沿いの所々に、伐木積み出し基地がある。クラースニィ・ヤールはハバロフスクから南へ約210kmに位置し、車で4時間ぐらいである。

11月17日から20日まで猟場に入った。調査地点の狩小屋は、ビキン川の支流スプーツニツァ川流域にあり、村から直線距離で東へ約13kmの地点に位置している（図1）。11月17日の10時20分に村を出発し、狩小屋まで、道中休みながら徒歩で6時間かかった（写真1）。平坦な地形であったが、川に沿いながら北側へ迂回して歩いたため、時間がかかったのである。この年は雪が少な

図1　クラースニィ・ヤールと調査地点（網部分は標高200m以上）

第3部　シホテ・アリニ山地の人々―フィールド調査から3―

写真1　狩小屋。ロシア式のログハウスで、内部の広さは約八畳である

く、所々わずかに積もっている程度であった。雪が少ないためにスノーモビルで移動できず、しかたなく歩いて行ったのである。川はまだしっかりと結氷していなかった。

　同行したのは、ウザ・グリゴーリィ氏という50歳代のウデヘ人である。彼は元アエロフロート国内線の飛行パイロットであったが、すでに年金生活を送っていた。ロシアではパイロットの職業が優遇されていて、比較的早く、22年間勤めると年金が支給されるそうである。彼は月40ドル相当の年金をもらっていた。パイロットとはいえ、狩猟の腕は確かで、毎年猟期になると故郷に戻って狩猟に明け暮れるそうである。

　13時30分頃に無人の狩小屋に着き、休息をする。この小屋の持主は、現在韓国人の建てた別荘（ダーチャ）兼ホテルの支配人をしているとのことであった。支配人をする以前は狩小屋で狩猟をしていたのであろうが、別な収入源を得てからは狩猟をしなくなったのだろう。小屋周辺にはゴミが散乱していたので、新たに別な猟師が入って、小屋の周辺で狩猟を行なうということはなかったのである。

　森の中は径約1.5mの広葉樹が多かった。村の近辺では、いかにも大木と見上げるほどの木は少なく、おそらく二次林と思われた。しかし、村を遠ざかるにつれて風倒木も増え、原生林と感じられた。中流域には広葉樹が混ざっていて、商業用の輸出丸太となるような大木は少ないように思えた。それでも、樹齢は90年経っているという。商業伐採でいつも問題となるのは、やはり上流域の径の太い針葉樹なのであろう。

　スプーツニツァ川は、クラースニィ・ヤールの北約12kmの地点で、東側からビキン川に流入している。この川は、クラースニィ・ヤールの東約20km、標高600mの山中に端を発して、約18km北西へ流れてから、他の支流と合流して西に向かい、ビキン川へと流れている。狩小屋は北西へ流れている川筋の中間あたりに位置している。スプーツニツァとは、ロシア語で旅の道連れ、もしくは伴侶の女性という意味であるが、同行した猟師はこの川をダドゥンガ川と名付けていた。ダドゥンガがウデヘ語なのか、またその意味については不明である。

　夕方の16時15分に狩猟小屋に着いた。狩猟小屋は8畳ぐらいの広さで、中にベッド2脚、金属製ペチカ1基が置かれていた。日の暮れる直前に、先行して猟場に入っていた田口洋美氏とロシア人民族学者ベレズニツスキィ氏、猟師のピョートル・ガンボビッチ氏が小屋に帰ってきた。ベレズニツスキィ氏は極東の少数民族ウルチの専門家であるが、ウデヘやナナイ、その他の民族についても造詣が深い。ガンボビッチ氏はクラースニィ・ヤールに住む非常に優れた猟師で、グリゴーリィ氏の狩猟の師でもある。1934年生まれで60歳を越えていたが、かくしゃくとしていて前年に子供が生まれたそうである。

214

11月18日、朝八時に起床し、朝食後に狩猟の準備をした。散弾を手作りで用意していた。鉛の小粒を弾のカートリッジに入れて火薬を詰めていた。今回、小屋には5丁の銃があったが、いずれもロシア製で、あまり調子は良くなかった。

9時45分に全員で狩小屋を出発し、北へ向かった。約1時間ほどで3km弱離れたチョウセンニンジンの採取小屋に着いた（図2）。チョウセンニンジンは薬用植物で、7月から採取が始まり、男性が採る習慣となっている。この小屋は、夏の短期滞在用のもので冬には無人となる。村人たちにとって、チョウセンニンジンは、毛皮とともに重要な現金収入源である。ちなみに1kgが1万ドル相当するそうである。

この小屋から東へ緩やかな斜面を登った。斜面でリスを射止め、さらに東へ丘陵を進んだ。尾根にそって南東へと歩き、12時54分に休息した。南側に東から西へと流れる支流があり、それにそうようにして再び歩き始めた。13時28分にクロテン用の罠をしかけた。さらに緩やかな斜面を登り、リスを射止めた。奥へ進んで14時45分に休息した。この休息地点は支流の先端付近であり、平坦面のやや広がった谷部奥地であった。休息後、支流に沿うようにして西に折り返し、その後スプーツニツァ川のあたりで南へ方向を変えて狩小屋へ向かった。狩小屋に着いたのは、17時頃であった。

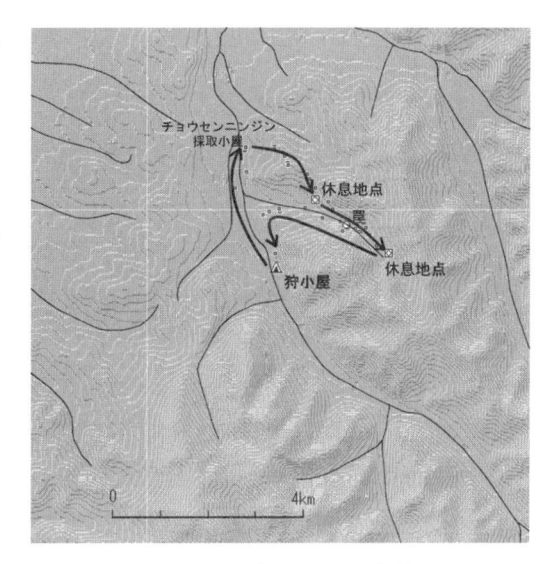

図2　1999年11月18日の行動

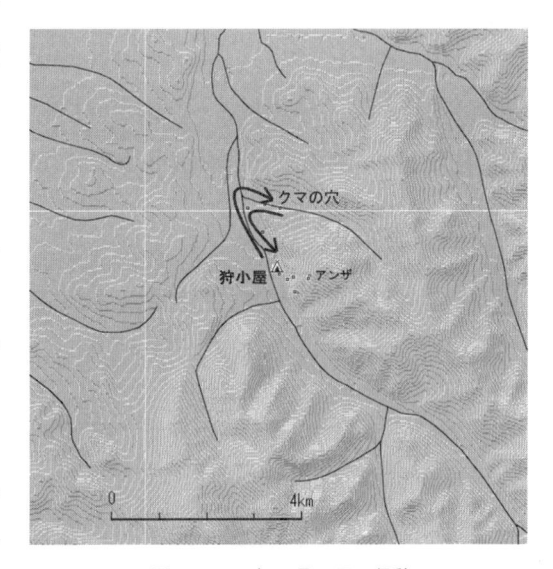

図3　1999年11月19日の行動

約7時間かけて猟場を一周し、移動した総距離は約12kmであった。森はチョウセンゴヨウマツを主体とした原生林で、風倒木が至るところに散乱していた。比較的動物が多く生息しているようで、歩いている最中にも小動物や鳥をしばしば見かけた。そのうち2匹のリスを銃で射止めた。クマが冬眠していそうな大木の洞に目星をつけ、翌日クマを仕留めることにした。

11月19日、朝8時に起床し、朝食後にグリゴーリィ氏とともに狩小屋東側の裏山に向かった（図3）。やや勾配のきつい斜面を1時間ほど進むと、木の幹の割れ目を黒く塗ったアンザとい

写真2　枯木の洞（クマの穴）にクマがいるかどうか探っている猟師

写真3　枯木の洞（クマの穴）の内部

う猟場の印があった。グリゴーリィ氏の話によると、目の前にあるのは30～40年前のもので、アンザとは中国語から由来し、猟場の持主が塗ったとのことである。この印が猟場の中心なのか、あるいは境界を意味するのか不明であるが、少なくとも、今日では重要な印ではないようであった。

　猟場そのものは、グリゴーリィ氏の兄であるウザ・アレクセィ氏のものと聞いた。ウザ・アレクセィ氏は、旧ソ連邦時代にあった狩猟組合の組合長で、組合が新生の株式会社ビキンになってからは、その社長を務めていた。調査した当時は、北方少数民族協会沿海州支部副支部長となっていて、ウラジオストクに住んでいた。沿海州の民族政策について、州政府にアドバイスする仕事をしていると言っていた。彼はいわば村の有力者である。クラースニィ・ヤールでの調査についても、彼から多大な援助を賜った。その様な社会的地位を反映しているのであろうか、村から近くて、比較的動物の豊かな条件の良い猟場を、彼は占有しているのである。

　アンザを見た後、いったん狩小屋に戻り、前日に目星をつけておいたクマの穴に全員で向かった。場所は、狩小屋北部を東西に流れるスプーツニツァ川支流の、少しさかのぼった地点である。11時40分に出発して、約1時間で目的地に着いた。クマの穴とは、中心部が空洞となった枯木のことで、残存する高さが約12m、直径約1.5mであった（写真2）。幹の外部に、高さ1～2mの所にクマの爪痕があったので、もしかすると中にクマがいるのではないかと猟師たちが判断したのであった。枯木の外側をたたいたり、木の枝を放り込んだりしたのだが、何の反応もなかった。そこで、持ってきたチェーンソーで木の根元を切断することにした。数分かかって枯木を倒し、緊張しながらクマの出現を待ち構えていたが、結局クマはいなかった（写真3）。13時に作業を終了して帰途につき、14時に狩小屋に着いた。

　翌日の11月20日10時に狩小屋を出発し、16時にクラースニィ・ヤール村に着いた。

（2）狩猟行動

　グリゴーリィ氏の話によると、26kmの川の流域に狩小屋が3カ所ある。この小屋の猟場は、直径6、7kmの範囲内だそうだ。猟場は3区画に分かれていて、1日おきに場所を変えて歩き、

3〜4日で全体をまわるという。実際に11月18日の行動を見てみると、狩小屋を中心とした半径3kmの円内北側の約3分の1に、行動範囲がすっぽりと入る。2度目に休息をした支流の谷奥地は、円の境界付近であり、この場所が折返し点となっていた。7時間という所要時間から考えると、1日の行動範囲として、半径3kmの円内から大きくはみ出ることはないのだろう。この範囲内から外へ出て、さらに遠くへ行くには、時間的に困難なのである。

この小屋の下流5〜6kmの地点に別な狩小屋があり、二人の猟師がいるという。また上流9kmの地点にも別な小屋がある。上流の狩小屋にはグリゴーリィ氏の姉の息子がいて、狩猟をしている。猟師たちは、それぞれの狩小屋を基点にして狩猟活動を行ない、境界あたりにはお互いあまり来ないようにしているそうだ。この関係を図化すると、スプーツニツァ川流域には狩小屋が3カ所あり、それぞれの狩小屋を中心として猟場が展開している。この水系の狩小屋とは別に、村から猟場に向かう途中で立ち寄った無人の狩小屋を中心に、半径3kmの円を描き入れると、他の水系に属する猟場が、隣接して分布しているのが見て取れる。それぞれの猟場は、狩小屋を基点とする猟師の一日の行動範囲によって規定されているのである（図4）。

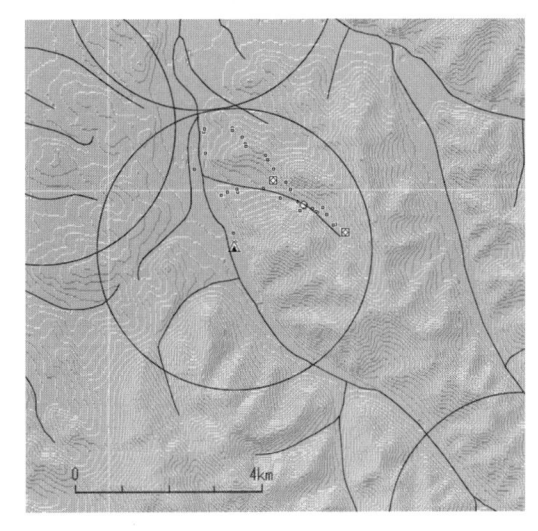

図4　狩小屋を中心とした半径3kmの行動領域

表1　狩猟の成果（1999年調査）

	アカシカ	イノシシ	クロテン	リス	エゾライチョウ	キツツキ	フクロウ
11月4日	1						
11月5日				5			
11月6日				1			
11月7日							
11月8日			1	1			
11月9日				2			
11月10日				1	2		
11月11日				3			
11月12日		1		2			
11月13日				1			1
11月14日				1		1	
11月15日				3			
11月16日				1			
11月17日				2			
11月18日				2			
11月19日			1				
合計	1	1	2	25	2	1	1

狩猟の目的は、もちろん現金収入となる毛皮動物、特にクロテンの捕獲である。毛皮動物は、鉄製のトラバサミを罠にして捕らえる。罠を仕掛ける場所は、クロテンがもぐり込みそうな木の洞や、よく通る倒木の上など、クロテンの習性を考えながら設置する。調査した猟場には、全部で55個の罠が仕掛けられた。その他に、歩いている最中にアカシカやイノシシなどの大型動物を見かけた場合は、銃で捕獲する。

第3部　シホテ・アリニ山地の人々―フィールド調査から3―

写真4　捕獲された多数のリス

　先行して猟場に入った田口洋美氏の調査データを元にして、11月4日から19日までの狩猟の成果を見てみよう（表1）。まず、連日のようにリスを捕獲したのが目につく（写真4）。リスも毛皮動物として売れるが、クロテンほど高価ではない。クロテンは1週間に1匹の割合で獲れていた。1シーズンにクロテンを20～30匹も獲れば、腕の良い猟師と言われているので、平均的な捕れ方であろう。アカシカやイノシシの肉は、狩小屋での食糧となる。あるいは村に持ち帰って肉として売れる。イノシシの肉100kgは100ドル相当の値段で、さほど高価でない。ちなみに、イノシシは、捕りすぎて頭数が減少し、少し前まで狩猟が規制されていたが、最近増加したそうである。

2．2003年の調査

（1）調査の概要

　2003年の調査では、12月1日から13日までクラースニィ・ヤールに滞在した。そのうち12月4日から12日まで猟場に入った。今回の調査では、ピョートル・ガンボビッチ氏の猟場で行動を共にすることとなった。

　ガンボビッチ氏の猟場は、ビキン川支流のタハロ川流域にある。彼の狩小屋は、クラースニィ・ヤールの北方約41kmの地点に位置し、タハロ川の支流、ピィエルボ・タハロ川の川辺にある（図1）。ビキン川がS字状に蛇行し、西から南へと流れの向きを変える地点で、タハロ川が北から流入している。タハロ川流域は、かつてウデへ人のカンチュガ氏族の領域であった。いつ頃からタハロ川と呼ばれるようになったのか不明である。また、タハロ川とビキン川との合流付近は、古くから人煙の多かった場所で、アルセーニネフの著作の中でも、20世紀初頭にその周辺にあった中国人の入植村落の様子が記されている。さらに近年では、ハバロフスクとナホトカを結ぶ高速道路ができてから、タハロ川流域で森林伐採が進んでいる。

写真5　ガンボビッチ氏の狩小屋。最近建てたばかりの新しい小屋

　調査に同行したのは、佐々木史郎氏、ベレズニツスキィ氏で、ガンボビッチ氏と合せて計4人で猟場に向かった。12月4日12時頃、車に乗って村を出発し、約1時間30分後、道路沿いにある森林伐採基地に着いた。基地の外れに車を駐車させてもらってから、狩小屋まで歩いて約20分かかった。

狩小屋は、最近建てたばかりの新しいもので、広さは8畳くらいであった（写真5）。部屋の中の約3分の2が、高さ1mほどの板敷きとなっていて、ベッド兼居間として使用した。その他にペチカ1基と机1脚があり、部屋の中はそれで一杯であった。狩小屋にはもう1人40歳前後の猟師がいた。彼は、我々と寝食を共にしていたが、日中の狩猟に関しては別行動をとり、単独で歩き回っていた。

　狩小屋の東側をピィエルボ・タハロ川が北から南へと流れている。小屋の北側を、その支流であるボストーチナヤ川が西から東へと流れて、ピィエルボ・タハロ川に流入している。また、小屋の南3kmの地点に、別な支流であるベスベンナヤ川が同じように西から合流している。ボストーチナヤ川とベスベンナヤ川にはさまれるようにして、長方形のなだらかな丘陵が東西に伸び、丘陵東端がやや急な斜面となってピィエルボ・タハロ川に接している。狩小屋は、この3本の川で囲まれた長方形をした地形の、東北隅に位置している。

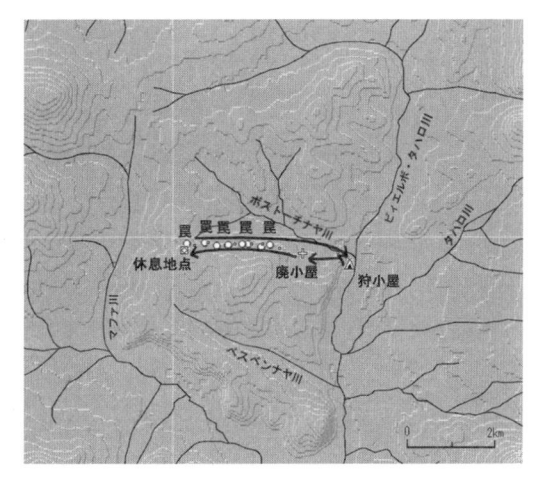

図5　2003年12月5日の行動

写真6　廃小屋。屋根が下がりすぎたために、放棄された

　小屋から西側5km離れた場所で、マファ川が北から南へ、さらに西から東へと回りこんでタハロ川に合流している。狩小屋の標高は約240mで、周囲の地形はなだらかな丘陵であった。気温はマイナス20度前後で、予想していたよりも暖かであった。雪は30cmほど積もっていた。この年は暖冬で、ハバロフスクでさえ、ほとんど雪が積もっていなかった。

　12月5日は、11時30分頃に狩小屋を出発して西へ向かった（図5）。小屋から約1kmの地点に廃棄された狩小屋があった。ガンボビッチ氏によると、前年まで使用していたのだが、屋根が沈んでしまったので放棄したそうである（写真6）。小屋を出てまた西へと進んだ。帯状に幅約20mにわたって木が伐採されていて、奥に1haほどの伐採されて開けた土地が広がっていた。そこには取り残された丸太が散乱していた。その伐採地にいたる前に、クロテン用の鉄製トラバサミの罠を一個仕掛けた（写真7、8、9）。伐採地を過ぎて原生林に入り、100～300mおきに罠を次々に6個仕掛けていった。14時33分、小屋から約3.8kmの地点で休息した。休息後、来た道を逆戻りして帰途についた。帰りの道中にも罠を3個仕掛け、狩小屋に着いたのは、17時50分であっ

第3部　シホテ・アリニ山地の人々―フィールド調査から3―

写真8　クロテン用の罠を仕掛ける。木製の小さいスコップ（パルカ）で雪を少し掘り、トラバサミを埋めた後に、雪をかぶせる

写真9　倒木の上をクロテンの通った跡

写真7　クロテン用の鉄製トラバサミを手にするガンボビッチ氏

た。結局、緩やかな丘陵斜面部分を東西に往復しながら、全部で10個の罠を仕掛けたのであった。

12月6日は11時45分に出発し、まず昨日立ち寄った廃小屋に行き、そこから北へ向かった（図6）。支流のポストーチナヤ川を渡った後、罠を掛けつつ、そのまま北へと進んだ。比較的短い間隔をおいて罠を5個仕掛けてから、13時39分に休息をした。休息後さらに北に行き、15時24分に、狩小屋から約3km離れた地点で引き返した。帰途にも短い間隔で罠を仕掛けて行った。狩小屋に着いたのは5時頃であった。この日は、同じ場所で2、3個罠を仕掛けた地点があったので、全部で9カ所に15個の罠を仕掛けた。

12月7日は、11時30分ごろ出発し、まず小屋の近くでノロジカ用の罠を設定してから、2日前に仕掛けた罠の様子を見に行った。ノロジカ用の罠には、クロテン用のトラバサミよりもやや大きいトラバサミを使用する。立木のそばにトラバサミを置いて雪で隠した後、周囲に小枝を多数立てかけてテント状にし、中にモホというノロジカの好むコケを大量において、誘き寄せるのである（写真10）。

2日前と同じコースをたどりながら西へ歩いていった（図7）。途中丘陵斜面を南側へ少し登ったが、すぐに引き返して、元のコースに出て西に向かった。やや奥の地点に仕掛けた罠にクロテンがかかっていた（写真11）。クロテンはすでに死んでいて寒さで固くなっていた。トラバサミからクロテンをはずした後、再び同じ場所に罠を仕掛けた。その後さらに西へ進み、14時25分に、2日前休息した場所の近辺で、同じように休んだ。休息後、来た道を折り返して狩小屋へと戻った。狩小屋に着いたのは、16時36分であった。

12月8日は、出発前にガンボビッチ氏がクロテンを解体した。クロテンの皮を口から裏返しにして剥ぎ、乾燥させるために二股の枝に通して固定させて、それを天井にかけた（写真12）。一般

第 9 章　ウデへの狩猟行動

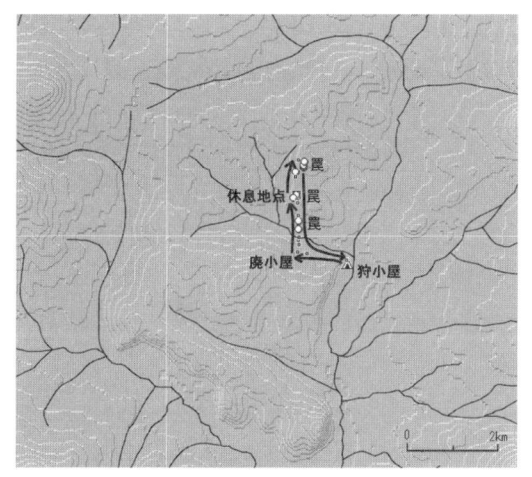

図6　2003年12月6日の行動

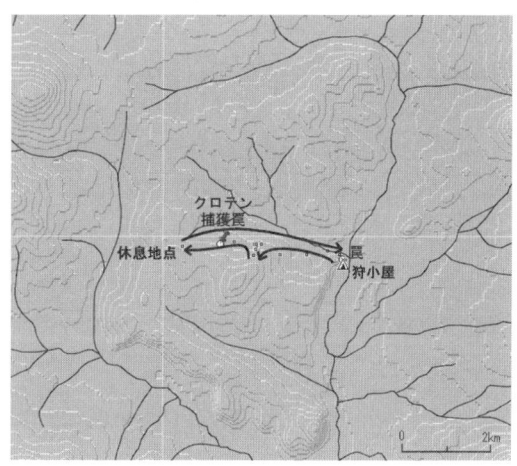

図7　2003年12月7日の行動

写真10　ノロジカ用の罠。トラバサミの周辺を木の枝で囲み、中にコケを多く置いて、誘き寄せる

写真11　罠に掛かったクロテン

写真12　クロテンの皮を乾かす。口から皮を裂いてから、二股の枝にとおし、天井につるしておく

的にクロテンの肉は食べない。11時17分に小屋を出発し、少し西へ歩いた後に南側の丘陵へと登っていった（図8）。さほど急な勾配ではなかった。斜面でリスを見つけ、銃で射止めた。99年の調査では、1日に1〜3匹のリスを捕獲し、2週間で合計25匹のリスを射止めたが、今回の調査で、リスは1週間で1匹しか射止められなかった。そもそも、前回の調査と比べて、今回は猟場で小動物や小鳥を見かける機会が少なかった。森林伐採などで人間が森の中に入り込んだので、動物が少なくなったのであろうか。前回の猟場よりも、やや貧弱な感じを受けた。

　丘陵上に達してから西へ進んだ。真新しいイノシシの足跡をガンボビッチ氏が見つけ、そのまま急ぎ足で行ってしまったために、彼を見失ってしまった。しかたなく、立ち止まっていると1

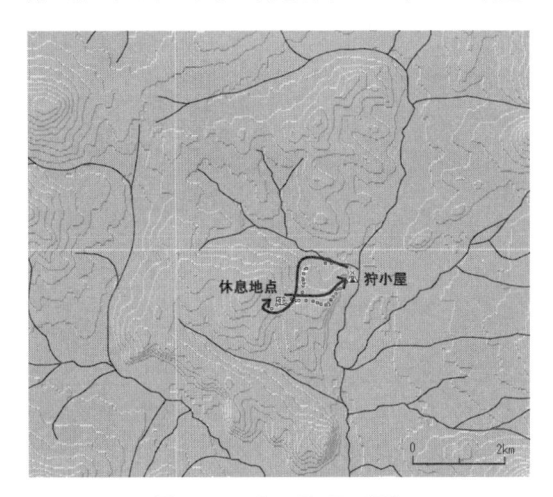

第3部　シホテ・アリニ山地の人々―フィールド調査から3―

図8　2003年12月8日の行動

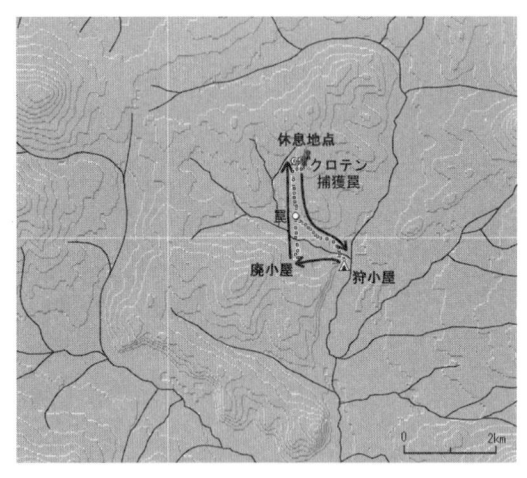

図9　2003年12月9日の行動

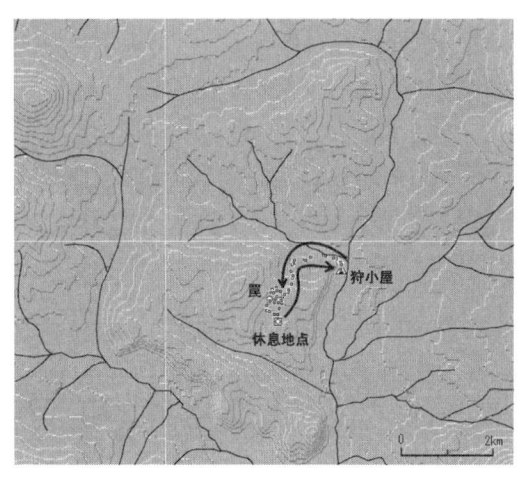

図10　2003年12月10日の行動

時間ぐらいして、ガンボビッチ氏が戻ってきた。休息した後、丘陵を東へと向かい丘陵東端の急斜面を下りて、17時9分に小屋に戻った。この日は、罠を1個も仕掛けなかった。

12月9日は、11時13分に出発した。狩小屋の近くに仕掛けたノロジカの罠を見ると、トラバサミが外れて歯の部分が折り合わさっていた。周囲のコケをかなり食べた様子があるので、ノロジカが罠に誘き寄せられ、トラバサミに触れたものの、足にかからずに逃げてしまったようである。

西に向かって廃小屋に行き、そこから6日と同じルートをたどって北上した（図9）。ボストーチナヤ川を渡ってから、罠を1個仕掛けた。6日に最も奥の北側に仕掛けた3個の罠に、それぞれクロテンがかかっていた。クロテンをトラバサミからはずした後、1個だけ再び同じ場所に仕掛け、残りの2個は回収した。13時37分に付近で休息をした後、折り返して南下した。罠を1個仕掛けた。東へと進んでからボストーチナヤ川を渡り、16時30分頃に小屋へ戻った。

12月10日は、11時34分に出発した。丘陵でクマの冬眠する木の洞を探すために、8日と同じルートをたどって丘陵を登った（図10）。丘陵上を歩き回ったが、それらしき大木は見つからなかった。小川が流れていて、その近辺で罠を1個仕掛けた。おそらく南へベスベンナヤ川に流れ込む支流であろう。14時23分に休息をした後、来たルートにそって丘陵を下りた。16時50分に小屋に着いた。

12月11日は、いつもよりも約1時間早く10時26分に出発し、トラの足跡を見るため、マファ川を目指して西へ向かった（図11）。伐

第9章　ウデへの狩猟行動

採地を過ぎてから、5日に仕掛けた罠の1個にイタチ（カラノーク）がかかっていた。罠に掛かっているのを確認しただけで、その場を通り過ぎた。さらに西へ進んで尾根にそって北へと方向を変え、しばらくして西側の斜面を下りた。平坦地が広がり、雪の上にトラの足跡を発見した。長さ約15cmの足跡で、トラとしては小さいものであった。近辺には、マファ川に流入する支流ピエルバヤァ・マファ川が東から西に流れていた。13時32分に休息をした後、来た道をたどって帰途についた。

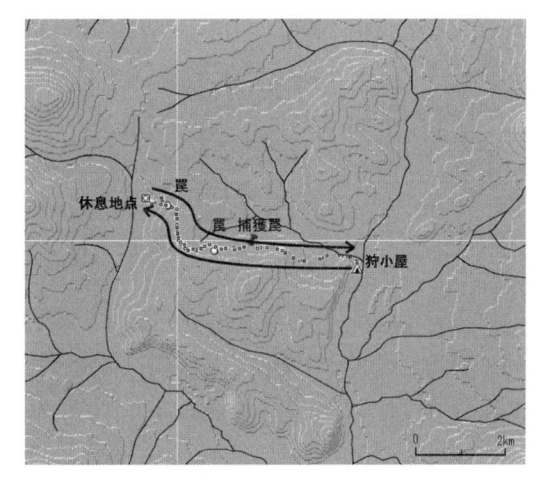

図11　2003年12月11日の行動

ピエルバヤァ・マファ川の近くで罠を1個仕掛け、さらに1時間ぐらいしてからもう1個仕掛けた。そして、往路で確認したイタチを罠からはずし、トラバサミは回収した。小屋に着いたのは16時55分であった。

（2）狩猟行動

12月5日から11日までに仕掛けられた罠の位置と、動物の掛かった罠の地点、休息した場所を集積して図示してみよう（図12）。まず目につく点は、5日に仕掛けた東西に並ぶ罠と、6日に仕掛けた南北に並ぶ罠、そしてこの両者のライン交点に、廃小屋が位置しているのである。廃小屋は、最近まで使用されていたのであり、明らかにこの地点が本来の猟場の中心点であった。元来、この廃小屋を基点にして、西と北に罠を仕掛けていたのである。また、8日と10日に丘陵に上がる際にも、廃小屋の南側付近から登っていった。つまり、丘陵に向かう際にも廃小屋が基点となっていたのである。廃小屋を中心にして、西、北、南へと狩猟に向かう方向が定まっていた。

廃小屋を中心にして半径3kmの円を描くと、西と北の罠のラインが円内に入り、また、休息をした折り返し地点が円の境界付近であったことがわかる。したがって、1日の行動領域を、ほぼ3kmの円内と判断できる。南側には丘陵が広がり、罠を仕掛けた地点は1カ所しかない。いずれにせよ廃小屋を基点にして、1日の狩猟行動域が西、北、南に設定されていて、それぞれの領域を日を替えて歩

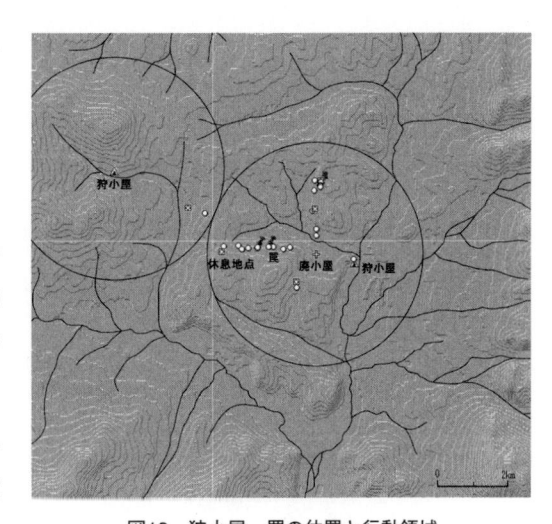

図12　狩小屋、罠の位置と行動領域

第3部 シホテ・アリニ山地の人々―フィールド調査から3―

表2 狩猟の成果（2003年調査）

	罠数	捕獲動物
12月5日	10	
12月6日	15	
12月7日	2	クロテン1
12月8日		リス1
12月9日	3	クロテン3
12月10日	1	
12月11日	2	イタチ1
合計	33	クロテン4 イタチ1 リス1

き回っていたのである。

　ガンボビッチ氏の話によると、西から流れてくるマファ川上流に、もう1カ所別な狩小屋があり、その地点を地図で示してもらった。上流の狩小屋が彼のものなのか、あるいは他の猟師が使用しているのか不明であるが、その小屋を中心にして別な猟場が広がっているはずである。マファ川上流にある狩小屋を中心に半径3kmの円も加えると、相接するようにして2つの円が並ぶ。2軒の狩小屋を中心にして、それぞれの猟場が隣接して広がっていると想定できるだろう。ガンボビッチ氏は自分の猟場からはみ出ることはなかった。別な言い方をすると、1日の行動領域を越えて他の猟場にまで侵入していない。11日にマファ川にまで出たのは、例外的な行動だったのだろう。その日だけ、いつもよりも1時間早く小屋を出発した。

　罠を仕掛けられた場所は、小川と若干距離を隔てつつ、流れに平行して並んで配置されていた。丘陵に1カ所仕掛けられた罠も、小川の近辺であった。おそらくクロテンは、小川周辺を最も頻繁に往来するのであろう。クロテンの習性を応用して、罠を仕掛ける場所が選定されているはずである。

　仕掛けた罠の個数は、重複を含めて全部で33個であった。捕獲した動物はクロテン4匹、イタチ1匹、リス1匹であった（表2）。わずか1週間でクロテンが4匹捕れたのであるから、ガンボビッチ氏の狩猟の腕はかなり高いと言えるだろう。ちなみに、この年のクロテン1匹の値段は27ドルであった。

　99年に調査したスプーツニッツァ川流域の猟場と比較して、動物を見かける機会がほとんどなかった。付近一帯で森林伐採が進んだせいであろう。特にタハロ川東岸では、すでに旧ソ連邦時代から森林伐採が進められていた（図13）。

図13 狩小屋の東側で進む森林伐採（1990年7月19日の衛星写真）。白い筋が木材搬出用道路で、奥の方から伐採が進められている

　森林伐採が進み、本来の生

態系が崩れたためであろうか、タハロ川流域は、アマチュア狩猟家用の猟場として外部の人間に開放されている。さらに、タハロ川とビキン川の合流地点以降のビキン川下流域、クラースニィ・ヤールの南側を流れるボルショイ・モムービオサニ川流域にも、アマチュア狩猟家用の猟場が帯状に広がっている。その西側では大規模に森林伐採が進行し、逆に東側では森林伐採が行われておらず、原生林が保持されている（写真13）。つまり、アマチュア狩猟家用の猟場を境界にして、東側では太古からの生態系が残り、地元の職業的猟師による伝統的な狩猟が行われているのである（佐藤編1998）。タハロ川流域にあるガンボビッチ氏の猟場周辺では、森林伐採による生態系の変化とともに捕獲動物が減少し、伝統的な狩猟活動が困難になり始めているのだろう。

写真13 道路を往来する木材運搬トラック。道路脇には、しばしば丸太が野積みされていた

3. まとめ

99年と03年の調査で得られた成果をまとめてみよう。

第一に、1日の狩猟行動域が、狩小屋を中心に半径3km内であった。滞在拠点である狩小屋を11時過ぎに出発して、周縁の猟場の境界地域へと向かった。2時30分頃に休息して、その場所を折返し地点にして帰路についた。そして、拠点の狩小屋には5時前後に着くという行動パターンが多かった。罠を仕掛けたり、動物を銃で射止めたりしながら、1日に歩いて移動する時間はほぼ一定であり、行動の広がりに大きな変動はなかった。

第二に、罠を仕掛けた場所が小川近辺にそっていた。猟場内をやみくもに歩き回るのではなく、あらかじめ習慣的に定まったコースにそって移動した。一般に罠は、換金毛皮動物であるクロテンを主な対象として仕掛けられる。したがって、小川近辺を往来するクロテンの習性を利用して、クロテンの出没しやすい場所に罠を仕掛けているのである。猟場内で罠の条件にあった地点を歩き回るのであり、1日で回れるコースがあらかじめ固定されている。

第三に、毎日同じコースを移動するのではなく、日が替わると別なコースを歩いた。半径3km内の猟場には、罠を仕掛けた場所を1日で回るコースがいくつか設定されている。そして、日を変えてそれぞれのコースを移動し、数日をかけて猟場全体を見回るのである。

第四に、一つの狩小屋を中心にして歩き回り、複数の狩小屋を渡り歩くような、広い範囲を移動しなかった。狩小屋には必要な食糧、弾薬、その他の道具が持ち込まれ、この小屋を拠点にして歩き回っていた。1週間程度の滞在では、一つの狩小屋を中心にして狩猟が行なわれるのであろう。隣接する狩小屋には他の猟師がいる場合もあるので、複数の狩小屋を移動しながら狩猟を行わなかった。おそらく、基本的に猟師は一カ所の狩小屋に滞在して狩猟を行ない、多数の狩小

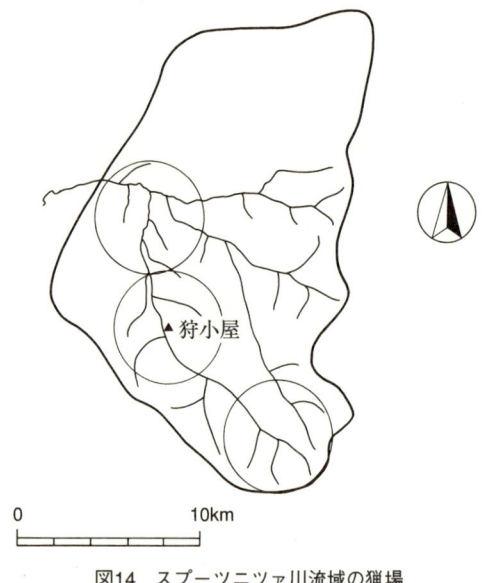

第3部　シホテ・アリニ山地の人々―フィールド調査から3―

図14　スプーツニツァ川流域の猟場

屋を利用することはないのだろう。利用する猟場が各自決まっていて、その猟場のなかで狩猟に都合の良い、最適な場所に狩小屋を建てるのであろう。

　ビキン川中上流域の長さは357kmで、面積は1,352,000haにおよぶ。この広大な流域の中流域に11カ所、上流域に11カ所の計22カ所の狩猟区がある。各狩猟区は大きな支流ごとに形成され、分水嶺が境界線となっている。99年に調査した猟場は、クラースヌィ・ヤールに最も近い②の狩猟区に該当する。この狩猟区はスプーツニツァ川とボルショイ・モム―ビオサニ川と2本の川の流域からなり、面積は55,672haであった（森本2000）。狩猟区南側のボルショイ・モム―ビオサニ川流域は、アマチュア狩猟家用の猟場となっていて、残りの狩猟区北側のスプーツニツァ川流域が地元猟師の利用する猟場となっている。スプーツニツァ川流域の狩猟領域の部分をプラニメーターで測定すると、面積は29,776haであった。

　スプーツニツァ川の水系長は26kmであり、調査によって、スプーツニツァ川水系に狩小屋が3カ所あることが分かった。各狩小屋を中心に半径3kmの猟場を想定して円を描くと、スプーツニツァ川流域には、支流域にまだ若干の空白地帯が残っている。この空白地帯に、もしも猟場があるとしても、せいぜい狩小屋1カ所分であろう。すなわち、スプーツニツァ川流域には狩小屋が3、4カ所あり、それぞれに対応した猟場が分布していると考えられる（図14）。

　他の狩猟区における狩小屋の配置を見てみよう。クラースヌィ・ヤールから東へ約90kmの地点に⑪の狩猟区がある。この狩猟区の広さは42,368haで、大きく二つの水系から成り立っている。一つはスツルイスタヤ川、もう一つはビデンキ川である。ビデンキ川流域は、ハバゴーと呼ばれる狩猟領域で、南北に細長く伸び、北から南へ流れるビデンキ川が領域の東側境界線となっている。広さは約22,000haである。このハバゴーの狩猟領域を、田口洋美氏が調査している（田口2004、第8章参照）。

　田口氏の調査データによると、狩猟領域の南端に近い、ビキン川沿いに狩小屋が一カ所あり、さらにそこから約5km北東の地点に、奥の小屋があった（図15）。夏季には、ビキン川沿いの狩小屋を中心に、半径2〜3kmの範囲でアカシカ猟が行われた。冬季には、狩小屋を中心に半径2kmの範囲にカワウソ、イタチ用の罠を仕掛けて、そしてクロテン用の罠を半径約4km内に、狩小屋から奥の小屋へ向かう通路沿いに仕掛けた。奥の小屋では、小屋からニージュ・ビデンキ川にそって上流へクロテン用の罠を仕掛けた。小屋から川の上流先端まで、おおよそ半径3.5km

の範囲内に罠を仕掛けている。

　ハバゴーの猟師は、移動距離7kmが一つの目安になると語ったそうである。移動距離7kmということは、直線距離にして約3km離れた地点を折り返して移動する、つまり往復するのと、ほぼ同じ距離感覚と言えるだろう。狩小屋を中心に直線距離にして半径3km、歩いて往復7kmが、おおよそ1日の行動領域なのである。この猟師は、奥の小屋からさらに7kmほど奥に、もう1カ所小屋を建てたいそうである。第三の小屋が建てられたと仮定して、この三カ所の小屋の関係を半径3kmの円で描くと、おそらく三つの円が接するようにして並ぶであろう。

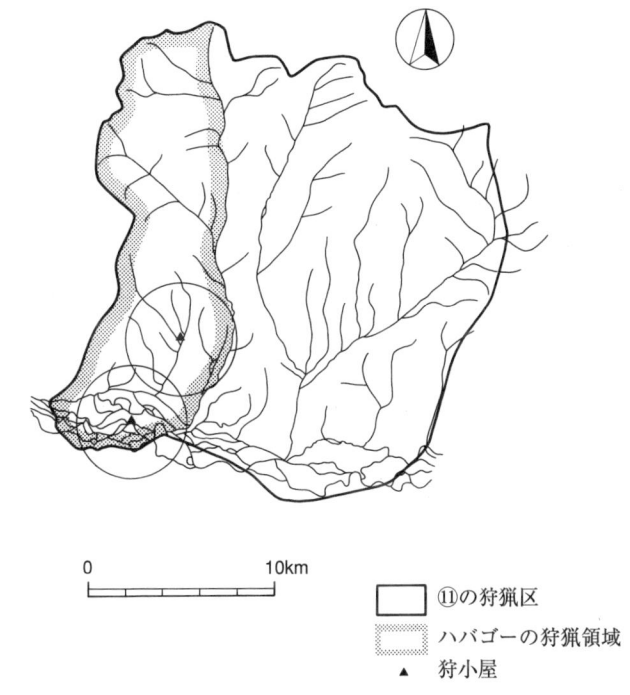

図15　⑪の狩猟区とハバゴーの狩猟領域

　一般に狩猟採集民の行動領域を、居住地点から歩いて2時間の範囲、つまり半径10kmの円内、約30,000haと推定する方法がある（Higgs and Vita-Finzi 1972）。ビキン川中流域にある11カ所の狩猟区は、平均面積が38,515haであり、ほぼこの推定値に近い。クラースニィ・ヤールに最も近いスプーツニィツァ川流域の狩猟区も、ほぼ30,000haであった。しかし、実際に移動している1日の行動領域は、半径3kmであり、そして、この半径3kmの行動領域を二つか三つ組み合わせて、約30,000haの狩猟領域が構成されているのである。すなわち、狩小屋を中心にして1日で折り返して戻って来れる移動距離内が行動領域となっている。折り返さずに1日で移動できる最大距離の地点に別の狩小屋が2、3カ所設置され、そこを拠点にして別な行動領域が形成されている。2、3カ所の狩小屋を中心とする行動領域を、それぞれ日を替えて見回ることによって、狩猟領域全体を把握しているのである。

　ところで、ビキン川の北東で、西北から東南に流れて日本海に流入しているサマルガ川がある。サマルガ川中流に位置するアグズも、ウデヘの民族村として知られている。人口は約250人で、そのほぼ半分をウデヘ人が占め、残りの大半をロシア人が占める。ビキン川と同様にサマルガ川流域にも鬱蒼とした原生林が広がり、狩猟が主たる生業となっている。サマルガ川流域においても、大きな支流ごとに狩猟区が設定され、その中に狩小屋が建てられている。狩猟方法として、ビキン川で見られたように、猟期に狩小屋に滞在してクロテンを捕獲するという方法と、大きな違いはないだろう。

第3部　シホテ・アリニ山地の人々―フィールド調査から3―

表3　サマルガ川流域の狩猟区（1993年）

	狩猟区	支流水系	水系長(km)	狩猟区面積(ha)	狩猟班	狩猟小屋	猟師人数	正規猟師	季節猟師	愛好家	旧集落地点
1	Дзалу	Дзалу	17	24,989	1	2	3	1	2		8
		Зава	21								
2	Бол. Сохатка (Хулими)	Бол. Сохатка	38	51,690	1	4	6	1	5		9
3	Агзу	Агзу	32	23,527	1	1	3		3		10
4	Пыхто	Пыхто	6	7,229	1	1	4		4		
5	Иссими	Иссими	39	69,672	1	2	3	2	1		13
		Вайса	15								
6	Кукси	Кукси	33	53,150	1	4	5	1	4		11,12
		Бя	12								
7	Сабу	Сабу	25	13,364	1	2	2		2		
8	Пухи	Пухи	61	(91,571)	2	3	6	1	5		17
		Бя	12				2		1		
9	Мои	Мои	47	33,606	1	1	2		2		14
10	Верховье Самарги	(Кянга Умакси)		(87,055)	4	4	2	2			16,18
		(Олеанеми)					1	1			
10-a		Перепадная	30	32,938			1	1			
10-b		Иктами	22	29,523			2		1	1	
11-a	Дакды	(Оуми)	29	27,310	5	5	3		3		15,19
11-b		(Опасная)	52	42,779			2		2		
11-c		(Саня)	41	32,305			2	1	1		
11-d		(Дазбы)	36	46,394			4		4		
11-e		(Длинный)	31	34,215			2	1	1		
計				701,317	19	29	55	13	41	1	12地点

　サマルガ川の各狩猟区は、広さ約10,000〜70,000haで、狩小屋がそれぞれ1〜4軒建てられている（表3）。たとえば1993年のデータによると、ヅザル川流域の狩猟区は、面積が24,989ha、狩小屋が2軒、猟師が3人いる。ボルシャヤ・ソハッカ川流域の狩猟区は、面積が51,690ha、狩小屋が4軒、猟師が6人いる。また、サブ川流域の狩猟区は、面積が13,364ha、狩小屋が2軒、猟師が2人いる。狩猟区の大きさによって、狩小屋の軒数と猟師の人数が異なっていた。当然のように、規模の大きい狩猟区には狩小屋の軒数も猟師の人数も多かった。サマルガ川流域の狩猟区の面積、狩小屋の軒数、猟師の人数を見ると（森本2000）、スプーツニツァ川流域の狩小屋および猟師の規模は、妥当な範囲にあると思われる。

　約30,000haの狩猟区は、数カ所の狩小屋を中心とするいくつかの行動領域に分割されていた。猟師の行動範囲は、歩いて2時間、半径10kmではなく、半径3kmであった。各狩小屋を使用する猟師は決まっていて、必然的に狩小屋を中心とする猟場も、利用する猟師が固定されているはずである。原則として猟師はそれぞれ単独に猟を行ない、集団となって協力して狩猟をするという習慣はなさそうである。また、一人の猟師が、他の猟師の狩小屋をいくつか渡り歩いて、猟を行なうということもなさそうである。したがって猟師にとって、狩猟で重要な行動範囲とは、狩小屋を拠点とする一日の行動領域、つまり半径3km内の猟場と、その1、2カ所の猟場の組み合わせと言えるだろう。

　支流の分水嶺で区画された約30,000haの狩猟区全域を、猟師が歩き回って狩猟をしているの

ではなく、その一部分が行動領域なのである。各支流水系に設定された狩猟区は、猟師の狩猟領域をそのまま反映しているわけではないので、単に地理的、行政的に区画された領域なのであろうか。サマルガ川流域では、各支流水系に狩猟区が設定され、また、支流の河口付近に旧村落が位置していた場合が多かった。そのため、狩猟区と旧村落の関連性がサマルガ川で見られた。同様にして、ビキン川でも狩猟区と旧村落との関連性が予測されるのであるが、残念ながらビキン川流域では旧村落の位置がさほど明確となっていない。

　ビキン川流域では、サケの主要産卵場と旧集落の関連性が想定されている。サケの主要産卵場が支流との合流点付近に多く存在し、旧集落もそこに立地していた可能性が考えられている（佐藤2000、第6章参照）。ハバゴーの狩猟領域であるビデンキ川とビキン川の合流地点にサケの産卵場があった。1996年の調査の際に、この付近で半地下式住居の痕跡を残す旧集落を確認した。ゲオンカ氏族がいて、50年代まで家があり、60年代まで家屋の残骸が残っていたという。また、スプーツニツァ川とビキン川との合流地点にも大きな産卵場があった。この付近にも、かつて旧集落が立地していたのであろうか。いずれにせよ、現在の狩猟行動から、サケの産卵を組み入れた往時の生業体系を復元し、旧集落との関連性を探るのはやや困難である。

　現在行われている狩猟は、換金毛皮動物であるクロテンを対象とした罠猟が主体となっている。したがって、クロテンの習性を基本にして、狩猟行動が形成されていると考えられる。クロテン猟は、太古からウデヘ人の間で行われてきた狩猟ではなく、おそらく極東地域に中国人やロシア人が出現してから盛んになったと思われる。

　冬季の猟期に家族と別れ、集落から離れた狩小屋で別個に暮らしながら猟を行うという生活パターンは、ソヴィエトの集住化政策の結果生じた比較的新しい現象である。また、猟場の中心となる狩小屋はロシア式の小屋である。つまり、クロテン猟を主体とするウデヘ人の狩猟体系は、古来から継承されて来たものではなく、近代社会への移行とともに新たに構成されたと考えられる。半径3kmの行動領域も、その様な流れの中で成立した可能性がある。今回調査した狩猟行動が、他の狩猟民族などでも普遍的に見られる行動領域なのか、あるいはクロテン猟だけに特化して成り立ったのか、疑問が残る。他の事例などを参考にしつつ、この点を今後の課題としたい。

［附記］　同行した田口洋美氏と佐々木史郎氏から写真を提供していただいた。記して謝意を表したい。

引用参考文献

［和文］

佐藤宏之編　1998『ロシア狩猟文化誌』慶友社

佐藤宏之　2000「ビキン・ウデヘに見る狩猟の領域と居住形態」藤本強（編）『ロシア極東少数民族の自然集落に関する国際共同研究』科学研究費補助金［平成9〜11年度］研究成果報告書、122-132頁、新潟大学人文学部

第3部　シホテ・アリニ山地の人々―フィールド調査から3―

田口洋美　2004「少数民族ウデヘにおける狩猟活動の季節的変移」大貫静夫（編）『ロシア極東少数民族の伝統的生業と居住形態に関する民族考古学的研究』科学研究費補助金［平成13～15年度］研究成果報告書、13-33頁、東京大学大学院人文社会系研究科

森本和男　2000「ロシア極東の狩猟民族ウデヘの集落」『大塚初重先生頌寿記念考古学論集』1116-1139頁、東京堂出版

［欧文］

Higgs, E. S. and C. Vita—Finzi 1972 Prehistoric Economies. In *Papers in Economic Prehistory,* Higgs, E. S. (ed.), p. 28, 30-3, Cambridge,

［露文］

Березницкий, С. В. 2003　*Этниические компоненты верований и ритуалов коренных народов амуро-сахалинского региона.* Владивосток.

Подмаскин, В. В. 1991　*Духовная культура удэгейцев.* Владивосток

Подомаскин, В. В. 1998　*Народные знания удэгейцев.* Владивосток.

Старцев, А. Ф. 1996　*Материальная культура удэгейцев.* Владивосток

Старцев, А. Ф. 2000　*История социально-экономического и культурного развития удэгейцев（середина XIX-XX вв.）.* Владивосток: Издательство дальневосточного университета

第4部

居住と生業

冬の猟に出かける猟師　ビキンにて
2003年1月撮影

第10章　アムール川流域における先住民族ナーナイ（ゴリド）の集落配置とその規模

佐々木史郎

1. はじめに

　アムール川流域は長らくツングース系の言語を話す諸集団とギリヤーク語を話す人々の土地であった。文献で確認できる範囲でも、河口周辺にいたギリヤーク系の住民の存在は12世紀から知られており、ツングース系集団の場合は紀元前2世紀ぐらいから知られている[1]。古い文献に名を見せる住民の言語がいかなるものだったかは、語彙資料が残らない限り推察するのが難しく、あまりにも古い時代の住民については、ツングース系かギリヤーク系かなどは「憶測」でしかないが、12世紀となると金王朝を建てた女真が独自の文字資料を残したため、彼らがツングース系の言語を話していたことは確実である。

　アムール川流域にいた住民の居住形態の歴史、すなわちどこにどのような形の家を建て、またどこにどのような形式の村落を形成していたのかということを時代ごとに再構成し、その変遷をたどるということは、この地域の先住諸民族の歴史を知る上で必要不可欠な作業である。そのような作業のうち、過去の集落位置の比定は既に日本でも中国でも行われていて、特に東洋史（東北アジア史）の中の「歴史地理学」と呼ばれる分野で扱われてきた。日本では白鳥庫吉、和田清、島田好、阿南惟敬といった東洋史の碩学たちが扱ってきたが、それは今では松浦茂に引き継がれている。松浦の場合には清代に限定されるが、満洲語の档案を利用した精密な研究を行い、清朝がアムールを支配した約200年間（17世紀後半から19世紀後半）におけるアムール川下流域の集落の位置を高い精度で確定している（松浦 1987 ; 1989 ; 1991 ; 1996 ; 1999 ; 2000）。

　中国でも伝統的に歴史地理研究は盛んであるが、その集大成的な存在が『中国歴史地図集』（北京、中国地図出版社、1982～1987年）である。そこには問題の多い同定も少なからず含まれているが、数多くの歴史的な集落の位置が同定され、図示されている。

　清朝が支配した約200年の歴史の中でもアムール川下流域の村落位置はかなり変化した。それは、1）彼らの食料基盤が漁撈と狩猟と採集にあり、農業に比べれば生産性が不安定で移動性がより高くなること、2）17世紀後半にロシアと清がアムール川上で戦争を引き起こしたこと、3）2）と関係して辺境防備を増強するために清朝が松花江下流、ウスリー川、アムール川中流域の住民を満洲八旗に編入して松花江中流に移住させたこと（1673～1732年）、4）18世紀から19世紀にかけてアムール本流域での物流が活発になるとともに、人が交易相手と交易品を求めて本流に出て来たこと、などといった4つほどの要因が関係していたと考えられる。

　しかし、1860年の北京条約によって現在のハバロフスクより下流のアムール川流域がロシア領

第4部　居住と生業

となった後の変化はそれまでとは速さも質も根本的に異なっていた。1850年代のロシアのアムール再来とともに、「近代」という時代がここに侵入してきたことによって、村落の位置を変える要因がそれまでとは全く違っていたからである。大量に流入してきた移民による農業、漁業、鉱工業のための開発が、先住の人々の住居と生業領域を脅かし、また、彼らが持ち込んできた疫病とアルコールが人々の肉体と精神をむしばみ、先住民の人口の急速な減少を引き起こした。それと同時に、疫病や移民の開発から逃れるために人口の流動性も高まり、それまでの村落構造や集落構成を維持できなくなっていった。そのような過程の中で彼らは自分の固有の土地で、名実ともに「少数民族」とされていったのである。

　ロシア革命後もアムールの先住の人々は、ロシア支配以前の村落構造や集落構成を回復することはできなかった。革命直後の内戦と諸外国の干渉がアムールの村々も巻き込み、ソ連政権の成立後は、スターリンによる粛清、フルシチョフとブレジネフによる政策的な人口移動が、やはり先住の人々の村の構造や集落の位置関係をさらに根本的に変えてしまった。

　本稿では、アムール川下流域住民の中でも、特に本流沿いの比較的上流にいたナーナイ（ゴリド）と呼ばれるツングース系の言語を固有言語としていた先住民族を取り上げ、激動の19世紀後半における、彼らの集落の変遷を、中国側とロシア側の統計資料と民族誌から定量的、定性的に追ってみる。

　ナーナイはアムールの先住民の中では、人口規模とその居住地、活動地域の広さにおいて最大の民族である。人口は12,000人（2002年）を越え、ロシア極東地域の先住民族（あるいは少数民族）の中で最も有力な民族である。その分布も、本稿で考察する19世紀後半には、ハバロフスク市付近からマクシム・ゴーリキー村（かつてのイリ村）までのアムール川の両岸と、松花江、ウスリー川、クル川、ウルミ川、アニュイ川、フンガリー川、ゴリン川の各流域、さらにボロン湖の湖岸など広大な地域に広がっていた[2]（その人口も、1897年の第1回全ロシア国勢調査で、6000人以上を数えていた）。現在では数少なくなった拠点集落と地方都市にしか住んでいないが、かつては数戸、人口十数人規模の小さな村がアムール川の両岸に数多く点在していた。そのために、ナーナイはスンガリー方言（赫哲語奇勒恩方言）、ウスリー方言、クル・ウルミ方言、アムール上流方言、アムール下流方言など、いくつかの方言的な下位集団に区分することができた（現在はナーナイ語そのものの話者が減っており、一部の方言では話者の消滅が危惧されている）。

　統計は単なる数値の羅列であり、そこから生きた先住民の顔が見えてこないのは事実である。そのために、人類学や民族学のような人々の生活現場を直接観察しつつ、彼らの社会や文化の状況を分析するような研究にはそぐわないことが多い。しかし、その反面、長い時間軸の中で通時的な視野を持って分析すれば、大きな傾向を読み取ることはできる。本稿でも、統計的な資料から、ナーナイの集落が、清帝国の支配下にあった時代にはいかなる状況にあり、ロシア帝国の植民地政策の進展とともに、それがどのように変化したのかについての傾向を読みとることを主眼としている。そして、当時のナーナイの民族誌によって細部を補完すれば、具体的にどのように

変化したのかを再現することもできるだろう。この作業は、19世紀から20世紀にかけて、中華王朝であった清朝からヨーロッパの帝国であった帝政ロシア、そしてさらに20世紀の世界帝国であったソ連と支配者の交替を経験した、アムールの先住民族ナーナイにとって、「近代」、「現代」とはいかなる時代で、どのような意味を持っていたのかということを考えるための手がかりを得るためのものである

2. 1850年代までのアムール川本流域の村落分布状況

　1689年のネルチンスク条約によってアムール川の全流域が中国側（清朝）の領土とされて以来、当時の中国の支配王朝であった清朝（1616～1912年）はアムール本流の住民を「辺民」として捉えて、彼らに毛皮の貢納を求めるという形の支配を及ぼした。その実態は档案類の公開や松浦茂の論考によってかなり明らかにされている。例えば現在の中国黒龍江省依蘭市にあった三姓副都統衙門の行政文書であったいわゆる「三姓档案」や同省寧安市近郊にあった寧古塔副都統衙門の「寧古塔档案」などが基本的な資料となる。このうち三姓档案は遼寧省档案館などによって現代中国語に訳され、出版されている（『三姓副都統衙門満文档案訳編』瀋陽、1984年）。

　清朝はアムール川流域の辺民を「戸」（満洲語ではボーboo）という単位で捉えた。この「戸」あるいはボーが、アムールではいかなる単位であったのかを具体的に示す資料はない。しかし、羽田亨の『満和辞典』によれば、満洲語のボーという言葉は基本的には「家」、「家屋」、「房屋」という意味であって（羽田1972：51）、建物あるいはその一部を指す言葉として使われるのが普通である。したがって、「三姓档案」に見られるボーとは、その村（満洲語ではガシャンgašan）で数えられた家屋の数と考えるのが順当であろう。清朝の支配がまだ十分機能していた1850年代にこの地を調査したシュレンクや、それより40年前に樺太からアムール川下流へと調査した間宮林蔵の記録などを見ると、当時のアムール川流域の家屋は中国式の「房子」（ファンズfanzi）と呼ばれる掘っ建て柱の木造軸組構造（屋根は切り妻型が多い）の家屋か、床を掘り下げた半地下式の家屋（いわゆる竪穴住居）であったと考えられる。この地域では厳冬期には気温がマイナス30℃以下にまで下がるため、暖房施設は不可欠で、それにはカンと呼ばれる施設が使われた。それは部屋の壁沿いに設けた床の下に管を通し、そこにかまどからの煙を流して暖める床暖房である。この形式の暖房施設は韓国・朝鮮から中国北部にかけて広く分布しており、この地域もその分布域に含まれる。しかも、考古学的には中国東北地方に靺鞨、女真が活躍した時代に平行するポリツェ文化期にまでさかのぼることができ、この形式の暖房装置の歴史はかなり長い。しかし、一部の半地下式住居ではカンではなく、炉が使われることもあった（佐々木1996：121-122）。

　このような「戸」（ボー）がいくつか集まって一つの集落ガシャンが形成された。その規模は様々で、小さいものでは1戸か2戸ほどで一つのガシャンとなってしまうものもあれば、数十戸以上集まっているものもあった。三姓档案に含まれる辺民の毛皮貢納状況に関する文書に見られる、1750年（乾隆15年）に清朝が毛皮貢納民の戸数を2398戸と定額化した時点でのガシャンのう

第4部 居住と生業

ち、今日のナーナイの祖先とおぼしき人々のガシャンとそれが帰属するハラを整理すると表1のようになる。戸数は1750年（乾隆15年）に「定額」とされたときの戸数である。資料としては『三姓副都統衙門満文档案訳編』所収の第91号文書「三姓副都統勝安為解送貢貂事咨吉林将軍衙門」同治12年12月19日付）を元にしている（三姓副都統衙門満文档案訳編 1984：329-345）。同治12年は西暦1873年であり、年代的には新しいものだが、これだけ新しくなると記録されている戸数などは実数ではなく、形式的に定額数に合わせたものであるため、却って1750年の数を表しているといえる。乾隆時代（1736～1795年）など古い時代のものは、貢納に来なかったものは記録されないため、毛皮貢納者の戸数が年によって変動している。

　ナーナイの祖先と判断する手がかりはハラと呼ばれる父系の氏族にある。今日では人々の姓として名称のみが残されているだけだが、ロシア革命以前には人々の社会生活で重要な位置を占めていた。しかも、ナーナイの場合、帝政ロシアの初めての国勢調査の時（1897年）に記録されたハラの中で、清朝支配時代に規定されたものがその3分の2以上を占めていた（佐々木 1990：752）。したがって、三姓档案に残されているハラの名前から、どのハラが今日のナーナイの祖先であるのかは容易に見極めることができる。表1に見られるハラの中でナーナイの祖先とおぼしきものは、ゲイケレGeikere、エイェルグEyergu、フスハラFushara、ビルダキリBildakiri、ヘチケリHecikeri、ウジャラUjala、ウディンクUdingku、フディンクHudingku、ジャクスルJaksuru、トゥメリルTumelir、ホミヤンHomiyan、ガキラG'akila、キレレKiler、サイマルSaimar、ジョルホロJolhoro、チョイゴルCoig'or、ブルガルBurgalである。

　このうち、エイェルグはオニンカOninkaというハラに吸収されて消滅し、ホミヤンは19世紀末期に子孫が絶えてしまった。また、ビルダキリやキレ、ジャクスル、トゥメリルなどはナーナイだけでなく、他の民族（例えばウリチ、ネギダール、ウデへなど）にもまたがっている。ブルガルとチョイゴルはウリチとナーナイの中間的な人々であるとされる（現在はウリチとされる人が多い）。しかし、いずれも現在のナーナイを形成する重要なハラであった。これらのハラ名は、現在は名乗るものがいないエイェルグとホミヤンをのぞけば、それぞれ順にゲイケルГэйкер、パッサールПассар、ベリディБельды、ホジェルХоджер、オジャルОджал、ウディンカンУдинкан、ドンカンДонкан、ジャクソルДзяксор、トゥマリТумали、ガエルГаэл、キレКиле、サマルСамар、ジョロルДёлор、サイゴルСайгор、ブラルБуралという形になって、ナーナイやウリチの人々の姓（ファミーリヤфамилия）の中に残されている。

　表1に挙げられているすべてのガシャンが近現代の民族誌や統計に現れる集落に同定できるわけではない。アムール本流にあるはずのガシャンでも同定できる方が少ないくらいである。ただし、だからといって同定できないガシャンが架空のものであるとか、間違った名称で記されているというわけでもない。例えば、松浦茂はこの三姓档案のガシャンを康熙帝の命令によって作成された『皇輿全覧図』の流れを汲む地図（彼は『満漢合璧清内府一統輿地秘図』とダンヴィルの地図を使っている）との比較から、アムール本流域に関しては半数近くのガシャンをそこから同定し、

第10章　アムール川流域における先住民族ナーナイ（ゴリド）の集落配置とその規模

表1　三姓档案による集落の所属氏族と戸数
　　三姓档案91号文書（同治12年12月19日付）（『三姓副都統衙門満文档案訳編』1984：329-345）
　　による。ただし、集落（gasan）名と氏族（hala）名のローマ字表記は松浦茂の表記による（松浦
　　1991）
　　　　　　　　　　　　　　　　　　　　　　　　　　　　　　◎は姓長（hala i da）がいた集落

集落（gasan）名	氏族（hala）名	戸数	集落（gasan）名	氏族（hala）名	戸数
Sila	Geikere	31	Hukun	Ujala	19
Hasinggi	Eiyergu	5	Desin	Ujala	16
Gibtelin	Eiyergu	35	Difun	Jaksuru	15
Hirkasi	Eiyergu	20	Hahi	Jaksuru	12
Kicuktu	Eiyergu	22	Suben	Jaksuru	7
Marin	Fushara	24	Fudasihun	Jaksuru	9
Jergulen	Fushara	25	Culaci ◎	Jaksuru	21
G'aijin	Fushara	21	Makan	Jaksuru	19
Dondon ◎	Fushara	24	Jelun	Tulduhuru	6
Gasin	Fushara	26	Elbin	Udingke	4
Heojimi wen yen	Fushara	26	Dongke	Hudingke	14
Weksumi	Fushara	19	Ajin	Homiyan	13
Galdaki	Bildakiri	40	Homiyan	Homiyan	14
Dolin	Bildakiri	12	Tuser	Coig'or	28
Guwelen	Bildakiri	9	Datan	Jolhoro	11
Uita ◎	Bildakiri	17	Kihecen	Tumelir	11
Aktara	Bildakiri	21	Jomnin ◎	Tumelir	12
Derin	Bildakiri	9	Cuwen	Tumelir	6
Yarkali	Bildakiri	14	Huyuken	Tumelir	9
Suwayan	Bildakiri	8	Horo	Tumelir	14
Gurdamu yarkali	Bildakiri	27	Hiowa	Tumelir	7
Hiowa	Bildakiri	7	Omo	G'akila	30
Meiren	Bildakiri	20	Firsuhi	G'akila	9
Hirma	Bildakiri	7	Kulbu	G'akila	16
Kefen	Bildakiri	37	Derin	G'akila	4
Ferimu	Bildakiri	18	Hikjingge	Kiler	22
Yemuri	Bildakiri	16	Kuru	Kiler	7
Culaci	Bildakiri	27	Kulbune	Kiler	21
Bokida	Bildakiri	16	Kimnin bira	Kiler	7
Giowan	Bildakiri	6	Dugulen	Kiler	8
Welci	Bildakiri	15	Luyer	Kiler	21
Bugulan ◎	Hecikeri	38	Henggun	Kiler	3
Saksaha	Hecikeri	19	Gul	Kiler	4
Nakida	Hecikeri	15	Dondorgon	Kiler	14
Sargu	Hecikeri	32	Yukimar behilen	Kiler	28
Mai	Hecikeri	12	Kihecen ◎	Saimar	52
Kaltumi	Hecikeri	23	Langga wargi	Saimar	23
Susu	Hecikeri	19	Langga dergi	Saimar	14
G'aoniyan	Hecikeri	15	Digin	Saimar	15
Urdaha	Hecikeri	9	Duki	Saimar	5
Atungga	Hecikeri	20	Guwelehen	Burgal	40
Derin	Hecikeri	10	Siljun	Burgal	5
Ungku	Hecikeri	14	Jarin ◎	Burgal	22
Piyuli	Ujala	4	計	88カ村	1521戸
Ujala ◎	Ujala	50	1村当たりの戸数		17.3戸

237

第4部　居住と生業

位置を確認している。そのうち、近現代の民族誌や統計にはもはや姿を現さない地名としては、例えばビルダキリ・ハラのガルダキGaldaki、フェリムFerimu、ヘチケリ・ハラのカルトゥミKaltumi、ウルダハUrdaha、ウジャラ・ハラのウジャラUjala、トゥメリル・ハラのホロHolo、キレル・ハラのクルKuru、キムニン・ビラKimnin bira、ヘングンHenggun、ブルガル・ハラのグウェレヘンGuwelehenとシルジュンSiljun、ジャリンJarinなどがある（松浦1991：77-82）。

　これらは18世紀初頭に康熙帝の命令で行われたイエズス会士の調査のときに存在していたことが確認されていたわけであり、1750年の毛皮貢納民戸数確定のときまでは存在したと思われる。その後、民族誌や統計に現れないということは廃村になったか、衰微しすぎて統計から漏れたかのいずれかである。アムール本流域の住民は豊かな水産資源を背景に定住性の高い生活をしていたことで知られるが、政治的経済的要因によって、移動も繰り返されていた。かつて数村から尊敬を集めるような有力者がいた村も、彼の死後は求心力を失って人々が離れていって消滅してしまうということも珍しくなかったようである。

　例えば、アムール川流域ではなく、サハリン（樺太）の事例であるが、東海岸のタライカ湾に面した地方にはタライカと呼ばれるアイヌの大きな集落があり、交易活動の重要な中継地であった。そこにアイヌの有力者がいたことは、1801年（享和元年）にサハリン南部を調査した幕府の役人である中村小市郎の記録『唐松の根』（刊本では『唐太雑記』）などからもわかる（中村1801（1985）：638, 643-644）。中国資料でも1751年（乾隆16年）に編纂された『皇清職貢図』第三巻の「庫葉」の項目でも、この地方が「達里漢」という名称で表れている（傅恒1751（1991）：244）。そして、三姓档案にもこの村はダリカ村Dalika gashanという名前で登場し、トー・ハラToo hala（陶姓）の村で、そこにヤルキYarkiと呼ばれるハラ・イ・ダがいたことも記されている（遼寧省档案館他1984：134, 412）。この人物は中村小市郎の『唐松の根』に、タライカの「乙名」としてその名を残しているヤイラッテと同一人物と思われる。そしてその後継者にヲツコビウゲ、イバイレクがおり、彼らも乙名であったと記されている。ヲツコビウゲは三姓档案にトー・ハラのハラ・イ・ダとして登場するオコピオOkopioのことだろう（遼寧省档案館他1984：137）。しかし、ヲツコビウゲやイバイレクの死後、この村は後継の有力者に恵まれず、中村小市郎が調査した頃には衰微してしまっていた（中村1801（1985）：643-644）。

　ブルガル・ハラのジャリン・ガシャンJalin gashanも同じように日本側の資料からその存在と消滅を確認できる。ここは間宮林蔵が1809年（文化6年）のアムール調査の時に立ち寄った村である。ここで彼はこの村のハラ・イ・ダに会い、贈り物をしているが、その時の応対は他の住民と異なり、実に堂々としていたという（間宮1809（1985）：130）。彼が残した地図（『舟行里程図』）と現在の地図を比較すると、現在のハバロフスク地方コムソモリスク地区のツィメルマノフカ村の近くにあったと推定される。しかし、彼の調査から半世紀近くを経た、1858年（安政5年）の白主（サハリン南端にあった日本の交易所）におけるサンタン人[3]たちからの聞き書きによるアムール川下流域の村々の名前には、このジャリン村が含まれていない（東京大学史料編纂所1930（1972）：

第10章 アムール川流域における先住民族ナーナイ（ゴリド）の集落配置とその規模

128)。つまり、林蔵の調査から幕末までの半世紀の間にこのジャリン村は消滅していたのである。ハラ・イ・ダがいたような村でも場合によっては消滅してしまうのである。

巨大集落消滅のもう一つの典型的な例が、ウジャラ・ハラのハラ・イ・ダ（姓長）がいたウジャラ・ガシャンUjala gashanである。それは、現在は集落の跡すらどこにあるのかわからない状態であるが、それが実在したことを示す伝承や記録は他にある。ここには三姓档案が示すように、ハラ・イ・ダがいただけでなく、現在までわずかに残されてきた伝承では、中国から役人や商人が来て市が開かれていたともいう。また、ウラジオストークで活躍したナーナイ出身の言語学者で、民族学者でもあったニコライ・バトゥノヴィチ・キレНиколай Батунович Килеによれば、アムール川左岸のボロン湖の出口の北側、かつてセレブリャンヌィ・ウチョースСеребля́нный утёс（銀の岬）と呼ばれた山の麓に、カダン・ホンコニКадан хонкони（ナーナイ語でカダンは岩を意味し、ホンコхонкоは岬を意味する）またの名をオジャル・ホンコニОджал хонкониとも呼ばれる場所があり、そこにオジャル一族の集落があったという（Киле 1977：60）。オジャルは現在のナーナイの言い方であり、ウジャラとは同じものが満洲語に記録されたときの形である。

このウジャラ・ガシャンに中国から役人や商人がやってきて市が開かれていたことに関しては日本側の資料からも確認できる。例えば、中村小市郎は、西海岸ナヨロ村のアイヌの首長であったヤエンクルアイヌが、1799年と推定される年にこのウジャラまで毛皮貢納と交易のために出向いたことを記録している（中村 1801（1985））。その後、1854年から56年にかけてアムール川流域とサハリンを調査したL．シュレンクもキレが指し示している位置に近いところでオジャル村Оджалを目撃しており、その民族誌に付せられた地図に書き込んでいる（Щренк 1883：巻末付図）。ただし、その大きさと機能までは述べていない。しかし、後述の1873年のソフィースク管区の統計には既に存在せず、1897年の第1回全ロシア国勢調査の統計にも見あたらない。つまり、ロシア人の入植が進むとともに消滅したと考えられる。

この現在はなきウジャラ・ガシャンで毛皮貢納民が50戸も数えられていたように（表1参照）、三姓档案に記されている集落は、それぞれ近代の民族誌に登場するナーナイ（ゴリド）の集落に比べると規模が大きい。もう一つ50戸を越える大きなガシャンがある。それはトゥメリル・ハラとサイマル・ハラの集落とされているキヘチェン・ガシャン（表1の61と81）である。ここは両ハラを合わせると実に63戸もの毛皮貢納民が登録されている。トゥメリル・ハラは後のトゥマリという姓を名乗る人々の祖先、サイマル・ハラはサマル（またはサマギール）を名乗る人々の祖先に当たる。ここにはサイマル・ハラのハラ・イ・ダが登録されており、ゴリン川流域にいたとされる同ハラの中心集落であった。しかし、現在そのような名称の集落は存在せず、人々の記憶にもない。

第3章でも触れたように、キヘチェンは、キとヘチェンに分解でき、ヘチェンhecenとは、ホトンhotonと同様に、満洲語で城を意味する。つまり、「キ城」という意味ではないかと思われる。そして、規模の大きさと、毛皮貢納民の最高位であるハラ・イ・ダの存在を考え合わせると、こ

の集落はサマルの人々が自らの中心地と考えたコンドンに比定できるのではないかと考えられる。

　そのほか、これらに次ぐガシャンとしては、ビルダキリ・ハラとジャクスル・ハラの2つのハラで登録されているチュラチCulaci（ビルダキリ・ハラ27戸、ジャクスル・ハラ21戸の計48戸）、ビルダキリ・ハラのガルダキGaldaki（40戸）、ブルガル・ハラのグウェレヘンGuwelehen（40戸）、ヘチケリ・ハラのブグランBugulan（38戸）、ビルダキリ・ハラのケフェンKefen（37戸）、エイェルグ・ハラのギブテリンGibtelin（35戸）、ヘチケリ・ハラのサルグSargu（32戸）、ゲイケレ・ハラのシラSila（31戸）、ガキラ・ハラのオモOmo（30戸）と続く。

　表1に挙げたガシャンは全部で88であるが、その総戸数は1521戸で、1ガシャン当たり平均17.3戸である。ただし、例えばウジャラ・ガシャンに50戸といっても、1人のガシャン・ダに率いられていたわけではなく、その中は形式上3つの下位組織に区分されていて、それぞれにガシャン・ダがおり、その一つに毛皮貢納民の最高位であるハラ・イ・ダに任命されたものがいたことになっていた。しかし、いずれにせよ、18世紀中期から19世紀にかけての時代の集落は、ロシア領時代に比べれば全体的に戸数が多く、大きかったといえるだろう。しかし、そのような大きな村もアムール川流域がロシア領とされてから数多くが縮小したり、消滅したりしてしまったのである。

　上記に挙げた大型集落で、現在でもなおナーナイの集落として残されているのは、ボロン湖湖畔にあるボロン村（ソ連時代にアチャンと改名された）に比定されている（松浦 1991 : 77）、ヘチケリ・ハラのブグラン・ガシャンだけである。この村は今でもヘチケリ・ハラの子孫と思われる、ホジェルХоджерという姓を名乗る人が多い。また、チュラチ・ガシャンも、民族誌ではチョラチЧолачиという名称で知られ、現在ではロシア人も多数住み着いてイノケンチエフカИннокентьевкаという名称の村になっているが、ナーナイも少なからず住んではいる。しかし、他は、本格的な民族調査が入る以前に消滅したか（グウェレヘンやギブテリン[4]、ケフェン）、20世紀初頭までは残されていたが、1930年代のスターリンによる集団化や、1960年代、70年代に行われた集団農場の国営化政策や村落構造転換政策によって、廃村とされてしまったか、開拓民の村となっている（サルグ、シラ、オモなど）。

3．1873年のアムール川本流域の村落分布状況

　1858年のアイグン条約、そして1860年の北京条約によってロシアはほぼ現在の国境に近い形で清朝から領土を得て、ウスリー川河口から下流のアムール川流域全域を手中に収める。19世紀中期のロシアのアムール再侵略は河口の方から始まった。1849年に始まるネヴェリスコイГ. М. Невельскойのアムール探検の後、ロシアはニコラエフスクНиколаевский пост、マリーンスクМариинский пост[5]と河口から順に哨所を築き、その周囲にロシア人植民を誘致して、勢力を次第に上流へ拡大していった。現在この地域の中心地であるハバロフスクは、1858年にまだ中国

第10章　アムール川流域における先住民族ナーナイ（ゴリド）の集落配置とその規模

領であったウスリー川との合流地点の右岸に十数名の兵士が上陸し、やっと橋頭堡を確保したにすぎなかった。当時は1852年にできたニコラエフスク哨所や54年にできたマリーンスク哨所の方が、アムール植民地化の拠点であった。

　ここで紹介する1873年のアムール川流域の集落とその戸数、人口に関するデータは、1998年2月のウラジオストークでの調査において、古文書館（ロシア国立歴史古文書館極東支部РГИА ДВ）で見つけた資料である。資料の正式の名称は「統計資料、ソフィースク管区の町と村の人口とその住民について、1873年1月1日」（収納番号1、目録番号1、文書番号450、25葉表～27葉裏）とされている。これは1873年1月1日現在として調べられたアムール川流域の人口に関する統計調査に基づいて作製された資料のようだが、まだタイプライターがここまで普及していなかったと見えて、すべて専門の書記による手書きである。この統計資料では、住民は基本的にロシア人Русскиеとゴリド Гольды（ナーナイの旧称）とに分類され、全体を見ても両者が共住している村はない。つまり、先住のゴリドと入植してきたロシア人は、異なる村に住み、婚姻関係など人的な関係はほとんどなかったことになっている。人口は民族別（とはいってもゴリドとロシアの2種類しかない）に集計され、さらにその中は男女別に集計されている。村や町の戸数も記されているが、役所の建物の数、民家の数、そしてゴリドの家の数と3つのカテゴリーに分類されている。そして前二者については家という言葉にロシア語で「家屋」を意味する「ドーム」домが使われているが、ゴリドの家屋については天幕や簡易住居を意味する「ユルタ」юртаという言葉が使われている。先住民ゴリドの家屋は「ドーム」とは呼べない代物と規定されたのである。ただし、当時のゴリドの家屋は、先述のように、天幕や移動式の簡易家屋ではなく、堅牢で恒常的な木造軸組構造の平地式家屋か半地下式家屋が主流であったことから、家を意味する言葉に区別が設けられているのは一種の差別であるといえるだろう。

　この時代まではハバロフスクよりもその遙か下流にあったソフィースクの方が重要な町であり、人口も多い。ハバロフスコエ Хабаровское（ハバロフスクはこの資料ではこのように記されている）は戸数100、人口575人（男432人、女143人）の「村」にすぎない。ハバロフスコエと中性形の形容詞の形を取っているところを見ると、村を意味する「セロー」селоといった言葉を修飾する形で使われていたようである。それに対してソフィースクの方は「ソフィースク町」（Город Софийск）とされていて、戸数こそ74戸とハバロフスコエよりも少ないが、人口は1337人（男1151人、女186人）と倍以上の数を誇っている。そしてソフィースクからハバロフスクまで含むアムール川本流域が「ソフィースク管区」（Софийский округ）にくくられていた。

　ソフィースクは、かつての先住民（恐らくウリチの祖先）が住んでいた、ジャイという村があった場所に築かれた町である。間宮林蔵もこの前を通過しており、彼は「チヤエ」と呼んでいる。また、清代末期に編纂された『吉林通志』には札伊洪庫と記されている（吉林通志 1900（1986）：328-329）。この「洪庫」とは満洲語やナーナイ語で「岬」を意味する「ホンコ」hongko / хонкоの当て字で、このソフィースクのすぐ上流には崖が岬のように突き出ている。現在は先住民の村

241

とは明らかに異なる「町」ではあるが、かつての行政中心の面影を求めるのは酷である。1870年代にソフィースク管区という行政区画ができ、ここがその中心になっていたのは、ニコラエフスク、マリーンスクと上流に昇ってきたロシアのアムール植民地経営の前線基地が一時期ここにあったからである。しかし、その後すぐにアムール経営の中心はハバロフスクに移り、ソフィースクは一村落に転落する。1897年の第1回全ロシア国勢調査のときには既に「ソフィースク管区」は消滅している。

　少し本論から離れるが、ハバロフスコエにせよ、ソフィースクにせよ、男女の人口比のアンバランスが目立つ。農民が入植している開拓村では男女ほぼ同数であるものの、この都市における男女比の偏りが影響してロシア人人口全体でも男2432人、女1076人と二倍以上の差がでている。拠点都市や将来の拠点都市における男女比の極端な偏りは、都市部の居住者に男の単身赴任者が多かったことを意味しているのだろう。

　この古文書資料に基づいて先住民のゴリド（ナーナイ）の集落と戸数、人口を一覧表にすると次の表2のようになる。この表では下流から上流へ向かって村が列挙されているが、左岸、右岸の区別はしていない。ゴリドが登録されている村の分布範囲はソフィースクより若干下流で、キジ湖に近かったと推定されるペプカ村やガウノ村（後のガウニャ村）から上流のアムール川沿岸で、ハバロフスク近郊まで及ぶ。また、ゴリン川、フンガリー川、ボロン湖、クル川、ウルミ川といった支流の流域も含まれる。

　表1と比べた場合、一致する集落は25カ村しかない。それを整理すると表3のようになる。それを見ると、19世後半のナーナイの主立った集落は大体18世紀以来の大きな集落だったことがわかる。例えばボラン、チョリチ、フンミ、オンミなどである。1873年の統計では戸数が二桁の集落はわずかに4つしかないが、そのうちの2つ（ボランとチョリチ）は三姓档案にも見られるものである。

　中国の文書記録にあるガシャンとロシアの統計資料の集落とが食い違うのはいわば必然的である。というのは、中国側の文書はきわめて形式的であり、毎年同じハラ、同じガシャン、同じ戸数が繰り返されていて、現実を表しているとは限らないからである。1750年に毛皮貢納民の組織と戸数を一定にした段階で、既にいくつかのガシャンは文書の上だけに存在する架空のものになっていた可能性すらある。毛皮を納めに行くべきハラ・イ・ダやガシャン・ダは世襲で、世代が替わるごとに新しく任命書が発行された節もあり（詳しくは佐々木（1991：199, 203-207）を参照）、また、乾隆年間（1736年～1795年）にはハラ・イ・ダやガシャン・ダの名前に変化が見られることから、清朝の役人も全く機械的に文書を作成していたわけでもない。しかし、その任命書の持ち主やその一族が他の集落に移転しても、任命書には役所の原簿に記載されている集落名が記されたままである。毛皮貢納民の戸数を固定したのは、毎年一定量の毛皮を国庫に納めさせるためであり、現実に合わせて集落名や戸数を変更したのでは、納入枚数が毎年変動してしまう。そのために場合によってはもはや存在しないガシャンがいつまでも記録に残され、そこから毛皮の貢納

第10章　アムール川流域における先住民族ナーナイ（ゴリド）の集落配置とその規模

表2　1873年のソフィースク管区におけるゴリド（ナーナイ）の村落とその戸数、人口、村の1戸当たりの平均人口

集　落　名	戸　数	男	女	人　口	戸の人数
ペプカ　Деревни Пепука	2	7	5	12	6.00
アンバ・ワウハ　Амба Вауха	2	26	14	40	20.00
ガウノ　Гауно	2	7	14	21	10.50
オサ・ボアチャ　Оса Баоча	2	27	22	49	24.50
ボリバ　Больба	3	8	3	11	3.67
ダラクタ　Даракта	4	14	11	25	6.25
グノ　Гуно	1	3	4	7	7.00
サマハグダ　Самахагда	1				
エリ　Эри	3	23	20	43	14.33
ピスイ　Писуй	1	13	13	26	26.00
小アジ　Малая Ади	2	12	15	27	13.50
アジ　Ади	5	45	35	80	16.00
ホリサ　Хольса	1	13	11	24	24.00
ギャチャ　Гяча	1				
チュチャン　Чучань	2	10	12	22	11.00
ウニンダ　Унида	4	19	22	41	10.25
ガウノ　Гауно	4	17	17	34	8.50
第2ハリブ　Хольбу вторая	8	18	15	33	4.13
デウニ＝ダ　Деунь-да	1	4	4	8	8.00
ススル　Сусурь	2	13	14	27	13.50
カダ・カガ　Када кага	1	3	2	5	5.00
サリュ　Сарю（サルゴ　Сарго）	4	22	23	45	11.25
チンゴ　Чинго	1	5	4	9	9.00
ダバク　Дабаку	1	5	4	9	9.00
ヤミクタ　Ямикта	3	20	15	35	11.67
コンダン　Кондань	5	29	36	65	13.00
チャンカ　Чанка	2	10	8	18	9.00
ビチャ　Бича	2	11	8	19	9.50
ベリゴ　Бельго	2	6	7	13	6.50
第1ハリブ　Хальбу первая	2	15	13	28	14.00
ホラル　Хорару	4	24	22	46	11.50
トゥチェル　Тучер	4	26	20	46	11.50
エカン　Экань	5	24	20	44	8.80
ギリン・ダニ　Гирин Дани	1	4	3	7	7.00
ゴリダン・デレン　Гольдан-Дерен	1	3	7	10	10.00
サリジャ　Салижа	4	11	18	29	7.25
パダリ　Падали	3	10	10	20	6.67
フンミ　Хумми	4	14	13	27	6.75
ケウリ　Кеури	6	25	25	50	8.33
ヤクトゥルキ　Яктулки	1	5	4	9	9.00
センダ　Сенда	2	7	5	12	6.00
ゴアルム　Гоарму	2	7	7	14	7.00
ジフェン　Дзифен	5	21	22	43	8.60
トンド＝ボアチャン　Тондо-Боачан	3	14	13	27	9.00
フンガリ　Хунгари	9	39	40	79	8.78
ホノ　Хоно	2	19	15	34	17.00
オンミ＝ボアチャン　Омми-Боачан	4	10	18	28	7.00

第4部　居住と生業

集　落　名	戸数	男	女	人口	戸の人数
オンミ　Омми	8	42	43	85	10.63
トフパフト　Тохпахто	2	7	9	16	8.00
オクシャン　Оксянь	6	26	25	51	8.50
マンゲニ　Мангень	1	5	3	8	8.00
チョリチ　Чольчи	14	55	68	123	8.79
ナルギャン　Наргянь	4	17	14	31	7.75
スィケル・ホチェル　Сыкер Хочел	5	22	32	54	10.80
バドゥゴ　Бадго	1	4	1	5	5.00
ボラニ　Болань	16	61	81	142	8.88
ウイク　Уйку	3	12	7	19	6.33
オンミ　Омми	5	22	20	42	8.40
フンガリ　Хунгали	2	18	14	32	16.00
ネルグリ　Нергуль	6	25	15	40	6.67
セパレウナ　Сепареуна	2	9	6	15	7.50
ハワニ＝チャ　Havань-ча	2	14	15	29	14.50
ヘレリチュ　Херельчу	3	18	14	32	10.67
プジ　Пуди	3	18	15	33	11.00
ガダ＝ム＝ガリ　Гада-Му-Гали	2	12	15	27	13.50
ネモソ　Немосо	2	10	6	16	8.00
フトゥ　Хуту	3	19	15	34	11.33
ジャペ　Джапе	3	17	15	32	10.67
ソオ＝マテ　Соо-мате	3	19	16	35	11.67
サルグ　Салгу	3	30	27	57	19.00
ウイサ　Уйса	3	34	27	61	20.33
ホルブク　Хорбук	4	22	21	43	10.75
フグナリ　Хугнали	5	29	20	49	9.80
ホルコス　Холкосу	4	20	19	39	9.75
ホモサ＝ボアチャ　Хомоса-Боача	4	18	11	29	7.25
オフラニ　Охрань	1	9	18	27	27.00
チェリチ　Чельчи	2	22	21	43	21.50
チェロチ＝ホンコ　Челочи-Хонко	4	26	27	53	13.25
ブィンクサ　Бынкса	5	20	18	38	7.60
ガグノ　Гагуно	1	6	6	12	12.00
エルガ　Эрга	3	18	9	27	9.00
デウニ　Деунь	1	7	3	10	10.00
チェンカ　Ченка	1	7	1	8	8.00
プィリム　Пыриму	1	2	4	6	6.00
イモロン　Иморон	3	21	29	50	16.67
ギオン　Гион	1				
ドロ　Доло	6	30	28	58	9.67
サヤン　Саян	5	32	24	56	11.20
ムィラ　Мыйра	2	8	6	14	7.00
ホラン　Холан	4	19	22	41	10.25
ダオ＝ボーチャ　Дао-Бооча	1	9	4	13	13.00
ゴルダム　Гордаму	4	25	26	51	12.75
キヤ　Кия	1	15	13	28	28.00
ドンドン　Дондон	6	34	43	77	12.83
トリュン　Торюн（トルゴン　Торгон）	11	62	68	130	11.82
ボーチャ　Бооча	1	4	3	7	7.00

第10章　アムール川流域における先住民族ナーナイ（ゴリド）の集落配置とその規模

集　落　名	戸　数	男	女	人口	戸の人数
クングリチュ　Кунгульчу	1	6	6	12	12.00
ウニ＝ダ　Уни-да	1	6	1	7	7.00
デロ　Деро	3	16	12	28	9.33
スス　Сусу	4	29	38	67	16.75
ナンヒ　Нанхи	6	30	23	53	8.83
ドンジャ　Донджа	3	13	10	23	7.67
小トリュン　Малый-Торюн	3	10	10	20	6.67
ボーチャ　Бооча	3	14	8	22	7.33
ホモソ　Хомосо	2	7	6	13	6.50
アルグ　Аргу	6	36	41	77	12.83
ディレルガ　Дырерга	5	36	35	71	14.20
ヤウカ　Яука	2	12	19	31	15.50
チョンド　Чондо	1	4	3	7	7.00
ドドゥ　Доду	5	27	14	41	8.20
ガッセン　Гассен	5	23	17	40	8.00
クルン　Курунь	8	36	30	66	8.25
セレミ　Сереми	8	25	26	51	6.38
ホリャ　Холя	4	21	16	37	9.25
レウ＝ママ　Леу-мама	2	8	8	16	8.00
テニ　Тень	2	5	4	9	4.50
シンダ　Синда	7	40	43	83	11.86
アムチャ　Амча	2	11	11	22	11.00
マリン　Марин	5	20	11	31	6.20
オクタル　Октар					
ダバニ＝ダ　Дабань-да	5	35	41	76	15.20
センドカ　Сендока	10	62	66	128	12.80
セプシキ　Сепсики	6	33	25	58	9.67
ニマン＝ボアチャ　Ниман-Боача	1	3	4	7	7.00
チャロ＝マク　Чало-маку	1	3	2	5	5.00
コタル　Котарь	5	27	26	53	10.60
ホロニ＝ダ　Холонь-да	1	8	7	15	15.00
フィエ＝モンガ　Хые-монга	4	8	12	20	5.00
サグデル＝ダ　Сагдер-да	2	8	4	12	6.00
ツァツカ　Цацка	3	9	7	16	5.33
ホテイ　Хотей	2	14	19	33	16.50
クトゥムグニ　Кутумугунь	3	12	10	22	7.33
ドゥマ　Дума	2	9	6	15	7.50
ジャエレ＝ダ　Джаере-да	4	7	8	15	3.75
アドゥラ　Адура	1	3	4	7	7.00
ウリカ　Улика	3	10	10	20	6.67
チュンゴト　Чунгото	3	13	12	25	8.33
ホリモ　Хольмо	1	5	4	9	9.00
総　数　(138 カ村)　1 カ村当たり平均戸数　3.3 戸	459	2353	2239	4592	10.00

第4部　居住と生業

表3　1873年の統計資料と三姓档案との比較

*はロシア植民の開拓村となり、先住民がいなくなった村

1873年の集落	戸数	三姓档案の集落名	氏族名	戸数
アジ Ади	5	Ajin	Homiyan	13
オクタル Октар		Aktara	Bildakiri	21
ボラン Болань	16	Bugulan	Hecikeri	38
チョリチ Чольчи	14	Culaci	Jaksuru	21
		Culaci	Bildakiri	27
ジフェン Дзифен	5	Difun	Jaksuru	15
ドロ Доло	6	Dolin	Bildakiri	12
トロイツコエ Торойцкое *				
ドンドン Дондон	6	Dondon	Fushara	24
プィリム Пыриму	1	Ferimu	Bildakiri	18
ピスイ Писуй	1	Firsuhi	G'akila	9
ガウノ Гауно	4	G'aoniyan	Hecikeri	15
ガッセン Гассен	5	Gasin	Fushara	26
ギオン Гион		Giowan	Bildakiri	6
ゴルダム Гордаму	4	Gurdamu yarkali	Bildakiri	27
フンミ Хумми	4	Homiyan	Homiyan	14
クルン Курунь	8	Kuru	Kiler	7
マリン Марин	5	Marin	Fushara	24
ムイラ Мыйра	2	Meiren	Bildakiri	20
オンミ Омми	8	Omo	G'akila	30
オンミ Омми	5			
オンミ＝ボアチャン Омми-Боачан	4			
サルグ Салгу	3	Sargu	Hecikeri	32
スス Сусу	4	Susu	Hecikeri	19
サヤン Саян	5	Suwayan	Bildakiri	8
トゥチェル Тучер	4	Tuser	Coig'or	28
サラプリスコエ Сарапульское *		Weksumi	Fushara	19
エリ Эри	3	Welci	Bildakiri	15
		Welci	Biral	12

があったかのような文書が作成され続ける。

　それに対して、帝政ロシアの統計調査は、全住民を一人一人把握し、実質的な統治を行うための基礎資料である。そのために村の戸数だけでなく、男女別の人口まで調べ上げている。清朝の記録は毛皮の支払いと恩賞配布のためのデータだったため、その単位である「戸」単位のデータで十分だったが、ロシアは税金を集めるためだけでなく（当時「異民族」と呼ばれた先住民は徴税の対象とはならなかった）、土地権や漁業権などより複雑な権利関係が関わっていたために、より現実的なデータが必要とされた。そのために、ロシアのデータの方が、その時代の現実を遙かによく表している。

　ただし、形式的な文書である清朝の档案のデータも戸数に関してはある程度18世紀中期の現実を表していただろう。その数値はそのガシャンから支払われる毛皮の枚数とそこに必要とされる恩賞の量を表してもいるが、実際にそれに見合うだけの家の数と人口が一時的とはいえ、あった

はずである。それに比べると、1873年の戸数は著しく減っている。

　表3に見られる同定可能なガシャンと集落の比較だけでも、1750年の段階で1村当たり19.2戸だったものが（全体では17.3戸と若干下がる）、1873年にはわずか5.3戸（全体では3.3戸）である。集落の戸数と人口については後で詳しく触れるが、清朝時代の「戸」が自立可能な成人男性に代表される世帯を表しているとすれば、1750年から1873年の間に個々の村の規模が大幅に縮小したといえるだろう。

4．1897年のアムール川本流域の村落分布状況

　1897年に、ロシアは近代国家としての名誉をかけて、初めて全国規模の国民に関する統計調査、つまり国勢調査を行った。このときは広大なロシア帝国の隅々にまで調査官を派遣し、住民の数とその属性（民族、職業、宗教などの項目）を調べ上げている。それは首都サンクト・ペテルブルクから遙かに遠いシベリアの極北地帯からアムール地方を含む極東のはずれといえども例外ではなかった。その調査結果の概略は、1899年に内務省中央統計委員会の委員長トロイニツキーH. A. Тройницкийが編集した『1897年第1回ロシア帝国全国国勢調査』（Первая всеобщая перепись населения Российской Империи 1897 г.）として公刊されている。そして1906年と1912年には民族学者パトカノフС. Паткановが、そのシベリア極東のツングース系の諸民族に関して、1897年のデータを調査原簿から分析し直して、その分布状況と人口を明らかにしている（Патканов 1906；1912）。

　1897年当時ロシア極東には沿海州（プリモールスカヤ・オーブラスチПриморская область）と呼ばれる行政区画が設定されていた。当時の沿海州は、南はウラジオストークから北はチュコトカ半島にいたる広大な領域を占めていたが、そのうちナーナイ（ゴリド）の祖先が居住していたアムール川流域は、殆どがハバロフスク管区Хабаровский округに含められていた。ハバロフスク管区の中は中心的な役割を担わされた開拓村の名前を冠した3つの郷（ヴォロスチволость）に分けられている。下流からニージネタンボフスコエ郷Нижнетамбовская волость、トロイツコエ郷Тройцкая волсть、そしてヴャーツコエ郷Вятская волостьである。それぞれニージネタンボフスコエНижнетамбовское、トロイツコエТройцкое、ヴャーツコエВясткоеという開拓村にその中心がおかれていた。ニージネタンボフスクとヴャーツコエはともに既に先住民がいなくなっていた（あるいははじめからいなかった）場所に建設された村だが、トロイツコエはドリンDolinというナーナイの比較的重要な集落であった場所に建設された、三姓档案ではドリン・ガシャンDolin gashan（ビルダキリ・ハラの村）とされている。すでに、1873年の統計では開拓村トロイツコエとされていて、そこにはロシア植民のみが登録されている。ただし、そのそばにドロДолоと呼ばれるナーナイの村があったことになっているが、それがドリンのことだったのだろう。ちなみにナーナイ語でドリンDolinとは真ん中を意味する。

　さすがに帝国の威信を懸けた国勢調査だけあって、課税の対象とはならないはずの、遠隔地あるいは山奥の先住民の村々まで細かく調べている。その精度は清朝が支配していた時代とは比較

第4部　居住と生業

にならず、また1873年の統計と比べても充実ぶりが伺える。73年の段階では人口調査がなされたのはアムール本流域だけであり（ヤミフタ、コンドン、ボロンなどゴリン川やボロン湖方面の村も少数含まれてはいるが）、そこに流れ込む支流の奥深くまでは調査は行われていない。しかし、97年の調査では支流のかなり奥にいた先住民まで調査対象とされ、戸数と人口と場合によって属するハラ（氏族）まで調べられている。

　このハラの調査は19世紀末期当時のナーナイのハラの地域的な分布状況を知るのに非常に役に立つデータである。その概略は既に10年前に拙論で紹介したために、ここでは詳しくは語らないが（佐々木1990：750-751）、ナーナイのハラの分布には明らかな地域的な偏りが見られる。そして、三姓档案のデータと照合すると、この偏りが18世紀から変わっていないことも明らかになる。例えば、ボロン湖の出口近くにボロンと呼ばれる非常に大きい集落がある。1873年のデータでは16戸142人、97年でも26戸116人が数えられている。先述のように、三姓档案のブグラン・ガシャンBugulan gašan（38戸）がこのボロン村に同定されているが（松浦1991：77）、そこはヘチケリ・ハラHecikeri halaの村で、そのハラ・イ・ダが住んでいたことになっていた。そして1897年のデータでもここはヘチケリ・ハラの子孫であるホジェルХоджерあるいはヘジェルХэджерと呼ばれるハラの集落であり、116人の村人のうち、104人がこのハラの成員であった。そして現在でもこの村の住民の半数以上がホジェルХоджерという姓を名乗っている。

　ナーナイ最大のハラであるベリディБельдыは清代のビルダキリ・ハラBildakiri halaの子孫であるが、清代のビルダキリがアムール川全体に広く分布していたように、19世紀末期でもナーナイ（ゴリド）の居住地域全体に広がっている。パッサールПассар、ポッサールПоссар、あるいはプスハールПусхарと呼ばれる一族は清代のフスハラ・ハラFushara halaの子孫だが、清代のフスハラがアニュイ川よりも上流にいなかったのを反映して、ポッサールも比較的上流のトロイツコエ郷を中心に分布していた。清代のサイマル・ハラSaimar halaの子孫であるサマル氏族Самарも、原住地のゴリン川からアムール本流に出てくる傾向があるとはいえ、基本的にはゴリン川流域の本拠地を維持していた。

　清代のハラの分布が19世紀末のロシアの国勢調査結果に反映していないのはゲイケルГэйкерである。彼らは清代のゲイケリ・ハラGeikeri halaの子孫で、三姓档案ではアニュイ川沿いにあったといわれるシラ村Sila gashanにしか登録されていなかったが、ロシアの国勢調査ではむしろ下流のニージネタンボフスコエ郷の方に多くいた。特にウリチとの混住地帯に入るアジ村（現在は無人）は、ゲイケル一族の村であった。現在でもゲイケルを名乗る人々は、コムソモリスク・ナ・アムーレやニージニエ・ハルビ村など比較下流に多く住んでいる。彼らには、もともとは松花江などの上流の方に住んでいたという伝承があり、いつの時代かはわからないが、多くの人々が下流に移住してきたというのである。実際中国側の赫哲族にもゲイケル姓の人々がいて（中国では最初の音節を漢字に変えて葛と名乗る）、その伝承を裏付けている。また、アニュイ川にいた人々が下流に移住したという伝承もある。おそらく彼らはシラ村の子孫だろう。ゲイケル一族の歴

第10章　アムール川流域における先住民族ナーナイ（ゴリド）の集落配置とその規模

史に関しては中国側の資料を使った別の論考があるので、それに譲るが（佐々木1994）、この人々には時代はわからないが、大きな移住の歴史があったようである。

5．村の戸数と人口の推移

上でも触れたが、1750年、1873年、そして1897年と3つの統計を比較した場合、1つの村の戸数と人口、また1つの戸の人口に大きな変化が見られる。三姓档案の「戸」が家屋を意味しているのか、世帯を意味しているのか、それとも毛皮を払うべき成人男子の数を表しているのか、問題はあるが、これを「世帯」と仮定して、ロシアの2つの資料と比較すると、1つの村に数えられている戸数（あるいは世帯数）に大きな変化が見られる。つまり、1750年の段階と比べると、19世紀後半には村の戸数が全体的に著しく減少しているのである。例えば1村の戸数の平均を取ってみても、表1、表2、表4の末尾に表したように、1750年に17.3戸（ただし、ナーナイの祖先と思われるハラの88のガシャン、1521戸から算出しており、全体166のガシャン、2398戸から算出すると14.4戸である）あったものが、1873年には3.3戸（138カ村、459戸）に大幅に減少し、1897年には若干回復してたものの、4.7戸（189カ村、886戸）と、100年前とは比較にならない低い水準に留まっている。

村の戸数の度数分布を見てもその違いは顕著である。1750年の段階では11戸以上15戸以下の規模の集落が19と最も多く、また6戸以上25戸以下のレベルに集中していることがわかる。その範囲に入る集落は61あり全体の70％近くを占める。また、30戸以上の集落も多数見られる（図1）。それに対して、1873年と97年のデータでは5戸以下の所にピークが来ていて、35戸を越える集落は一つもない（図2－aと図3－a）。この数字の違いは18世紀の清朝支配全盛期と、ロシア帝国支配の時代とでは、ナーナイの村の一つ一つの大きさが異なることを意味している。村の規模が全体的に大幅に縮小しているのである。

これまでの民族学、人類学ではアムールの先住民たちは川の比較的低い岸辺やアムールに浮かぶ大きな中州の上に、岸に沿って列をなすように住居を作って住んでいたとされることが多く、また、戸数の少ない比較的小さな村を数多く作っていたともいわれていた。例えば、20世紀初頭にナーナイ（ゴリド）の調査と研究に従事したI. A. ロパーチンИ. А. Лопатинは、ナーナイのほとんどの村が2～3のファンズ（房子、中国風の木造家屋）からなっており、多数のファンズからなる村はまれであると述べている。大きな集落の例としては、シカチ・アリャンの18戸、トルゴンの50戸（彼が巻末に載せている1915年の統計資料では35戸）、ナイヘ（ナイヒン）の18戸などが挙げられる（Лопатин 1922：72-73）。

ロパーチンはナーナイの村（彼はナーナイの村を「ストイビッシェ」стойбищеと呼びロシア人の開拓村「セレーニエ」селениеあるいは「ジェレヴニャ」деревняと区別している）の形状を次のように描写している。

第 4 部　居住と生業

表4　1897年沿海州ハバロフスク管区におけるゴリド（ナーナイ）を中心とした先住民の集落とその戸数、人口、村の1戸当たりの平均人口、民族構成

集　落　名	戸　数	人　口	戸の人数	民　族　構　成
●ニージネタンボフカ郷左岸				
○左岸（下流から）				
ハルボ　Халбо	10	52	5.20	ゴリド＋サマギールと中国人
パフタ　Пахта	9	23	2.56	ゴリド＋ウリチと中国人
バラホイ　Балахой	5	15	3.00	ツングース
ケワリ　Кэвари	2	12	6.00	ウリチとサマギール
シダヒ　Сидахи	5	41	8.20	ウリチ
コルコイ　Коркой（ディレン Дырен）	2	6	3.00	ゴリド＋サマギール
ピッソイ　Писсой	10	38	3.80	ゴリド
ギャチャ　Гятца（Гяча）	6	32	5.33	ゴリド＋サマギールと中国人
セルゴリ　Сэрголь	2	6	3.00	ゴリド＋サマギール
ホルゴチ　Холгоци	1	10	10.00	ゴリド＋サマギール
ジョムギ　Дзёмги	9	46	5.11	ゴリド＋サマギール
サラヒン　Сарахин	1	11	11.00	ゴリド
サムジャン　Самдян	4	16	4.00	ゴリド
ゴルボ　Голбо	1	4	4.00	ゴリド
ポーダリ　Поодали	6	26	4.33	ゴリド
オンモカン　Оммокан	4	21	5.25	ゴリド
オンモイ　Онмой	6	22	3.67	ゴリド
オンモイ1　Онмой1	9	34	3.78	ゴリド
アンガサレン　Ангасалэн	5	28	5.60	ゴリド
オンモイ・ボーチャン　Онмой Боочан	4	24	6.00	ゴリド
ドゲリン　Догэрин	7	40	5.71	ゴリド
ボーチャン　Боочан	2	22	11.00	ゴリド
オファ　Офа	5	46	9.20	ゴリド
ネルゲン　Нэргэн	11	61	5.55	ゴリド＋中国人
オルダン　Ордан	2	8	4.00	ゴリド
ウチク　Утьку	6	40	6.67	ゴリド
ナジキ　Надьки	1	27	27.00	ゴリド
フルセン　Хулусэн или Тыркэл	8	29	3.63	ゴリド
オイタ　Ойта	1	6	6.00	ゴリド
リンパン　Лимпан	5	46	9.20	ゴリド
ジャペ　Жапэ（ボロン湖）	4	47	11.75	ゴリド
ソモーモ　Сомоомо（ボロン湖）	3	14	4.67	ゴリド
ネマソ　Немасо（ボロン湖）	2	11	5.50	ゴリド
フトゥン　Хутун（ボロン湖）	9	48	5.33	ゴリド
ゴグダ＝ムンガリ　Гогда-Мунгали（ボロン湖）	3	25	8.33	ゴリド
プジ　Пуди（ボロン湖）	4	31	7.75	ゴリド
ヘレリク　Хэрэльку（ボロン湖）	6	22	3.67	ゴリド
ヘウェチェン　Хэвэчэн（ボロン湖）	5	34	6.80	ゴリド
セポリュナ　Сэпорюна（ボロン湖）	4	13	3.25	ゴリド
ネルグリ　Нэргуль（ボロン湖）	7	34	4.86	ゴリド
ボロン　Болон（ボロン湖）	26	116	4.46	ゴリド
左岸の総戸数と総人口	222	1187	5.35	
○右岸（上流から）				
シャルガ　Шарга	2	14	7.00	ゴリド

第10章　アムール川流域における先住民族ナーナイ（ゴリド）の集落配置とその規模

集　落　名	戸　数	人　口	戸の人数	民　族　構　成
上ネルゲン　Нэрген верхний	5	38	7.60	ゴリド
チョリチ　Чёлъчи	15	103	6.87	ゴリド
ムィンゲ　Мынгэ	4	36	9.00	ゴリド
フンガリ　Хунгари	9	60	6.67	ゴリド
ボーチャン　Боочан	5	44	8.80	ゴリド
ジフ　Дифу	7	41	5.86	ゴリド
第1スス　Сусу порвое	2	10	5.00	ゴリド
第2スス　Сусу второе	1	5	5.00	ゴリド
カダ＝センダ　Када-сэнда	3	19	6.33	ゴリド
ガウニャ＝ウイセ　Гауня-уйсэ	3	11	3.67	ゴリド
ホミ　Хоми	3	36	12.00	ゴリド＋サマギールと中国人
ベレンダ　Беренда	1	5	5.00	サマギールのみ
エケン　Экэн	9	61	6.78	ゴリド＋サマギール
ギャサ　Гяса	4	17	4.25	ゴリド＋サマギール
ハルブ　Халбу	14	74	5.29	ゴリド＋サマギールと中国人
ベルゴ　Бэлго	4	25	6.25	ゴリド＋サマギールと中国人
ガウニャ　Гауня	1	9	9.00	ゴリド
オニンダ　Онинда	6	32	5.33	ゴリド＋中国人
チェウチェ　Чеуче	3	12	4.00	ゴリド＋中国人
クルグ　Кургу	1	7	7.00	サマギールのみ
ホルサ　Холса	2	21	10.50	ゴリド＋サマギール
アジ　Ади	14	87	6.21	ゴリド＋中国人
ピッスイの分村　Наслег из Писсуя	1	4	4.00	ゴリド
ディレン　Дырэн	3	22	7.33	ウリチと中国人
チェチョナイ　Чечёнай（カルガ Карга）	7	54	7.71	ツングース
カクチェミ　Какчеми	1	12	12.00	ツングース
ケウチ　Кэучи	4	10	2.50	オロチとツングース
オチ　Очи	4	17	4.25	ゴリド＋オロチ
ボリバ　Больба	11	62	5.64	ゴリド＋ウリチと中国人
アンガン　Анган	5	40	8.00	ゴリド＋ウリチ
プリ　Пули（アイ川流域）	7	41	5.86	ウリチとオロチ
ピャダ　Пяда（アイ川流域）	2	24	12.00	ウリチと中国人
右岸の総戸数と総人口	163	1053	6.46	
ニージネタンボフカ郷の戸数と人口総数	385	2240	5.82	

●トロイツコエ郷
○左岸（下流から）

ブィンクセ　Бынксэ	4	27	6.75	ゴリド
トビラン　Тобилан	2	12	6.00	ゴリド
ダイ＝ボーチャン　Дай-Боочан	2	11	5.50	ゴリド
アジョル　Аджор	2	8	4.00	ゴリド
エモロン　Эморон	5	30	6.00	ゴリド
サヤン　Саян	7	86	12.29	ゴリド
ゴルダミ　Гордоми	14	77	5.50	ゴリド＋中国人
クルン　Курун	7	41	5.86	ゴリド
下マリ　Нижняя Мари	7	30	4.29	ゴリド
ダウン　Даун	5	27	5.40	ゴリド
上マリ　Берхняя Мари	5	27	5.40	ゴリド
ドブン　Добун	1	8	8.00	ゴリド

第4部　居住と生業

集　落　名	戸数	人口	戸の人数	民　族　構　成
コイナフ　Койнаху	1	7	7.00	ゴリド
ダウルギ　Дауpги	3	15	5.00	ゴリド
ダイドゥン　Дайдун	7	27	3.86	ゴリド＋中国人
ホレンジ　Холэнди	7	37	5.29	ゴリド
アリン　Алин	2	7	3.50	ゴリド
アリジコ　Альзико	1	5	5.00	ゴリド
コチャン　Котян	1	14	14.00	ゴリド
左岸の総戸数と総人口	83	496	5.98	
○右岸（上流から）				
カタル　Катар	1	4	4.00	ゴリド
チェプチキ　Чепчики	11	57	5.18	ゴリド＋中国人
ペトロパヴロフスコエ　Петропавловское	13	78	6.00	ゴリド
スイドゥ　Суйду	2	9	4.50	ゴリド
ジャンク　Джанку	6	41	6.83	ゴリド
ガルブン　Галбун	8	45	5.63	ゴリド＋中国人
ゲリ　Гэри	2	9	4.50	ゴリド
ポルトゥ　Порту	3	18	6.00	ゴリド
シンダ＝ボチェカン　Синда-Бочекан	2	21	10.50	ゴリド
シンダ　Синда	2	14	7.00	ゴリド＋中国人
ラマミ　Ламами	2	32	16.00	ゴリド
ムフ　Муху	5	39	7.80	ゴリド
サウホイ　Саухой	4	33	8.25	ゴリド
ボチェカ　Бочека	1	8	8.00	ゴリド
エルガ　Ерга	3	32	10.67	ゴリド
セレマ　Серема	4	26	6.50	ゴリド
ハウハリ　Хаухали	2	12	6.00	ゴリド
マンゴモダ　Мангомода	3	39	13.00	ゴリド
エッカ　Екка	3	33	11.00	ゴリド
ダダ　Дада	4	16	4.00	ゴリド＋中国人
チェソンコ　Чесонко	2	10	5.00	ゴリド
エオラ　Еола	2	15	7.50	ゴリド
ガシ　Гаси	4	13	3.25	ゴリド
ディエルガ　Дыэрга	9	94	10.44	ゴリド
ドンドン　Дондон	20	148	7.40	ゴリド＋中国人
ハラン　Халан	8	85	10.63	ゴリド
ジャリ　Джари	2	22	11.00	ゴリド
ドリ　Доли	5	17	3.40	ゴリド
シマタ＝ビチェカ　Симата-Бичека	2	20	10.00	ゴリド
ダイスン　Дайсун	2	19	9.50	ゴリド
チョンキ　Чёнки	4	20	5.00	ゴリド
ギョリザ　Гёльдза	1	2	2.00	ゴリド
ガウニャ　Гауня	5	32	6.40	ゴリド
イファリ　Ифари	3	19	6.33	ゴリド
ソラチ　Солачи	4	21	5.25	ゴリド
ホリン　Хорин	2	14	7.00	ゴリド
フルバキ　Хурбаки	3	13	4.33	ゴリド
トロイツコエ郷右岸の総戸数と総人口	159	1130	7.11	

第10章　アムール川流域における先住民族ナーナイ（ゴリド）の集落配置とその規模

集　落　名	戸数	人口	戸の人数	民　族　構　成
○アニュイ川流域				
サラ　Сара	1	10	10.00	ゴリド
ナイヒン　Найхин	33	176	5.33	ゴリド
スス　Сусу	5	43	8.60	ゴリド
ドンドカ　Дондока	14	139	9.93	ゴリド
トルゴン　Торгон	22	163	7.41	ゴリド
ホラリキ　Хоралики	2	19	9.50	オロチ
シラクシ　Сиракси	1	23	23.00	オロチ
アイ　Аи	2	12	6.00	オロチ
ベレダニ　Бередани	4	39	9.75	オロチ
アジュ　Аджу	4	36	9.00	オロチ
プンチ　Пунчи	2	14	7.00	オロチ
ムレ　Мурэ	1	12	12.00	オロチ
バクササ　Баксаса	2	25	12.50	オロチ
アニュイ川流域の総戸数と総人口	93	711		
トロイツコエ郷の総戸数と総人口	335	2337	6.98	
●ヴァーツコエ郷（クル・ウルミ水系）				
ダタン　Датан	6	46	7.67	ゴリド＋中国人他
タウジ　Таудзи	5	25	5.00	ゴリド＋中国人他
アリン　Алин	10	27	2.70	ゴリド
ツァルバンギ　Цалбанги	2	12	6.00	ゴリド
オリホン　Ольхон	2	8	4.00	その他
ゲムギサ　Гемгиса	1	8	8.00	ゴリド＋中国人他
ジュア＝ザ＝ホ　Джуа-за-хо	3	10	3.33	中国人
ホトゥル　Хотур	2	12	6.00	ゴリド
タムナ　Тамна	5	32	6.40	ゴリド＋その他2名
ザルメ　Дзарме	11	34	3.09	ゴリド＋中国人1名
ウリカ　Улька	4	25	6.25	ゴリド
シン　Син	3	9	3.00	オロチ
オリディ　Ольды	1	23	23.00	オロチ
ダリジ　Дальди	6	38	6.33	ゴリド＋中国人8名
ガディキン　Гадыкин	5	35	7.00	ツングース
シンプトゥン＝ダントゥム　Симптун-Дантум	2	7	3.50	ツングース
シンプトゥン　Синптун	2	12	6.00	ツングース
クダガン　Кудаган	1	7	7.00	オロチ
カルトゥンギ　Калтунги	3	18	6.00	ゴリド
タラエ川　при рч. Тарае	2	9	4.50	ツングース
シチュギ川　при рч. Сычуги	7	35	5.00	ツングース
ザレ　Дзале	1	6	6.00	ゴリド
トゥントゥルギン川　при рч. Тунтулгын	2	13	6.50	ツングース
アウル川　на рч. Ауре	2	15	7.50	ツングース
テキン　Тэкин	1	8	8.00	ゴリド＋ツングース2名
ウヴァル　Увал	1	7	7.00	ツングース
ヴァーツコエ郷の総戸数と総人口	90	481	5.34	
●ゴリン川とフンガリー川の流域				
○ゴリン川流域				
ビチ　Бичи	6	56	9.33	ゴリド

第4部　居住と生業

集　落　名	戸数	人口	戸の人数	民　族　構　成
バクトル　Бактор	1	3	3.00	サマギール
ナーガ　Haara	10	98	9.80	サマギール
フインダ　Хуинда	8	45	5.63	ゴリド
コンドン　Кондон	8	82	10.25	サマギール
ヤミフタ　Ямихта	7	39	5.57	サマギール
ソルゴル　Соргол	5	43	8.60	サマギール
ハグドゥ　Хагду	2	9	4.50	サマギール
アンチュン　Анчун	1	18	18.00	ツングース
○フンガリー川流域				
ポジ　Поди	3	7	2.33	オロチ
イリカ　Илика	5	30	6.00	オロチ
ウクトゥダン　Уктудан	4	29	7.25	オロチ
モンチ　Мончи	1	8	8.00	オロチ
シタミ　Ситами	4	14	3.50	オロチ
ホソダ　Хосода	2	16	8.00	オロチ
ホンジャンジャニ　Хончжанджани	1	26	26.00	オロチ
シュジュク　Сюзюку	5	26	5.20	オロチ
ベラチ　Белачи	1	12	12.00	オロチ
タルモ　Талмо	1	2	2.00	オロチ1名サマギール1名
ナウリダニ　Навуридани	1	9	9.00	オロチ
ゴリン川とフンガリー川流域の総戸数と総人口	76	572	7.53	
総　数（189カ村）	886	5630	6.35	
1カ村当たり平均戸数　4.7戸				
1カ村当たり平均人数　29.8人				

　灰色の土壁の房子は通りを作るように並ぶのではなく、時には半露里（約500m-筆者注）も離れるほどそれぞれがバラバラに散らばっている。そのために、村の中も森の中と同じである。しかし、ハバロフスクやロシア人の大きな村に近い場所にある村はロシアの村の特徴を持ちつつある。つまり、通りのようなものやアパートのような住宅などが現れつつある。しかしそれでもゴリドの村はロシア開拓民の村とは全く異なる様相を呈しているのが普通である。壁に粘土を塗った背の低い灰色の房子が川岸に沿って無秩序に建ち並び、背の高い煙突が奇妙な具合に上に突き出している。魚を干す施設と高床の物置も彼らの原始的な村に特徴的である（Лопатин 1922：73）。

　確かに、1873年と97年のデータはロパーチンのような民族学者の観察を数字的に裏付けている。しかし、それがアムール川下流域に住む先住民たちの村作りの本質的な特徴だったのかは疑問である。1750年のデータではウジャラ・ガシャン（50戸）とキヘチェン・ガシャン（63戸）のように、50戸を越える集落が2つもあり、30戸を越える集落も9を数える。また、17世紀にアムール川一帯を荒らし回り、清朝と武力衝突まで引き起こしたロシアコサックたちの報告書には、松花江からアムール川下流域にかけて60～100戸もの家々からなる村の存在が記されている。例えば、

1649年〜53年にかけてアムールを荒らし回ったE. ハバーロフE. Хабаровは、松花江の合流地点より下流にあった60〜80戸もの家からなるジュチェリと呼ばれる人々の村々を破壊して回った。さらに下流に向かい、ナトキ（またはアチャン）と呼ばれる漁撈民の居住地域に入るが、そこには100戸にも及ぶ村々が散在していた。そして、ハバーロフは、ウスリー川の出口より下流のアムール川の左岸にあった大きな村を占拠して、そこに「アチャン要塞」と呼ばれる拠点を築いた（ДАИ том 3 1848：364）。そこは恐らく先述のウジャラ・ガシャンがあった場所で、ウジャラ・ハラの村とされ、ナーナイたちからオジャル・ホンコニと呼ばれた場所であると思われる。1750年の段階では50戸が登録されているが、それより100年前にハバーロフがここを襲ったときには、100戸以上もの家々が並ぶ非常に大きな村であった。つまり、17、18世紀にはこのような多くの人々が集住する巨大な集落も存在したのである。

　大型集落のすべてに、ハラ・イ・ダといった清朝の毛皮貢納民制度の中で最高位の位を持つ人物がいるわけではないが、やはり多くがそのような高位の人物が住む村である。そして、間宮林蔵が指摘しているように、ハラ・イ・ダやガシャン・ダは、ハラやガシャンの長としてそれを統率するだけでなく、複数の村を含む一定の地理的な範囲を持った地域の統率者でもあり、ハラ・イ・ダぐらいになれば、アムール川全流域からサハリンまでその権威は認められていたと考えられる。つまり、大集落は権

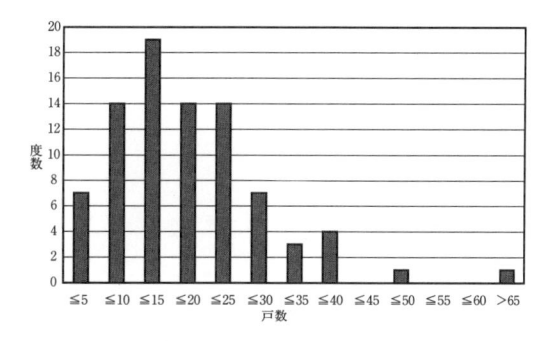

図1　三姓档案に基づく1村あたりの戸数の度数分布

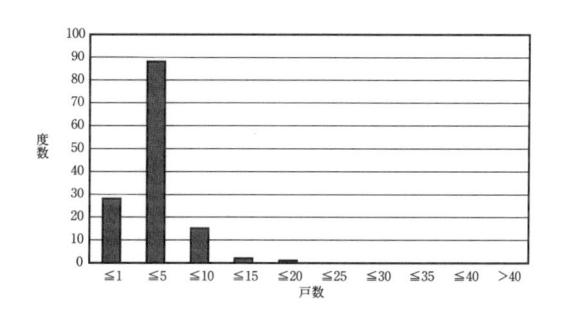

図2−a　1873年の統計に基づく1村当たりの戸数の度数分布

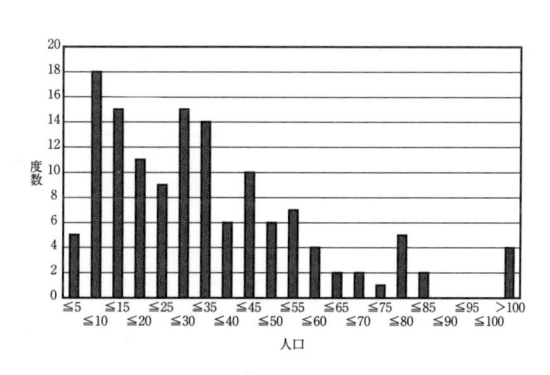

図2−b　1873年の統計に基づく1村当たりの人口の度数分布

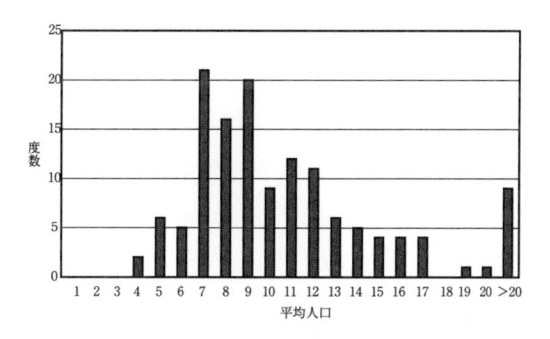

図2−c　1873年の統計に基づく1戸当たりの平均人口ごとの村の度数分布

第4部　居住と生業

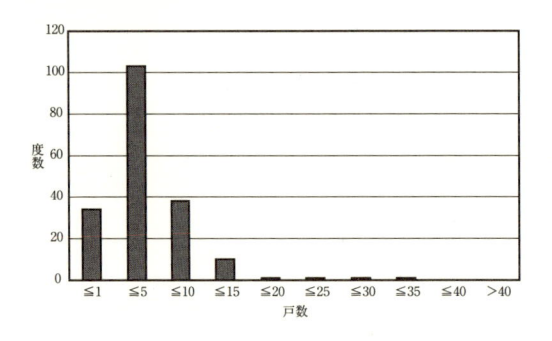

図3－a　1897年の国勢調査に基づく1村当たりの戸数の度数分布

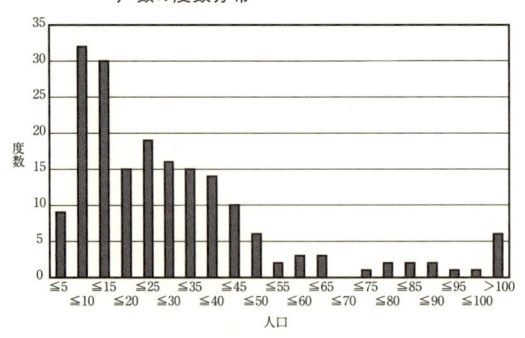

図3－b　1897年の国勢調査に基づく1村当たりの人口の度数分布

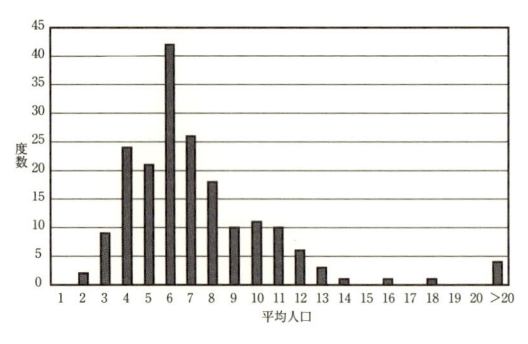

図3－c　1897年の国勢調査に基づく1戸当たりの平均人口ごとの村の度数分布

威を持つ有力者の下に多くの人々が集まる、政治的、社会的な中心地だった。

そして、清朝の毛皮貢納制度では、政治は経済と密接に結びついている。つまり、毛皮貢納者は、毛皮貢納の儀式を行う町や城塞で、中国商人たちと毛皮や人参などを商売する権利も与えられている。したがって、毛皮貢納者、それも高位の貢納者が周囲やそのような人物がいる集落には、中国からの物資が集まるとともに、それを求めて他の地域から特産物（毛皮や中国で売れる産物）を持った人々も集まり、物流が活性化して、商業が発達し、経済的な面でも中心になるのである。結局、ウジャラ・ガシャンやキヘチェン・ガシャンのような大集落は、アムール川流域からサハリンにかけての地域の、政治社会秩序の中心であったともに、経済の中心でもあり、物流を促進するポンプの役割を果たしていたのだろうと推測される。ウジャラ・ガシャンに中国商人も集まるような市が立ったという伝承や、コンドン村で行われていたカイラソンと呼ばれる竜を祭る儀礼に満洲の役人たちも参列したという伝承は（第3章参照）、そのような事実を反映したものだったではないだろうか。

　数十戸の家からなる大型の集落がいつ頃から姿を消したのか、また、大型集落が存在していた時代にも、民族誌時代（19世紀後半以降）によく見られた小人数の集落が多数存在していたのかどうかについては、データがないために確たることはいえない。しかし、歴史資料から推測できるアムールの人々の生業形態（民族誌時代と同様に漁撈と狩猟と採集も大事な生業であったが、それ以上に交易や朝貢も収入源としては重要であり、さらに一部では農業、養豚、養鶏なども行われていた）から判断すると、皆が皆巨大な集落に住んでいたわけではなく、その主要な生業に応じて小集落に分散して住む人々も少なからずいたと考えられる。その証拠に三姓档案にも一桁の戸数しか登録されていないガシャンが21あり（約25％）、決して少なくないからである。それらが毛皮貢納民の村と

第10章　アムール川流域における先住民族ナーナイ（ゴリド）の集落配置とその規模

して登録されたのは、そこに清朝の権威を利用して社会的地位を築くために、毛皮を貢納するような人がいたからであり、そのような人物が現れなかった村は、三姓档案のような役所の文書から漏れていったのだろう。

このように清朝支配時代の状況を復元しつつ、民族誌時代の集落の形態、規模と分布状況を改めて見直すと、後者の時代にはウジャラ・ガシャンやキヘチェン・ガシャンのような巨大な集落が衰退し、交易や商業活動以外の生業活動にあわせた分散型の小規模集落のみが残ったともいえる。

そのような状況をもう少し具体的に推測してみよう。

集落が大きくなれば、当然その周囲の自然環境には大きな負荷が加わる。もしそこの住民が漁撈、狩猟、採集といった自然資源を一方的に収奪する生産活動のみで暮らしていたとすれば、場合によっては村落周辺の資源を枯渇させてしまいかねない。したがって、巨大集落ではそのような生産活動だけでなく、それ以外の手段で食料や生活物資を手に入れなくてはならない。先述のように、その手段とは交易あるいは商業である。

清朝への毛皮貢納には多大な恩賞（満洲語ではウリンulinという）という見返りがあるだけでなく、貢納場所で商人や役人たちと交易する権利が付随する。中国商人から毛皮との取引で手に入れる品物は絹織物や綿織物などだけでなく、食料も含まれている。食料は交易で手に入れることができただけではない。清朝の毛皮貢納制度には、貢納民に旅費として食料を支給する制度もあり、それを通じても手に入れることができる。毛皮貢納民が数多く登録されている村には当然中国からの物資も多く集積されたことから、そこでは周囲の自然に大きな負荷をかけなくても、住民や交易のために集まってくる人々に、十分な食料を供給できた可能性が高い。

また、人々が多数集まって暮らせば当然指導者の政治的な手腕が問われる。100戸もの家が集まるような集落には恐らく強力なリーダーシップをもつ首長がいただろう。アムールの先住民の祖先が17世紀に強力なリーダーの下に組織され、侵入してきたロシアコサック軍と戦ったことはロシア側の資料からも確認できる。

1651年にアチャン要塞に立てこもって強制的にヤサークを徴収していたハバーロフたちに対して、地元のジュチェリとアチャン（ナトキ）が連合して800人もの軍団をつくって襲撃している。ロシア側は100人少々しかおらず、先住民側は数的には有利であったが、ロシア側は全員が小銃を持っており、弓矢でしか攻撃できない先住民軍は火器で圧倒されて大敗を喫してしまった。1652年に清軍とロシアコサックが直接武力衝突を起こすのは、このとき破れた先住民たちが清朝に助けを求めたからである。そして、その後のロシアと清のアムール川の領有権を巡る争いの中で、最終的に勝利する清側に味方し、その勝利に貢献した首長とその子孫たちが毛皮貢納民の最高位であるハラ・イ・ダの位を与えられた。その地位は清朝の官位の中では中の上に当たり、満洲八旗の最小単位の軍団ニルの長（ニル・ジャンギンまたは佐領）と同等だった。大きなハラや大きな集落（ガシャン）を率いたハラ・イ・ダの権威はそのようなところに由来するのである。

第4部　居住と生業

　18世紀中期まであったはずの巨大な集落が19世紀後半までになくなり、いずれもドングリの背比べのような小さな村ばかりになったのには、いくつかの理由が考えられる。先ず第1には、1732年まで断続的に続いた清朝側の人の徴用である。すなわち、1680年代まではロシアの侵入に対抗するために、そして1689年のネルチンスク条約の後には国境防備と毛皮収貢の業務を任せるために、清朝はアムール川流域の住民をしばしば満洲八旗に編入して三姓、寧古塔など都市部に移住させた。そのとき、軍団（ニル）の長には、殊に地元で強い政治力を持つハラ・イ・ダ（姓長、つまり氏族長）が任命され、他の有力者もその部下の役人とされたことから、政治的求心力を持つ人々の多くが地元を離れたことが考えられる。18世紀の毛皮貢納民の集落に17世紀ほどの規模がないのはそのためだろう。

　第2には人々の生活基盤の変化である。アムール川本流の物流は清朝の朝貢制度が確立された18世紀中期から19世紀前半にかけての時代に最盛期を迎える。しかし、19世紀中期には清朝の衰退のためにアムールに流入する物資の量が減少し始め、また、交易の主導権も漢族商人やロシア商人に移ってしまう。そのために交易から富を得られなくなり、清への朝貢と交易に依存しつつ経済的、政治的求心力を養ってきた集落は、その規模を維持できなくなるのである。また、交易が衰退した分人々は自給的な漁撈や狩猟活動により大きく依存するようになり、それに有利な場所に人々が拡散してしまったことも原因の一つとして考えられる。

　そして第3に、全体の人口が減少した。もし、1750年時点で1戸当たりの人口が1873年のデータと同じく10人と仮定すると、毛皮貢納民として登録されていた人々とその家族を合わせて約15,210人にも上る。当然毛皮貢納民として登録されなかった戸もあったことから、実際の人口はもっと多かった可能性も否定できない。しかしそれに対して、1873年の時点でソフィースク管区の先住民の人口が4592人、97年になるともっと広い範囲をカバーしているにもかかわらず、5630人にしかならない。アムール本流では先住民の人口は18世紀中期の3分の1以下に減ったようである。その原因は天然痘やインフルエンザ、結核などの疫病の蔓延、アルコール依存症、そして社会的な活力の低下などである。天然痘などは知られてはいたが、先住民にとっては、それは中国内地や都市に蔓延するもので、彼らの土地には縁のないものだった。清朝が漢民族や満洲人のアムール川流域への移住とアムールの住民の中国内地への移住を禁止していたからである。しかし、19世紀後半になるとロシアも中国も「開発」と称して多数のロシア人、漢民族を送り込み、彼らとともに疫病の病原菌やウィルスも大量に持ち込まれた。ロシア極東地域の先住民の間には、19世紀後半から20世紀初頭に起きたと思われる天然痘の流行の脅威を語る伝承が少なくない。

　では、1873年から97年にかけて1村当たりの戸数が増加しているのはなぜだろうか。

　それは、1戸当たりの人口が減っているからである。三姓档案の資料には人口まではデータとしてとられていないために、比較できないが、1873年と97年のデータを比較すると、73年に1戸当たり10人を数えていたものが、97年には6.35人と大きく落ち込んでいる。それは村の中の1戸当たりの平均人口の度数分布にもよく現れていて、1873年の段階では1戸当たりの平均人口が7

人から9人の村の数が最も多いに対して、97年には6人の村が最も多い。平均が1戸当たり20人を越える村も73年には9カ村あるのに対して、97年には4カ村に減っている。

ロパーチンの調査によれば、ナーナイの世帯は大家族主義で、親とともに結婚した息子たちが一つの家屋に同居することになる。そのために同じ屋根の下に20人、30人もの人間が同居することも珍しくなかった。ただし、3方の壁沿いに張られたカンの床は小家族ごとに区分され、それぞれ食事や就寝に使う場所が決まっていた（Лопатин 1922：168）。しかし、1873年、97年の統計が示すように、それはあくまでも建前であって、実際には数人しか住んでいない家屋の方がはるかに多かった。それも時代を下るほど一つの家屋に住む人数が減る。

それにもいくつかの要因が関係している。全体的な人口減少、つまり、産まれる子供の減少、あるいは疫病による死亡率の増大も関係する。また家族構成の変化、すなわち同居する世代数の減少も関係するかもしれない。ロシア人入植者との接触によって家屋の構造が変化するとともに、家族構成にも核家族化のような何らかの影響が及んだ可能性がある。そして、最も現実的な原因としては貧困化が考えられる。20人、30人といった大世帯を維持するにはそれになりの財力を必要とする。交易の主導権を漢族商人やロシア商人に奪われ、アムールの物流が彼らに直接富をもたらさなくなり、漁撈や狩猟を主体とした生活に依存しなければならなくなると、大きな世帯を維持するほどの収入は見込めない。限られた収入で暮らせるように、世帯が縮小してしまったのである。

6．結論

以上、統計的なデータに基づいて、ナーナイの祖先とおぼしき先住民たちの、アムール川流域における居住状況の変化と人口動態を概観してみた。

その結果、次のような点を指摘できる。

a）清朝統治時代に物流の中心として栄えた大集落の多くが帝政ロシア支配時代になると衰退し、規模が縮小したり消滅したりしている。そのために三姓档案のガシャンの中にはロシアの統計資料の集落名と同定できるものが少なくなっている。

b）帝政ロシアの調査は被支配民一人一人を把握することが目的だったために、どのような小さな集落も数えられていったことから、統計上の集落数は増加するが、平均するとその規模は小さくなっている。

c）19世紀末には1戸の規模も縮小傾向を示している。

d）すべての住民を決して網羅しているわけではない三姓档案のデータの方が、1集落の規模も大きく、全戸数も多いことから、先住民たちは19世紀後半にかなり急激な人口減少に見舞われたことがわかる。

e）村の規模の縮小には、大規模村落の政治、経済的求心力の喪失、交易の衰退に伴う生活基盤

第4部　居住と生業

　の変化、そして疫病、アルコール、森林・河川開発による環境劣化などに起因する人口減少が原因として考えられる。
ｆ）戸あるいは世帯の規模の縮小には、人口減少の他、家族構成の変化（核家族化）と生活基盤の変化による貧困化が原因として考えられる。

　これらはいずれも役所の統計的なデータから得られた結論であり、また見通しである。それらはよりきめの細かい民族誌的なデータや歴史資料で補強されることによって、より確かな結論となるが、その作業はまた別な稿に譲ることにしたい。

註
（１）春秋時代から知られる「粛慎」がツングース系とすればもっと古くまでさかのぼれるが、一応ツングース系というのが通説化しているのは、紀元前2世紀頃から史書に登場する「扶余」、「高句麗」といった人々である。
（２）松花江流域からアムール川の最下流域までの範囲にいたツングース系の言語を話す人々を、「ゴリド」という名称を冠する一つの民族であると規定したのは、19世紀中期のロシアの民族学者 L・シュレンクである（Шренк 1883：151-152）。　彼自身広大な地域に分散するこれらの人々を一民族と認定するのに若干の躊躇を覚えたようだが、それでも彼らをいくつかの民族に分割しなかったのは、統一的な基準のないまま、様々に分割して、混乱を招くよりは、言語的、文化的共通性の方を重視して一民族とする方が、有意義であると判断したからである。したがって、この地理的な範囲の中にいた人々の言語や文化が完全に均質であったわけではなく、彼らが一つの民族としての意識を共有していたかどうかも疑問ではある。詳しくは佐々木（2002：53-56）を参照。しかし、他方で、同じ時代に中国側でもシュレンクのいうゴリドの範囲にはいる人々を「ヘジェ」（赫哲）という呼び名で一括して呼んでおり（中国側のヘジェの範囲はシュレンクのゴリドよりも若干広く、オルチャ、つまり現在のウリチの一部も含まれる）、彼らが同一のグループにまとめられる必然性はあった。したがって、本稿ではとりあえず、当時の中国やロシアの調査者や研究者の考え方に準拠しておく。
（３）日本の江戸時代中期から後期に当たる、18世紀後半から19世紀中期まで、大陸からサハリンにやってきたアムール川下流域の人々は、アイヌや和人からこのように呼ばれた。その多くは現在のウリチの祖先たちであると考えられているが、ナーナイやニヴヒの祖先たちも同様の名称で呼ばれることもあった。
（４）エイェルグ・ハラ Eyergu hala のギブテリン・ガシャン Gibtelin gashan については、それがアニュイ川流域のどこかにあったことは確実である。というのは、ソ連の民族学者スモリャーク А. В. Смоляк の調査によれば、エイェルグ・ハラを吸収したオニンカ・ハラ Oninka hala / Онинка に、キプテリンケン Kiptelinken / Киптэлинкэн と呼ばれる人々がいたことが知られているからである（Смоляк 1975：117）。一部の音が無声化しているが（G→K、b→p）このキプテリンケンとは「キプテリンの人々」という意味であり、彼らはアニュイ川の出身だった。
（５）ニコラエフスク哨所はかつてニヴヒの村があったメオの崖の対岸に設けられ、現在のニコラエフスク・ナ・アムーレ市の基礎となった。マリーンスク哨所はかつてのサンタン人の中心地であったキジ村の跡地に設けられ、現在のマリースコエ村の元になっている。そこは清朝の出張所も置かれるほどの重要

第10章　アムール川流域における先住民族ナーナイ（ゴリド）の集落配置とその規模

な村であったが、1850年代当時は天然痘の流行によって、村人の多くが亡くなり、廃村状態となっていたらしい（東京大学史料編纂所 1930（1972）：127）。

引用参考文献

［和文］

佐々木史郎 1990「アムール川下流域諸民族の社会・文化における清朝支配の影響について」『国立民族学博物館研究報告』14巻3号、671-771頁

佐々木史郎 1991「レニングラードの人類学民族学博物館所蔵の満州文書」畑中幸子・原山煌（編）『東北アジアの歴史と社会』195-216頁、名古屋大学出版会

佐々木史郎 1994「松花江におけるエスニックな出会い―フルハ部ゲイケル・ハラの軌跡」黒田悦子（編）『エスニックな出会い』263-288頁、朝日新聞社

佐々木史郎 1996『北方から来た交易民』日本放送出版協会

東京大学史料編算所（編）1930（1972）『大日本史料　幕末外交関係文書』東京大学史料編算所

中村小市郎 1801（1985）『唐松の根』大阪大学総合図書館懐徳堂文庫（刊本は、中村小市郎 1985「唐太雑記」高倉新一郎（編）『犀川会資料全』597-650頁、北海道出版企画センター）

羽田　亨 1972『満和辞典』国書刊行会

松浦　茂 1991「18世紀末のアムール川下流地方の辺民組織」『鹿児島大学法文学部紀要　人文学科論集』第34号、65-112頁

間宮林蔵 1809（1985）『東韃地方紀行』（刊本は、間宮林蔵（述）、村上貞助（編）、洞富雄・谷澤尚一（編注）1985『東韃地方紀行他』116-165頁、平凡社）

［中文］

吉林通志 1900（1986）　長順（修）、李桂林（纂）吉林師範学院古籍研究所（整理）『吉林通志』吉林：吉林文史出版社

遼寧省档案館・遼寧社会科学院歴史研究所・瀋陽故宮博物館訳（編）1984『三姓副都統衙門満文档案訳編』瀋陽：遼瀋書社、瀋陽譚其驤主編 1982～87　『中国歴史地図集』1冊～8冊、北京：中央地図出版社

［露文］

ДАИ том 3 1848　Русская археографическая коммисия（ред.）*Дополнения к актам историческим, собранным и изданным археографической коммисией,* том 3. Санкт Петербург: Русская археографическая коммисия.

Киле, Николай Батунович 1977　Нанайские топонимы района озера Болон. В кн. Сем, Ю. А. от. ред. *Филология народов Дальнего Востока*（ономастика）. Владивосток: Издательство 《Наука》, Дальневосточное отделение.

Лопатин, И. А. 1922　*Гольды амурские, уссрийские и сунгарийские, опыт этнографического исследования.* Записки общества изучения амурского края владивостокского отделения приамурского отдела русского географического общества, том XVII. Владивосток: Общество изучения амурского края

Патканов, С. 1906　*Опыт географии и статистики тунгусских племен Сибири.* Часть II. Записки императорского русского географического общества по отделению этнографии, том XXXI, часть II.

第4部　居住と生業

Санкт Петербург: Императорское русское географическое общество.

Патканов, С. 1912　*Статические данные показывающие племеной состав населения Сибири,* том III. Записки императорского русского географического общества по отделению статистики, том XI, выпуск 3. Санкт Петербург: Императорское русское географияеское общество.

РГИА ДВ. фонд 1, опись 9, дело 450, листья 25-27об. 1873 *Статистические сведения. О числах гольдов и селении в Софийском округе и о населении оного. 1 января 1873 года.* Владивосток: Российский государственный исторический архив Дальтего Востока.

Смоляк, А. В. 1975　*Этнические процессы народов Нижнего Амура и Сахалина.* Москва: Издательство 《Наука》.

Тройницкий, Н. А.（ред.）1899　*Первая всеобщая перепись населения Российской Империи 1897 г.* Санкт Петербург: Издание центрального статистического комитета Министерства Внутренних Дел.

第11章　極東先史社会の野生食料基盤

大 貫 静 夫

1. はじめに

　東アジア新石器時代の人々の食料基盤としては、穀物栽培や家畜の始まりそしてその展開に焦点を当てた森林開発型の文化の拡散に関する研究が盛んである。ここでは森林共存型の食料採集文化に注目してみることにする。縄文文化と総称される日本列島の新石器文化は地域、時期により多種多様であるが、世界史的に見ても食料採集文化としてはきわめて発達した社会を形成した特異な文化であったらしいことはよく知られている。その縄文文化を東アジア社会の中で理解するための基礎として、これを知ることはなかなか難しいことであるが、東北アジアの大陸部の先史時代の人々がいかなる野生動植物を利用していたのか、あるいは利用しえたのかを知ることにつとめたい。

　極東先史社会の生業が食料採集のみからなっていた時代、地域は限られている。民族誌に記載される、理想化された純粋食料採集民を単純に過去に投影するのはある意味で幻想といってもよい（大貫1998など参照）。にもかかわらず、多くの極東先史社会では食料採集が生業の中で大きな比重を占めていたと考えられる。大枠では、いち早く畑作雑穀農耕文化が盛行する華北地域から遠ければ遠いほど、あるいは時代が古ければ古いほど食料採集への依存が高かったと考えられるが、その程度を厳密に知ることはできないし、それほど単純なものではなかったろう。その食料採集が野生の動植物質食料資源の分布に規制されることは明らかである。主要な食料基盤は交易、交換によるのではなく、自給によっていたと考えるのであれば、あるものは利用してもしなくてもよいが、ないものは利用できない。したがって、極東の先史社会の伝統的な生業を考えると言うことは野生動植物の分布が重要な意味をもってくる。そこで、わたしたちの研究では先住民族や周辺の生態系の調査が、先史時代の生業を考える際にも有効な基礎データとなるであろうと考えたが、それによって安易な過去の復原をするつもりはない。遺跡から得られる情報を解読するための二次的な参考資料でしかない。しかし、だからこそわれわれはそのようなデータの収集が重要であると考えるのである。もちろん、「伝統的な」という内容の実態がいかに歴史的な産物かもよく理解している。したがって、過去を考える場合には、あくまでも基本は遺跡からえられる情報にもとづくべきであると考えている。

　ナラ林文化論は照葉樹林文化論と対になって、東アジアにおける農耕起源を説明する枠組みとして登場した（佐々木1993など）。それ自体は照葉樹林文化論による稲作起源論が考古資料と齟齬を来しているように、北方の畑作起源論もまた考古資料とは齟齬を来しており、そのままでは用いることはできない。しかしながら、極東における新石器時代以後の生態的基盤としての説明と

第4部　居住と生業

しては有効であり、かつ重要な視点であろう。このような植生の相違は当然ながら、植物食料資源の相違につながり、それに連鎖する動物資源の相違につながるはずである。しかしながら、研究の進んでいる中国とは異なり、個別データの蓄積が少ないこともあり、組成やその比率まで踏み込んだ細かい議論がおこなわれることはない。この分野の先駆的な業績に甲元真之の一連の仕事（甲元1991、1992、1996、1997など）があり、ここでの議論もそれらが大きな基礎となっている。極東地域では最近の小畑弘巳（2001、2004）による研究があるが、それによっても、いかにデータが少ないか分かろう。

また、農耕化の過程に関心が集まる中国では、主要な研究対象となるのは栽培穀物、家畜であるが、極東の定着的先史社会では堅果類や野生動物が主要な研究対象となる。それらのおおよその分布は落葉広葉樹林帯・針広混交林帯あるいはその北の針葉樹林帯にともなう動植物相として大枠が設定されるが、個別の食料資源を考えるならばそれらは同様に分布しているわけではない。遊動的先史社会と定住・定着的先史社会との相関を視野に入れているため、これら食料資源の分布の北限を今回とくに取り上げる。また、民族誌を含めて最近の資料を過去に援用する場合には、今より温暖湿潤であったとされている後氷期最適気候期にはその北限はさらに北に上がっていたであろうし、完新世初期では今より南に下がっていたであろうことを注意しておかなければならない。

2. 主要な野生食料資源の分布

大陸では、イノシシにとっての津軽海峡、ニホンジカにとっての宗谷海峡というような自然地理的な明瞭な境界があるわけではないので、漸移的に減少するはずの分布の実態はきわめて捉えにくい。そして、分布の密度の濃淡あるいは漸移的な推移を地図上に示すのは難しい。分布の限界線はより捉えられやすいかも知れないが、稀にしかいないであろう分布の限界地域はすでに食料資源の分布としてはあまり意味をなさない。そのため、いる・いない分布論から出発する解釈はとらない。それは、われわれが極東地域で進めてきた生業と居住形態との相関研究の背景としての生態系と考古遺跡、あるいは先住民族の食料資源についての知見（佐藤編1998、藤本編2000、大貫編2004および本書中の諸論文を参照）にもとづく。また、当然ではあるが、現在の分布と過去のある時点での分布が一定していたわけではない。それこそがわれわれ考古学者があきらかにすべきことであるように。さらに、実際に食料資源として活用されたかを確認する必要があることから、考古遺跡からの出土遺存体がもっとも基本になるべきである。中国では黄土地帯という土壌的な特性から、多くの動物遺存体が出てくるので、それらから当時の野生動物の分布やそれらの食料資源としての役割を推定することができるし、さらには当時の植生まである程度推測することが可能である。しかし、黄土地帯を脱した地域ではそのような事例はなかなか期待できない。その場合、それを補助するものとして、現在の動植物学上の分布領域があるが、それらは個別、具体性を欠くことが多いので、民族誌や地域誌史の事例を参照することが多くなる。

以上のような条件を考えるならば、時代毎の分布の変化を地図上に落とす作業がいかに難しいか分かるであろう。したがって、以下の議論はかなり時間軸や実際の利用状況を無視しての議論が前提となる。

　ハバロフスク以北のアムール川下流域は北海道よりさらに緯度が高く北緯48度から北緯53度にある。大陸性気候では寒暖の差が激しく、たしかに冬季は寒いが、夏季7月においては平均気温20度の線は、日本列島では北緯42度付近の津軽海峡のあたりを走っている。しかし、アムール川下流域ではとくに川筋に沿って北緯51度付近コムソムルスク・ナ・アムールあたりまで上がる（図1）。そこは、植生や動物相の大きな境界として知られるゴリン川河口付近

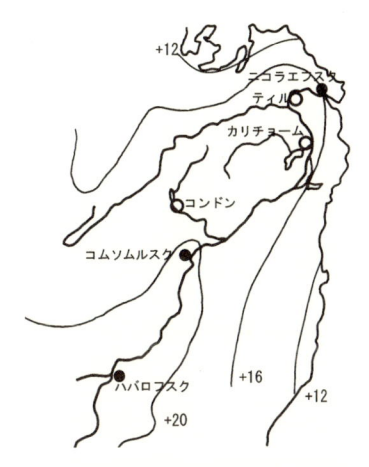

図1　アムール川下流域7月の等温線
（Атлас Хабаровского края 2000より作成）

であり、広葉樹林から針葉樹林に移行する転換点とされ、またイノシシの主要分布の北限付近でもある（マーク 1972c：207）。津軽海峡は現在知られる隆起線文土器の北限線となっているが、オシポフカ文化の現在知られる北限の遺跡もまたコムソムルスク・ナ・アムール付近にある。また、沖津進（2002：図7-2）による主要落葉広葉樹の分布北限線では宗谷海峡を通るシナノキの線は大陸側では緯度で5度以上高いところまで達しており、同じ樹種が列島側よりアムール川に沿って北にまで広がっていたことが予想される。吉良竜夫による暖かさの指数を概算で求めると、ハバロフスクは北海道道央部とほぼ同じであり、7月の等温線よりは列島の比較すべき地点は北に上がる。

　他方で、シカやニホンジカの分布という動物食料資源にとって大きな境界であった津軽海峡や宗谷海峡という海峡が考古遺跡の分布では大きな障害にはなっておらず、逆に地続きの大地上により大きな境界があることをわれわれは知っている。縄文、続縄文系の土器がサハリンの南端にしかなく、それ以北に及ばないことなどはその一例である。考古学文化の分布や境界を考えると植物食料資源の分布が考古遺跡の分布を大きく規制した要因であったと考えられる。もちろん、野生動物もまた植物資源に依存している以上、連動する部分はあるのだが。

（1）主要な動物資源の分布

　旧石器時代には草原棲の動物が重要な役割を果たしていたが、新石器時代には森林棲の動物相に大きく交代するというのが、東アジア新石器文化の特徴である。また、実際に遺跡から出土する遺存体の構成比からしても、新石器時代のほとんどの遺跡で森林棲のシカ類とイノシシ（ブタを含む）が大きな割合を占めていたことが知られている（大貫 1995）。

　われわれの2001年度の調査では、8月にアムール川最下流域のウリチ地区のテイルおよびカリマで聞き取りをおこなった。現在は狩猟が禁止されているが、この地域で狩猟対象となるシカ類

第4部　居住と生業

はヘラジカとトナカイであった。しかし、棲息数はすくなく主要な狩猟対象獣ではなかった。イノシシは対象となっていなかった。

　2002年度の調査地域であるアムール川下流の中間地帯であるゴリン川流域のコンドン村での聞き取りにおいても、そこでのシカ類の狩猟対象獣はヘラジカであった。トナカイも棲息するが、アカシカやイノシシはここにはいない。

　長期にわたって調査を継続しているビキン川流域クラスニー・ヤール村でも、落葉樹中心の中下流ではアカシカ・ノロ・イノシシが狩猟の対象であり、針葉樹の広がる上流にヘラジカが棲息している。

　このような分布はおおよそ森林植生の分布と一致していた。

　以下の個別の動物毎におおよその分布を押さえていくことにしたい。

a．ニホンジカ

　日本ではシカといえばニホンジカ（*Cervus nippon*）のことであるが、大陸ではそうとはかぎらない。ニホンジカは雪に弱い動物であり、広葉樹林帯から針広混交林帯の林内ないし林縁の草地に棲息する。日本列島では北海道まで分布するが、サハリンには分布しない。先ほどの温度分布とは異なり、大陸側でも北には上がらない。

　シカ類は新石器時代の動物食料資源としてきわめて大きな比重を占めていたことが、華北新石器文化や極東平底土器西部連続弧線文土器群の諸遺跡の出土動物遺存体から明らかになっているが、とくにその中でもニホンジカは重要な狩猟対象であった（甲元1991、1992、大貫1995）。

　ロシアでは沿海州の南部が主要な食料資源としての北限であろう。おおよそ、ボイスマン文化やザイサノフカ文化の範囲に当たる。ただし、その地域でも豆満江流域の資料を見ると、沿海部の遺跡（甲元1997）に多く、山間部の遺跡からは多く出ない（キム1973、1974a、b）。興凱湖湖畔の新開流遺跡（楊・譚1979）ではアカシカとノロは出ているが、ニホンジカは出ていない。中世の遺跡では烏蘇里江の中流域ビキン川近くでも出ている（Kuzmin 1997）からもう少し北上はするのであろうが、現在のビキン川流域の狩猟ではアカシカ、ノロ、ヘラジカが狩猟対象である（佐藤編1998）。極東平底土器前半期では連続弧線文土器の地域に分布し、アムール編目文土器や隆起線文土器の分布地域には現在ニホンジカはほとんど分布しない。

b．アカシカ

　旧石器時代後期以降、アカシカ（*Cervus elaphus*）は沿バイカルなどシベリアタイガ地帯でも狩猟の対象となる（小畑2001）ように東北アジアの北部ではニホンジカが減るか、いなくなる代わりにアカシカが増える。ニホンジカが広葉樹林ないし針広混交林内および林縁の草地に生息するとされるのに対し、アカシカは潅木林や草原に加えて針葉樹林の林縁に生息する（盛ほか編2000：188-190）。積雪に弱いニホンジカがいなくなる、アムール川下流域など極東北部ではシカ類では

アカシカ・ノロそしてヘラジカという組み合わせが基本になる。

　コンドン村周辺には現在棲息せず、アムール川本流方面まで行かないといない。ウリチ地区のティル周辺にも棲息しない。ティルではヘラジカ猟がおこなわれていたという情報を得た。ウリチ地区の棲息数調査でもリストにない。ブラバ近くのカリチョームの生業暦（田口2000）ではヘラジカとともにアカシカが出てくるので、ウリチ地区南部が狩猟対象獣としての北限であろう。リストとの齟齬が問題であるが、それ自体数量的に多くない証拠である。

　アムール川上流中国側では現在大興安嶺最北部まで達しており、オロチョン族の主要な狩猟対象となっている（今西編1952）。極東の定着的先史社会の範囲であるアムール川中流域をはるかに超えている。民族誌の中で狩猟対象獣としてさらにどこまで北に広がるのかは筆者は把握していないが、『哺乳動物』（Павлинов, И. Я. ред. 1999）によれば現在の自然分布の北限がレナ川の最上流付近であることからすればそれほど北には上がらないだろう。イノシシの自然分布の北限線は同書によればバイカル湖のすぐ北止まりであり、ほぼ同様だが、それより北に伸びている。

　南限は華北では磁山文化の磁山遺跡から出ているが、裴李崗文化の賈湖遺跡からは出ていないので、黄河付近が新石器時代の南限であろうか。朝鮮半島では鴨緑江流域の美松里洞窟から出ている。平安南道では内陸の龍谷貝塚から出ているが、沿海部の弓山貝塚からは出ていない。これから南でははっきりしないので、西海岸では平安南道付近が南限であろうか。東海岸では、豆満江流域以南に良好な遺跡がなく判断できない。

c. ノロ

　小型のノロ（*Capreolus capreolus*）はニホンジカともアカシカとも共伴する例が多いように適応にすぐれ、東北アジアの南北の広い範囲に広がっている。潅木の枝や葉というものだけでなく、ドングリ、地衣類も食べるという（盛ほか編2000：196）。中国華北地方では内陸部に偏り、華中南の沿海部に棲息するキバノロ（*Hydropotes inermis*）と棲み分けるようになっている。朝鮮半島南部新石器時代の遺跡（崔2001）からはノロが出ておらず、キバノロが出ているからよく類似する。ニホンジカとキバノロという組み合わせは、長江流域の稲作地帯にも見られ、似た生態系にあったということであろう（大貫2004b）。

　隆起線文土器群の分布の一角を構成する昂昂渓文化の額拉蘇C遺跡（直良・金子ほか1987）ではシカ類の中ではほとんどが疎林草原への適応力のあるノロで、かつイノシシとともに多く出ている。昂昂渓文化の遺跡立地が氾濫原の中の独立砂丘であることと関係している。一部で貝塚とも呼ばれるように、魚を含め、内陸淡水産資源に多くを依存していたが、動植物資源にそれほど恵まれていなかったようだ。安定した大きな集落も遺跡群も形成していない。

　ノロのアムール川下流における現在の北限は十分に把握していないが、コンドン村やティル、カリマ村では狩猟獣としては出てこない。ウリチ地区の棲息数調査でもリストにない。アカシカと連動した分布を示すようであるが、カリチョーム村の生業暦（第1章）にも登場しない。アカ

第4部　居住と生業

シカ以上にアムール下流部では影の薄い狩猟獣である。

　アムール川上流中国側では現在大興安嶺最北部まで達している（今西編1952）。極東の定着的先史社会の範囲であるアムール川中流域をはるかに超えている。民族誌の中で狩猟対象獣としてさらにどこまで北に広がるのかは筆者は把握していないが、これも現在の自然分布は『哺乳動物』によればアカシカよりさらに北のレナ川中流域にまで及んでいることになっている。

d．イノシシ

　東アジアの中緯度先史社会、農耕民の中では、野生動物食料資源として、やはり森林棲のイノシシ（Sus scrofa）がシカ類とともに重要な位置を占めていた。

　イノシシはその後家畜化されブタになるが、それが発達するのは畑作雑穀農耕文化の地域である。イノシシもまた、雪に弱く、おもに広葉樹林帯に広がる動物であるが、ニホンジカよりは北に及んでいる。分布の北限自体は新石器時代においてもバイカル湖周辺まで及ぶ（小畑2001）。しかし、大興安嶺北部の民族誌（今西編1952）ではすでにイノシシは狩猟数がシカ類の10分の1以下と少なく、主要な狩猟対象獣ではなくなっている。

　極東北部では現在の分布は希薄になるし、サハリンには分布しない。北方では極東平底土器前半期における広がりのおおよその範囲に広がっている。

e．ヘラジカ

　シベリアには北方のタイガに棲息する代表的なシカ類に大型のヘラジカ（Alces alces）がいる。ヘラジカの棲息する地域は亜寒帯針葉樹林帯であり、遺跡出土遺存体の分布からしても、極東の考古遺跡に大きく関わるようなものではない。

　ビキン川流域では最上流域の針葉樹林帯の中に棲息し、狩猟の対象となっている（佐藤編1998）。コンドン村での調査でも、現在は減っているが、かつては多くのヘラジカを獲っていたという。ウリチ地区のカリマ村での調査でもアムール川の左岸アムグン川方面でのヘラジカ猟が確認された。しかし、付近のベログリンカ村では確認できなかった。ティル付近ではそれほど多くはなかったのであろう。

f．トナカイ

　トナカイ（Rangifer tarandus）はツンドラステップないしはタイガ地帯に棲息する動物であり、基本的にはシベリアの動物である。ただし、極東の北縁アムール川河口付近やサハリンにヘラジカ、アカシカやノロと交錯するか交代するようにして分布している。当然、動物相も植物相も異なるわけで、そのような地域ではイノシシや堅果類を期待できないことになる。これらの地域はシカ、イノシシを指標とする極東生態系とは異なるものであり、実際、これらの地域は新石器時代から民族誌時代に至るまで特異な地域であり、シベリアと関連する要素もしばしば見られる。

ただし、アムール川河口付近やサハリンはトナカイの分布にとっても南限に近い地域であり、やはり密度が希薄であることに変わりはない。

　北海道と同じくイノシシはいないが、さらにニホンジカはおろかノロ、アカシカというシカ類もまれかおらず、かわりにトナカイが北半部を中心にわずかに生息するというサハリンは非常に特異な地域であり、どのような食料獲得戦略がありうるかと考えれば、海獣猟がなぜ発達するかは容易に理解される。北からの新石器革命・伝播論者はこのような実態を考える必要があろう。

g. サケ・マス

　アムール川（黒龍江）下流域に多量のサケ・マスが遡上することは周知のことであり、民族誌中でもそれらが重要な越冬食料であったことが記されている。また、当然ながらどこかで突然消えるわけではなく、次第に減っていくのであろうから、アムール川水系のさらに上流のどこまで遡上するかを線引きすることは容易ではない。アムール中流の支流クマラ（呼瑪）河口付近が遡上の限界とされている（マーク 1972a）ということは中流域ではかなり少なくなっているのであろう。数少ない遺跡出土の遺存体や民族誌上の役割から類推するしかないが、アムール編目文土器群の分布範囲はかなりそれと重なるのであろう。また、極東平底土器北部隆起線文土器群のうち、ノヴォペトロフカ・オシノ湖文化も遺存体は不明で利用実態は不明だがその分布範囲中に入っている。嫩江流域の昂昂渓文化では遺存体としても見つからない。ウスリー（烏蘇里）江流域にはかつて多くのサケ・マスが遡上していた。ビキン川流域でも今はそうではないが、かつては多くのサケが遡上した（佐藤編 1998）。ウスリー（烏蘇里）江の最上流に位置する興凱（ハンカ）湖畔の新開流遺跡（楊・譚 1979）では上層の包含層からナマズ、コイとともにサケが出ている。ただし、利用形態の違いか数量の違いの反映か分からないが、下層に多く知られる魚の貯蔵穴からはナマズとコイしか報じられていない。

　日本海沿岸では朝鮮半島東海岸までシロザケ（*Oncorhynchus keta*）が遡上しており、利用されていたことは『新増東国輿地勝覧』にも見える。ただし、近年の例や先史貝塚資料をみれば、沿海州・朝鮮半島東北部における漁撈はそれ以北とは異なり、多種の回遊魚が通年で捕れることに特徴があり、サケ・マスは遺跡ではほとんど姿を見ない。考古資料としても、豆満江を挟んだ日本海沿海地域では、一部の遺跡からほかの回遊魚の骨とともにサケ・マス類の骨がでているようだが、アムール川下流域とは異なる漁撈形態だったと考えられる（甲元 1997、菊池・西本 1974）。

　サケ・マスは極東の定着的先史社会の世界全体から見れば分布は一部で重なるのみであり、ずれているといっても良い。極東の定着的先史社会の代表的な食料基盤とは言えない。サケ・マス漁撈の重要性を否定するものではないが、シベリアと極東の完新世適応の分岐の背景としての説明にはならない。

第4部　居住と生業

（2）主要な野生植物質食料—果実類の分布

　大陸の極東地域は針広混交林帯であり、堅果類をもたらす広葉樹としてはモンゴリナラ、クルミが主要なものである。現在のアムール川下流域では、ナナイ族の分布する範囲までが、広葉樹林が広く広がる地域であり、より上流のウリチ族の地域からさらに河口部付近のニヴヒの地域へとしだいに針葉樹が卓越してくる。ここではとくに森林がもたらす堅果類を主とする植物質食料に絞って見ることにする。このような視点からの研究には日本列島ではそして朝鮮半島についても渡辺誠（1975、1995）による先駆的な仕事がある。

　以下の樹種ごとの植物生態学的な記載で中国についてはその多くを『中国森林』編集委員会編『中国森林』に依った。朝鮮半島の樹木あるいは堅果類の分布については、筆者自身なかなか実態を把握することができていなかったが、後藤直教授を代表として進められた科研費研究およびその研究成果報告書（後藤編2004）からうることが多かった。

　中国、極東（日本列島、サハリンをのぞく）地域の先史時代（基本的に新石器時代であるが、一部青銅器時代を含む）野生植物質食料と考えられるもののうち、堅果類あるいは主要な果実類を管見したかぎりで集成し、その出土遺跡の分布を示した大貫2004b文献の図に、小畑2004の一部データを追加したものが図2である。大陸における植物遺存体の報告例は近年増えてはいるが、野生植物にかぎるとかなり例は少ない。

　出土状況が分かるものでは住居床面（あるいは埋土）からのものが多い。朝鮮半島ではとくに堅果類が住居床面から出る例が多い。これは当時の食糧の屋内貯蔵が盛んであったこと（大貫2001）も関与するのであろう。多くは遺跡のどこから出たか分からない。この場合はかならずしも人が利用したという保証はないが、今はそのような疑念は挟まないこととする。

　また、野生植物質食料は堅果類などに限らないことは言うまでもないが、イモ類は極東の民族誌には現れないし、ここで対象とするものは遺存体資料として残ったものだけである。東アジアの野生植物質食料については重複する部分が多いが別稿（大貫2004b）で個別資料の出典に触れており、そちらも参照されたい。

　以下に代表的なものを個々に見ていくことにしたい。

a．ドングリ

　モンゴリナラ（*Quercus mongolica*）はブナ科の中でもっとも寒さと乾燥に強い樹種であり、分布という点だけで言えば、アムール川河口部まで、サハリンでは中部まで北に広がっている（沖津2002）が、その数量となれば話は別であり、その数量的な側面が食料資源としては重要である。アムール河口部は針葉樹林帯に適応したヘラジカやトナカイがおり、イノシシは基本的にいない。堅果類もまた、希薄であった。中国ではモンゴリナラの南にはリョウトウナラが広がり、朝鮮半島ではコナラが広がり重複している。この樹種の広がりから「ナラ林文化論」（佐々木1993など）が提唱されていることはよく知られている。

モンゴリナラやリョウトウナラは二次林として代表的なものである。われわれの踏査でもハバロフスク付近から沿海州にかけての地域で、ほぼモンゴリナラだけからなる山並みを観察することができた。自然の山火事あるいは人為的な伐採に依るにしても、このようなモンゴリナラ二次林は人にとっても、シカやイノシシにとっても良好な食料獲得の機会を与えることになったであろう。実際にそのような森の中に多くのかつての竪穴住居集落を見ることができる。ハバロフスクからアムール川下流を下ってゆくにしたがい、河川沿いの二次林としてシラカバが目立つようになったが、そこは堅果類食料資源としてはより貧しい地域となる。われわれの踏査に依れば、アムグン川以北ではかなり少なくなるようである（第5章参照）。

　中国の遺跡出土例で「櫟」「橡」として報告されるものを漢字の類推（語学用の辞典もあぶない）から以前筆者は誤ってクヌギ（*Quercus acutissima*）、トチノキ（*Aesculus turbinata*）と解してしまったことがあるが、前者は学名が付随する場合はコナラ属という意味で使われている。後者はブナ科あるいはコナラ属の実の総称として使われているようであり、ドングリとしておく。ドングリは中国歴代の正史中でも、『史記』以来、救荒食料として「橡（実）」がしばしば登場していることから、かつてはかなり食されていたようだ。中国では、明代の徐光啓『農政全書』に記載された救荒食物の中に、ドングリとして「橡子樹（*Quercus varliabilis*＝アベマキ）」と「石岡橡（*Quercus sp.*＝コナラ属）」（学名は『農政全書校注』上海古籍出版社版による）がある。前者はアク抜きのために、15回水を換えながら煮沸する方法と、磨るか搗くかして製粉してから水さらししてアク抜きをする方法が記されている。後者には煮沸によるアク抜き方が記されている。種名が分からないが実がきわめて小さいと言うことと関係するのであろうか。渡辺誠（1995）が指摘する日本、韓国でも認められる水さらし法の二者、すなわち加熱＋水さらしの果実加工と製粉＋水さらしの製粉加工のいずれも存在している。土器やすりうすは穀物用としてもありうるので一概には言えないが、前者は土器との関係が深く、後者はすりうすとの関係が深い。

　朝鮮半島では渡辺誠（1995）の研究でも知られるように、現在でもドングリ加工食品は豊富である。実際に朝鮮半島の新石器時代の遺跡からの出土例もいくつか知られている。アムール川下流（ポストレツォフ2004）そして後述するように松花江下流域のナナイ（赫哲）族でも食料として用いられていた。

　朝鮮半島や最近資料が増えつつある沿海州やアムール川下流の新石器時代遺跡からの出土例はそれらがかつて食料として用いられてきたことを物語る。アムール川下流北緯約52度にあるスチュ島の新石器時代（マルイシェボ文化、年代位置は大貫1998を参照）のもの（大韓民国文化財庁国立文化財研究所ほか2000）が現在考古資料ではもっとも北の例であろう。このことは単に、新石器時代におけるかなり北への分布の広がりを示すだけでなく、食料資源として用いられていたらしい。クルミが出ていないことに意味があるのか、この一例だけでアムール川下流域の食料事情を速断するのは禁物であろう。

　ドングリの出土例は裴李崗文化、そしてクルミよりさらに南の長江流域の河姆渡、崧沢文化ま

第4部　居住と生業

で広がる。裴李崗文化の遺跡でクヌギやアベマキと推定されている例がある。現在のモンゴリナラ（蒙古櫟）の分布は華中までであり、クヌギ（麻櫟）は華北、華中に多いとされる。現状の分布ではモンゴリナラの実の分布はやはり極東の世界であり、クヌギの実は中国の世界である。渡辺誠（1975：53）によるドングリの分類では、クヌギやアベマキはアクがもっとも強いA類に属し、日本では現在食用の記録が途絶えているというものであり、あまり食に適したものでない。遺跡からの出土例が少ないのはそれも理由であろうと理解したい。長江下流域の稲作地帯でも出ているのは、弥生時代におけるドングリ（寺沢1981）と同様に非常食あるいは補完食料としての役割があったのであろう。

　現在の遼西の燕山山地はモンゴリナラなどのコナラ属を主とする落葉樹林帯であるが、遼東半島山地はアカマツ・マンシュウアカマツとクヌギなどのコナラ属を主とし、華北により近い。また、燕山地区の北限は後氷期最温暖期の時期にはさらに北のシラムレン川以北まで及んでいたに相違ない。いずれの地域にもクルミは分布するが、クリはいずれの地域でも栽培種として言及され、野生種の現在の分布が明らかではない。堅果類では遼西山地の方が遼東半島山地より豊富のようであり、先史時代遼西、遼東の地域差を考える際には重要であろう。完新世前期には燕山以南から秦嶺山脈付近までクヌギあるいはその他のコナラ属の森林が濃密に分布していたらしいことは、新石器時代の狩猟動物でシカ、イノシシが主体であったこととも一致する。

　朝鮮半島ではモンゴリナラは全域に分布している。コナラ（*Quercus serrata*）はほとんど分布が重なるが、東北地域におよばない点で、クリと似た分布を示し、より暖性の樹種であることと符合する。また、植木秀幹（1933）による朝鮮半島の植生区分によれば、主要樹種にコナラが出てくるのは温帯中部のみである。日本列島ではミズナラが北海道全域におよぶが、コナラは北海道南部までであるという関係に対応すると見れば、おおよその相対位置が分かる。ただし、植木の分類ではモンゴリナラが主要樹種として出てこない。

　北海道とサハリンの間にモンゴリナラ―エゾマツの優占種交代があり、サハリンの南部の一角に針広混交林帯があるだけである（沖津2002）。それはトナカイがサハリンに分布することの裏返しでもあるが、ニホンジカなどのシカ類、イノシシの不在とともにサハリンの食料資源を考える際の基礎となろう。

　ドングリについては、民族誌や史書の中で、主要な食料資源として出てくることは管見するかぎりない。ハバロフスク以西の民族誌では、松花江河口付近の定着的採集民であるホジェン（赫哲）族ではハシバミとともにドングリがかつて食べられていたが、ドングリは多く食べると体によくないとされており、魚や獣がとれないときの非常食であった。《民族問題五種叢書》黒龍江省編輯組1987）。それは一つには、穀物にその座を奪われて久しく、記憶から遠ざかっていると言うことがあろう。もう一つは、ほかのクリ、クルミ、ハシバミなどの堅果類が穀物利用以後も生き残っていることの意味を考える必要があろう。まれにドングリが食料資源として記載がある場合も、救荒食であったり非常食であったり、あるいはわれわれのアムール下流域の聞き取りでも

食料としての記憶がなかったり、ブタの餌であったり（第1章）と、その位置づけはかなり低いことにある。オロチョン（鄂倫春）族の中でもゼーヤ川河口の南付近では、ハシバミ、クルミのほかに、チョウセンゴヨウの実が食用として登場するが、ドングリが欠落している（《民族問題五種叢書》内蒙古自治区編輯組 1984）。これは分布していないのではないから、食料としての記録がないということになる。同様の出方は、穀物栽培をおこなっている仰韶時代の半坡遺跡で、ハシバミ、クリ、松の実、エノキの実が出ているのに、ドングリが報じられていないことも注意される。加工が不便なドングリというのはほかに代用品があれば、日常的な食料としてはいち早く脱落しやすいものであり、記録に残りにくいのであるが、他方で、ほかの副食、補助的な堅果類とは別の機能としての救荒食料として長く生き残ることにもなったという二面性が見て取れる。

ドングリはすでに記憶、記録にないところでもかつては食べられていたのであろうが、安定した豊かな社会を支えうるものとしての過大評価はさけるべきであろう。すでに、最近の縄文文化論（今村1999など）でも説かれているところであるが、その保存性ゆえに、最低限の、あるいはリスク回避のためにとっては逆に重要な食料資源の一つであったという側面が強いのであろう。弥生時代にもドングリピットが多いことは不安定な穀物栽培を補完するものとして理解されている（寺沢1981）。筆者らの調査においても、アムール下流域での、非常食として、それぞれチョウセンゴヨウの実とドングリを食べる二人の女性のうち、前者を食べた女性はやせ細り、後者を食べた女性は太っていたという話を収録している（本書第5章参照）。ただし、ドングリすらないシベリアの食料採集民とを比べるのであれば、ドングリは、人は言うまでもなく、イノシシを始めとする野生動物の食料資源としても重要であるという点で高い価値付けが可能である。

大陸ではドングリピットのような屋外貯蔵穴はほとんど知られておらず、住居内から出る例が多いので屋内貯蔵が主体なのであろう。ただし、最近の管見では、中国では長江下流域の河姆渡遺跡（浙江省文物考古研究所2003）、韓国では新石器時代蔚山細竹遺跡（黄昌漢2002）や無文時代忠州早洞里遺跡から堅果類の入った屋外貯蔵穴が見つかっている。河姆渡遺跡の貯蔵穴は高床住居の周辺に分布し、直径50cm前後で、深さは10から30cm程度であり、小型で浅い。ドングリ単独ではなく、ヒシの実も含んでいることから、家屋の近くにあることもあり、非常用長期保存というものではなかったようだ。第4、3文化層にあるが、第2、1文化層にはドングリを出す貯蔵穴が見つかっていないことはあるいはコメ作りの進展を物語るのかも知れない。

蔚山細竹遺跡では、河姆渡遺跡とほぼ同じ年代に属する、新石器時代早期隆起文土器段階のドングリ貯蔵穴群18基が丘陵斜面で見つかっており、現在では海面下にある。詳細は不明だが、直径50cm前後、深さは30cmのものがある。付近に住居は見つかっていない点では河姆渡と異なるが、小型で浅い点では類似する。河姆渡と同様低地に立地する貯蔵穴である。これらが共通して容量が小さいのは一部だけ取り出すために、小分けして保存したからであろうか。その位置から見て常緑樹系の可能性もあろうが、ドングリの詳しい種同定は分からない。

第4部　居住と生業

b. クルミ

　現在のオニ（＝マンシュウ）グルミ（*Juglans mandchurica*）の分布は基本的には温帯針広混交林の分布と一致する。広葉樹・チョウセンゴヨウ混交林の水平分布や垂直分布と一致するというので、モンゴリナラドングリの分布とそう大差はないと考えられる。華北の山東、河南では少ないとされるので、おおむね極東の範囲に重なる。われわれのアムール川下流域の踏査でも落葉広葉樹林として各所で見ることができたが、当然のごとくアムール川最下流域や、南部の一部を除くサハリンはその外である。われわれが踏査した北緯51度付近を流れアムール川本流に注ぐゴリン川中流のコンドン村では周囲にモンゴリナラはあるが、オニグルミは本流付近まで行かないとない。暖かさの指数は本流沿いに北に凸状に伸びており、支流の内陸は寒い。筆者らによる踏査の実見からしてもさらに細かい地域差がありそうで、オニグルミはモンゴリナラよりも分布限界あるいは一定量の分布する範囲はややアムール川下流でも少し南に下る（本書佐藤論文）かも知れないが、それほど大きな差はないのではなかろうか。量的な推移については細かいことは分からない。

　クルミの中国先史遺跡での分布を見る際に、問題となったのがモモ（桃）（*Prunus persica*）との識別であった。モモの核とクルミの殻の形状が似ることからであろうが、クルミは漢語では「胡桃」あるいは「核桃」と表記され、とくにオニグルミと呼ぶときには「胡（核）桃楸」と表記される。モモの核は「桃核」と漢語では表記される。中国の遺跡出土植物遺存体を知るさいに、しばしば参考とする陳文華編『中国農業考古図録』の「桃」の項目では、「核桃」「胡桃」「桃核」「桃仁」が中国伝統の五果の一つであるモモ「桃」として遺跡出土例が列挙されている。なぜなのか分からないが、クルミとモモが同一のものとして取り上げられ混乱しているので注意が必要である。ほかのモモの分布とは飛び離れて北の河北省北部孟各荘遺跡から報文では「桃核」が出ていることになっている。華北から遼西にかけてはクルミ利用が広がっている中で、はたしてこれだけはモモなのだろうか？あるいは河南莪溝北崗裴李崗文化遺跡出土の「核桃」が『中国農業考古図録』では誤って「桃核」になっているように、両者は混乱しやすく、誤植のようなことが起きている可能性もあろう。そうでなくて、本当にモモだとしても、新石器時代におけるモモの利用分布の大勢に変化があるわけではない。

　クルミは乾燥に弱く、花粉分析に依れば、完新世中期では長白山地ではかなり目立つように、つねに北京周辺より長白山地の方でクルミが多く出ている（周ほか1984）。その頃より乾燥化が進んだ現在、華北の燕山山地や太行山地では散発的な存在である。

　さらに南の華北では磁山裴李崗文化の遺跡からもクルミが出ているが、学名を*Juglans regia*とするものがある（張1991）。オニグルミとは異なり、現在の中国原産栽培種カシグルミの祖先種ということになるが、現在の野生種の分布は中国西方の一部に限られ、きわめて特殊な樹種だというので歴史的評価はむずかしい。張騫が西域から持ち帰ったという言い伝えから、漢語では「胡桃」と「胡」が付くのであろう。たとえ、華北新石器時代のものが*Juglans regia*で間違いとないとしても、裴李崗文化以降、遺跡では管見するかぎり「核桃」が河南鄭州南関外戦国時代層

（河南省博物館 1973）から1点出ているだけであり、新たに外来種と考えられた理由ともなろう。

黄河中流域磁山・裴李崗文化では多くの遺跡から遺存体が出ている（張 1991）が、その後の管見した史書では新しい時代に食料ではなく油の原料として現れる例があるが稀であり、五果にも含まれず、管見した農書にも見えない。急速に食料としての存在を失っていったのであろう。その理由として穀物生産の増大により食料価値が下がったこともあろうが、たんに利用されなくなっただけではなく、「胡」という文字が付くくらいであるから、あるいは湿潤な気候を好むためその後の乾燥化により周辺に見られなくなったということも考えられよう。磁山・裴李崗文化から仰韶文化に移行するにつれて、平原から台地へ遺跡立地が変化することもそれと連動しているのかも知れない。この辺の事情は生態環境史の今後の研究があきらかにするであろう。

極東西部連続弧線文土器地域では、遼西の興隆窪文化、趙宝溝文化の遺跡よりオニグルミが出ている。

朝鮮半島では南部の新石器時代の遺跡からオニグルミが出ている。李朝期食用果実についての文献では南部にしか出てこないことと関係があるのだろうか。朝鮮語ではオニグルミの実は「楸子」としてカシグルミ「胡桃」と区別されている。

隣接する沿海州新石器時代では例数が少ないが、ドングリ、ハシバミとともに出ている（小畑 2004、大貫 2004b）。最近のクロウノフカI遺跡新石器時代層（甲元ほか 2004）の場合、オニグルミがもっとも多く、コナラ属はわずかしか出ておらず、朝鮮半島とは異なる様相を示しているようだ。

サハリンの南部の新石器時代宗仁遺跡（木村 1979）からもクルミが出ている。これは北海道からの延長上で考えるべき分布である。

オニグルミの植生分布自体はほぼ極東の全範囲を覆っているが、考古資料でのあり方からは地域によって利用状況が異なっていたらしいことがうかがえる。

わが国の例ではクルミは現在でも副食品や調味料として用いられる。殻を割ってそのまま食べるほかに、調味料とする場合にはすりつぶす。アムール川下流域に住むナナイでは調味料あるいは狩猟時の携行食として利用された（佐々木 1992）。調味料とする場合はクルミを細かく砕く。

c. クリ

縄文時代の食料資源として最近きわめて重視されているクリ（*Castanea*属）は、大陸の考古遺跡、民族誌中での影がきわめて薄い。極東民族誌中での影が薄いのは、知ってしまえばあたりまえなのだが、極東の先住民族の民族誌があるような北方地域にはクリが分布していないのである。日本クリの野生種である一名シバグリ（*Castanea crenata*）は現在、北は北海道中央部まで広がっている。縄文時代の出土例でも北海道中央部までで、クルミやドングリの分布北限よりやはり南に下がっている（山田・柴内 1997）。また、縄文文化が北海道に広がる早期に、クルミやドングリが広がっており食用とされていたが、クリはまだ広がっていなかったように、温暖湿潤な気候に

第4部　居住と生業

適したクリは寒さにはクルミやドングリより弱い（山田・柴内1997）。

　天津甘栗というものが我が国では有名であるが、天津はその中国クリ板栗（*Castanea mollissima*）の輸出港であることにちなむという。現在の中国における分布は河北省から遼東山地がその栽培クリの北限となっている。野生板栗の現在の北限は秦嶺山脈から淮河付近であるという。

　中国では鴨緑江沿岸地区に丹東クリ（*Castanea dantungensis*）と呼ばれるものが広がっているが、それは日本クリの系統であり、外来の栽培種として始まったという。クリは古くから栽培されてきたためか、現在におけるそれぞれの種の分布と野生種の分布や先史時代の種の分布とがどのように重なるのか不明の部分が多い。任・吉良（Yim&Kira 1977）では朝鮮半島のクリとしては日本クリ*Castanea crenata*しかあげておらず、かつこの分布が鴨緑江付近まで及んでいることからこれが丹東クリにつながるのであろう。

　このように細かい種ごとの分布の境界は明らかではないが、東北アジア先史時代のクリ利用の実態を考えるにはクリ属の現在の分布北限が燕山山地から遼東山地付近にあることが分かればよいであろう。

　極東の針広混交林の北への広がりと連動するドングリやクルミが大陸ではかなり北に上がるのだと述べたが、クリはやや下がるぐらいで緯度では大差はないが、朝鮮半島の日本海側ではとくに下がる点が注目される。しかし、その下がった地域の先史時代考古遺跡の中でもやはり影が薄い。つまり、花粉分析からは遼西（夏家店下層文化大甸子遺跡）、華北（新石器時代南荘頭、賈湖遺跡など）の遺跡でその存在が知られるが、新石器時代における主要な食料資源であったことを示す証拠としての遺存体が出た例は半坡遺跡をのぞき知らない。遼西の遺跡からクルミは出てもクリは出ないことはやはり重要であろう。花粉分析を管見すると、遼西大凌河流域では紅山文化相当の6000-5000B.P.頃にわずかにクリ属が出ている。牛河梁遺跡の文化層からはコナラ属の花粉が多く出ているが、クリ属はやはり出ていない（莫ほか2002）。少なくとも、遺跡周辺に二次林のクリ林が繁茂するような光景はなかったのであろう。

　華北では、仰韶時代の半坡遺跡に出ており、これだけが飛び抜けて古い以外は『中国農業考古図録』に依れば、黄河流域から長江流域にかけての戦国、漢代の墓の副葬品として現れる。もちろん、墓の副葬品に何を入れるかの時代的な変化もあるから、それ以前が盛んではなかったとは断定できないが、この時期には栽培が盛んだったようだ。『礼記』『史記貨殖列伝』など古い文献にも重要な食料として登場する。『貨殖列伝』では燕にクリやナツメを多く産すると記されている。

　新石器時代でも花粉分析では出ているから、まったくなかったわけではないが、それ以前ではその利用は相対的ではあるが、かなり低調であったとみなすべきであろう。華北の最古段階の土器を出す南荘頭遺跡（原ほか1992）ではクルミ属やコナラ属とともにクリ属の花粉が出ている。華北淮河流域の初期稲作農耕集落として知られる裴李崗文化賈湖遺跡の花粉分析（河南省文物考古研究所編1999）でもクリ属が出ているが多くはない。遺存体としては仰韶文化の半坡遺跡でハ

シバミや松の実などとともに多く出ているが、早くから農耕が始まる華北平原縁辺では利用実態はよく分からない。はるかかなた、ベトナムの旧石器時代ホアビン文化の遺跡に、氷河期の最寒冷期を物語る資料として筆者も注目した資料（Nguyen 2001）がある。

　朝鮮半島では、魏志の韓伝の条に、「出大栗、大如梨」とあるように、古くから食されていたらしい。現在の分布では、西北部には丹東クリという有名なクリがあり、遼東山地につながるが、朝鮮半島では、東北部をのぞく地域に分布する。ロシア沿海州や長白山地の自然分布上の空白地と連なり、意味のあることなのであろう。鴨緑江流域を除き、弓山文化あるいはそれに連なる文化の最大分布範囲とだいたい重なることになる。

　しかしながら、遡ってはやはり実物資料に乏しい。後藤直の集成表（後藤編 2004）によれば、北部では楽浪時代の南井里118号墓、南部では、原三国時代初期の慶尚南道茶戸里１号墓のみである。この年代は中国で栽培が盛行し、墓に栗を供えるのと同じ頃であり、それ以前の在地の利用伝統を証するものとは言えないことになる。弥生時代になると、西日本にクリが広がるようになるという寺沢薫（1981）の指摘がある。外来種ではないので、どこまでそうなのか分からないが、このような対岸での動きと連動した部分があるのかも知れない。

d．ハシバミ（*Corylus heterophylla*）

　ハシバミは現在、北海道から九州までと広がっているが、渡辺誠の集成を見ても、縄文時代の遺存体としては影が薄いようだ。朝鮮半島でも遺存体の出土例が無い。しかし、大陸のそれ以外では逆に影の薄いクリに代わって、クルミ、ドングリとともに主要な出土遺存体である。

　日本海沿岸のザイサノフカ文化、遼東の新楽下層文化、華北の磁山・裴李崗文化、仰韶文化半坡類型の遺跡から知られている（大貫 2004 b）。

　中国では古来より食料として重用されたことが記録に残っている。華北から北の広葉樹林の分布する広い範囲に分布している。甲元真之（1996）がハシバミの実を食用とする鄂倫春族の例を紹介しているように、黒龍江中流にも広がっている。

　ハシバミは脂質に富む点で、クルミやチョウセンゴヨウの実に近い。

e．チョウセンゴヨウ

　極東の針広混交林の針葉樹側を代表する樹種である。チョウセンゴヨウ（*Pinus Koraiensis*）は「チョウセン」という名前があるように、朝鮮半島のほぼ全域に広く分布し、さらに日本列島まで及ぶ温帯常緑針葉樹である。日本にはあまり広がっていないように、朝鮮半島でも北半部に多い。チョウセンゴヨウの実は脂質分の多い高カロリー食品として朝鮮半島では食用としてよく知られており、古くから栽培もされていた。李朝時代の『新増東国輿地勝覧』によれば、済州島と全羅道をのぞく広い地域で食されていたことを知りうる。

　中国では「紅松」と呼ばれ、北は黒河付近まで、西は遼東山地の遼寧省寛甸県まで広がる。

第4部　居住と生業

『中国森林』では東はアムール下流ゴリン川流域までとしている。ほぼ極東の広葉樹の分布と重なるが、遼東半島や遼西の燕山山地には分布しない。考古学では遼西、遼東は華北ではなく、東北地区内の小区であるが、自然地理学的には燕山山地、遼東半島は華北区内の小区に編入されている（任編1986）ことは留意されるべきである。

　アムール川下流の支流ゴリン川流域で河口部付近にモンゴリナラ・アムールシナノキ林が広がり、その上流にはチョウセンゴヨウ林、さらに上流にダフリアカラマツ林が広がる（南満州鉄道株式会社庶務部調査課編1926）。また、ウスリー江の支流アニュイ川流域では下流から落葉広葉樹、チョウセンゴヨウ、エゾマツと推移する。また、分布高度が長白山地では海抜500m以上と高く、寒冷な東北地域ではそれが下がり、アムール下流では海抜50m以上と下がって来るという分布のあり方（『中国森林』2：863）が単なる空間分布以上に人々の暮らしに関わってくる。

　考古資料としては沿海州の新石器時代、青銅器時代にその例があるようだが、管見するかぎりほかに確認された例が無い。華北仰韶文化の半坡遺跡で松の実が出ているが、種は別であろう。したがって、新石器時代の利用実態については知りようがないが、チョウセンゴヨウの実がドングリとともに食べられたという話をアムール川最下流域で聞くことができるし、アムール川中流域の非定着的な採集民であったオロチョン族の民族誌にはしばしばチョウセンゴヨウが食用として現れる（甲元1996など）。さらに、遡上して、『中国森林』によれば、モンゴリナラの北限付近となっており、サケの遡上の北限ともされるクマラ（呼瑪）河流域では植物食料資源としてこれらすべてが欠落しており、動物食の比重の高まりを知ることができる。

　極東北部の民族誌では松の実食がドングリ食と南北で補完するような関係になっていて、それは北米北西海岸での南と北の地域差によく似ていることが注意される。極東北部の先史時代食料を考える際に注意すべきものである。新石器時代の遺存体の分布や民族誌上の分布を見ても、広葉樹林帯の周縁に分布していることからすれば、旧石器時代を含めより寒冷な時期にはチョウセンゴヨウの食料化はさらに極東の広い範囲に及んでいた可能性があろう。

f．ナツメ

　ナツメ（*Ziziphus*）属には栽培されるナツメ（*Ziziphus jujuba*）「（大）棗」とその原種であるサネブトナツメ（*Ziziphus jujuba var. spinoza*）「酸棗」がある。現在は温帯から亜熱帯にかけて分布する。ナツメはこれまた、中国伝統の五果の一つである。乾燥させたものは保存性にすぐれている。堅果類ではないが、そのサネブトナツメが華北の裴李崗文化の遺跡から多く出ており、同じくクルミを利用する遼西では出ていないという地域性を示すので取り上げておく。出土遺跡の分布の傾向は、モモとクルミの中間的なもので、長江から黄河流域にかけて分布する。河南二里頭期皂角樹遺跡の例により黄河流域でも長江同様に新しい時代まで残る。

　サネブトナツメの果肉はナツメより小さく酸味が強く現在は食用とされていない。『農政全書』にサネブトナツメは救荒食物として記されている。ナツメと似た栄養成分とするときわめて糖質

第11章　極東先史社会の野生食料基盤

に富む。

g. エゾノウワミズザクラ

　これも堅果類ではないが極東北方地域に民族誌で堅果類以外によく登場する植物質食料にエゾノウワミズザクラ（*Prunus padus*）の果実がある。これは考古資料中に見えないし、第5章中に詳しいので省略する。利用法として、実を石ですりつぶし粉にするやり方を紹介している。

3. 野生食料資源から見た極東の地域性

　これら個々の食料資源の分布を重ね合わせることによって、先史社会の食料資源の評価に及ぶわけだが、当時の利用の実態がほとんど明らかになっていないため、それがそのまま歴史的な評価につながるわけではない。本論は食料の全体像を明らかにしようとするものではない。動物では魚、昆虫であろうが、鳥であろうが、植物でもまだまだ多様なものを古代の人々は食べていたであろうが、あくまでも、遺跡から出ているものを資料として、何が言えるかという観点から、そのような限られた資料から見える地域差というものを抽出しているのである。

　そのような危うさを有しながらも、極東もまた均一な食料資源を保持しているわけではないことだけは理解されよう。図2および図3はそのような理解を図化したものであるが、図3はシベリアの遊動性と極東の定着性の違いの背景を生態系から明示しようというのが目的であったの

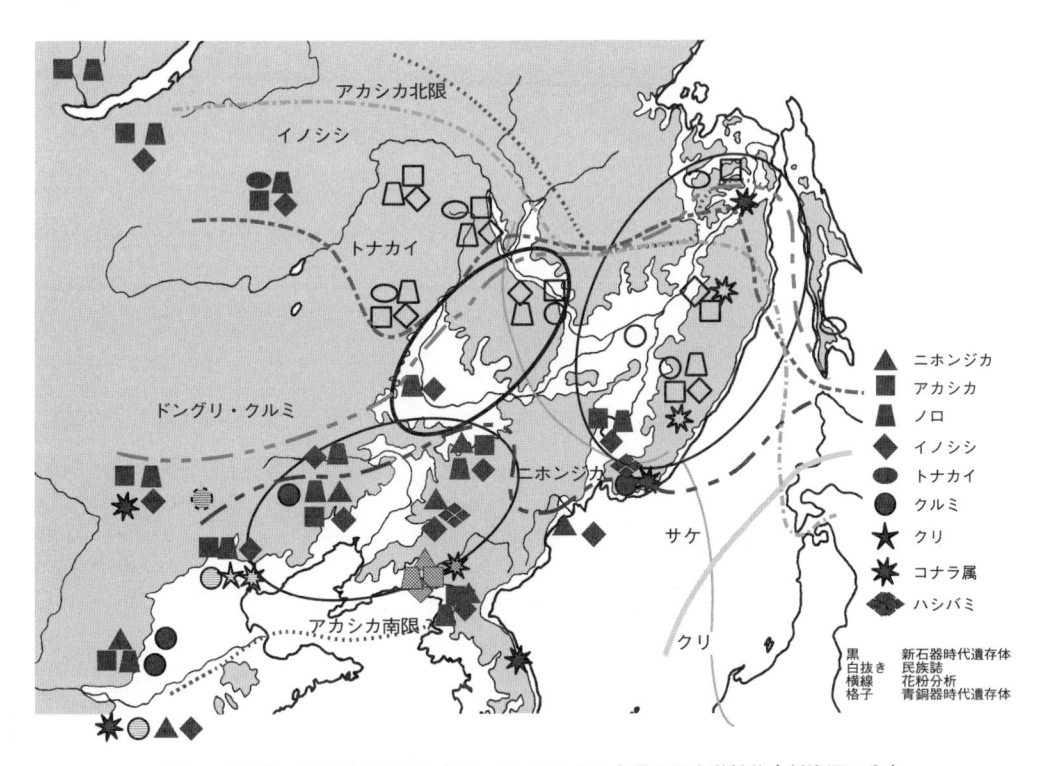

図2　考古学、民族誌から見た東北アジアにおける主要な野生動植物食料資源の分布

第4部　居住と生業

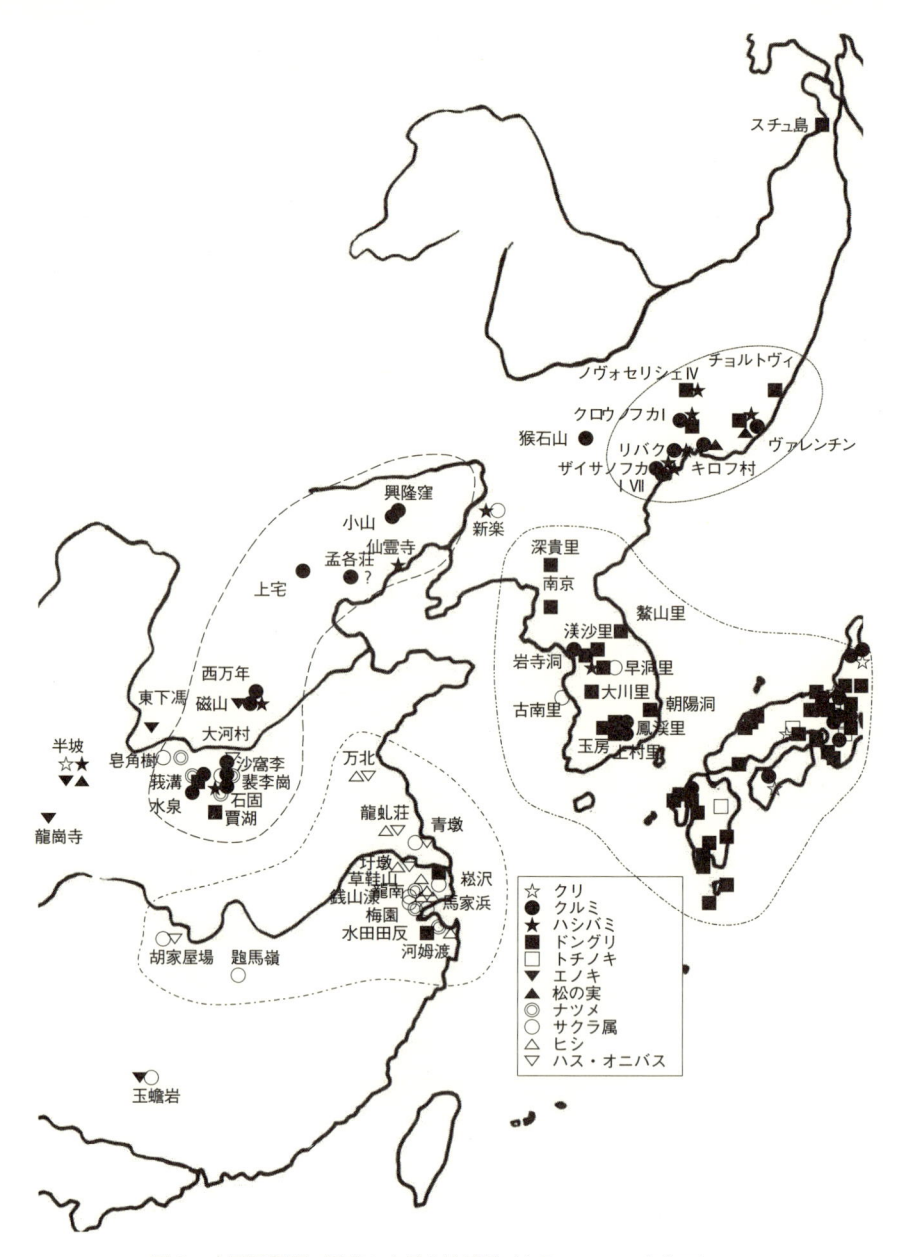

図3　主要堅果類・果実から見た地域性（大貫2004bを一部修正）

で、分布の北限を重視しており、南限については触れていない。すでに述べてきたように、考古資料を基本とした場合、図2、3を見れば明らかなように、極東の北部、東部の考古資料がほとんど無い。そのため、民族誌のデータで代用しているのは、単なる自然分布の限界ではなく、食料として利用されているかどうかを重視したためである。しかし、時代の離れた新石器時代の輪郭を描くためにはきわめて不正確なものである。さらに、大陸では地続きのために、あるなし論で線引きすることが難しく、またできたとしてもそれに大きな食料資源としての意味は少ない。

量的な側面を重視するとしているので、線を引くことはそれに反することにもなるのであるが、おおよその傾向を示すためにあえて引いている。けっして、分布の限界線を引いているわけではないことに注意されたい。

　堅果類ではモンゴリナラとクルミの現在の主要な分布がほぼ極東の範囲に収まる。ただし、考古資料ではクルミは南は華北までよく利用されていた。クリは現在でも分布が限定され、極東でも南部にしかない。そして、かつ考古資料から見るかぎり、よく利用されていたのは東日本にかぎられる。つまり、クリ、クルミ、ドングリが揃って容易に入手可能な地域は現在でも過去でもかなり限られることになり、かつ考古資料から実際に主要な食料資源として積極的に利用されていたことが明らかな地域は東日本だけである。

　シカ類の中では、雪に弱いニホンジカの大陸側の北限は日本列島の北限と緯度では大差がないかもしれない。ただし、大陸側ではその北にも、アカシカやノロが広がるが、アムール川最下流部ではそれらは希薄になる。代わって登場するトナカイもまた同様に希薄である。さらに、列島側の北隣サハリンはトナカイだけになってしまう点が異なる。イノシシは大陸側の方が北限ははるかに北にあるが、これもアムール川最下流部では希薄になる。

　つまり、主要な堅果類や主要な狩猟獣シカ類、イノシシはアムール最下流部には広がらないか希薄になる。クリとニホンジカはさらに南にしかない。また、サハリンにおけるトナカイ遊牧民の存在も、サハリン北部の冷涼な生態系があればこそであることを理解しなければいけない。アムール最下流部やサハリン北部にしばしばシベリア系の石器や土器が顔をのぞかせるのもそのためである。縄文時代の主要な野生動物質食料資源であるシカとイノシシは大陸側でも重要な食料資源であり、それが極東とシベリアを分けている。堅果類をもたらす広葉樹との関わりが深く、雪を嫌うニホンジカの分布が極東の南部に偏っていることは、堅果類を食料とする動物ともまた相関することになるので、やはりニホンジカの分布する地域の方が、針葉樹林との相関があるアカシカの分布地域よりも野生食料資源が豊かであったと言えるのであろう。

　三大栄養素であるタンパク質、脂質、炭水化物（糖質）をどのように摂取しているかという側面から見ると、生食が可能なクルミ、ハシバミ、チョウセンゴヨウは脂質に富む優れた食品の仲間であり、炭水化物（糖質）に富むデンプン系のクリやトチ、ドングリとは異なる性格を持っていることが佐々木高明（1991）によっても指摘されている。だから、後者の仲間が日本の民俗誌では主食の穀物を補完する救荒食料となっている。したがって、ドングリかクルミかという選択可能な等価食料と見るべきではない。脂質は獣や魚からもとれるが、炭水化物は植物以外からの供給は期待できない。炭水化物の摂取という観点から見た場合、本論で取り上げたような堅果類、果実類だけではありえず、根茎類、ベリー類などがありうることは明らかであるが、遺跡から利用が明らかになっているものから考えているので、以下で議論できないのは致し方ない。

　新石器時代の大陸ではほとんど利用された形跡のない炭水化物系のクリに代わるものとして大陸極東地域では日本列島ではほとんど利用されない脂質に富むハシバミがある。それがモンゴリ

第4部　居住と生業

ナラ林のように大規模な二次林を形成しているというような光景をわれわれは見ることはなかった。その点で、大量供給を可能にしたドングリとは異なるのであろう。また、主な栄養成分が脂質であることも、単なるクリやドングリの代替物ではないことを物語る。また、東日本の特異性を示すためには、そこに多い炭水化物系のトチもその食料資源としての高い評価が必要であるが、大陸にはないので今回は扱っていない。つまり、大陸で利用された堅果類には脂質系のものが多いが、炭水化物系はほとんどドングリだけに限定される。この点で、炭水化物系の堅果類は多いが、脂質系の堅果類がほとんどクルミだけに利用が限定される日本、とくに東日本とは異なる、あるいは逆になっていることは、東アジアの中で東日本を評価する場合に注意すべきであろう。

　炭水化物の摂取にとって極東北部からシベリアの民族誌ではデンプン系の食料として根茎類やベリー類が重要である。中国ではいち早くドングリと同じデンプン系に属する穀物が重要な供給源になった。日本列島における炭水化物系堅果類の多様性が縄文文化にとって重要なのである。

　以下に、いくつかの地域を取り上げて、その地域性を見てゆくことにしたい。

（1）朝鮮半島について

　堅果類を中心とした植物質食料資源から見た場合、ドングリの遺跡出土例は極東から長江流域までの広がりをもっており、潜在的にはどこでも利用可能であり、実際に中国の歴史書には救荒食料としての記載は多い。そのため新石器時代にどこでも日常的な食料であったと想定しやすいが、考古遺跡での堅果類の出現頻度は地域によって異なるらしいことがうかがえた。朝鮮半島では脂質系のクルミやハシバミの利用が低調で、炭水化物系のドングリ利用が盛んであったらしい。東北アジア大陸部では特異な地域といえよう。

　このような地域性はかつて渡辺誠（1969）が日本列島内での地域性を西日本のドングリ帯、東日本のクルミ・クリ・トチ帯、北海道のクルミ帯に分けた地域性に連なっていると言えよう。なお、北海道についてはその後の資料の増加からクルミ帯として単純化して東日本から分離するのは難しくなっている（山田1993）のでとりあえず扱わない。クリやトチの分布限界を越えているらしい道東北が別の地域として残るが、クルミとドングリが共伴している例とクルミ単独の例があり、検出されている時期も偏っており、いずれが優勢なのか判然としない。ただし、北海道の遺跡ではドングリ単独という遺跡がないことが重要であろう。サハリン南部までクルミは遺跡から出ているから、クルミ利用限界線を超えて、さらにドングリ単独利用の分布域はほとんどありそうもない。アムール川下流域では現在のコンドンがそのような地域であるが、やはり堅果類の中でのドングリ単独利用分布域はあってもかなり狭い範囲であろう。

　渡辺の堅果類の地域性区分を、従来のアク抜き要不要による区分ではなく、佐々木高明（1981）に従い栄養成分組成（図4）に置き換えて見ると、西日本の炭水化物の地域、東日本の炭水化物＋脂質の地域と分けられる。脂質系と炭水化物系が共によく利用された東日本の方が栄養のバランス上優れている（同上）。大陸側にはトチは分布しないし、クリ利用が盛行する地域もないか

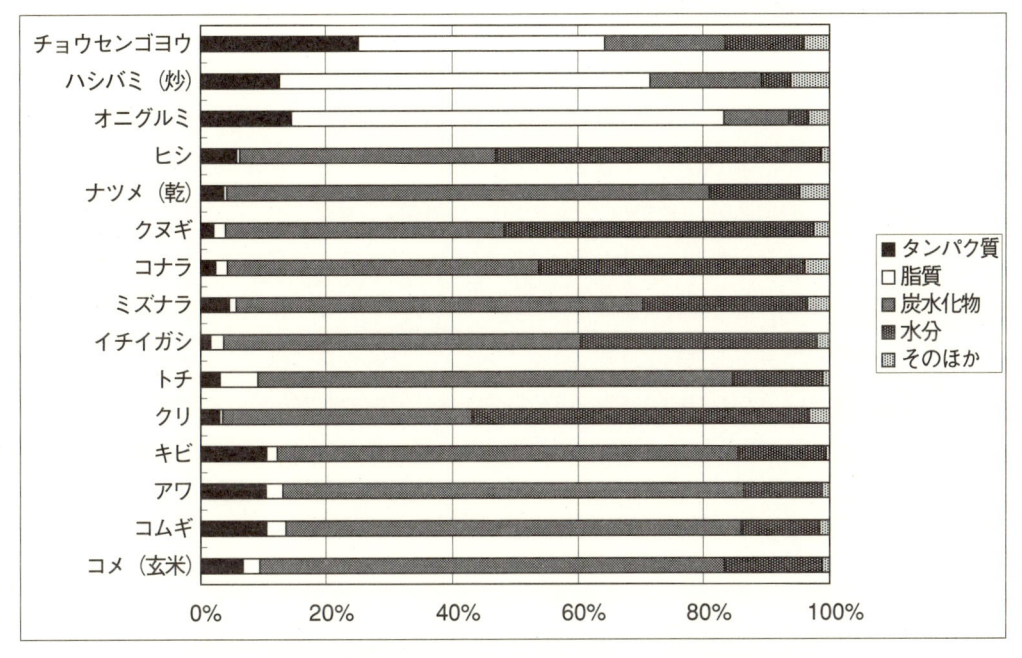

第11章　極東先史社会の野生食料基盤

図4　堅果類、穀類等の栄養成分組成（松山1982、『五訂　日本食品標準成分表』より作成）

ら、渡辺が区分した東日本と同じ組成は大陸には存在しない。朝鮮半島は西日本のドングリ帯に連なり、大きく見ればこれらの地域は炭水化物系堅果類帯という、東北アジアの中でも特異な地域を形成していたことになる。つまり、アムール川流域はいまだ実体が不明のためひとまず除いておくとして、東北アジアの新石器時代は炭水化物系堅果類（ドングリ）主体の南の地域と、より北の脂質あるいは脂質＋炭水化物系の堅果類を出す地域に大きく分けられそうである。さらに、水田稲作地帯である長江流域を中心とした地域（図3）には低湿地特有の植物が目立ち別の地域を形成しているが、堅果類ではドングリが出ていることから同じグループに含めると、やはり炭水化物系のコメはこの炭水化物系堅果類利用地域の中を動いて受容されていったことになる。

　日本列島では西部に分布が偏ることが知られている低地ドングリピットに類するものが、例が少なく分布を論じるのは危うそうだが、前述のように長江下流域や朝鮮半島南部のように東北アジア大陸部でも南に偏って見つかっていることは、ドングリ利用が南に偏る傾向にあることと相関しているようだ。

　朝鮮半島のドングリ帯の西北方には、脂質系のクルミが目立つ地域文化として新石器時代前半の華北・遼西地域があり、東北方には脂質系のクルミ・ハシバミが目立つが、ドングリも出ている沿海州がある。さらに脂質系のチョウセンゴヨウが出ているのもこの沿海州の北方的特徴を表している（図3）。

（2）華北・遼西地域

　脂質に富むクルミが目立つ地域として括られる華北・遼西地域の新石器時代前半期は、ただし、

第4部　居住と生業

　より子細に見れば、南の裴李崗文化ではほかにやはり炭水化物に富み保存食品になりうるサネブトナツメが目立つ。これは長江下流域にも多いから、クルミ帯の中でも南に位置するという地域性を反映しているのであろう。ただ、それ以外にも炭水化物に富むドングリや脂質に富むハシバミなども出ている点は、より北側に位置する遼西連続弧線文系土器文化群では脂質系のクルミ一色であることと対照的である。遼西系の遺跡での出土遺跡数が少なく、このような出方は信頼性に欠け不安な点もある。しかし、華北と遼西でのあり方が異なるというならば、それはその他の側面から従来知られている地域差をここでも反映している可能性をやはり考えておくべきであろう。華北、遼西の現状での地域差が信頼できるとすれば、華北の採集植物には、脂質系の堅果類と炭水化物系の穀物（およびナツメ・ドングリ）の共存はバランスが取れていると言えよう。それに対し、遼西では動物質食料でも供給可能な脂質に富むクルミ以外に、炭水化物系植物としては何が主であったのかというのが次の課題である。

　磨盤・磨棒という製粉具、石鏟という土掘り具を共有しながら、華北磁山・裴李崗文化は生産経済が主体であったとされ、同時代の遼西の興隆窪文化は採集経済が主体であったとされてきた。筆者（1998）も興隆窪文化を穀物採集から栽培への移行期と捉え、栽培が確実なのは次の趙宝溝文化からと見ていたが、最近興隆窪文化の遺跡である興隆溝遺跡の住居床面からアワが出ているらしい（国家文物局主編2004）。ただし、かねてから問題なのは農耕の有る無し論ではなくその程度の問題なのであり、野生穀物の採集から栽培穀物へいつ移行したかという問題もある。当のアワの出土を記す記事の中でも同時に出土した多くの動物骨から、主要な生業はやはり狩猟であったとしており、初期農耕の存在をもって華北の初期農耕社会と同一視しているわけではない。まして、岡村秀典（1998）も指摘しているごとく、同時代の興隆窪文化の集落の方が同時代の裴李崗文化より規模が大きそうなこと（少なくとも小さくはあるまい）の背景を農耕化の進展程度で説明することにはならないだろう。はっきりした証拠があるわけではないが、野生食料資源の貧しさが華北新石器文化の農耕化を促進したという模式に筆者は与したい。

　ただし、このような野生食料資源の乏しさを農耕の促進化の原動力と見た場合、やはり早くから雑穀農耕が始まっていた朝鮮半島の弓山文化ではそうならなかったのかの説明が別に必要である。ドングリ主体の野生植物質食料はけっして豊かな資源とは言えないが、だからといって、農耕が促進されたわけでもなさそうである。逆に、ドングリによる補完が必要な程度の農耕であったとも言えよう。農耕のあるなしではなく、質的な差異を比較するのは難しい。朝鮮半島では最近になって続々と植物質遺存体の発見があり、事実の特定と、それに基づいた再評価がすすむであろうことを期待したい。

　普通に考えれば、炭水化物に富む穀物と脂質に富むクルミやハシバミはよい組み合わせであり、遼西でも興隆窪文化から穀物栽培が明らかになったとすれば、クルミ帯としては説明しやすくなる。ただし、以上の両地域の差が正しく反映されたものとすれば穀物栽培がより進んだ華北には、ナツメやドングリという野生植物が同じ炭水化物系として補完あるいは非常食として出ている

が、中でもデンプン系のドングリは少ないので、やはり華北では、クルミの脂質＋アワなどの穀物の炭水化物というのが基本的な組み合わせなのであろう。それに対し、あったにしてもより農耕化の程度が遅れていたと考えられている遼西では野生の炭水化物系食料により需要がありそうなのに、逆に脂質系のクルミしか出ていない。サネブトナツメの場合は自然分布自体が南に偏っているから、遼西に出ないとも言えようが、ドングリはそれでは説明できない。遼西ではクルミでは充当できない炭水化物をほかの野生植物で補う必要がないほど当初から穀物が華北よりさらに豊富であったということであればよいのだが、それは想像しにくい。いくら華北より野生動物が豊富であったらしい（大貫2004a）としても、所詮狩猟動物は供給が不安定な食料である。あるいは遺存体として残っていないだけでドングリもよく利用されていたのか、もしくは、根茎類などまったく未知のものに依存していたのであろうか。栄養成分から考えると遼西の理解は難しいが、遼西と華北の共通性の方をより重視して、華北と同様に、クルミの脂質＋アワなどの穀物の炭水化物というのが基本的な組み合わせであったとして、栽培がいつから始まったのか分からないが当初から穀物の果たした役割は大きかったのだと重視すべきなのかも知れない。同じ組み合わせでも遼西の方が穀物の比重は低いのであろうが。しかしながら、今回初めて穀物の出土が報じられたように、他の炭水化物系野生植物の利用が今後明らかになるかも知れないので速断は禁物であるし、初期農耕の段階ではあったとしても、まだ生産は不安定なはずであり、遼西でも何らかの炭水化物系のバックアップ装置があったはずと思うのである。少なくとも野生動物では華北より遼西の方が恵まれていたとは考えられることや、クルミもその当時の利用分布から見ると華北はその南限であり、遼西の方が多かったのではないかと考えられる。華北の方が農耕化が進展していたと考えることからすれば、遼西の大集落規模の存在がかならずしも生産経済に支えられたということにはならない。

　環渤海・黄海的な広がりを見せるすりうす、石製土掘り具からなる環渤海（・黄海）型の道具組成が、華北ではいち早く無くなり、黄土台地に大型の集落を形成するようになる段階からを華北型の農耕社会の成立と考えればよいのであろうが、環渤海（・黄海）型は朝鮮半島を含めた周縁地域では遅くまで残る。この環渤海（・黄海）型農耕類型の特徴は今まで見てきたように生業中に占めるシカ類を主とする狩猟や堅果類などの採集の比重が高いという点であり、家畜への比重が高まり、採集がはっきりしなくなる華北型とは異なる。これを華北型の初期段階と見るべきという考えもあろうが、分布の相違を優先したいと思う。以前から指摘していることであるが、遼東の新石器時代前半期には環渤海（・黄海）型道具組成の主要要素である石鏟という土掘り具が欠落しており、華北から遼西、遼東経由で朝鮮半島の弓山文化に伝わったなどと言う単純な環渤海経由伝播論は考古資料の判読から逸脱している（大貫1982：註9など参照）。朝鮮半島における本格的な農耕社会の成立が華北型の道具組成の普及する無文時代以降のことであることはよく知られているが、それ以前に華北や遼西のような大集落遺跡が未だ見つかっていないことに差異を見いだすことは不当ではあるまい。

第4部　居住と生業

　この環渤海（・黄海）型の道具組成の中で、すりうすの用途については製粉具であることでは一致しているが、何を製粉していたかで、つねに農具か否か問題視されてきた。筆者はこのすりうすの東北アジアでの出方は典型的な採集具でも、あるいは典型的な農耕具でも説明できない過渡期の道具であることを物語っていると見てきた（大貫1998）。堅果類と穀物いずれかに特定することはできず、両方の製粉に利用された可能性があると考えたのである。その場合の堅果類とは、朝鮮半島の場合は出土遺存体のあり方からすれば、おもにドングリであったろう。遼西、華北のクルミ帯では依存のあり方からすればやはりおもにクルミであったとするのが素直な解釈であろう。クルミはそのまま食べることも多いが、現在でもすりつぶして粉にして他の食品の添加物にする場合も多いことはすでに述べた。サネブトナツメもつぶして粉にして食べることがあるようなので候補に挙がるが、同じく分布する長江下流域ではすりうすはないから主なものとは考えられない。ドングリもありうるが、遺存体自体の出土例が少ないのでやはりこれだけ普及していることを説明できないだろう。

　続く仰韶、大汶口時代には急速にすりうすが失われる。その理由に穀物の粒食化が言われているが、クルミなど野生堅果類の利用が急速に失われることも関与しているのであろう。

（3）沿海州について

　筆者（2004b）が最近集成したさいには沿海州は例数が少なく、地域性の設定ができなかったが、小畑弘己（2004）がより多くのデータをまとめている。小畑の集成を参考にすると、新石器時代には朝鮮半島と異なる地域としてまとめられそうなので、図3で地域を設定した。炭水化物系ドングリと脂質系のハシバミ、クルミととくに一種類だけ突出することなく多種が出ているのが特徴である。

　ヴォストレツォフ（2004）はより北方の東部沿岸部にドングリの出土地が偏ることを指摘している。その後、内陸で2遺跡追加されたため、やや分布に変化を生じたが、いずれも沿海州の北側に偏在している点では変わりはない。時期差の問題もあろうから、これ以上は今後に委ねよう。

　このほかに、この地域の北方的な特徴を示すチョウセンゴヨウの実が出ている。一例が気候悪化が想定されている青銅器時代、一例がそれに近い新石器時代末期で場所が北に偏るので、あるいは沿海州でも寒冷な時期、場所でのことなのか、これも類例の増加をまとう。少なくとも、現状では本地域新石器時代での利用の代表種の一つにはできない。

　以上のように、遺跡出土の堅果、果実類、穀物の分布の偏りから、新石器時代の東北アジア中に、いくつかの地域類型を設定した。図3がそれであるが、大貫2004b文献での区分に沿海州を新たに加えている。そして、栄養素からの説明を加えた。ただし、それぞれの地域の時間軸が一定していないことから、すべてが同時期、同段階の資料になっていない。このため、上述の北海道の例のように、さらに詳しい時系列での変化が判明すると、別の地域性が抽出できるようになることは十分に予想される。以下の区分は今後、さらに見直しが必要になるだろうことは明ら

かである。

1. 長江中心の、主に炭水化物系果実（主）・堅果類＋炭水化物系のコメなる地域
2. 華北・遼西の、主に脂質系の堅果類＋炭水化物系雑穀からなる地域
3. 沿海州の、主に脂質系堅果類＋炭水化物系堅果類からなる地域
4. 朝鮮半島（から西日本）の、主に炭水化物系の堅果類（および一部に雑穀）からなる地域

これに、5として、脂質系堅果類＋炭水化物系堅果類という組み合わせである東日本地域を加えることもできる。

大きく見ると、その組成の中に穀物を主として含むかは異なり、1と4の南に位置する地域では炭水化物系からなり、北に位置する2、4、そして5の地域では脂質系と炭水化物系の両者からなる点で、大きく異なる。また、1と4は一見すると、同じ炭水化物系であるが、1は栽培コメ主体であり、野生主体の4とはまったく異なる。3の沿海州と同じ組み合わせであるが、沿海州が脂質系が多様で豊かなのに対し、東日本は炭水化物系が多様で豊かであるという、まったく逆の組み合わせとなっている。集落規模から見ると、東日本の組み合わせの方が組み合わせとして優れていると言えよう。

北の方には脂質系が加わり、多様化した、より豊かな野生植物資源を利用していると表現してもよい。一般に南の地域の方が植物を多く食べ、北の地域の方が動物を多く食べると言われているが、植物を炭水化物、動物を脂質に置き換えれば、似たような南北差と言える。本来ならシベリアの先住民族のデータを比較資料として使いたかったが、探すことができないため、高緯度地帯エスキモーのデータを参照すると、脂質とタンパク質がほぼ等しくあわせて栄養量の90％以上になり、炭水化物の摂取はきわめて少ない。反対に、低緯度地帯パプアニューギニア高地人では炭水化物だけで栄養量の90％弱となっている（小石1984）。南北の差は大きく、人類はすぐれた適応力をもっており、総エネルギー量さえ確保できているならば、かならず炭水化物を多くとる必要もないらしい。あまりに極端なので、現在の中緯度地帯の中で、動物をよく食べる欧米の人々のデータで代えると、植物をよく食べる東アジアのコメ食の人々の間での栄養摂取上、タンパク質には大きな差はなく、大きく異なるのは脂質と炭水化物の比率である（稲垣1970：196）。もちろん、前者は脂質が多く、後者は炭水化物が多い。

なお、堅果類利用の地域性をそのまま食料の地域性と理解してよいのかは日本列島内でも議論となっていることがある。すなわち、盛行する時期が限定されるトチを除き、西に偏在するドングリと東に偏在するクリ・クルミが代替可能な食料であったかである。少なくとも、クルミはその栄養素からして、他の炭水化物に富む堅果類とは異なる利用形態が予想される。少なくとも、クルミは炭水化物取得の代替物としては不適である。ドングリとクリの場合、遺跡出土分布の偏

第4部 居住と生業

在をそのまま利用分布の反映と見ず、民俗例を重視する立場から代替性に否定的で、ドングリが普遍的に利用されていたとする見方（畠山1997）がある。カロリーや栄養素の計算という机上の操作に対し、実体験の聞き取りに基づく嗜好や味覚性向を根拠としており最近のクリに対する過大評価、ドングリに対する過小評価に対する警鐘として重きをおくべきだと考える。ただし、それが遺跡の出方を無視できるだけの説得力を持ちえるのかは、どこまで普遍的なもので、どこまでが文化的な規制なのかにかかっている。やはり遺跡での出方を基礎とした今までの食料資源論を無視するわけにはいかないというのが現在の筆者の理解である。

　たとえば、北海道南部では完新世の温暖化により炭水化物系堅果類の中で縄文前期後半にクリが出てくると、ミズナラは出てこなくなり、脂質のクルミと炭水化物のクリという組み合わせになる（山田・柴内1997）。両者が補完的な関係にあったように見える。

　もう一つ注意されるのは、同じように炭水化物系の堅果類が食べられていても、北海道のアイヌの食事の中での位置と東日本の焼畑農耕民の食事の中での位置づけが異なることである。北海道アイヌの食事では、魚や肉の汁物つまりスープが日常食であり、穀物もお粥やご飯としてたべられたが少量であり毎日食べるとは限らなかった。主な炭水化物食料としてはデンプンの原料となるユリ根が目立ち、ドングリは季節の和え物として食べられてきた（藤村1992）。東日本の場合、北上山地（畠山1997、松山1982）ではおもにドングリ（ご飯あるいはお粥）が、そして飛騨（松山1982）ではおもにトチが穀物の代用物として主食（モチあるいは粥）に組み込まれている。つまり、穀物が主食になっているところでは堅果類はそれを補完する主食となっている。植物食対動物食というよく民族学で語られる南北地域差を反映していることも考えに入れておかなければならないが、穀物が主食になる以前の縄文時代において、堅果類が主たる植物質食料資源であったとはかぎらず、根茎類が主であったこともあったという理解（今村1989）も想起される。

　さらに、飛騨では、植生上のクリ帯では、クリ、トチが主に利用されていたが、より高度が高くクリ、トチが生えず、ブナとミズナラを主とする植生上のブナ帯となる地域では、代わりにミズナラドングリが採集されることなく、デンプン粉を作るワラビやクズという根茎類が採集されていた（松山1979）。これにはワラビ粉やクズ粉が高価な換金商品であったという説明もあろうが、植生上のクリ帯からミズナラ帯に推移するに従いデンプンの原料が堅果類から根茎類に交代するというのは、東日本から北日本への推移と一致する点で興味深く、商品の論理だけで説明すべきではないと思う。

　より北方の松花江、アムール川下流域のホジェン・ナナイでもドングリが食べられていたことは、既存の民族誌にも見られ、あるいはまた今回のわれわれの調査でも知ることができた。今となってはその利用実態はよく分からなくなっているために、忘却された過去において松花江・アムール下流域のホジェン・ナナイでもドングリが主要な炭水化物系の食料であったという推測も一部に出てくることになる。しかし、松花江、アムール川下流域が北海道の植生に近いとすれば、もしそのような推測が許されるなら、北海道でも同様にかつてはドングリが主要な炭水化物食料

であったということにもなる。しかし、ミズナラが広がっていた縄文時代の北海道ではクルミは目立つがドングリはあまり出ないことはこれに否定的である。

　このホジェン・ナナイの場合、魚食の民と呼ばれるように、魚とくに干し魚が主食であり、煮物やスープとされた（佐々木 1987）。すでに述べた松花江やアムール下流で、ドングリは魚や獣が不足したときの代用、非常食として記録されている。ドングリがかつては主要な食料であったが、穀物が普及したために代用、非常食になり衰退したということにはなっていない。ではそれに代わるデンプンの供給源になり、アイヌにとって主要な食料の一つであったオオウバユリの根のような特定の代替物が大陸側にもあったかというとそれらしきものがない。本書佐藤論文中に記されるようにアムール川下流コンドン村では、赤花種のユリ根が生食されたり、粥に入れて食べられていた。アムール川中流域から大興安嶺にかけてのオロチョンの食料の中に、根茎類を散見することができるが、その中で一般的なものに、やはり生食されたり、アワ粥に入れて食べられた「紅花根」がある（秋浦主編 1984：50）がこれが同じものを指しているのではなかろうか。これらはそれぞれの地域では多数の糖質食料の一つとしてのデンプン食料である。極東北部の、アムール川中下流域や大興安嶺の民族誌でベリー類が重要な位置を占めていたことはよく知られているし、本書佐藤論文でも明らかにされている。その中で代表的なものがエゾノウワミズザクラである。保存食にもなり、日常食べられる重要な糖質摂取食料である。アイヌにおけるウバユリのほどの高い位置は占めていないし、かつて占めていたという証拠もない。

4．食料資源から見た極東新石器文化の成立

　このような個別の食料資源の分布を新石器化以降の歴史動態と重ね合わせることが重要であろう。日本列島の新石器化と類似する文化として、アムール川下流のオシポフカ文化があるが、その分布がアムール川河口まで及ばないこと、そして当然サハリンにも及んでいないことに注意すべきである。縄文時代の成立に関する「北からの革命」論はこのような個別生態系を無視した議論といえる。オシポフカ文化には石錘が知られるように、内陸河川漁撈の存在は注目される。実際に、更新世から完新世にかけて、東アジアの各地で内陸河川漁撈の存在が伺えるようになり、重要な役割を果たしたのであろうが、東アジアで新石器化が速く進行した地域でも全体で見れば、サケ・マスの遡上する地域はそこからはずれる地域のほうが広く、きわめて周縁的であることは今さら言うまでもない。東アジアの定住、定着的新石器文化への契機は、オシポフカ文化ですらサケ・マスでは説明しにくい分布を示している。

　極東平底土器出現期の一つの地域的な核である、燕山南麓では、約1万年前にシカ類とイノシシ類を主体とする新石器的狩猟動物組成にすでになっている。どこまで食料資源となっていたか分からないが、花粉分析からはコナラ属やハシバミ属、クルミ属、クリ属などが出ており、動物相の変化と連動していることが分かる。このシカ・イノシシ型狩猟活動は華南の南ではさらに古く旧石器時代後期最寒冷期頃には始まっていたらしく、植物資源もそれに連動していたようだ。

最近、小差はまだ発表されていないが、クズミン（Kuzmin 2003）もアムール川下流域の花粉分析からオシポフカ文化の成立と当該地域における落葉広葉樹林の普及が連動していることを指摘している。

　食料資源をある程度反映すると考えられる道具組成から見れば、東北アジアにおける土器出現期の一つの核となるであろう燕山南麓の南荘頭ではより植物資源に依存し、また別の核を構成するであろうオシポフカ文化はより動物資源に依存していただろうと考えられるだけであるが、なぜアムール川下流域の中で南に偏った分布をしているのかという点からは植物利用についても注意を払う必要があろうし、それに連動した陸獣の分布も関与するのであろう。縄文草創期の日本列島における本州とは異なる北海道のあり方もまた同様の視点が必要であろう。

　竪穴住居に住んだ定着的な極東新石器文化と旧石器時代以来の伝統を引くテント（?）に住んだ非定着的な東シベリア新石器文化の相違の背景はすでに古くからオクラドニコフが指摘しているように、広葉樹林と針葉樹林の差異に基づくものであり、それに連動する植物、動物食料資源の差異に基づくものである。そして、それらを背景にして、極東には極東の新石器文化が成立したのである。かつての、シベリアに起源して伝播したものが極東新石器文化の始まりであるというような解釈は成り立ちようがない。いままで知られている考古資料が明らかにしていることは、新石器化は東シベリアが遅れるということである。さらに、オシポフカ文化と後続して盛行する極東平底土器諸文化とは遺跡形成においても不連続であるということも気候変動と絡めて注意しておかなければなるまい。

　連続弧線文土器文化群では興隆窪文化や趙宝溝文化ではシカとイノシシが精神文化でも重要な対象となっていることもこれを物語っている。また、出土動物骨は現在の乾燥した状況とは異なり、かつては森林が繁茂していたことを示している。藤本強（1994）がかつて旧世界の旧石器時代を西の草原世界と東の森林世界に分けたが、新石器時代もまた、西アジアの新石器文化が草原性であり、ヒツジ・ヤギに代表されるのであれば、東アジアの新石器文化は農耕文化、採集文化に関わりなく、ニホンジカなどのシカ、イノシシに代表される森林性の新石器文化として始まったと見ることが可能であろう。その中で、森林と共存したのが日本を含めた極東の食料採集社会といえよう。シカ・イノシシ型の狩猟動物相は最終氷期最寒冷期にも草原化することの無かった東南アジアではより早く始まっているが、後述するように極東でも少なくとも南部では約1万年前後の段階から始まっている。直前の東アジアを二分していた細石器文化と礫器・剥片文化のそれぞれの周縁あるいは辺境地帯で、生態系の変化の影響をもっとも強く受けた中緯度地帯でもっともその新石器化は早く、また急速に始まった。

5．まとめ

　動植物資源の自然分布や気候のようなことはあえて考古学の議論として取り上げることではないと思うこともあるが、先史社会にとって、そこにないものを採集することはできないのである

から、重要なことには違いない。

　シベリアと極東の完新世適応を分けた大きな要因は、まさにナラ林文化論であるが、ドングリを始めとする堅果類による地域性と対応するものであった。ただし、シカやイノシシ（とくにニホンジカは重要）の分布自体が植物の分布と相関するのであるからそれなりの相関があることは上で見たとおりである。漁撈は安定した食料資源として重要であることは間違いないが、定量、定性的な地域間比較が難しいので今回は評価の対象としていない。

　ナラ林文化として一括される極東の中も、さらに細かく見てゆけば、上で動植物資源からの地域性の抽出を試みたように、それら野生食料資源は均一に利用されているのではなかった（図2、3）。そのことが個別地域的な展開にとって大きな要因となったし、逆に地域ごとの歴史的流れの相違を反映している。日本列島内部では、西日本に対し、本州北半部から北海道南部が豊富な食料資源をもち、それが縄文時代における東日本の優位性を支えたのだと理解されているが、東北アジアの中でも豊富な食糧資源をもっていたことが理解されよう。その点で、最近縄文文化論で着目されているクリはきわめて特異な存在であることが想定された。また、ドングリは食料基盤としては極東の広範囲におよぶ重要な食料資源であり、シベリアとの比較では極東の定着的な生活を支えたと評価すべきであろうが、極東内部で見た場合には豊かさを支えたものとは言えない、いわば最低保障のような存在であった。これは上でも述べたごとく、最近の縄文文化論（今村1999など）とも合致する。

　また、サケは極東の一部のみに分布するものであり、かつ極東をはずれる部分も大きいので、無いよりはあった方がいいには違いないが、極東の完新世適応の特性である定着性を支えたものとして過大評価してはならない。とくに、アムール川最下流部とサハリンは動植物食料資源のあり方、つまりこれらが非常にとぼしい点で特異な地域であることが重要である。アムール川中流域では同一の等温線はより北に上がっており、動植物の分布も最下流部よりも北に上がっている点で異なる。アムール川最下流部・サハリンは極東の枠組みで捉えることの難しい地域であり、海獣猟が発達する背景があった。

　そのような生活の基盤を無視したような、北からの伝播論や革命論が出てくることに疑問を感じるからである。極東の新石器化はけっしてシベリアからの革命で起きたのではない。北方農耕論もまたしかりである。細石器文化段階とは異なる地域的な枠組みの成立、それこそが東アジアの「新石器化」というものであろう。そして、細石器文化自体も研究の焦点としてその起源拡散に目を奪われやすいが、その地域性の把握こそが次の新石器化を理解するための手がかりとなるであろう。

　極東の北限問題としてのシベリアとの比較以外に、南限問題として遼西新石器文化と華北初期農耕文化との歴史的な路程の違いをどう説明するかという難問がある。これについて困窮民模式が有効ではないかと考えているが、朝鮮半島（あるいは西日本を含めて）の理解をどうするかと合わせ、今後の課題としたい。

第4部　居住と生業

　以上のような読解の際に、汎世界的な気候変動を一律に適用しての、現在の動植物分布あるいは、花粉分析によるあるなし論からの類推による歴史的評価はかなり危うい。民族誌上の利用実態は単なる分布ではなく、量的な側面が反映されているのでより有効ではあるが、時間を超えてつねに同一であったという保証はない。無ければ利用できないが、あってもどれだけ利用されたかは分からないのである。その利用の実態こそが重要であり、それは遺跡出土遺存体自体からの再構成しかない。

　［附記］　文献収集に当たって、後藤直、佐藤宏之、小畑弘己各氏のご助力を得た。感謝する。

引用参考文献

［和文］

稲垣長典　1970『栄養』筑摩書房

今村啓爾　1999『縄文の実像を求めて』吉川弘文館

今村啓爾　1989「群集貯蔵穴と打製石斧」『考古学と民族誌』61-94頁、六興出版

今西錦司編　1952『大興安嶺探検』毎日新聞社

大貫静夫　1995「環渤海初期雑穀農耕文化の展開」『東北アジアの考古学研究』144-172頁

大貫静夫　2001「韓国の竪穴住居とその集落―覚え書き―」『韓国の竪穴住居とその集落』189-225頁

大貫静夫　2003「東北アジア先史社会の食料的基盤」『国際シンポジウム予稿集「東アジアにおける新石器文化の成立と展開」』43-51頁、國學院大學

大貫静夫　2004a「中国新石器時代のシカ・イノシシ問題再考」佐藤宏之編『シカ・イノシシ資源の持続的利用に関する歴史動態論的研究』（科学研究費補助金［平成13〜15年度］研究成果報告書）23-36頁、東京大学大学院人文社会系研究科

大貫静夫　2004b「東北アジアにおける堅果類を主とする植物食料資源について」後藤直編『東アジア先史時代における生業の地域間比較研究』（科学研究費補助金［平成12〜15年度］研究成果報告書）21-42頁、東京大学大学院人文社会系研究科

大貫静夫　2004c「極東食料採集民の食料基盤」大貫静夫編『ロシア極東少数民族の伝統的生業と居住形態に関する民族考古学的研究』（科学研究費補助金［平成13〜15年度］研究成果報告書）115-130頁、東京大学大学院人文社会系研究科

岡村秀典　1998「農耕社会と文明の形成」『岩波講座世界歴史3』77-102頁、岩波書店

沖津　進　2002『北方植生の生態学』古今書院

小畑弘己　2001『シベリアの先史考古学』中国書店

小畑弘己　2004「東北アジアの植物性食料」『先史・古代東アジア出土の植物遺存体』科研費基盤研究（B）（2）研究成果報告書、179-200頁。

小畑弘己・坂元紀乃・大坪志子　2003「考古学者のためのドングリ識別法」『先史学・考古学論究Ⅳ』225-288頁

菊池俊彦・西本豊弘　1974「沿海州ペスチャヌイ半島出土の動物遺存体」『北海道史研究』3号、33-50頁

小石秀夫　1984「栄養適応」『栄養生態学』91-113頁、恒和出版

甲元真之 1991「東北アジアの初期農耕文化」『日本における初期弥生文化の成立』553-613頁

甲元真之 1992「長江と黄河―中国初期農耕文化の比較研究―」『国立歴史民俗博物館研究報告』40集、1 - 120頁

甲元眞之 1996「鄂倫春族の生業暦」『梅光女学院大学地域文化研究所紀要』11号、1 -13頁

甲元真之 1997「東北朝鮮の貝塚遺跡」『動物考古学』9号、63-76頁

後藤　直編 2004『東アジア先史時代における生業の地域間比較研究』（科学研究費補助金［平成12～15年度］研究成果報告書）東京大学大学院人文社会系研究科

佐々木高明 1991『日本史誕生―集英社版日本の歴史 1』集英社

佐々木高明 1993『日本文化の基層を探る―ナラ林文化と照葉樹林文化―』日本放送出版協会

佐々木史郎 1987「沿海州における食文化」『味噌・醤油・酒の来た道』54-71頁

佐々木史郎 1992「アムールの木の実」『木の実の文化誌』179-184頁

佐藤宏之編 1998『ロシア狩猟文化誌』慶友社

盛和林・大泰司紀之・陸厚基編 2000『中国の野生哺乳動物』中国林業出版社

田口洋美 2000「アムール川流域における少数民族の狩猟・漁撈活動」大貫静夫編『ロシア極東少数民族の自然集落に関する国際共同研究』（科学研究費補助金［平成13～15年度］研究成果報告書）9 -26頁、東京大学大学院人文社会系研究科

寺沢　薫 1981「弥生時代植物質食料の基礎的研究」『橿原考古学研究所紀要―考古学論攷―』5号、1 -130頁

直良信夫（付　平井尚志）・金子浩昌 1987「額拉蘇С（オロス）遺跡出土の動物遺存体と骨角器」『東京大学文学部考古学研究室研究紀要』6号、57-106頁

畠山　剛 1997『新版縄文人の末裔たち』彩流社

藤本　強 1994『東は東、西は西』平凡社

藤本　強編 2000『ロシア極東少数民族の自然集落に関する国際共同研究』（科学研究費補助金［平成 9 ～11年度］研究成果報告書）新潟大学文学部

松山利夫 1982『木の実』法政大学出版局

松山利夫 1979「明治初期の飛騨地方における堅果類の採集と農耕」『国立民族学博物館研究報告』4巻1号、1 -23頁

山田悟郎・柴内佐知子 1997「北海道の縄文時代遺跡から出土した堅果類」『北海道開拓記念館研究紀要』25号、17-30頁

南満州鉄道株式会社庶務部調査課編 1926『露領沿海地方の自然と経済』上巻　大阪毎日・東京日日新聞社

渡辺　誠 1975『縄文時代の植物食』雄山閣

渡辺　誠 1995「日韓におけるドングリ食と縄文土器の起源」『日韓交流の民族考古学』1 -40頁、名古屋大学出版会

任美鍔編著（阿倍治平・駒井正一訳）1986『中国の自然地理』東京大学出版会

姜仁姫（玄順恵訳）2000『韓国食生活史―原始から現代まで―』藤原書店

キム・シンギュ 1973「わが国の原始遺跡にみられる哺乳動物相（Ⅰ）」『朝鮮学術通報』10巻6号、44-75頁

キム・シンギュ 1974「わが国の原始遺跡にみられる哺乳動物相（Ⅱ）」『朝鮮学術通報』11巻2号、41-53頁

キム・シンギュ 1974「わが国の原始遺跡にみられる哺乳動物相」『朝鮮学術通報』11巻3号、25-37頁。

第4部　居住と生業

ボストレツォフ、ユーリ（佐藤宏之訳）　2004「沿海州および沿アムールにおける古代先住民のナラ林の利用」後藤直編『東アジア先史時代における生業の地域間比較研究』（科学研究費補助金［平成13～15年度］研究成果報告書）169-170頁、東京大学大学院人文社会系研究科

マークR．（北方産業研究所編訳）1972 a 「アムール河流域民族誌（一）」『季刊ユーラシア』5 号、65-93頁

マークR．（北方産業研究所編訳）1972 b 「アムール河流域民族誌（二）」『季刊ユーラシア』6 号、125-152頁

マークR．（北方産業研究所編訳）1972 c 「アムール河流域民族誌（三）」『季刊ユーラシア』7 号、167-223頁

［中文］

河南省文物考古研究所編 1999『舞陽賈湖』科学出版社

原思訓・陳鉄梅・周昆叔 1992「南荘頭遺址[14]C 年代測定与文化層孢粉分析」『考古』967-970頁

周昆叔・陳碩民・陳承恵・葉永英・梁秀龍 1984「中国北方全新統花粉分析与古環境」『第四紀孢粉分析与古環境』25-53頁

浙江省文物考古研究所 2003『河姆渡』文物出版社

国家文物局主編 2004『2003中国重要考古発現』文物出版社

張居中 1991「環境与裴李崗文化」『環境考古研究（第一輯）』122-129頁

楊虎・譚英杰 1979「密山県新開流遺址」『考古学報』1979－4，491-518頁

莫多聞・楊暁燕・王輝・李水城・郭大順・朱達 2002「紅山文化牛河梁遺址的環境背景与人地関係研究」『第四紀研究』22—2，174-180頁

『中国森林』編集委員会編 1997『中国森林第1巻』中国林業出版社

『中国森林』編集委員会編 1999『中国森林第2巻』中国林業出版社

『中国森林』編集委員会編 2000 a 『中国森林第3巻』中国林業出版社

『中国森林』編集委員会編 2000 b 『中国森林第4巻』中国林業出版社

《民族問題五種叢書》内蒙古自治区編輯組 1984『鄂倫春族社会歴史調査第二集』内蒙古人民出版社

《民族問題五種叢書》黒龍江省編輯組 1987『赫哲族社会歴史調査』黒龍江朝鮮民族出版社

［朝文］

黄昌漢 2002「蔚山黄城洞細竹遺蹟」『韓国新石器時代　環境　生業』179-205頁

大韓民国文化財庁国立文化財研究所・러시아과학원시베리아지부고고학민족학연구소 2000『아우르江新石器時代住居遺蹟発掘調査報告書』文化財庁。

［英文］

Kuzmin Y. V. 1997「Zooarachaeology of the prehistoric and Medieval cultures in the Primorye（Russian Far East）」『動物考古学』8 号、71-80頁。

Kuzmin Y. V. 2003「The emergence of pottery in the Russian Far East; geoarchaeological approach」『国際シンポジウム「東アジアにおける新石器文化の成立と展開」』75-86頁、國學院大學

Nguyen Viet, Dr. 2001「Further Studies on the Hoabinhian in Vietnam」『東南アジア考古学』21号

［露文］

Павлинов, И. Я. ред. 1999　МЛЕКОПИТАЮЩИЕ: Большой эициклопедицеский словарь, Москва.

第12章　シベリア・極東ロシア先住諸民族のシカ猟

佐々木史郎

1. はじめに

　シベリア、ロシア極東地域において、シカ類は食料として、また生活材として欠かせない狩猟対象獣である。肉と内臓が食料となることはいうまでもないが、骨の髄や脳、眼球なども食用とされる。もっとも、多様な食材を購入できる今日では、脳や髄、眼球などはもはや食料とはならなくなってはいるが。また、毛皮は衣類や敷物の材料に使われ、背中からとれる腱は、よって糸にされる。この糸はきわめて丈夫である。骨や角はいわゆる骨角器の材料であるが、現在ではナイフの柄やそりの索具、あるいは工芸彫刻の材料として使われる。

　シカは食料、生活材として中心的な役割を果たすのにもかかわらず、その動物世界における地位は高くない。例えば、極東ロシア南部の沿海地方やアムール川流域の先住民族であるナーナイやウデヘの間ではトラが最高位の動物とされていて、シカはその食料でもある。同じアムールの民でも、トラの分布域の外側になるニヴヒの間ではクマが崇敬される。シベリアの先住民の間でもクマはやはり崇拝や畏敬の対象である。クマの肉は食料とされ、毛皮は衣類や敷物に使われるが、クマは「森の人」であり、クマ猟は森の人を客人として招待することとみなされる。人々はクマを表す名詞で呼ぶことはなく、「おじさん」、「おじいさん」といった比喩で表す。トラはナーナイ語、ウデヘ語などで「アンバ」（大臣または畏怖すべき精霊）とよばれ、やはり直接的な表現を避ける。しかし、シカ類はそのように呼ばれることはない。シカはあくまでも人間に利用される動物であり、森または山の恵みなのである。

　シベリア、ロシア極東地域には多種多様なシカ類がいるが、その中でも狩猟動物として代表的なのは、野生トナカイ、ヘラジカ、アカシカ、ジャコウジカ、ノロジカである。それぞれその動物の性格、生息場所、生息状況、狩猟の季節などの相違によって異なる狩猟方法がとられる。また、狩猟に従事する人々の文化による相違も見られる。ここでは、これら地域に住む先住諸民族が現在行っている狩猟方法について、ノロジカをのぞくトナカイ、ヘラジカ、アカシカ、ジャコウジカに対する狩猟の事例を紹介していこう。ここで紹介するデータは、私自身のここ10年来のフィールドワークで得られたもので、インタビューで得られた伝聞情報もあるが、実際に狩猟に参加して得られた情報もある。調査地点と民族は、ロシア連邦沿海地方ポジャール地区のビキン川流域（ウスリー川に注ぐ支流の一つ）に暮らすウデヘ（調査年は1995年、96年、2001年、02年）、ハバロフスク地方ソルネチュスィ地区のゴリン川流域（アムール川左岸に注ぐ支流の一つ）に住むナーナイ（またはサマギール、2002年に調査）、サハ共和国エヴェノ・ビタンタイ地区のエヴェンとヤクート（1994年、95年、98年に調査）、同じくサハ共和国ニージネコリムスク地区のエヴェン、ヤクー

第4部　居住と生業

ト、ユカギール、チュクチ（1994年に調査）である。

2．野生トナカイ猟

　トナカイ*Rangifer tarandus*は極北地方に広く分布するシカの仲間である。彼らは北アメリカとユーラシアの両方に分布しており、現在、生物学的には一属一種とされている。森林地方とツンドラ地方とで体格に差があり、また、新大陸と旧大陸とでも違いはあるが、基本的には交雑可能であり、亜種レベル（9亜種が認められている）の差にすぎないといわれる。英語では「レインディア」reindeer、ロシア語では「セーヴェルヌィ・オレーニ」северный олень（北のシカ）という。ロシア語の「オレーニ」оленьとは一般的にはシカを意味するが、シベリア、極東地域では単に「オレーニ」оленьというだけでトナカイを指す。体格は、オスで肩高107〜127cm、メスで肩高94〜114cmと大型で、体重91kgからオスでは272kgに達する（マクドナルド編 1986：85）。雌雄ともに角を持つが、オスの方が大きく、落角時期も遅い。この動物は、シカ類の中でも珍しく、古くから飼育されてきた動物であるが、野生トナカイと人間の歴史は後期旧石器時代にまでさかのぼることができる。

　野生トナカイ猟は考古学でも注目される狩猟である。というのは、氷河期にはヨーロッパの後期旧石器人たちの主要な獲物であり、シベリア、極東の「マンモスハンター」といわれた人々にとっても、トナカイは主要な食糧源の一つであった。北アメリカでもトナカイの一種カリブーは先史時代から現代に至るまで、主要な獲物の一つである。トナカイは群を作るため、その群をうまく捉えれば、まとまった肉を供給してくれ、保存方法さえ適切であれば、安定した食料源となるのである。

　シベリア、極東の先住諸民族に関する古典的な民族誌（1900年前後から1970年代まで書かれたもの）で扱われた時代、すなわち、19世紀後半から1930年代ぐらいまでは、待ち伏せ猟、追い込み猟、囮猟、罠猟など様々な手法による野生トナカイ猟が行われていた。とりわけ、飼育トナカイのオスの角にトナカイの背中の腱で作った丈夫な輪を結わえ付けておき、発情期に野生トナカイのオスにけしかけて、角を絡ませて捕獲する囮猟（トゥゴルコフ 1981：23；Туголуков 1969：25）は、トナカイ飼育の起源とも関係づけられ、研究者の注目を浴びた。しかし、私が調査に入った1990年代や2000年代には、1930年代まで見られたいわゆる「伝統」的な文化はほとんど見られなくなっており、観察あるいは聞き取りによって確認できた狩猟方法は、待ち伏せ猟と追い込み猟であった。

（1）待ち伏せ猟
　野生トナカイの待ち伏せ猟は普通、比較的大きな川で行われる。トナカイは群を作り、えさ探しと害虫対策のために、一定の範囲を周期的に移動して回る。とりわけ、夏の縄張りと冬の縄張りの間を移動する春と秋には、比較的長い距離の移動が行われる。その時、大きな川がその行く

手をふさいでいると、渡河地点というものは限られるために、必然的に様々なところからトナカイたちが集まってきて、川の手前で巨大な群を形成する。トナカイは臆病な動物なので、川を泳ぐような無謀なことはあまりしたがらない。しかし、巨大な群ができるともはやその動きを止めることはできず、彼らは川を泳いで対岸まで渡り、再び目的地までの移動の旅を続ける。ただし、陸上では素早く走れるトナカイも、川の中では動きが遅くなる。そこが猟師たちのねらい所となる。18世紀以来、ロシアの民族学者や探検家たちが残してきたそのような狩の現場報告によれば、川を泳いでいるトナカイはほとんど無防備になるため、ボートに乗って至近距離まで近づいて、槍でしとめることができたという（齋藤 1985：94-100）。おそらく、先史時代でもボートが使用されるような時代になれば、そのような方法がとられていたと思われる。そこで大量に捕獲されたトナカイは解体され、肉は天日干しや薫製などにされて、保存食としてその後の人々の食料を支えた。

　しかし、この方法は実は、現代人の我々が想像するほどたやすいものではなかったようである。第一に、寒冷地に住む人々は泳ぐことが苦手であった。一年を通して気温が低いために、水浴びなどをすることもなく、泳ぎを覚える機会も少なかったのである。その代わりにボートを操る技術を磨く。川は彼らにとって最も主要な交通路だからである。しかし、ボートから落ちてしまうと悲惨なことになった。うまくボートや流木などにつかまることができればよいが、大きな川の場合、岸まで泳ぐことができないために、あとは溺れるのを待つしかなかった。

　川の上で繰り広げられるトナカイ猟は、実は猟師たちにとって非常に危険な狩だったともいえるだろう。数多くのトナカイが飛び込んだ川では、川面に大きな波が立ち、舟の操作も難しくなる。さらに、うまく群に接近し、獲物の身体に槍を突き立てることができても、瀕死の動物が暴れ回れば、ボートはたやすく転覆してしまう。シベリア研究家の齋藤晨二も記しているが、一度ボートが転覆してしまうと、あとはそのボートにつかまって仲間の救助を待つか、泳ぐトナカイの背につかまって岸まで運んでもらわない限り、命の保証はない（齋藤 1985：95）。そうならないようにボートの姿勢を建て直しながら、的確に獲物をしとめるには相当高いレベルの操船術と槍の技術が必要なのである。

　第二に、そのような狩を準備するのが大変である。トナカイたちは毎年大体同じような場所で川を渡るとはいえ、それでもその範囲は広大であり、その年の気候条件や川の流れ具合、集まる群の性質などによって、渡河地点は大きく変化する。その年の渡河地点を推測するのはとても一人の力では無理で、猟師たちは仲間を募り、斥候を出してトナカイの群の動きを読み、どこで待ち伏せするかを決めなくてはならない。そして、たとえ正しく場所を特定できても、慎重に準備しないと、トナカイたちに気づかれてしまう。猟師たちは、猟場へでかけるにも、持ち場に着くにも、群の到来を待つにも、あくまでも静粛を守って、気配を感じ取られないようにしなくてはならない。風向きがトナカイの群の方角に変われば、煮炊きの火も消してしまったという（齋藤 1985：95）。というのは、トナカイたちは猟師の気配を察すると群を崩して、あらぬ方向へと散っ

第4部　居住と生業

てしまうからである。そうなれば、その年の狩は失敗となり、次の渡河の季節まで、あと半年飢えに苦しまなければならない。

エヴェンキの研究家トゥゴルコフは、次のような古いユカギールの挿話を伝えている（齋藤晨二の訳文で引用する）。

　……トナカイの群の接近を前にして狩人たちは、岸に繋いだ数隻の小舟に木の枝でおおいをし、自分たちは身を伏せてじっと待ちかまえていた。子どもたちもじっと息を殺して、宿営地全体が死んだように静まりかえる。川の対岸に現れたトナカイの大群は、パチパチと角を触れ合わせながら刻々と水辺に近づいてくる……。

　とその時、一人のよその宿営地のチュクチ人の女が小舟を操り、岸の崖を探りながら通りかかった。ツンドラに棲むネズミの一種が冬を前にして巣に貯えている植物の球根を採集に来たのである。

　待ち伏せは、こうして突然、あっけなく終わってしまった。このあとで、この女がどんな目に遭ったかは想像に難くないというものである。一八二一年の秋のことであったという（齋藤1985：96）。

写真1　アラゼーヤ川の岸辺。前年に野生トナカイの渡河猟が行われた（1994年撮影）

写真2　野生トナカイの肉（1994年撮影）

この野生トナカイの渡河地点での狩は現代でも行われている。残念ながらその現場に立ち会うことはできなかったが、1994年のサハ共和国での調査では、ニージネコリムスク地区のアラゼーヤ川流域のユカギール、チュクチ、エヴェン、ヤクートからなるトナカイ牧民の調査の時に、彼らと行動をともにしていたエヴェン出身の猟師から、渡河地点での狩猟について聞き取りを行うことができた。当時野生トナカイは、かつての宝庫であったタイミル半島の環境が悪化したためか、東に移動するものが多く、ヤクーチヤ（サハ共和国）北部で急激に増加していた。しかし、彼らは家畜のトナカイをさらっていくために、トナカイ牧夫たちにとっては害獣であった。そのために、私が調査したトナカイ飼育農場（遊牧氏族共同体）では、腕のよい猟師を雇って、定期的に野生トナカイの駆除を行っていた。ここではトナカイの群が春と秋に比較的大きな群を作って、アラゼーヤ川を渡ることから、そこでの待ち伏せ猟が効果的であった（写真1、2）。調査の中で、その前年に待ち伏せを行った川岸を見せてもらうこともできた。ただ、現代の猟師は高性能のライフル銃（SKSと呼ばれるソ連製のカービン銃）を持っているために、ボートに乗って至近距離まで接近して槍で仕留めるなどという危険なことをする必要はない。川岸からライフルでねらえば、安全かつ確実に仕留めることができ

第12章　シベリア・極東ロシア先住諸民族のシカ猟

る。川を泳ぐトナカイは動作が緩慢になるので、ねらうのもたやすい。しかし、渡河地点を見極め、そこで動物に気づかれないように待ち伏せしなくてはならない点は、昔と同じであった。

（２）追い込み猟

　野生トナカイの追い込み猟（あるいは巻狩り）は、巨大な群が形成される秋の移動の季節が終わった後の、初冬の狩で使われる方法である。この狩猟の現場を1995年の調査で目撃したのは、サハ共和国エヴェノ・ブィタンタイ地区であった（写真3、4）。冬にここへ来るトナカイは、その北のチクシ方面のツンドラ地帯で夏を過ごしたものであるという。ただ、秋の移動を経て、この地域まで来ると、トナカイの群は小さく散ってしまい、渡河地点での待ち伏せ猟では大きな成果を得ることができない。そのために、小さな群でも見つければ、それをしかるべき場所に追い込んで仕留めていくのである。追い込む場所はちょっとした丘の谷間や窪地で、射手が群の動きを見やすく、ねらいやすい場所である。

　私が観察したところでは、群を追い込むのにスノーモービル（ロシア名ブラン）が使われ、仕留めるのはやはりライフル銃であった。川の中と違って、素早く動けるトナカイを的確に射手のいる場所に追い込むためには、スノーモービルのような早い乗り物が必要であり、素早く動くトナカイを遠くからでも的確に撃ち取るために、ライフルは欠かせない。

　しかし、この追い込み式の猟も、実はその原型は古くから使われている伝統的な猟法である。北アメリカ極北地方にはトナカイを誘導ないし、追い込んだと考えられる先史時代の柵列や石垣のあとが見られる。また、タイミル半島にいるサモエード系の先住民であるガナサンは1960年代まで野生トナカイ猟を主生業としてきた民族だが、彼らの狩猟方法の一つに、やはり追い込み猟があった。

　まず、ツンドラで浅い谷が両側に入り込んだ、低い岬状の地形をした場所を見つけておく。その岬の崖下に長さ40m、高さが人の背丈ほどの網を張っておく。さらに、その岬を囲む二本の谷の向こう側に射手を配置し、その射手の列から末広がりになるように、棒の先にガチョウの羽をぶら下げたものを10mぐらいの間隔で25～35本ほど立て、獲物の誘導路とする。野生トナカイの

写真3　追い込み猟で仕留められた野生トナカイ
　　　（1995年撮影）

写真4　スノーモービル（1006年撮影）

第4部　居住と生業

図1　1938年の冬にタイミル半島の大バラヒン川地区のガナサンたちが行った野生トナカイの追い込み猟（Попов 1948: 折り込み）

群を見つけると、トナカイぞりに乗ったものがそれを網が仕掛けてある岬の方に追い立てる。網の前の岬の突端には経験を積んだ猟師が雪で作った小山の後ろに隠れており、谷の向こう側にいる猟師に指示を送るとともに、脇にそれようとするトナカイを、そりで追い立てるものとともに、岬の方に向かわせる。岬の崖下に網が仕掛けてあることに気づかないトナカイの群は、そのまま追い立てられて崖下に落ちると、仕掛けられていた網に角や体が絡み取られ、そこを猟師が槍やナイフで仕留める（図1、2）。この猟は冬のよく晴れた日に行われた（Попов 1948：36-39）。

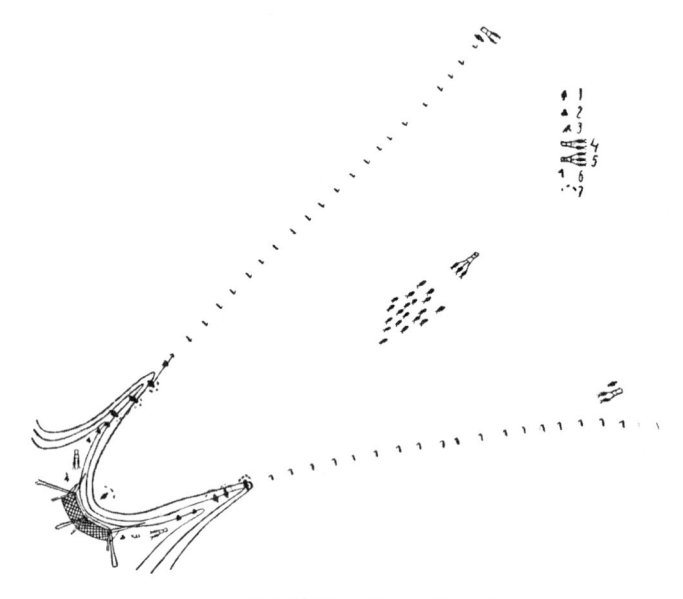

図2　図1の俯瞰図（Попов 1948: 39）

そのほか、夏には湖に追い込む追い込み猟も行われた。1.5mほどの長さの棒に芝土の固まりをいくつも突き刺したものを地面に何本も立て、追い込む先を頂点にして末広がりになるように誘導路を設定し、人やそりで獲物を湖の方に追い込んでから槍で仕留めるのである（図3、4）（Попов 1948：33-36）。これらの方法は、スノーモービルとライフルが普及していなかった時代には、きわめて効果的な狩猟方法だったと考えられる。

トナカイぞりは、実は野生トナカイを追い込むだけでなく、おびき寄せるのにも有効である。

第12章　シベリア・極東ロシア先住諸民族のシカ猟

トナカイの場合、野生種と家畜種との垣根が低く、交雑も可能である。また、野生トナカイは好奇心が強い。そのために、そりを引いている家畜トナカイに興味を持つことが多く、人間を警戒して近寄らないにしても、一定の距離を保ちつつトナカイぞりのキャラバンについてくることがある。そのような性質を利用して、おびき寄せ、射手を配置してそちらの方へ誘導ないし、追い込むことも可能である。

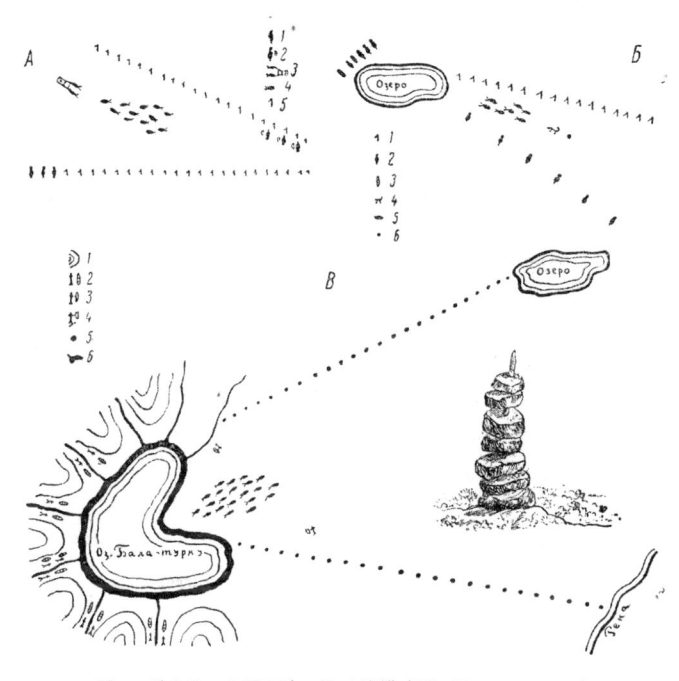

図3　ガナサンの夏の追い込み猟模式図（Попов 1948: 33）

1994年当時、サハ共和国北部では、ヤクート以外の先住民族、すなわち、エヴェンキ、エヴェン、ユカギール、ドルガン、チュクチは、一つの企業あるいは共同体で野生トナカイを100頭までは無償で捕獲することができ、有料免許を取得すればさらに100頭まで捕獲することができた。その制度が現在まで生きているかどうか確認していないが、野生トナカイは保護獣であるにもかかわらず、シベリア、極東では歓迎されざる動物とされ、サハ共和国北部では狩猟が奨励されている節もあった。というのは、野生トナカイの群が飼育トナカイの群に接近すると、後者が前者の群に吸収されてしまうことがあるからである。それは貴重な家畜の喪失である。そのために、野生トナカイは、シベリア、極東のトナカイ飼育者や遊牧民からは害獣とみなされている。他方、サハ共和国北部では、野生トナカイは飼育トナカイよりも体格がよく、肉の味もよいとされる（実際食べ比べたが、野生トナカイの肉の方が脂がのり、うまい）。そのため、野生トナカイの肉は自家消費されるだけでなく、トナカイ飼育農場や畜産企業（ソ連時代のコルホースやソフホースが民営化されてできた企業）を通じて、トナカイ産品を扱う業者に売ることもできる。つまり、野生トナカイ狩猟は、食料確保の他にも、害獣駆除と現金収入という三つの利点をもつ活動であった。ただし、野生トナカイの移動経路は年によって変化するため、まとまって捕獲できる年と全く捕れない年があり、その明暗がはっきりと分かれる。1998年に調査したエヴェノ・ブィタンタイ地区のあるトナカイ飼育農場では、前年まで毎年数十頭捕れていた野生トナカイが、その年は12月まで全く捕れていなかった。

第4部　居住と生業

図4　タイミル半島ピャシナ川に見られた野生トナカイ追い込み猟の柵列（Попов 1948: 35）

3．ヘラジカ

　ヘラジカAlces alcesもトナカイと同様広い分布を見せ、ヨーロッパ北部からシベリア東部、モンゴル、中国東北地方、そして、アラスカからカナダ、合衆国北東部などに生息する（マクドナルド編 1986：85）。シベリア東部や極東ロシアではその分布はトナカイの分布地域と重なるが、シベリアでも西部や南部にはいない。英語では普通「ムース」mooseだが、ヨーロッパのものはしばしば「エルク」elkとも呼ばれ、同名で呼ばれるアメリカ大陸のワピチwapiti（Cervus canadensis）と混同される。ロシア語では「ローシ」лосьと「サハーティ」сахатыйという2つの呼称がある。中国、モンゴルではハンダハンと呼ばれる。非常に大型のシカで、肩高は168～230cm、体重は400～800kgにも達する（マクドナルド編 1986：85）。角は手のひら状で、先は枝分かれする。この動物は捕獲できれば大量の肉を得ることができるため、シベリアの狩猟民たちの間では格好の狩猟対象とされてきた。

（3）サハ共和国エヴェノ・ビタンタイ地区の事例
　この動物の狩猟に関しては、追い込み猟で捕獲するケースが多かった。私が1998年11月に、サハ共和国エヴェノ・ビタンタイ地区北部でのヘラジカ猟に同行した時は、複数の猟師による巻狩り形式の追い込み猟が行われた。この極北地帯（調査地は北緯69度より若干北にあり、もちろん北極圏の中であった）では、ヘラジカは疎林地帯に多い。この地域のタイガは、沿海地方のような落

第12章　シベリア・極東ロシア先住諸民族のシカ猟

葉広葉樹と常緑針葉樹からなる鬱蒼とした森林とはならず、ダウリヤカラマツと背の低い潅木からなる疎林である。河原にはヤナギ類も多い。真冬には－50℃にも達するこの地域では体力の消耗が激しいと思われるが、それでも彼らはえさ場と安全な地域を求めて、一定の範囲の中を歩き回る。

　ある朝、我々が暮らす猟師小屋から、スノーモービルで15分ほどのところでヘラジカの足跡を発見した。雌2頭とそのどちらかが産んだ幼獣2頭のあわせて4頭のヘラジカが、その日の早朝に、小屋のそばを通って、川の方に歩いていった跡であった（写真5）。その日、ヘラジカ猟に赴いたのは、トナカイ飼育農場の経営者をつとめる68歳のベテラン猟師と、その助手の若い猟師3人、それに私のガイド役を務めてくれた村の助役と私の6人であった。ベテラン猟師は2頭立てのトナカイぞりに乗ったが、あとの5人はスノーモービルとそれに引かせるそりに乗っていた。見つけた足跡の様子から獲物が向かった方角と、だいたいの距離を見積もると、ベテラン猟師は助役と私にその近くの木陰で待つように指示して、連れてきた騎乗用トナカイに乗って、愛犬（猟犬）とともに足跡を追跡し始めた（写真6）。あとの若い猟師たちはヘラジカの足跡を巻くために、スノーモービルとそりで出発した。助役がライフル銃を持っているので、こちらの方にヘラジカを追い込むというのである。気温は－31℃。完全装備の上に、風がないのでそれほど寒くはないが、木陰で動かずに待っていると、やはり足下から寒さがジンジンと伝わってくる。待つこと45分。しかし、結局ヘラジカは現れなかった。追い込みに失敗したのである。

　あとで足跡を巻いた猟師たちやベテラン猟師に聞いたところでは、ヘラジカは猟の前の晩まで我々が泊まっていた猟師小屋のそばの疎林地帯で休んでいたのだという。しかし小屋から聞こえてくる物音を聞いて驚いて、逃げ去ったのだということであった。一晩でかなり遠くまで逃げたと見え、騎乗トナカイで足跡を追ったベテラン猟師だけでなく、スノーモービルやそりで足跡を巻いた猟師たちも、足跡がつきるところまではたどり着けなかった。

　サハ共和国北部のエヴェンやヤクートの人々は、トナカイぞりや騎乗用トナカイを使うことができるので、ヘラジカの追い込みも比較的容易に、しかも迅速に行える。とりわけ騎乗トナカイは音を立てず、小回りがきくために、動物の追跡、追い込みには非常に便利である。この地域では夏のヘラジカ猟について、聞き取りや

写真5　ヘラジカの足跡（1998年撮影）

写真6　騎乗トナカイに乗るベテラン猟師（1998年撮影）

第4部　居住と生業

観察を行うことはできなかったが、秋から冬の猟は以上のような状況で行われていた。秋、冬の寒冷期のヘラジカ猟は主に10月から12月で、私の観察も11月中旬と、寒冷期のヘラジカ猟のシーズンとしてはよい時期であった。この季節は、この地域のもう一つの主要な狩猟対象である野生羊（シベリア・ビッグホーン）猟の終わりに当たり、野生トナカイ猟と重なる。しかし、ツンドラ状の開けた空間に展開するトナカイと

写真7　前年に取られたヘラジカの角（1998年撮影）

異なり、ヘラジカは疎林地帯に好んで生息することから、猟場が重なることは少ない。しかも、スノーモービルで群を追い回すトナカイ猟と異なり、単独や家族行動が多いヘラジカ猟は、個体を騎乗トナカイやそりで追うために、実に静かな猟である（写真7）。

（2）ハバロフスク地方ゴリン川流域の事例

　ヘラジカは生息域が広いために、エヴェノ・ブィタンタイ地区よりも遙かに南の地域でも狩猟が行われている。例えば、2002年7月から8月にかけて実施した、アムール川の支流のゴリン川流域にいるナーナイの一派であるサマル氏族の人々（かつてサマギールと呼ばれた人々）でも、ヘラジカは主要な狩猟対象であった。ここでは狩猟の現場をまだ観察していないが、猟師たちからの聞き取りを整理すると彼らのヘラジカ猟は次のようになる。

　コンドン在住のある中年の猟師（腕は確かだが、すでに引退してアマチュア猟師になっている）によれば、ゴリン水系の猟場（ゴリン川上流域と、その支流であるハルピン川、フルムリ川などの流域の森林地帯）では、かつてはヘラジカ猟には猟期はなく、いつでも捕れたという。しかし、現在では資源保護のために、夏の猟期は6月1日から9月1日、冬の猟期は11月20日から1月1日に限られているという。また、2003年からはこの地域でのヘラジカ猟は全面禁猟になる予定であった（もしその通りだとすると、すでに実施されている）。この禁猟措置は密猟に対抗するためのようで、近年ロシア系の密猟者による大量捕獲が問題となっていた。彼らはヘリコプターで空から追跡して、スコープ付きライフルでねらい撃ちにし、ヴェズジェホート（キャタピラがついた万能走行車）で獲物を回収するというきわめて荒っぽいやり方で大量に捕獲していたようで、一度に30～40頭ものシカを捕ってしまっていた。

　この地方ではそりや騎乗トナカイなどの乗り物を使わないで追跡するために、ヘラジカ猟には結構体力が要求されたと考えられる。また、捕れた獲物を運ぶのも、背に負うか、手ぞりに積んで、犬の助けを借りながら、人間が引いて帰るしかなかった。そりが手近にない場合には、獲物の皮で肉をくるみ、その皮にひもを付けて雪の上を引いて帰ったという。

　別の中年の猟師（彼は狩猟組合に入っていて、現役のプロのハンターとして活動している）によれば、

この地域のナーナイ語ではヘラジカをbeyuという。ただ、beyuには大きな動物という意味もあり、また、別の地域のナーナイ語ではアカシカを指す場合もある。ゴリン川のナーナイにとって、ヘラジカは大きな動物の代表格だったのだろう。

　ヘラジカは冬の猟と夏の猟では方法が異なっていた。冬では忍び猟と追跡猟が主流であった。前者は風下から射程内に忍び寄って撃ちとる方法で、後者は雪の上の足跡を追う方法である。後者には犬を使う方法と使わない方法とがあり、犬の役割は獲物を見つけてその場に釘付けにすることであった。そのために獲物には10m以内に近づかないように訓練したという。犬がいないときには、深い雪の中を追い回し、疲弊させてから槍で突くという方法もあった。また、自動弓を仕掛けることもあった。

　夏の猟ではえさ場での待ち伏せ猟、春と秋の移動時に、川を渡るところをねらう待ち伏せ猟、そして、発情期に笛でおびき寄せる猟なども行われた。えさ場での待ち伏せでは、えさを食べるときにヘラジカの嗅覚が鈍るのを利用したという。このえさ場とは川辺や沼地の水草が生えている場所である。

　移動の時、川を渡るところで待ち伏せ、川の中に入ったところを舟から槍で突くというのは、上記の野生トナカイ猟と同じである。したがって、ここでもヘラジカの移動経路と渡河地点の見極め、そして待ち伏せ地点で静寂を守ることが決め手となる。ただ、開けたツンドラ地帯と異なり、ここは比較的鬱蒼とした森が広がり、また、地形も起伏に富んでいるために、動物の移動経路はトナカイの場合よりも限られてはいる。ゴリン水系では、ヘラジカは春4月から5月にかけての時期に、出産に適した場所を求めて、東の方へ移動し、秋10月過ぎに川が凍り始めると、西の方に戻ってくるという。かつてはヘラジカの数も多かったために、春と秋の移動時に多数のヘラジカが群をなし、木々の枝を折って進むと、彼らが移動した跡には森の中にトンネルができるほどだったという。猟師たちはそのトンネルからヘラジカの移動方向を見極めることもできた。

　ヘラジカの発情期は9月末頃であった。その時期メスとオスは鳴き声で相手を捜す。オスの鳴き方は長く響き、メスは短いという。猟師は夜、雄のヘラジカが鳴き声を上げると、白樺樹皮で作ったシカ笛（ゴリン川のナーナイ語でengteku）でその鳴き声をまねる。そうするとライバルがいると思って、オスが猟師の方に寄ってくるのだという。その点は、後で触れる沿海地方のウデヘのアカシカ用のシカ笛と使い方が同じである。しかし、この猟師によれば、鳴らし方はラッパのように吹いてならすようで、吸って鳴らすウデへのシカ笛とは異なる。適当な白樺の樹皮が手に入らないときは紙で作ることもあった。この発情期の狩猟は効果的ではあったが、時期がサケ漁と重なることが難だった。サケ漁はゴリン川のナーナイにとっても1年の食糧事情を左右する重要な活動だったからである。彼らはアムール川本流に漁場を持っていて、そこまでサケを捕りに行っていた。

　上記のインフォーマントの説明が正しいとすれば、2003年よりヘラジカは全面禁猟となっているはずだが、それまでは有料の免許を取得してから捕獲することになっていた。ただし、夏場の

第4部　居住と生業

ヘラジカ猟でとれた獲物は自家消費しか認められず、秋冬の猟でとれた分は売ることも可能だったという。ソ連時代にはさらに恵まれていて、ナーナイも含まれる「北方少数民族」には1人当たりヘラジカ2～3頭分の無料の免許が与えられた。しかし、この制度は、現在はない。

4．アカシカ

アカシカ *Cervus elaphus* はヨーロッパから、北アフリカ、西アジア、中央アジア、チベットなどに分布するとされるが（マクドナルド編1986：84）、同様のシカはロシア極東地方南部にも分布する。彼らはロシア語で「イジューブル」изюбрまたは「イジューブリ」изюбрьと呼ばれ、沿海地方のウデヘの間ではヘラジカやイノシシと並ぶよくとられる大型の獲物である。ウデヘ語ではアカシカ全体を *kyanga*、そのオスを *logoso*、メスを *eni* と呼ぶ。ただし、現在はウデヘの間でもウデヘ語を日常的に使う人は非常に少なく、ロシア語が日常会話として使われている。

アカシカの大きさは、肩高が75～150cm、体重75～340kgになることから（マクドナルド編1986：84）、ヘラジカよりは小さいとしても、かなり大型のシカで、肉もたっぷり取ることができる。また、皮膚に包まれた袋角は漢方薬の材料となることから、それを目的にしてねらわれることもあった。

（1）春夏の猟

ロシア連邦沿海地方の山間部に住む先住民族ウデヘのアカシカ猟には、春夏猟と秋冬猟とが見られる。春夏猟でしばしば使われる方法は、待ち伏せ猟と忍び猟である。かつての待ち伏せ猟はえさ場の近くで身を潜めているだけだっただろうが、現在ではシカがよく集まる場所に塩場を設け、塩で獲物を誘引して、その近くで待ち伏せる。待ち伏せ場所も塩場がよく見える木の上に設けられたプラットフォームの上である。そのような塩場はロシア語で「ソロニェッツ」солонец、待ち伏せるプラットフォームを「ラバース」лабаз（ラバースは、動物がはい上がってこないように高く作られた、プラットフォーム状の物置を指すこともある）という。

私がビキン川の支流のメタヘーザ川のほとりで実見した待ち伏せ場では、小さな沼地状のところに塩場が設けられ、そこから20mほど離れたところにある大木の上に、高さ5mほどの位置に枝と枝の間に板を渡したプラットフォームが設置されていた（写真8、9）。塩場は倒木か、故意に倒した木の幹を削り、そのくぼみに塩を大量になすりつけて作る。シカは塩がたっぷりしみこんだ幹をかじるのである。普通そのような場所はシカ以外にも、イノシシがぬた場（泥に身体をこすりつけて身体を洗う場所）として利用

写真8　ソロニェッツ（2002年撮影）

することが多い。そのために、シカやイノシシの足跡が泥の上に多数残されている。そのような場所は、猟場に権利を持たない他人には教えないのが一般的だが、私はこの地域の狩猟に直接の利害関係を持たない部外者だったため、特別にその場所に案内してもらえたという経緯がある。

アカシカもイノシシも夜行動するために、猟師は夜間、プラットフォームの上で獲物が塩場に現れるのを辛抱強く待たなければならない。たとえ尿意を催しても、下に降りて用を足すことはできない。動物がすぐに臭いを感じ取ってしまうからである。したがって、プラットフォームの上で用を足せるように、トイレとして溲瓶代わりのペットボトルか何かを用意しておかなくてはならない。そして、獲物が猟師に気づかずに塩場ある

写真9　ラバース（2002年撮影）

いはぬた場に姿を見せ、塩をなめたり、身体を泥にこすりつけたりするのに夢中になっているところで、ライトを照射して、ライフル銃で撃ち取る。

この方法は塩を使って動物を誘引することから、ロシア人との接触後に発展した方法であることは明らかである。というのは、それ以前は、塩は中国方面からもたらされるもので、非常に高価であった。そのために獲物をおびき寄せるのに大量に使うということはまず不可能だったからである。しかし、この方法は、常に塩分不足に悩まされている大型草食獣の狩猟には実に効果的であり、ウデヘたちの夏のアカシカ猟には欠かせない方法となっている。

春と夏の狩猟方法の第2は、えさ場での忍び猟である。春から秋まで、川が凍結しない間は、川に生える水草がアカシカの主要なえさとなる。この水草は岸辺に近い浅瀬に、水底から生えている細長い草で、シカは夜の間に岸辺に出てきて、その先端をかじるようにして食べる（写真10）。食べている間は周囲の警戒はおろそかになる。そこをねらうわけである。猟師は川に丸木舟を浮かべ、両手に持った2本の短い棹で舟を操りながら音を立てないように静かに獲物に近づく（写真11）。棹が立たないほど川が深い場合には、やはり2本のヘラ状のオールを両手でこぎながら舟を進める。この猟は普通夜に

写真10　アカシカのえさとなる水草（2002年撮影）

第4部　居住と生業

行われるため、シカがいるかどうか、どこにいるかなどは、草を食べるときの水音で判断する。獲物に気づかれず、十分接近できたと判断すると、シカに向かってライトを照射し、その明かりに気づいて頭を上げ、ライトを見て目がくらんだ瞬間に銃で射止める。

　この方法はサーチライトと銃が普及したことで効率がよくなったと考えられるが、丸木舟を使って、音を立てないように川面から獲物に接近するという方法は、銃が普及する以前からの忍び方法と考えられることから、弓矢の時代から使われていた方法であろう。

　このような方法で捕獲される春から夏にかけての季節のアカシカは、もちろん肉を供給してくれるが、5月から6月にかけての時期には、特別なものを提供してくれる。それが袋角である。雄の角は春から皮膚に包まれた状態で生え始め、夏の終わりにはその皮膚がはがれて固い角質の角になり、秋の発情期には、メスにアピールするためのオスのシンボルとして、あるいはメスを巡るオスどうしの喧嘩の武器として使えるようになる。そして、まだ柔らかい5月から6月の初旬ぐらいの時期のものが、漢方薬の材料として、中国商人に高く売れたのである。た

写真11　忍び猟用の丸木舟（1995年撮影）

だし、この柔らかい角はきちんと処理しないと腐ってしまい、売り物にならない。その処理は、鍋を使って湯を沸かし、熱湯をかけながら、徐々に角を煮沸して、そのあと乾燥させるということを繰り返す。高い値で売れるように処理するためにはかなりの熟練を要したようで、現在ではそれができる人はウデヘの村にはいない。ソ連時代には中国から来た商人が高い値段で買い取っていったようだが、ソ連崩壊後、中国、ロシアともに市場経済化してしまい、中国側も自国の材料の方が安いために、ロシアに買い付けに来ることもなくなってしまった。そのために、袋角を目的とした夏のアカシカ猟は、現在は行われていない。

（2）秋冬の猟

　秋から冬にかけての狩猟方法は、発情期のシカ笛によるおびき寄せ猟と雪の上の足跡を追う追

第12章　シベリア・極東ロシア先住諸民族のシカ猟

跡猟や忍び猟となる。

シカ笛猟は上記のヘラジカの猟とほとんど同じである。アカシカの発情期も9月末から10月初めで、この時期、オスは長い声で鳴いてメスを呼ぶ。猟師は夜川岸に陣取り、オスの鳴き声が聞こえると、シカ笛を使ってオスの鳴き声をまねる。すると、鳴いたオスはライバルが出現したと思って、笛の方へ近寄ってくる。

写真12　シカ笛を吹くウデへの猟師（1995年撮影）

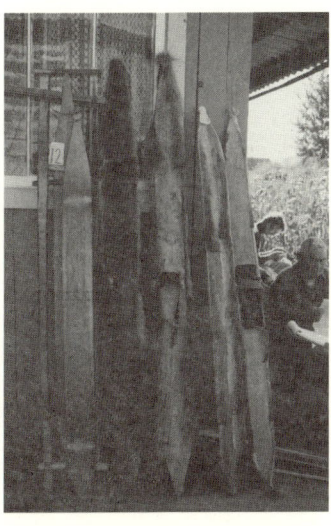

写真13　毛皮の裏貼りが施されたウデへのスキー（1996年撮影）

そこを銃で撃ち取るのである。

　ウデへのシカ笛もやはり白樺の樹皮で作られている。白樺の樹皮を幅5cm程度の帯状に加工し、それを少しずらしながら巻いていくことで、長い円錐形のラッパを作る。鳴らすときには、唇の端にラッパの細い口をつけ、息を吸いながら唇を振るわせ、その音を白樺のラッパで増幅させるのである（写真12）。アカシカのオスの鳴き声は、一度高く長く鳴いた後、すぐ低く短い声を出す。このシカ笛も同様に鳴らす。うまい人が鳴らすと本物のオスの鳴き声と聞き分けできない。不運にもオスが鳴き声を出しているにもかかわらず、シカ笛を持っていないときには、銃身を使って同様の音を出して、おびき寄せようとすることもある。

　ゴリン川流域のナーナイの地域と異なり、ウデへが暮らすウスリー川の支流域では、主要な食糧源であるサケの遡上時期はアムール川流域よりも若干遅い。そのために発情期のアカシカ猟の期間がサケ漁の期間と重なる部分が少なく、発情期猟には有利であった。しかも、現在はサケが遡上してこなくなったために（アムール本流での取りすぎによる）、猟師たちは9月から10月初旬はもっぱらアカシカ猟に専念する。この狩猟には、10月中旬から始まる、毛皮獣猟も含む本格的な秋冬期の狩猟のための準備の意味があり、そこでとれた肉は、秋冬期の狩猟が始まると、当面の食料とされる。

　森の木の葉も落ちて見通しがよくなり、雪が降って足跡もはっきり表れるようになると追跡猟や忍び猟の季節になる。かつてはシカやイノシシの毛皮の裏張りを施したスキーを履いて追跡が行われたが、現在はあまり使われていない（写真13）。

　アカシカは国際保護獣（ワシントン条約の付属書に記載されている）の1つに数え上げられている（マクドナルド編1986：84）。そのためソ連時代以後、ロシアでもその狩猟が免許制となっていて、狩猟したいものは1頭いくらで免許を購入しなければならない。このシカは沿海地方のウデへ

第4部　居住と生業

代表的な狩猟動物であるとともに、この地方のトラ（アムールトラ）の主要な獲物でもある。しかし、近年急速に数を減らしているようで、それがトラの生息状況に影響を与えるとともに、ウデヘへの狩猟活動にも悪影響を及ぼしている。

5. ジャコウジカ

　ジャコウジカは他のシカと異なり、ジャコウジカ科という独自の科をなす。そのうち、シベリア東部からロシア極東地域にいるものはシベリアジャコウジカと呼ばれ、学名は*Moschus moschiferus*という。英語では「マスク・ディア」musk deerだが、ロシア語では「カバルガ」кабаргаと呼ばれる。体格は体高50～70cm、体重7～17kgと小柄で、トナカイやヘラジカ、アカシカのように1頭から大量の肉を得ることはできない。しかし、この動物は、オスの麝香嚢に蓄えられる分泌液「麝香」が、ヨーロッパでは香料として、アジアでは医薬品として珍重されたことから、その分布域の猟師たちにとっては、貴重な現金収入源とされた。近代に入ると、需要の増加と狩猟具の効率化によって、濫獲が目立つようになり、その数を急速に減らし、現在は国際保護獣の一つ（ワシントン条約の付属書に記載されている）とされている（マクドナルド編1986：74）。しかし、現在でも麝香と肉を目的として捕獲されている。

　シベリアジャコウジカはロシア極東地方には広く分布している。私の調査地域でも、ウデヘのいる沿海地方のビキン川流域でも（ウデヘ語で*anda*）、ハバロフスク地方のゴリン川流域でも（ナーナイ語で*anda*）、またサハ共和国のエヴェノ・ブィタンタイ地区でもジャコウジカは狩猟対象であった。現在野生ジャコウジカの麝香の取引は、公式には禁止されているために、それを目的とした狩猟は表向きには行われていない。しかし、罠などにかかったものは食用にされている。

　体格が小さいジャコウジカを狩猟するには、ライフルのような強力な銃器は効果的ではない。この動物はもっぱら罠で狩猟されてきた。

　沿海地方のビキン川流域のウデヘの間では、2種類の輪を使った罠（ククリ罠、ウデヘ語では*huka*と呼ばれる）が使われてきた。一つは、ジャコウジカの通る道に長いフェンス（誘導柵）を設け、所々に穴を開けてそこに輪を仕掛けておく罠である。フェンスは細い木を折り曲げたり、ヤナギの枝を立てたり、潅木を使ったりして作る。この罠は1996年の調査で、ビキン川のウデヘの中でも名猟師と謳われた故スサーン・ゲオンカ氏（1916-2003）が復元してくれたものを見たことがある（写真14、図5）。フェンスの高さは1m内外で、地面から40cmほどの高さに、直径20cm強の穴を設け、そこにククリ罠を仕掛けるのである。輪の部分には糸で十文字が張られていて、ジャコウジカが、輪が仕掛けられた穴

写真14　スサーン・ゲオンカ氏が復元したジャコウジカ用のククリ罠（1996年撮影）

図5　ジャコウジカのククリ罠（田口 1998:256）

を抜けようとすると、効果的に輪が首に絡まるように設計されている（田口1998：256）。また、穴の下部と輪の間には親指の長さ分の隙間が設けられていて、この隙間に足を通し、首だけが輪に入るように工夫されている。ジャコウジカ猟が許されていた時代には、このようなフェンスを50〜100mほどの長さで設置し、20〜25m間隔でククリ罠を仕掛けたという。ジャコウジカは自分のいつもの道がフェンスでふさがれていると、それに沿って隙間を探し、見つけると、障害物の間をすり抜けようとする性質を持っている。これはそのような性質を利用した罠なのである。

その他、実見する機会には恵まれなかったが、台湾の先住民の間や日本でも見られるイノシシ罠のような、踏み落とし式のククリ罠が使われた時代もあった（スタルツェフ 1998：220；Старцев 2000：35）（図6）。また、鉄製の捕獣器（トラバサミ）が普及した後（主にソ連時代以降）には、ジャコウジカが好むコケをえさにして、罠に誘引する方法も使われた。

6．分析

シベリアから極東ロシアにかけての地域では、大型のシカの分布が、北から南へトナカイ、ヘラジカ、アカシカと続く。それに従って、主要な狩猟対象も北から南へ、トナカイ中心からトナカイとヘラジカへ、そしてヘラジカ中心からヘラジカとアカシカへと徐々に変化する。すなわち、最も北の北極海に面したツンドラ地帯にあるサハ共和国ニージネコリムスク地区では、野生トナカイが主要な獲物であるが、少し南に下がり、ダウリヤカラマツの疎林とツンドラがパッチワーク状に連なる（森林ツンドラ地帯）エヴェノ・ビィタンタイ地区では野生トナカイとともにヘラジ

第4部　居住と生業

カが主要な獲物となる。しかし、落葉針葉樹や常緑針葉樹に落葉広葉樹が混じる亜寒帯性の森林構成を見せるゴリン川流域では、ヘラジカが主要な獲物となり、さらに南に下がって、冷温帯的な混交林となる沿海地方のウデヘ地域になるとアカシカが卓越してくる。

図6　ジャコウジカ用の踏み落とし式ククリ罠（スタルツェフ 1998: 220）

　トナカイ、ヘラジカ、アカシカの3種類の大型のシカの狩猟方法にはそれぞれ独自の特徴があるが、まず、第一に南北による相違が大きい。すなわち、エヴェノ・ブィタンタイ地区にせよ、ニージネコリムスク地区にせよ、サハ共和国北部の事例では、猟師たちはトナカイぞり、騎乗トナカイ、騎乗用の馬などの陸上交通手段を使って移動する。そりは冬だけしか使わないが、騎乗トナカイや馬は年中使用でき、動物の追跡や射手の配置などの際に威力を発揮する。とりわけ、騎乗トナカイは、ツンドラ地帯や森林ツンドラ地帯特有の湿地が続くような地形での動物追跡には、静粛さと機動力の点で優れている。

　それに対して、南のハバロフスク地方のゴリン川流域や沿海地方のビキン川流域では、山が険しく、森も深く、トナカイを飼育できる環境にもないために、交通輸送手段としての家畜は使えない。そのために、獲物を求めて陸上を移動するときは徒歩となり、荷物運搬には手ぞりを使うしかない。それを助けるのは、そりの牽引にも使えるように訓練された猟犬である。しかし、陸上交通は北に比べると不利だが、これらの地域では網の目のように張り巡らされた川の支流を、主要な交通路として、あるいは獲物に忍び寄る経路として利用できる。山がちなために、急流や浅瀬が多いが、そのような場所を巧みにすり抜けていく小型のボートや丸木舟、白樺樹皮性の舟が発達しており、水辺でえさを食べるシカに忍び寄るのに絶大な威力を発揮する。

　冬場は手ぞり以外に運搬具がないが、これらの地域はツンドラや森林ツンドラ地帯と比べると森の密度も高く、また動物の密度も高いために、移動距離は北よりも遙かに短くてすむ。つまり、シカのような大型獣の狩猟に関しては、北では動物の密度も低く、動物の探査範囲や追跡範囲も広く取らなくてはならず、そのために獲物を追うにも畜力や動力による交通輸送手段が必要である。それに対して、南ではそれらの範囲も小さくてすむために、畜力や動力はそれほど必要とされないが、水系が発達しているために、小型のボートとそれを使った狩猟技法が発達しているといえる。

　第二に、動物種によって性格、生息環境、行動様式が異なるために、必然的に狩猟方法も異な

ってくる。野生トナカイはツンドラや森林ツンドラの比較的に開けた場所で、群をなして展開することから、渡河地点での待ち伏せ猟が有効であり、またスノーモービルのような高速の乗り物が必要になる。それに対して、アカシカは鬱蒼とした森に好んで生息するために、冬でもスノーモービルなどは使えず、徒歩での（あるいはスキーを履いての）追跡の方が有利である。さらに、トナカイのようにえさ場や虫除け場を探して、大きく移動することもないので、年中ねらうことができる。つまり、雪のない、春から夏にかけては、えさ場となる水辺での待ち伏せ猟や忍び猟、秋の交尾期にはシカ笛を使った待ち伏せ猟、そして冬の降雪期には足跡を追う追い込み猟で捕ることができる。

　この両者に比べると、ヘラジカは中間的な存在である。トナカイのように夏のなわばりと冬のなわばりが離れていて、大きく移動することはないが、ある程度の季節的な移動は行う。そのために春と秋にはトナカイと同様に渡河地点での待ち伏せ猟が可能である。しかし他方で、移動範囲が狭いので年中ねらうことも可能である。水辺のえさ場での待ち伏せ猟や秋の交尾期のシカ笛を使った待ち伏せ猟などはアカシカ猟とほとんど同じ方法である。

　しかし、獲物の性質や行動様式による相違や、地形、気候、猟師の文化などに起因する相違点とともに、基本的な部分で共通している点も見られる。例えば、これらのシカ猟の技術の基本が、追い込み、忍び、待ち伏せ、そしておびき寄せの４種類の行動にある点を上げることができる。バラエティ豊かに見えるのは、状況に応じてえさや興味を引くものを用意したり、この４種類の基本的な行動を組み合わせたりしているためである。

　これらの基本的な狩猟行動の共通性は、狩猟という活動の持つ普遍性やシカという動物に共通する行動様式などから生じているともいえるが、他方で、シベリア、極東ロシアを取り巻く社会経済情勢に起因する点もある。その中で、狩猟方法の点で重要な要因となっているのが、ライフル銃やカービン銃、散弾銃などの高性能の猟銃の普及である。いずれの技法も銃で仕留めることを前提としている点で共通なのである。銃器類の普及は離れたところから獲物を倒せるという点で画期的であると同時に、狩猟技術に大きな変革をもたらした。

　銃器類が普及していなかった時代には、シカのような大型獣の狩猟は、いかに獲物に接近できるかが、猟の成否を握っていた。弓矢や槍は獲物に近いほど信頼性が高いからである。そのために待ち伏せや忍び、誘因の方法が発達し、あるいは動物が人に気づかない状況を見つけ出す努力がなされた。騎乗トナカイや丸木舟、白樺樹皮性ボートは、動物に気づかれずに忍び寄るのに最適であった。川を泳いでわたっている最中は、動物が人に注意を割けない状況にあり、たやすく接近できた。えさを食べている時も注意力が低下し、狩猟には絶好の機会である。シカ笛は動物の方から人間の方に接近するようにしむけている。

　銃器類でも基本的にはある程度接近した方が確実性は高い。したがって、忍び、待ち伏せ、誘因といった方法は同じように使える。しかし、弓矢や槍に比べると、遙かに遠方からでも射止めることができるため、動物との距離は広がる傾向にある。そのために、確実性が高まるとともに、

第4部　居住と生業

猟の危険性も大幅に減った。例えば、トナカイの渡河地点での猟でも、波の高い川面を小さなボートでこぎ出して、泳ぐトナカイのすぐ前までやってきて槍で突き刺すなどという命がけの仕事をしなくてもすむ。川に乗り出そうとしているトナカイや、陸に上がりたてのトナカイを遠くからライフルでねらえば、着実に射止めることができるのである。

　また、19世紀までの銃とは違い、現代の銃は連射できることから、獲物をしとめやすい。かつての先込め式の銃では1発撃つごとに銃身を掃除して火薬と弾を詰めなければならず、その点では弓矢よりも発射の準備に手間取ることが多かった。また今の銃でも二連式の散弾銃などは続けて2発しか発砲できない。しかし、第二次世界大戦後、猟師の間にも普及したSKS（シーモノフ型自動装填式カービン銃、写真15）などのようなライフルやカービン銃は自動装填式で、あらかじめ込めた弾を、引き金を引くだけで即座に何度も発射でき（自動小銃のように一度の引き金操作で連射されるわけではない）、1度はずしてもすぐに2発目、3発目で仕留めることができる。弓矢では二の矢、三の矢はすぐには発射できず、獲物を取り逃がす可能性は銃より高い。そのような銃の利点も狩りの行動に影響する。

写真15　SKS（シーモノフ型自動装填式カービン銃）

　そして、槍や弓矢は自分たちで作れるものだが、銃や弾は購入しなければ手に入らない。それは、必然的に狩猟が貨幣経済の中に組み込まれることを意味し、ひいては地球規模の資本主義経済の中に巻き込まれていくことにつながる。もともとこの地域の狩猟は中国やロシアを通じて、東アジアやヨーロッパの経済活動の中に組み込まれており、さらにソ連時代には社会主義計画経済の一翼をも担っていた。しかし現在、ソ連の崩壊、ロシア経済の資本主義化、自由主義化によって、シベリアや極東ロシアの先住諸民族の狩猟も、完全に地球規模の経済の末端に位置づけられている。そして、そのことも猟師たちの狩猟行動に影響を及ぼしている。

　このような高性能の銃器類の普及による影響が、本稿で紹介したシベリア、極東ロシアの先住諸民族たちの狩猟活動にとっていかなる意味を持つのかは難しい問題である。狩猟活動が効率的になっただけでなく、安全かつ容易になったという正の側面があると同時に、動物との距離が物理的にも心理的にも離れて、その資源を浪費しやすくなり、狩猟資源の枯渇や特定種の絶滅危機を加速させたという負の側面もある。しかし、いかなる影響があるにせよ、現地の猟師たちは、自分たちだけでなく子々孫々まで狩猟が続けられることと、それによって、自分たちが祖先から受け継いだ狩猟技術、狩猟文化が子孫にも受け継がれることを願っていることには変わりない。その彼らが最も大切にする目的を果たすために必要なのは、現代的な用具、技術と古くからの技法とを使って、変化し続ける自然環境と社会環境に対応できる新しい技術を、常に開発し続けるエネルギーである。

引用参考文献

[和文]

田口洋美 1998「コラム9 ジャコウジカ用のフカ」佐藤宏之（編）『ロシア狩猟文化誌』256-257頁、慶友社

トゥゴルコフ，B. A. 齋藤晨二訳 1981『トナカイに乗った狩人たち：北方ツングース民族誌』刀水書房

スタルツェフ，A. F.（森本和男訳） 1998「ウデへの狩猟活動と狩猟習俗」佐藤宏之（編）『ロシア狩猟文化誌』210-254頁、慶友社

マクドナルド，D. W.（編）1986『動物大百科 第4巻 大型草食獣』東京：平凡社

[露文]

Попов, А. А. 1948 *Нганасаны*. Труды института этнографии, том 3. Москва и Ленинград: Издательство Академии наук СССР.

Старцев, А. Ф. 2000 *История социально-экономического и культурного развития удэгейцев (середина XIX-XX вв.)*. Владивосток: Издательство дальневосточного университета

Туголуков, Б. А. 1969 *Следопыты верхом на оленях*. Москва: Издательство 《Наука》.

第5部

総　　論

丸木船を操る猟師　現在も丸木船を使った猟は健在である。2002年8月撮影

第13章　ロシア極東の民族考古学調査

佐藤　宏之

1. 民族考古学の方法

　考古学は、過去の人類活動の結果遺存された物質文化のうち、文化的・自然的条件のもとで今日まで残された資料（遺物や遺構等）を分析対象として、過去の人類がどのような文化・社会・生活を送っていたかを明らかにしようとする歴史科学である。そのためには、人間の残した物質資料だけではなく、それらを包含していた地層の自然科学的特徴やそれらが残された場所の地理的・地形的特性、それらの材料自体の物理的特徴や化学的成分等も資料として使われる。さらに、往時の気候・動植物相等の自然環境やそれに基づく資源構造も重要な分析資料となる。

　歴史科学としての考古学の第一の特徴は、人類史の長期変動を扱うことができる点にある（Hodder 1987；1999）。これは、考古学に比較的近い分野である歴史学（特に文献史学）・民俗学・人類学・社会学等とは決定的に異なる特徴となっている。しかしながら、比較的近い過去から現代までを対象とすることの多い歴史学等では、相対的に資料が豊富に残されているが、対照的に考古学の資料は、過去に遡れば遡るほど資料に乏しく、しかも偏りを見せる。例えば、地中に残されて今日まで伝えられた資料は、当然ながら腐りにくい材質の資料が中心となるため、それが当時の物質文化の中心的役割を常に果たしていたとは考えにくい。特に、遺物や遺構といった物的資料を運用していた往時の技術や社会・文化システム、価値観、世界観、行動原理等のソフト部分は、考古学資料として残ることはほとんど期待できない。また、考古学上の解釈はしばしば経験主義的に行わざるを得ないが、都市生活の発達した現代の考古学者は、自己の経験に基づいて、背景の全く異なる先史時代のような考古学的過去の解釈を行うことはほとんどできないと言わねばならない。

　従って、過去に存在したであろうこのような眼に見えない文化・社会の諸相を追跡・分析していくために、過去の人々と相似た生活や社会を有している可能性が高いと考えられる現代に生きる人々の調査や、近現代に広く記録されてきた民族誌・歴史資料等から、考古学的過去の資料体を形成した原理やその布置を規定した構造を説明し解釈するためのモデルを作ろうとする研究方法である民族考古学が、近年の考古学では盛んに用いられるようになった（佐藤 1999a；2000b）。

　筆者は、日本列島に過去展開した先史文化のダイナミズムを叙述することを研究の目標としているが、そのためには民族考古学的アプローチが欠かせないと考えている。そのため、研究意図を共有する諸分野の研究者とともに研究グループを作り、これまで15年間にわたり、列島東北部に生活するマタギの狩猟を中心とした資源利用の民俗知（安斎・佐藤 1998；佐藤 2000a；佐藤・田口 2001；佐藤編 2004）や、ロシア極東の先住少数民族を対象とした民族考古学的調査（佐藤 1998a；

第5部 総　　論

b；2003a）を実施してきた。本書は、このうちロシア極東編の第二部にあたる。第一部は、『ロシア狩猟文化誌』（佐藤編1998）として、すでに上梓しているので、併せて参照されたい。

2．ロシア極東の自然と人々

　日本列島の先史文化の理解には、中国・朝鮮半島をはじめとする東アジア世界の考古学的理解が欠かせないことはいまさら言うまでもない。列島先史文化に与えた東アジア先史諸文化の影響は、生業や技術のみならず、社会・文化のほとんど全側面に及んでいることは、すでにこれまで多くの研究者によって言及されてきた。たとえそれが単純な伝播系統論の枠組みの元でもっぱらなされた言説であったとしても、人類の列島への登場以来一定の意味のある研究史を構成してきたと言うことができる。一方、ロシアを含む東北アジアとの関係では、1990年代初頭の旧ソ連邦崩壊まで外国人による現地調査がほぼ不可能であったことと、現地での調査例が僅少でありその情報も偏りを見せていたことが大きな阻害要因となり、一部を除いて議論は概括的に留まらざるを得なかった。多くの議論は、東アジア世界との関係性から想起された集団的伝播系統論に基づいて、極東地域の実情を無視し、背後の広大な空間を直接の比較対象とした素朴なシナリオが描かれてきた。

　本来シベリアの気候・植生環境は、乾燥地帯であることを基本に、南から北へと向かって温暖から寒冷へと次第に移行するため、東西の差異は南北ほど顕著ではない。ところが、極東地域はこの気候・植生区分から大きくはずれ、より湿潤な冷温帯気候を基本としていることに注意を払わねばならない。過去の気候環境が今日と一致している訳ではないことは自明であるが、それでもこの違いは相当長期間にわたって、相対的に維持されてきたと考えられる。例えば、旧石器時代においては、ヨーロッパ・西アジアとの密接な関係が予想される文化がアルタイ山地やモンゴル高原・バイカル湖周辺まで広がるが、その東側では不明瞭となり、極東地域では、相当に異なる文化様相を示している。この旧石器時代に始まる旧大陸の東西の差異（藤本1994）は、引き続き歴史時代にまで影響を与えた構造的特徴であったようで（佐藤2001；2003b）、それが現在の極東ロシアにおける先住少数民族の分布にも相当程度反映していると考えることができる。今日のロシア・シベリアの少数民族の分布（第1章参照）を見ると、広大なシベリアにはヤクート・エヴェン・エヴェンキ等の少数の牧畜狩猟民が広い分布範囲をもって居住しているのと対照的に、極東ではウイルタ・アイヌ・ニヴヒ・ネギダール・オロチ・ウリチ・ナーナイ・ウデヘ等の猟漁採集民が狭い範囲にひしめきあって生活している。これは言うまでもなく、シベリア地域には比較的単純な自然環境が広がっていたのに対して、極東地域では、狭い地域に多様な自然環境が出現しており、その環境に対して人間が様々に適応してきた証であることを端的に示している。先史時代の文化は、何よりも、当該地域の自然環境に対する人間集団の適応の結果として、まずは理解されるべきであろう。

　このように見ると、列島の先史文化の理解には、極東を越えた異なる自然環境を背景にもつ地

域との直接的な比較よりも、まずは自然環境を共有する極東ロシアの文化・社会・生活の諸相を解明することが何より重要なことが理解できよう。極東を居住の場に選んだ人々が、環境に対してどのように適応し、生活や文化・社会を築き上げてきたかを知ることは、列島を中心とした環日本海先史・古代文化の歴史的変遷過程を理解するために必須の研究プロセスであると考えられる。

3. 開かれた系としての民族社会

　極東ロシアでは、帝政ロシア時代以来の民族学的調査によって、各少数民族のエスニシティーを、生業と言語を中心に、形質や儀礼行動等を加味して区別してきた。主要な生業を牧畜・狩猟・漁撈に大別した時にいずれにウエイトが置かれているか、あるいは言語集団としては古アジア語族なのか南方ないし北方ツングース系語族のいずれに属するか、といった基準により民族が区分された。特に、旧ソ連邦においては、民族政策の遂行に民族学研究が大きく寄与し、民族学者による調査に基づいて、「民族」の創造と政治的固定化および政策の実行が行われてきた。例えば、サマギールと自称する集団は、この過程で正式に国家によって認定された「少数民族」から逸脱する存在として扱われた（第2部）。いずれの少数民族においても、近代化の名の下に、ロシア化が国家から押しつけられ、民族村への集住、ロシア式住居や生活方式・ロシア文化の強制、伝統的信仰体系の否定等が徹底されている。

　ところで、先史時代の人々は、周囲の自然環境に基本的に規定された資源利用の環境構造を構築しており、さらに社会環境や文化・技術伝統との相関態の中で、生業や行動・居住のシステムを選択し、運用していると考えることができる。従って、調査の当初の主要な関心は、生業と自然環境との関係性を明らかにすることにあった。しかしながら、調査を始めてすぐに気づいたのは、当たり前の話だが、猟漁採集民とされる人々も、近代化した家に住みロシア語を話し、ロシア的生活様式を保持していたことである。それでも当初は、その中から、変容が少ないと予想された技術的側面に焦点を絞り、それを切り離して理解しようと試みたのであるが、ことはそう単純ではなかった。要素還元主義的に、生活システムの中から一部を切り離して論ずることは簡単ではないし、あまり意味がない。何よりも、相互の規定関係という関係態を無視して、特定の事象や現象を切り出すことは困難であった。

　従って、我々は、機能的システム連関（佐藤1998b）に注意を払いながらも、この変化の過程で生じたシステム構造全体をできるだけ具体的に調査することによって、文化や社会の変化の実像を詳細に跡づけることを第一の目的にし、さらにそれが考古学的にどのような意味を有するかということを検討することにした。民族社会の実像の中から恣意的に要素を切り離して再接合し、閉じた系としての理念的な民族社会を構想するこれまでの伝統的なアプローチ法ではなく、具体を通して照射される全体の歴史的形成プロセスを重視し、構造体としての生活実態の全体を、研究者各自の分析視点に応じた切開法で繰り返し解体していく手法を採用した。その結果が本書で

第5部 総　　論

ある。従って、各章においては、各自の問題関心に基づいた多様な切開法が繰り返し表現されることになった。本書の構成が、類書にあるように、調査全体の概括とテーマ毎の記述といった構成を取らないのはそのためである。

4．機能的システム連関

（1）ミドルレンジセオリー

　民族考古学の体系的方法を築き大きな支持を受けてきたL. R. ビンフォードの民族考古学（エスノアーケオロジー）は、静態としての考古資料と、我々が解釈の目標とする動態としての先史社会の諸システムの間をつなぐために提案された（佐藤1998b；1999）。その方法は、そのままでは読み取ることができない過去の遺存物である考古学的資料体が、どのような構成原理によって残されたかを説明し解釈するために用意されるミドルレンジセオリー（阿子島1983）と呼ばれる認識論的方法の代表とされた。通常考古学者は、このプロセスを無意識かつ直感的に処理しているが、ビンフォードは、それを意識化し方法論化することによって、このプロセスが孕む曖昧性を剔り出そうとしたのである。考古学的資料体を布置した過去の動態をシステムとして把握することは可能であるが、それそのものは過去の歴史的存在であるから、そのままの形で復元することはできない。従って、次善の策ではあるが、現代の類似するシステムの中から参照可能なシステムを取りだし、それを参考として過去を解釈するためのモデルを作ろうと試みた。このように、論証過程を分解して明示すれば、これまで直感的に行われてきた論証のプロセス自体を検討することができると考えたのである。

　従って、ビンフォードにとって民族考古学の実践は、個性的なため適応範囲が狭くなるような特定文化の限定的なモデル化よりも、再現性・再帰性の高い通文化的な法則的モデルの方がより科学的であると見なされた。居住＝生業形態モデルsettlement-subsistence system model（羽生1994）や資源開発モデルforagers/ collectors model（Binford 1980）等の、解釈モデル作成のためのより抽象的な二項モデルの提案といった面では、ビンフォーディアンの研究は優れた研究の蓄積を見せるが、同時にこうしたモデルだけでは、現実の多様かつ複雑な社会を捉えきれないという批判者を多く生み出してきた（佐藤1999b）。文化や集団の個性的振る舞いが、現実の多様な遺跡や考古資料体を形成するのだから、解釈モデルもより具体的かつ個別的であるべきであるというのである。

　しかしながら、だからといって、人間行動の法則的振る舞いを等閑視することは適当ではない。法則的・理論的分析がしばしば妥当することが明らかにされている自然環境や生態系に対して、先史人は第一義的に適応せねばならなかったはずであるからである。

（2）生業の季節性

　重要なことは、たとえさまざまな限界があるにしても、地域や時代を超えて適用可能なシステ

第13章 ロシア極東の民族考古学調査

ム・モデルを見出す努力にある。その可能性を見出すことができれば、考古学的過去の説明には相当に有力であると考えられる。ロシア極東の民族考古学的調査の過程で筆者が見出したそれは、狩猟技術を中心とした生業活動に関する機能的システム連関であった。狩猟の対象である野生動物の行動生態は、地域や時間をある程度超越した高い共通性が認められるので、その捕獲技術である狩猟技術と狩猟行動は、当然高い機能的共通性が予測できる。狩猟システムを取り巻く多くのシステム連関は、特定の文化や社会を越えた高い機能的共通性が確認できた。そのことは、ウデヘ人の罠猟の分析において、罠に見られるすぐれた機能的・構造的普遍性の存在をすでに示している（佐藤1998 a ; b ; 佐藤編1998）が、本書においても、田口洋美により、狩猟・漁撈カレンダーを中心とした生業分析によって追認された（第1・8章）。

アムール流域や沿海州の猟漁採集民は、生業の季節的構成の基本構造を有しながら、地域の資源構造によりよく適応させるため、どの活動にウエイトを置くかが規定され、あるいはウエイトをおいた活動においては、活動内容を分化・発展させることによって、生活を送ってきたのである。シホテ・アリニ山地中にあるため狩猟にウエイトを置いた民族と見なされてきたウデヘ人のクラースヌィ・ヤル村、アムール本流域を生活範囲においたため漁撈にウエイトがあると考えられたナーナイ人のナイヒン村、ナーナイ人の村としては最北に位置しウリチ人との境界付近に住むニージニ・ハルビ村、アムール下流のウリチ人の村カリチョーム、その北にあってニブヒ人やネギダール人が住むカリマ村の調査事例が比較資料として報告されている。各少数民族の間には、各地域で固有の変相を見せてはいるが、狩猟採集システムを構成する要素やシステムが全く異なるということはなく、むしろ広範囲に共通する基盤が形成されていたと評価することができよう。狩猟・漁撈・採集カレンダーの違いは、各少数民族の居住境界と一致して変化するわけではなく、動物相・植物相・魚類相の分布的差異に、まず規定されている。さらに、その捕獲技術は、きわめてよく共通しており、わずかに主体となる捕獲対象について技術分化や改良が加えられていると言うことができる。そのことは、本書第11章の大貫論文や第12章の佐々木論文に詳しい。

といっても、もともとひとつの狩猟採集文化に属する、あるいは共通のオリジンとなる祖先文化が存在するといった単純な結論に導かれるわけではない。各民族集団毎に、個性的な表現形を同時に有しているが、それは生業の側面ではなく、社会的・言語的側面、あるいは民族形成説話等の民俗心理的側面により強く表れているのである。

ロシア極東少数民族の生業カレンダーの基本構造は、列島にも敷衍化することができる。田口によって詳細に研究された新潟県三面のマタギ集落の例（田口1992）や、渡辺仁によって調査された十勝アイヌの事例（Watanabe 1972）もよく共通する特徴を有している。十勝アイヌの生業カレンダーを参考に提案された小林達雄による縄文カレンダー説は、機能的システム連関の適例と思われる。東北アジア猟漁採集民の季節性は、高い共通構造を有していると考えられることから、同地域の先史時代のような考古学的過去を説明する解釈モデルの参照例として有効であろう。むしろ、課題は、この共通構造に基づいて、よりミクロな差異を発見しモデル化する試みにあると

第5部　総　　論

思われる。

（3）居住形態と領域

　民俗学・人類学が比較的最近short termの詳細を問題視する傾向があるのに対して、long termを扱う考古学は、構造的・基盤的特徴を強調する傾向が強い。それが今回の調査では、領域と居住形態の問題に端的に表れた。

　先史考古学の分野では、遺跡の形成と遺跡間の関係性を解釈する居住形態と、それを規定する集団の経済・生業・社会領域に関する分析は中心的課題のひとつである。居住形態に関しては、考古学的資料が豊富に残されているため、帰納的分析が有力な手段となってきたが、領域に関しては、考古資料からの直接的な帰納は比較的困難なため、民族考古学をはじめとする各種の演繹的手法がよく用いられている。

　ロシア極東地域の調査では、居住形態論に関するデータの獲得と分析をひとつに目標に設定した。具体的分析は、ウデヘとサマギールについて行ったので、詳細は本書第4章と第6章を参照願いたい。ウデヘのクラースヌィ・ヤル村の例では、旧ソ連の少数民族政策により、かつてビキン川に暮らしていたウデヘの人々がクラースヌィ・ヤル村に集住させられた以前の旧集落について、村人からの聞き取りと現地踏査、ロシア人研究者による先行調査データ等を総合してその位置を特定し、あわせて19世紀前半以前にこの地域を支配した中国側の文献資料、19世紀後半から20世紀前半にかけて行われたロシア人による踏査記録や人口統計調査記録等から、その変遷過程を抽出した。さらに、歴史的経緯に基づいて、クラースヌィ・ヤル村当局によって管理されてきたビキン川中上流域の狩猟テリトリーに関するデータや聞き取り調査・同行調査等によって、現在のテリトリー構成が、大幅な変更を加えることなく、基本的に過去のそれを引き継いだものと理解した。その結果、旧集落はサケの産卵場付近の川岸に一定の間隔をもって形成され、その背後には平均3万haの狩猟漁撈採集領域（経済生業領域）を有していた。各集落の規模は比較的小規模で、中心的な氏族から構成されていた可能性があり、冬村と夏村もそれほど離れていない場所に構築されたと解釈した（第6章）。

　ここで問題となるのは、テリトリー管理の問題である。クラースヌィ・ヤル村の管理するテリトリーは現在も機能しており、そのため最近も一部のテリトリーでは再分割が行われている。従って、インフォーマントによっては、異なる情報を提供する場合もある。考古資料同様、生業領域は、集落や人口のように行政的・地政的目的とはなりにくいため、その管理の記録はほとんど残されていない。従って、民俗学や人類学の問題関心からは、近い過去のテリトリー管理そのものが分析課題となる（第1・8章）が、民族考古学の視点からは、むしろその背後に貫かれている構造的情報が重要となる。

　平均3万haという数値は、狩猟採集民考古学でよく知られる現生狩猟採集民の常習的資源利用圏である半径10kmの数値とよく一致している。よく知られる遺跡領域分析では、狩猟採集民

考古学の成果を援用し、拠点（遺跡）を中心として、日常的な利用圏として当該集団に排他的に占有される一時間歩行圏（半径5km）と常習的資源開発圏である二時間歩行圏（半径10km）という同心円構造を分析の前提に設定している（Vita-Finzi 1978）。狩猟採集民においては後者が、農耕民においては前者がよく活用されている。この一時間歩行圏による空間の利用圏分割の存在は、前述した新潟県三面のマタギ集落や十勝アイヌの空間構造分析でも報告されており、さらに亜熱帯の西表島のリュウキュウイノシシの跳ね罠猟でもこの時間距離が認められている（今井 1980）。従って、ウデヘの領域で確認された平均3万haという数値には、一定の意味があると考えている。森林環境内での狩猟採集という資源構造に共通性が想定される以上、常習的歩行という探索手段を共通にする限り、資源探索の範囲はよく似かよると見て大過ないであろう。

　農耕を季節的活動スケジュールに組み込んでいた列島のマタギ集落では、一時間歩行圏をより重視しており、一方かつての生業カレンダーでは農耕がほとんど重視されていなかったウデヘでは二時間歩行圏が意味を有していたのではないだろうか。ただし、筆者が領域内での狩猟行動の分析に依拠したインフォーマントであるスサーン・ゲオンカの行動においても、この3万haに及ぶテリトリー全体をくまなく狩猟活動に利用していたわけではないことに注意を払わねばならない。ウデヘの主要な狩猟場は、河川の谷を中心とした地域ヤクパーであり、しかも拠点となる集落が領域の端である河川沿いに構築されていたため、実際の狩猟行動はより小さな範囲にとどまったと考えられる。

　このことを傍証する新たな調査成果が、森本により報告された（第9章）。森本は、クラースヌィ・ヤル村が管理するテリトリーのひとつで、現在も行われている冬季の狩猟同行調査を田口・佐々木とともに行い、その中でGPSを使用して罠の設置地点を特定するという罠猟の実態調査を分析した。当地域では、冬季には零下30°にもなる過酷な環境にあるため、罠猟の一回（一日）の行動可能範囲は経験的に約7km程度に限られている。実際に狩猟小屋を中心に、半径3km圏が一日の罠猟の範囲であることが、GPS測量によって確認されている。重要なことは、次の罠猟は、前回とは異なる範囲の半径3km圏で実施されることで、こうした狩猟行動戦略を構築することによって、領域内を効果的に利用している点である。半径10km圏の数値と一致する面積をもつ狩猟領域を、半径3km圏毎に巡回・利用することで、領域全体をなるべく広く利用するシステムが成立している。

　なお、北海道アイヌの経済生業活動域であるイオルも、河川沿いに作られたコタン（集落）を中心に背後の谷間から形成されている。著名な十勝アイヌ例だけではなく、上川アイヌのコタンも、サケの産卵場付近に作られたことが明らかにされている（瀬川 2001）ことから、ヤクパーとイオルの基本構造が共通する可能性が高い。河川遡上性魚類に基本食糧を依存する極東の狩猟採集民の経済生業活動領域は、基本構造を共有していたとも考えられよう。

第 5 部　総　　論

（4）食糧基盤

　シベリアに対して極東地域の先住民が、多くの民族に分かれ相対的に人口も多く、多様な生業活動を展開できた理由は、当然その背景となる自然環境に大きく依存していたからであると予想される。従って、我々は、そのことを示すデータの獲得と分析を試みた。歴史資料にも増して、自然環境の資料は相対的に少なく、しかもその変遷過程をトレースするのはさらに容易ではない。まず、現在の動植物相の分布からみた資源分布図の作成を試みたが、その基礎となるのは自然科学データである。ところが、現在の各種動植物分布図はそのままでは使用することができなかった。というのも、自然科学的調査の目的は、当該動植物の最大分布の把握にあるが、我々の民族考古学的調査の目的は、分布の確認だけではなく、それが資源として利用可能な規模で分布している範囲を押さえることが肝要であったからである。従って、資源分布の確認は、聞き取り調査と現地踏査による確認をより重視することとなった。それに基づいて、考古資料や民族誌の記載から抽出したデータを重ね合わせたのが、大貫論文である（第11章）。

　我々の関心は、過去の人々が主に利用した動植物資源にあるので、そのおおまかな傾向の把握を重視した。その結果、極東地域が、シベリアやサハリンとは異なり、主要動植物資源利用においては、相対的に豊かであったことが理解された。もちろん、このデータは、時間的変遷過程を厳密にトレースしたものではないので、資料的には限界があるが、それでも完新世における極東の狩猟採集民の食糧基盤の見取り図を、ある程度明らかにすることができたと考えている。考古学的問題関心との関係では、以下のことが重要であろう。

①堅果類（植物）＋シカ・イノシシ（動物）＋サケ・マス（魚類）という組み合わせが、列島を含む極東の食糧基盤の基本構成である。
②堅果類として重要なクリは、極東ロシアには分布しないので、上記のメジャー・フードが全てそろいかつ十分に利用可能だったのは、列島の東日本だけである。このことは、東日本の縄文文化が特に盛行した主要な理由のひとつと考えられる。
③他の地域では、主要資源の一部が欠落するか数量が減少する。それに応じた、狩猟採集戦略が構築されている。
④サハリン島においては、主要資源のかなりの部分が欠落するため、文化の北方ルート流入説を想定する場合には、このことを考慮する必要がある。

　食糧基盤の分析にあたって、もっとも困難であったのは、植物質資源利用の問題である。筆者が集中的に植物資源利用を聞き取り、実地調査したコンドン村の例にもある通り、アイヌやロシア極東地域では、ベリー類や各種飲用植物の利用を中心とした植物質食糧資源の利用システムが主体で、その中には堅果類のようなメジャー・フードになりうる資源利用については、現在ほとんど確認できなかった。しかしながら、かつては利用していたといったような痕跡的な情報は、

各地で得ることができた。このことは、列島各地の民俗事例において、豊富な調査例が蓄積されていることと好対照をなす。ロシア極東各地において、現在堅果類は利用されているがそれほど活発ではない理由を、比較的早い段階から中国等との交易により穀物がもたらされ、それが現地での主要な食糧となっていること。また堅果類は、しばしば救荒食的扱いを受けてきたことを想像させる説話や証言に出会ったことから、「卑しい食べ物」という観念が認識の底にあるのではないかと考えること、等に求め、過去にはメジャー・フードであった時代があったと想定している（第5章）。この想定が正しいかどうかの確証は得られていないが、聞き取り調査の難しさを実感したことは確かである。他の調査方法による追認が必要であろう。

5．歴史的経路の検討

（1）歴史的な人口減少

　ウデへの居住形態研究の過程で筆者を驚かせたのは、文献資料から抽出された19世紀末～20世紀初頭の推定集落人口の少なさであった。その規模は10～24人程度であり、これをよく使われる100平方kmあたりの狩猟採集民人口数に換算すると3～4人となり、カナダやアラスカの亜極北・冷温帯森林地帯の数値に匹敵することになる（Kelly 1995）。これらの地域は、人口が稀少なことで知られているため、北太平洋北岸狩猟採集民の一員として相当規模の人口数が予測されている極東の人口は、実は案外少なかったと言えるのであろうか。

　あるいは、数値自体に大きな誤りはないと思われるので、これは佐々木の指摘する人口減少現象と関連すると見ることも可能であろう。

　佐々木によれば、19世紀前半以前のアムール流域の集落は、それなりの規模を有しており、中には巨大集落と呼びうる規模を有する集落もあったと言う。それが、「1850年代のロシアのアムール再来とともに、「近代」という時代がここに侵入してきた。」「同時に、疫病や移民の開発から逃れるために人口の流動性も高まり、それまでの村落構造や集落構成を維持できなくなっていった」と言う。そして、巨大集落衰退の原因を、①清による対ロシアのための先住民の徴用。②清の衰退による交易の利益の減少。③疫病・貧困化による人口の減少（政治的指導者層の貧困化が大きい）の複合要因に求めた（第10章）。さらに、佐々木（第3章）によれば、19世紀末～20世紀初頭の人口は、かつての1/3程度に減少しており、天然痘等の伝染病の影響が考慮されるという。たしかにその可能性は否定できず、例えばカナダ北西海岸のハイダでは、実に95％近くが天然痘の影響で減少し、多くの集落が放棄されている。しかし、沿海州での人口減は1/3程度であり、これを考慮したとしても、北西海岸規模の人口密度（10～200人／平方km）（Kelly 1995）は想定し得ない。

　比較的早い段階から交易活動等によって開けたアムール流域とは異なり、シホテ・アリニ山地に住むウデへの人口は、やはりもともと少なかったのではないだろうか。ちなみに、我々が調査対象としたビキン川上流域には、考古遺跡はきわめて少ないことが現在確認されている。しかし

第5部 総　　論

ながら、人口復元の問題は、このような歴史的観点からの検討が不可欠であることは言うまでもない。特に、極東地域は、北太平洋沿岸狩猟採集民社会として、社会階層化の問題が近年盛んに議論されている地域の一翼を担う可能性がある。北米北西海岸先住民社会の研究では、社会階層化や複雑化の進行が資源構造の豊かさを基本として達成されたのか、それとも毛皮交易等の交易の巨大な利益がその主要な要因であったのかについて、現在盛んに議論が戦わされている（Sassaman 2004)。同様の毛皮交易地帯である極東ロシアの研究は、そうした意味からも注視されよう。

（2）集落形成と領域の関係

　ウデヘの旧集落は河川沿いに形成されており、その領域は背後の谷間に形成されていた。これは、模式的には理解しやすいが、一方サマギールの村であるコンドンでは、大きく異なる領域組織が形成されていた。サマギールの集落も、ゴリン川の河川に沿って形成されているが、その生業領域は背後にはなく、狩猟や漁撈といった生業毎に別々の空間を領域に設定していた。これは、コンドン村を中心としたサマギールの歴史的形成プロセスを反映している可能性が高く、創設説話によく適合した生業テリトリーの配置が見られている（第3・4章）。

　集団移動と領域形成の関係は、古代から重要な交通路となってきたアムール流域のような地域では、複雑な歴史的経過を反映している可能性が高いことを我々に教えてくれた。

（3）具体の記載

　本調査の目的のひとつには、具体から語りかける声をできるだけくみ上げようとする姿勢があった。聞き取りだけではなく、実際に「モノ」を観察し記載し、必要ならば復元してもらい、その技術システムを理解しようと努めた。その成果は、各種の狩猟・漁撈・採集道具だけではなく、丸木船の復元調査や住居の構造・配置の記録（第2章）、肉や有用植物のような獲得資源の処理プロセスの調査にも表れている。アムール川だけではなく、かつてもそして今も主要な交通手段は舟である。我々の調査も舟を活用して行われたし、狩猟の現場では、現在も丸木船が活躍している。クラースヌィ・ヤル村には、かつて極東地域に広く使われた高床式倉庫が健在であり、現役としてはおそらくロシア極東唯一の事例であろう（第7章）。狩猟小屋に併設された高床式倉庫は、小規模とはいえ現在も倉庫として使われており、人数が多い場合等には仮の寝室にもなる。ニヒヒやウリチでは、かつて高床式倉庫は、夏の居住空間であったと言われており、その利用方法の詳細は今後の重要な調査対象である。

　これまで論じてきた事柄も、最初はこれら具体の調査から発した疑問から出発している。道具と考古資料の素朴な対比を念頭におくだけではなく、それらがどのようなコンテクストで活用されたか、あるいは今もなぜ使用されているかといった問題意識を発展させることが、民族考古学そのものなのである。

　民俗学・民族誌には、考古学に必要な具体的記述に欠けることが多い。特に技術面について、

よく認められる。環境生態に対する技術的適応を通して、考古学的過去の文化・社会・生活の諸相を解釈するモデル作りが重要なのであるから、両者を媒介する具体を通した技術的比較のコンテクスト作りは、できるだけ精密に行う必要がある。考古学資料をまず第一に重視することは当然であるが、その説明や解釈は、それだけではきわめて平板かつ静態的に陥りやすい。狩猟採集の現実を経験し得ない考古学者が大部分であるという前提条件を真摯に受け止める必要がある。経験科学である考古学は、技術を始めとする生活システム自体が我々の生きる世界と根本的に異なり、あるいは原理を異にする狩猟採集社会を対象としていることに、より強く意識するべきであろう。

6. おわりに

　民族考古学の研究は、ビンフォード等のエスノアーケオロジーとホダー等のエスノヒストリーの方法が、長らく対立的に扱われてきたが、もちろんどちらかが優れているという問題ではない。いわば、俯瞰的態度の違いとも言えよう。特定の地域や文化・社会の研究には、エスノヒストリーの方法は大変参考となり、進化的・通文化的な鳥瞰には、エスノアーケオロジーの方法は、依然として有効である。文化固有の相への接近には、進歩史観や植民地史観のような西欧中心の視点を意識的に排した「読み取り」が必要であると同時に、長期間にわたる技術進化や社会進化のような考古学が得意とする側面の分析には、法則的理解につながる機能的共通性を抽出することができる。両者は、視点により異なるアプローチの違いであり、そのことは本書の中で展開したロシア極東地域の調査によっても明らかであった。特に、生業＝経済活動に関する機能的システム連関の存在は、民族考古学の方法的可能性を展望しうる調査成果を我々にもたらした。

　ところで、序文にもあるように、「持続的な社会の形成」が今後の世界の中心的な課題となろう。これまでの考古学は、意識的にせよ無意識にせよ、国民国家の枠内で問題を定立しその解法を模索してきた。しかしながら、現在の世界は、すでに人類史的課題への対応が中心となりつつある。その課題のひとつは、言うまでもなく地球環境問題を解決するための環境主義であろう。問題解決型の解法も重要であろうが、考古学においてこの課題に応答するためには、問題の構造を歴史的・人類史的に遡及して解体することにある。そのためには、「持続的な環境資源の利用と共生」がテーマとなる。狩猟採集の民俗知の歴史的経緯とそのシステムを知ることは、我々の今後を根本から規定すると言って過言ではないだろう（佐藤編2004）。

引用参考文献

［和文］

阿子島香 1983「ミドルレンジセオリー」『考古学論叢Ⅰ』171-197頁、寧楽社

安斎正人・佐藤宏之 1998「野ウサギ用仕掛け罠「アキビラ」の復元―岩手県沢内村での罠猟の調査―」安斎正人編『縄紋式生活構造―土俗考古学からのアプローチ―』62-92頁、同成社

第5部　総　　論

今井一郎　1980「八重山群島西表島におけるイノシシ猟の生態人類学的研究」『民族学研究』45巻1号、1 - 31頁

佐藤宏之　1998 a「陥し穴猟の土俗考古学―狩猟技術のシステムと構造―」安斎正人編『縄文式生活構造―土俗考古学からのアプローチ―』192-221頁、同成社

佐藤宏之　1998 b「罠猟のエスノアーケオロジー：過去と現在の架橋」民族考古学研究会編『民族考古学序説』160-176頁、同成社

佐藤宏之　1999 a「方法論　民族考古学的方法」『縄文時代』10号、211-220頁

佐藤宏之　1999 b「新考古学New Archaeologyは日本の旧石器時代研究に何をもたらしたか」『旧石器考古学』58号、133-140頁

佐藤宏之　2000 a「罠猟とマタギ―土俗（民族）考古学の射程から―」『東北学』3号、114 -129頁

佐藤宏之　2000 b『北方狩猟民の民族考古学』北海道出版企画センター

佐藤宏之　2001「日本列島に前期・中期旧石器時代は存在するか―Fujimura's Scandal以後」『科学』71巻、4・5号、298-302頁

佐藤宏之　2003 a「ロシア極東少数民族の狩猟について」『法政考古学』30集、543-560頁

佐藤宏之　2003 b「中期旧石器時代研究の地平」『博望』4号、9 -22頁

佐藤宏之編　1998『ロシア狩猟文化誌』慶友社

佐藤宏之編　2004『小国マタギ―共生の民俗知』農山村文化協会

佐藤宏之・田口洋美　2001「信州・秋山郷のクマの陥し穴」『法政考古学』27集、1 -17頁

瀬川拓郎　2001「上川盆地におけるサケの生態と漁法」『旭川市博物館研究報告』7号、1 -15頁

田口洋美　1992『越後三面山人記』農山村文化協会

羽生淳子　1994「狩猟・採集民の生業・集落と民族誌―生態学的アプローチに基づいた民族誌モデルを中心として―」『考古学研究』41巻1号、73-93頁

藤本　強　1994『東は東、西は西：文化の考古学』平凡社

［欧文］

Binford, L. R. 1980 Willow smoke and dogs' tails: hunter-gatherer settlement systems and archaeological site formation. *American Antiquity* 45：4 −20.

Hodder, I. 1987 *Archaeology as Long-Term History.* Cambridge University Press: Cambridge.

Hodder, I. 1999 *The Archaeological Process: An Introduction.* Blackwell Publishers: Oxford.

Kelly, R. L. 1995 *The Foraging Spectrum: Diversity in Hunter-Gatherer Lifeways.* Smithsonian Institute Press: Washington.

Sassaman, K. E. 2004 Complex hunter-gatherers in evolution and history: a north american perspective. *J. Archaeological Research* 12（3）：227−280.

Vita-Finzi,C. 1978 *Archaeological Sites in Their Settings.* Thames and Hudson: London

Watanabe, H. 1972 *Ainu Ecosystem.* University of Tokyo Press: Tokyo

初 出 一 覧

　本書に収録した各章は、書き下ろし論文と一部の論文を除いて、下記の科学研究費補助金成果報告書に収録された報文・論文をもとに加筆・修正を加えて成稿した。

藤本　強（編）2000『ロシア極東少数民族の自然集落に関する国際共同研究』平成9～11年度科学研究費補助金（国際学術研究、基盤研究（B）（2））研究成果報告書、新潟大学人文学部

大貫静夫（編）2004『ロシア極東少数民族の伝統的生業と居住形態に関する民族考古学的研究』平成13～15年度科学研究費補助金（基盤研究（B）（2））研究成果報告書、東京大学大学院人文社会系研究科

後藤　直（編）2004『東アジア先史時代における生業の地域間比較研究』平成12～15年度科学研究費補助金（基盤研究（B）（2））研究成果報告書、東京大学大学院人文社会系研究科

佐藤宏之（編）2004『シカ・イノシシ資源の持続的利用に関する歴史動態論的研究』平成13～15年度科学研究費補助金（基盤研究（B）（2））研究成果報告書、東京大学大学院人文社会系研究科

序　章　書き下ろし

第1章　田口洋美「アムール川流域における少数民族の狩猟漁撈活動」藤本強（編）、9-27頁
　　　　田口洋美「アムール川中下流域の狩猟漁撈用具」大貫静夫（編）、131-149頁

第2章　浅川滋男「アムール北岸の住居調査」藤本強（編）、51-64頁

第3章　佐々木史郎「サマギールの来歴」大貫静夫（編）、63-82頁

第4章　大貫静夫「ゴリン川流域サマギールの居住形態について」大貫静夫（編）、97-112頁

第5章　佐藤宏之「ロシア極東・アムール川流域先住民の植物利用に関する民族考古学的研究―コンドン村を中心として―」大貫静夫（編）、83-96頁
　　　　佐藤宏之「サマギールの生業活動―コンドン村の植物利用を中心として―」『宇田川洋先生華甲記念論文集　アイヌ文化の成立』613-627頁、北海道出版企画センター、2004年

第6章　大貫静夫「季節的移動とその領域―ビキン川流域の旧集落分布の復元から考える―」藤本強（編）、106-121頁
　　　　佐藤宏之「ビキン・ウデヘに見る狩猟の領域と居住形態」藤本強（編）、122-132頁
　　　　大貫静夫・佐藤宏之「ウデヘの居住形態と領域」『先史考古学論集』11集、79-96頁、2002年

第7章　浅川滋男・細谷幸希「クラースヌィ・ヤール村の住居と高床倉庫」大貫静夫（編）、35-

　　　　　　　59頁
第8章　田口洋美「少数民族ウデヘにおける狩猟活動の季節的変移―沿海地方クラースヌィ・
　　　　ヤール村ハバゴーの事例を中心に―」大貫静夫（編）、13-33頁
第9章　書き下ろし
第10章　佐々木史郎「18世紀～19世紀におけるアムール川本流域の集落配置とその規模の変遷―
　　　　ナーナイ（ゴリド）を中心として―」藤本強（編）、28-50頁
第11章　大貫静夫「東北アジア食料採集民の食料的基盤」『東アジアにおける新石器文化の成立
　　　　と展開』（國學院大学21世紀COE国際シンポジウム予稿集）43-51頁、2003年
　　　　大貫静夫「極東食料採集民の食料基盤」大貫静夫（編）、115-130頁
　　　　大貫静夫「東北アジアにおける堅果類を主とする植物食料資源について」後藤直（編）、
　　　　21-42頁
第12章　佐々木史郎「シベリア・極東ロシア先住諸民族のシカ猟―フィールドノートから―」佐
　　　　藤宏之（編）、139-159頁
第13章　書き下ろし

執筆者紹介

浅川滋男（あさかわ・しげお）第2・7章執筆
　1956年鳥取県生まれ。京都大学大学院工学研究科博士課程修了。博士（工学）。奈良国立文化財研究所を経て、現在鳥取環境大学環境デザイン学科教授。魯班営造学社代表（木造建築士）。専門は東洋建築史・遺跡環境整備・地域生活空間計画。主な著作・論文に、『住まいの民族建築学―江南漢族と華南少数民族の住居論―』（建築資料研究社）、『先史日本の住居とその周辺』（同成社、編著）、『埋もれた中近世の住まい』（同成社、共編）、『離島の建築』（至文堂）などがある。

大貫静夫（おおぬき・しずお）編者、序章、第4・6・11章執筆
　1952年千葉県生まれ。東京大学大学院人文科学研究科博士課程単位取得満期退学。東京大学助手・助教授を経て、現在東京大学大学院人文社会系研究科教授。専門は先史考古学（特に東アジア・東北アジア）。主な著作・論文に、『東北アジアの考古学』（同成社）などがある。

佐々木史郎（ささき・しろう）第3・10・12章執筆
　1957年東京都生まれ。東京大学大学院社会学研究科博士課程修了。学術博士。国立民族学博物館助手、大阪大学大学院言語文化研究科助教授、国立民族学博物館教授を経て、現在国立民族学博物館教授・同研究戦略センター長。専門は文化人類学。主な著作・論文に、『北方から来た交易民―絹と毛皮とサンタン人―』（日本放送出版協会）、『開かれた系としての狩猟採集社会』（国立民族学博物館、編著）などがある。

佐藤宏之（さとう・ひろゆき）編者、第5・6・13章執筆
　1956年宮城県生まれ。法政大学大学院人文科学研究科博士課程修了。博士（文学）。東京都埋蔵文化財センター副主任調査研究員、東京大学大学院新領域創成科学研究科助教授を経て、現在東京大学大学院人文社会系研究科助教授。専門は先史考古学・民族考古学。主な著作に、『日本旧石器文化の構造と進化』（柏書房）、『ロシア狩猟文化誌』（慶友社、編著）、『北方狩猟民の民族考古学』（北海道出版企画センター）、『東京の環境を考える』（朝倉書店、共編著）、『小国マタギ―共生の民俗知―』（農文協、編著）などがある。

田口洋美（たぐち・ひろみ）第1・8章執筆
　1957年茨城県生まれ。東京大学大学院新領域創成科学研究科博士課程在籍。民族文化映像研究所、近畿日本ツーリスト（株）日本観光文化研究所主任研究員等を経て、現在狩猟文化研究所代表。専門は民俗学・環境学。主な著作に、『山に生かされた日々』（民族文化映像研究所、共編著）、『越後三面山人記―マタギの自然観に習う―』（農文協）、『マタギ―森と狩人の記録―』、『マタギを追う旅―ブナ林の狩りと生活―』（以上慶友社）などがある。

森本和男（もりもと・かずお）第9章執筆
　1955年兵庫県生まれ。明治大学大学院文学研究科博士課程修了。文学博士。現在千葉県文化財センター上席研究員。専門は先史考古学。主な著作に、『遺跡と発掘の社会史』（彩流社）、『古代日本の稲作』（雄山閣、共著）、『国家の形成』（三一書房、共著）、『シベリア先住民の歴史』（J. フォーサイス著、翻訳、彩流社）などがある。

ロシア極東の民族考古学―温帯森林猟漁民の居住と生業―

2005年2月15日　初版発行

編　者　大貫静夫・佐藤宏之
発行者　八木　環一
発行所　有限会社　六一書房
　　　　〒101-0064　東京都千代田区猿楽町1-7-1　高橋ビル1階
　　　　TEL 03-5281-6161　　FAX 03-5281-6160
　　　　http://www.book61.co.jp　　E-mail info@book61.co.jp
　　　　振替　00160-7-35346
印　刷　有限会社　平電子印刷所

ISBN 4-947743-24-7　C3022　　　　　　　　　　　　Printed in Japan